ECONOMICS
河南大学经济学
学术文库

高保中 著

收入分配与经济增长稳态转换

THE CONVERSION OF INCOME DISTRIBUTION AND ECONOMIC GROWTH STEADY

社会科学文献出版社
SOCIAL SCIENCES ACADEMIC PRESS (CHINA)

总序

河南大学经济学科自1927年诞生以来，至今已有近90年的历史了。一代一代的经济学人在此耕耘、收获。中共早期领导人之一的罗章龙、著名经济学家关梦觉等都在此留下了足迹。

新中国成立前夕，曾留学日本的著名老一辈《资本论》研究专家周守正教授从香港辗转来到河南大学，成为新中国河南大学经济学科发展的奠基人。1978年我国恢复研究生培养制度以后，周先生率先在政治经济学专业招收、培养硕士研究生，并于1981年获得首批该专业的硕士学位授予权。1979年，河南大学成立了全国第一个专门的《资本论》研究室。1985年以后，又组建了河南大学历史上的第一个经济研究所，相继恢复和组建了财经系、经济系、贸易系和改革与发展研究院，并在此基础上成立了经济学院。目前，学院已发展成拥有6个本科专业、3个一级学科及18个二级学科硕士学位授权点、1个一级学科及12个二级学科博士学位授权点、2个博士后流动站、2个一级省重点学科点、3000多名师生规模的教学研究机构。30多年中，河南大学经济学院培养了大批本科生和硕士、博士研究生，并且为政府、企业和社会培训了大批专门人才。他们分布在全国各地，服务于大学、企业、政府等各种各样的机构，为国家的经济发展、社会进步、学术繁荣做出了或正在做出自己的贡献，其中也不乏造诣颇深的经济学家。

在培养和输出大量人才的同时，河南大学经济学科自身也造就了一支日益成熟、规模超过120人的学术队伍。近年来，60岁左右的老一代学术带头人以其功力、洞察力、影响力，正发挥着越来越大的引领和示范作用；一批50岁左右的学者凭借其扎实的学术功底和丰厚的知识积累，已进入著述的高峰期；一批40岁左右的学者以其良好的现代经济学素养，开始脱颖而出，显现领导学术潮流的志向和实力；更有一大批30岁左右受过系统经济学教育的年轻人正蓄势待发，不少已崭露头角，初步展现了河南大学经济学科的巨大潜力和光辉未来。

我们有理由相信河南大学经济学科的明天会更好，经过数年的积累和凝练，它已拥有了支撑自己持续前进的内生动力。这种内生动力的源泉有二：一是确立了崇尚学术、尊重学人、多元发展、合作共赢的理念，营造了良好的学术氛围；二是形成了问题导向、服务社会的学术研究新方法，并据此与政府部门共建了中原发展研究院这一智库型研究平台，获批了新型城镇化与中原经济区建设河南省协同创新中心。学术研究越来越得到社会的认同和支持，也对社会进步产生了越来越大的影响力和推动力。

河南大学经济学科组织出版相关学术著作始自世纪交替的2000年前后，时任经济学院院长许兴亚教授主持编辑出版了数十本学术专著，在国内学术界产生了一定的影响，也对河南大学经济学科的发展起到了促进作用。

为了进一步展示河南大学经济学院经济学科各层次、各领域学者的研究成果，更为了能够使这些成果与更多的读者见面，以便有机会得到读者尤其是同行专家的批评，促进河南大学经济学学术研究水平的不断提升，为繁荣和发展中国的经济学理论、推动中国经济发展和社会进步做出更多的贡献，我们从2004年开始组织出版“河南大学经济学学术文库”。每年选择若干种河南大学经济学院在编教师的精品著述资助出版，也选入少量国内外访问学者、客座教授及在站博士后研究人员的相关著述。该文库分批分年度连续出版，至今已持续10年之久，出版著作总数多达几十种。

感谢曾任社会科学文献出版社总编辑的邹东涛教授，是他对经济学学术事业满腔热情的支持和高效率工作，使本套丛书的出版计划得以尽快达成并付诸实施，也感谢社会科学文献出版社具体组织编辑这套丛书的相关负责人及各位编辑为本丛书的出版付出的辛劳。还要感谢曾经具体负责组织和仍在组织本丛书著作遴选和出版联络工作的时任河南大学经济学院副院长刘东勋教授和现任副院长高保中教授，他们以严谨的科学精神和不辞劳苦的工作，回报了同志们对他们的信任。最后，要感谢现任河南大学经济学院院长宋丙涛教授，他崇尚学术的精神和对河南大学经济学术事业的执着，以及对我本人的信任，使得“河南大学经济学学术文库”得以继续编撰出版。

分年度出版“河南大学经济学学术文库”，虽然在十几年的实践中积累了一些经验，但由于学科不断横向拓展、学术前沿不断延伸，加之队伍不断扩大、情况日益复杂，如何公平和科学地选择著述品种，从而保证著述的质量，需要在实践中不断探索。此外，由于选编机制的不完善和作者水平的限制，选入丛书的著述难免会存在种种问题，恳请广大读者及同行专家批评指正。

耿明斋

2004 年 10 月 5 日第一稿，2007 年 12 月 10 日修订稿，2014 年 6 月 21 日第三次修订

目　录

引　言

经济增长和收入分配是在稀缺资源最优配置中最大可能增进人类福利的基本途径和手段。收入分配与经济增长之间的关系一直是经济学研究的核心问题，是贯穿经济学学科历史极其重要的理论问题和实践问题。任何社会的经济活动基本上可以概括为财富的创造与分配的互动过程，财富如何被创造与分配，是社会进步水平的重要标志之一。作为财富“流量”，国民收入如何被分配，不仅关系到社会成员的切身利益，而且关系到整体经济效率的提高和社会财富的增长。鉴于其明显的现实性和政策导向性，经济增长与收入分配是各国政府关注的重要问题之一。

由于概念界定的模糊性以及相互作用的复杂性，收入分配与经济增长问题一直是经济学研究领域中争议最大的问题。在确保经济增长的同时，如何进行利益的分配以及如何分配更能促进经济增长，成为经济学界讨论最多的问题，是经济发展理论面临的重要研究课题之一，也是经济学家争议的焦点问题。

改革开放以来，中国经历了30多年的经济快速增长，并伴随着经济结构的变动与经济运行机制的巨大改变，这必将对收入分配关系产生重大而深远的影响。居民收入水平在大幅度增长的同时，社会的收入结构也发生着不断调整。不断变动的利益格局又有可能引发新的社会矛盾，对未来中国继续保持快速、稳定的经济增长起决定作用。

引言部分主要交代选题背景，界定相关概念，说明研究思路、主要工作与创新之处，从而勾勒出研究的整体脉络。

一　问题提出的背景与研究价值

我国经济自1978年以来，经历了30多年的高速增长，取得了巨大的经济成就。我国经济发展取得的巨大成就备受世界瞩目，被称为“中国奇迹”。相对于世界其他国家和地区的经济增长，我国经济增长具有增长时间跨度长、增长速度快的特点。我国的经济增长超过了其他很多国家和地区的经济增长水平（见表0－1）。

表0－1　经济增长速度的国家和地区间比较

单位：%

国家和地区	时　间	GDP 增长率
中国大陆	1978～2010年	9.70
日　本	1955～1973年	9.22
韩　国	1962～1991年	8.48
中国台湾	1968～1988年	8.69
印　度	1990～2007年	8.47

资料来源：中国经济信息网数据库。

由于经济的持续快速增长，我国2012年实际GDP已经突破了51万亿元。1978～2010年，中国的GDP按可比价格计算，增加了约24倍。除个别年份（1990年GDP增长3.8%）外，在绝大多数的年份里，中国GDP的增长速度都在8%左右，在经济增长最快的时期（1984年），GDP增长率高达15.2%，人均GDP在1978～2010年的平均增长速度为8.36%。①中国经济的快速增长缩小了与世界上发达国家之间的差距，中国的国际地位和综合国力得到了显著提升（见表0－2）。

表0－2　我国GDP和人均GDP的世界排名

年　份	1978	2006	2007	2008	2009	2010
GDP	10	4	4	3	3	2
人均 GDP	175	129	132	122	118	107

资料来源：世界银行统计数据库，www.wto.org。

随着经济的高速增长，收入分配差距的积累和加剧相应而生，并成为

① 数据来自历年《中国统计年鉴》。根据世界银行的估算，我国的人均GDP年增长率也在7%左右。

影响我国社会稳定和经济增长的突出问题。国家统计局2007年6月的一次调查显示，占中国人口10%的最富有人群掌握着国家45%的财富，而占人口10%的最贫困人口只拥有国家1.4%的财富。[①] 据世界银行的测算估计，我国的基尼系数不断扩大，从1980年的0.33上升到了2012年的0.467。[②]

由此可见，我国在经济快速增长的同时，收入分配差距呈现了不断扩大的态势。从表0－3可以看出，1978～2009年，我国收入差距和经济增长的关系并不是简单的一元关系，但从整体趋势上可以看出，经济的快速增长伴随着收入差距的不断扩大。

表0－3 1978～2009年我国基尼系数和经济增长率

年 份	基尼系数	经济增长率（%）	年 份	基尼系数	经济增长率（%）	年 份	基尼系数	经济增长率（%）	年 份	基尼系数	经济增长率（%）
1978	0.310	6.995	1986	0.305	8.846	1994	0.399	13.081	2002	0.440	9.082
1979	0.305	7.600	1987	0.309	11.583	1995	0.397	10.925	2003	0.450	10.025
1980	0.322	7.814	1988	0.319	11.281	1996	0.380	10.009	2004	0.444	10.085
1981	0.297	5.243	1989	0.348	4.063	1997	0.369	9.297	2005	0.452	11.310
1982	0.269	9.057	1990	0.341	3.839	1998	0.376	7.833	2006	0.453	12.677
1983	0.263	10.853	1991	0.358	9.179	1999	0.389	7.620	2007	0.454	14.162
1984	0.264	15.176	1992	0.377	14.241	2000	0.402	8.431	2008	0.461	9.635
1985	0.242	13.466	1993	0.407	13.964	2001	0.411	8.300	2009	0.465	9.113

资料来源：根据历年《中国统计年鉴》计算。

收入水平差距变化的根本原因是什么，收入分配差距未来的变动趋势是什么，是继续扩大还是在一定的条件下出现拐点？收入差距对经济增长的效应怎样？哪些因素影响和决定着收入差距的水平？对于这些问题，经济学家和政策制定者的认识还不充分，观点表现出很大的差异。满足经济效率与均等分配的最优组合点的条件，也始终未能找到，这也给研究收入分配问题留下了极大的理论空间。

经济增长与收入分配不平等之间是否存在关系？如果存在，因果关系是从经济增长到从收入分配不平等，还是从收入分配不平等到经济增长，

① 参见http：//view.news.qq.com/zt/2006/economistgap/。

② 参见2012年全国政协会议政府报告。

抑或是两个方向都存在？这些问题不仅是学术问题，而且对宏观经济政策和再分配政策也很重要。

研究中国的收入分配问题必须要有足够的理论和实证分析支撑，更重要的是，要充分考虑经济增长问题。只有在这样的逻辑起点上，才可能得到完整、正确的结论，这是一个必要条件。就我国实际情况来看，从收入分配与经济增长的互动关系角度来进行系统分析显得更迫切和必要。从双向互动关系和动态角度分析收入分配与收入增长的关系，在动态分析中寻找和把握收入分配与经济增长之间相互促进式的良性循环机制，讨论有利于改善收入分配状况的经济增长模式与有利于促进经济高速增长的收入分配模式，并促使两者有机结合，有着重要意义。

二　相关概念的界定和说明

1. 收入的范围界定与测度

收入是一个流量概念，目前国际学术界和统计部门普遍使用个人可支配收入来定义收入。居民的实际可支配收入归纳起来，主要有四大类：劳动性收入、从政府得到的转移性收入、经营性收入及财产性收入。

对收入分配的准确衡量是一个国际性的难题，因为要涉及很多制约因素。比如，不同居民的支出不同，因为城乡、地区之间物价指数不同。在发达国家，报酬支付很少通过现金，而主要通过支票。这种报酬支付方式有利于政府部门及时掌握每个人的收入情况。即使国外信用等个人信息比较完备，获取个人收入的资料也较困难。因此，对中国而言，处理这个问题的难度会更大。国外遇到的难题是黑色收入以及少数非法打工人员的地下收入，而我国不仅遇到上述两种收入的问题，而且更多地遇到灰色收入的统计问题。由于我国市场化程度还不高，许多经济活动并没有通过市场来进行，而且我国经济生活中现金交易量大，尤其是个人的交易，这使得有关部门难以通过金融活动了解居民的个人收入情况。目前我国税收体制，特别是个人所得税制度还很不健全，税务部门难以掌握个人的收入情况，要知道一个人的确切收入非常困难。

我国统计部门公布的数据也有不十分准确的地方。究其原因，一是我国对地方干部的考核往往过多地注重统计指标，这导致了相当程度的浮夸和虚报；二是我国的个体和私营经济、乡镇企业及农户的会计和税收制度不健全，存在相当大程度的瞒报和不报；三是统计制度本身不健全，导致某些漏统或错统现象出现，我国的统计数字在各级政府部门正式公布之前，都要经过典型调查进行校正，即使这样，校正后的数据也存在加总及定义不全等方面的问题。

2. 两种类型的收入分配：功能性收入分配与规模性收入分配

收入分配通常被分为功能性收入分配（也被称为“按生产要素份额分配的收入”）与规模性收入分配两种类型。功能性收入分配也被称为要素收入分配，就是以土地、资本和劳动等生产要素为主体，根据各生产要素在社会产品生产中发挥的作用或做出的贡献，对国民收入进行的分配。研究功能性收入分配主要在于分析各种要素对生产的贡献与其所得之间的关系是否合理。规模性收入分配也被称为个人收入分配或家庭收入分配，就是单独以居民个人或家庭主体为单位对国民收入进行的分配。研究规模性收入分配主要在于分析某一类阶层的人口或家庭比重与其收入份额之间的关系是否合理。

功能性收入分配讨论的是各种生产要素与个人收入之间的关系，尤其是劳动、土地和资本与个人收入的关系。它强调收入的来源，有助于揭示生产要素所有者之间的分配关系。规模性收入分配是以居民个人（或家庭）为土体对国民收入进行的分配。例如，按人均收入水平对所有家庭进行排序，分析不同收入家庭所占的比例。它只简单地涉及个人（或家庭）及其所获得的全部收入，而其获得收入的途径则不予考虑。它关心的是个人收入的多少，而不管这些收入是单一地来自职业还是同时有其他来源，诸如利润、利息、租金、馈赠或继承。其探讨的问题是某一阶层人口或家庭的比重与其所得的收入份额之间的关系是否合理，以及什么因素决定了个人或家庭的收入分配结构。

一般而言，功能性收入分配的差距越大，规模性收入分配的差距也越大，任何强化功能性收入分配的措施（如土地、资本集中）都会影响规模性收入分配格局。功能性收入分配属于国民收入的初次分配，其分配依据是生产要素对产品生产所做的贡献，以体现效率原则。由于初次分配在前、再分配在后，因此功能的收入分配对规模性收入分配具有决定性作用。

国民收入分配包括两个层次：初次分配和再分配。初次分配是国民收入在生产过程中当事人之间的分配，通过初次分配，国民收入被分解为劳动报酬、企业收入和政府收入（间接税）。再分配是初次分配基础上的再次分配，又被称为二次分配。再分配的基本途径有：①国家凭借行政手段进行的强制性再分配，主要手段是赋税制度（所得税、遗产税等）和财政转移支付；②自愿性的再分配，如捐助、赠予等。

3. 收入结构、成本结构与结构性有效需求

功能性收入分配与规模性收入分配在分析不同问题时所起的作用不同。功能性收入分配反映了一个国家的收入结构。而收入结构反映了不同类型生产要素收入占总收入的份额，本文将收入主要分为劳动收入（工资收入）和资本收入。虽然劳动收入与工资收入在内涵上和统计上稍有不同，但下文中我们在使用这两个概念时，将它们做无差别看待，根据上下文语境的不同而使用不同的称呼。资本收入是与资本相联系的各种收入的总和，包括利润、地租、利息和折旧。收入结构决定着需求结构，在简单的两产品模型中，产品被分为消费品和投资品。本文采用古典主义假设，工资收入主要用于购买消费品，资本收入主要用于购买投资品。收入结构与产品的成本结构就像一个硬币的两个面，只是对不同的对象而言，对企业来说是成本，对生产要素（或家庭，或居民）来说是收入。本文中成本结构主要分为工资成本和资本成本，假定不存在其他可变成本，工资成本就代表了可变成本。资本成本是与固定资本相联系的成本，包括利润、地租、利息和折旧。将成本结构中的各部分加总，可以得到产品的价格。成本结构决定收入结构，而收入结构又决定了产品需求。当收入结构与成本结构相匹配，以及工人工资收入与由消费品成本结构决定的消费品价格相一致时（也就是工人的收入能够支付得起消费品的总成本时），消费品的生产就能够正常进行。否则，当收入结构失衡，工资收入在总收入中的份额过低（工资收入相对于资本收入过低），以及工人的收入小于工资成本和资本成本决定的总成本时，工人的收入就购买不起消费品，消费品的消费就会萎缩，生产消费品的企业会产生亏损，从而导致整个经济出现衰退。这种由收入结构失衡造成的需求不足被称为结构性有效需求不足。在本文的分析中，功能性收入分配和收入结构有相同的含义，用收入结构可以更清楚地与成本结构进行对比，更能反映结构性消费不足的根源和本质。功能性收入分配与规模性收入分配关系密切，正是收入结构的失衡导致了规模性收入分配的差距扩大，收入结构扭曲是收入分配不平等的根源和表现。

4. 规模性收入分配差距的度量

经济学家们提出了众多测量规模性收入分配差距的方法和指标。在这些方法和指标中，有的是由收入分配理论推导出来的，比如洛伦兹曲线（Lorenz Curve）、基尼系数（Gini Coefficient）、库兹涅茨比率（Kuznetz Ratio）、沃尔夫森“极化指数”等；有的是从统计学中发展出来的，比如人口（或家庭）众数组的分配频率、测度大多数人（或家庭）所覆盖的绝对收入范围，以及测度最低或最高收入对平均收入偏离度的离散系数等；有的是从其他相关或相近学科中引入的，比如来自物理学的泰尔指数（Theil Index）或泰尔熵标准（Theil's Entropy Measure）和来自福利经济学的阿特金森指数（Atkinsom Index）等；另外，还有一些经济学家提出了贫困指数（Poverty Index）偏离值法、倒“U”形拐点、辅助性指标等方法来测度规模性收入分配差距。

（1）基尼系数与洛伦兹曲线

收入分配差距是相对于收入分配的绝对公平而言的，如果每个人都拥有或得到同样数量的资源、产出或其他东西，那么收入分配差距就不存在了，也就是所谓的绝对公平。在有 n 个人的情况下，每个人获得的资源、产出或其他东西数量为 $1/n$；相反，如果每个人或每组人所获得的量与其所属人口分组的比例不一致，收入分配差距就产生了。在研究收入分配问题时，我们大多用人口比例和与之相对应的收入比例进行比较，然后再分析收入分配差距。最为直观的一种分析方法是，用这两个比例绘制一张图。在制作该图前，先将这两个百分比按照人均收入从低到高排序，接下来分别计算它们的累加值，最后制成散点图。图的横轴为人口的累积百分比，图的纵轴为收入的累积百分比（两者均为 0～100%）。用平滑的曲线将这些点连起来，便得到了所谓的洛伦兹曲线（Lorenze Curve）。当收入分配绝对平均时，这两个累积百分比总是相等的，这时洛伦兹曲线为通过原点斜率为 45°的直线。在收入分配不均等的情况下，洛伦兹曲线总是在这条直线的下方。显然，洛伦兹曲线越是接近 45°的直线，收入分配差距就越小，而洛伦兹曲线越向右下方移动，则收入分配差距越大。最为极端的情况是，洛伦兹曲线与横轴、纵轴（将纵轴移至图的右边）重合，这时所有的收入由最后一个或一组人获得。

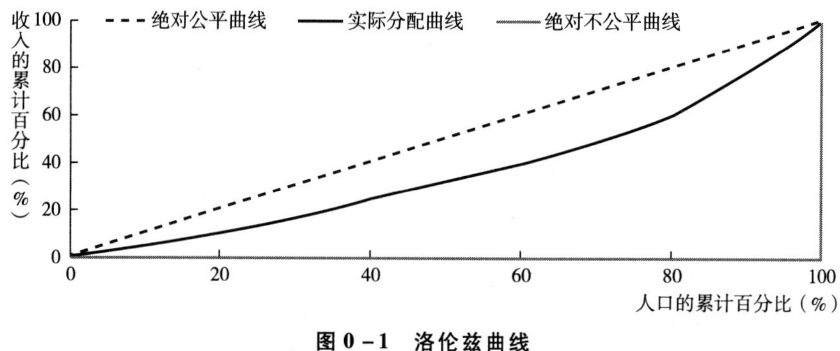

图 0－1　洛伦兹曲线

用洛伦兹曲线来分析收入分配差距非常直观，但在应用中也存在两个问题。第一，当两条洛伦兹曲线发生交叉时，我们没有办法判断哪条线代表的收入分配差距更大。第二，这种方法虽然直观，但不够简洁，如果我们需要分析很多年份和很多地区的收入分配差距问题，洛伦兹曲线的图形就有可能变得极其复杂而无法辨认。

基尼系数（Gini Coefficient，又称基尼集中率）以及基尼系数的计算方法是由意大利经济学家基尼于 1922 年在洛伦兹曲线的基础上提出的。根据图 0－1 的洛伦兹曲线，假设实际分配曲线和绝对公平曲线之间的面积为 A，实际分配曲线和绝对不公平曲线之间的面积为 B，则基尼系数的计算公式为式（1）。

$$G = \frac{A}{A + B} \tag{1}$$

由于洛伦兹曲线始终处于绝对公平曲线和绝对不公平曲线之间，因此，基尼系数的值也总是在 0～1。并且，随着基尼系数的变大，收入分配差距也越来越大。按照联合国有关组织的规定：基尼系数低于 0.2，收入分配绝对平均；在 0.2～0.3，收入分配比较平均；在 0.3～0.4，收入分配相对合理；在 0.4～0.5，收入分配差距较大；超过 0.5，收入分配差距悬殊，将会引发一系列社会问题。也就是说，基尼系数处于 0.3 以下，社会将处于最佳的平均状态，而 0.4 一直被作为收入分配差距的“警戒线”，根据黄金分割律，其准确值应为 0.382。一般发达国家的基尼系数为 0.24～0.36，美国偏高，为 0.4。中国 2009 年的基尼系数为 0.465，明显超出了国际公认的“警戒线”，已经进入了收入分配差距悬殊的行列，财富分配明显不均。

上述算法虽然简单，但可操作性不强。因此，很多学者开始探索具有现实可操作性的基尼系数的具体算法。臧日宏在其编著的《经济学》一书中给出了基尼系数的一种计算公式，如式（2）所示。

$$G = 1 + \sum Y_i P_i - 2\sum(\sum P_i)' Y_i \tag{2}$$

其中，G 表示基尼系数，Y_i 表示第 i 组人口的收入占总收入的比例，P_i 表示第 i 组的人口占总人口的比例，$(\sum P_i)'$ 表示从第 1 组到第 i 组人口的累计数占总人口的比例。

另外，张建华根据中国数据统计的基本情况，提出了一种更加简易的计算基尼系数的公式，如式（3）所示。

$$G = 1 - \frac{1}{n}\left(2\sum_{i=1}^{n-1} W_i + 1\right) \tag{3}$$

其中，$\frac{1}{n}$表示每组人口占总人口的比例（假设把总人口均分为 n 组），W_i 表示从第 1 组到第 i 组人口的累计收入占总收入的比例。

还有很多学者也推导出了不同的基尼系数的计算公式，此处不再一一赘述。下面介绍一种简单地借助于 Excel 或者其他计算机软件就可以很容易地算出基尼系数的方法（本文中我国 2008 年、2009 年的基尼系数就是按此方法求得的）：矩阵法。

按照基尼系数的定义，我们用一个行向量 P（人口比例）、一个列向量 I（收入比例），再加上一个简单的上方是 +1、下方是 -1、对角是 0 的 Q 方阵，计算 P、Q、I 的乘积，就可算出基尼系数了。

（2）广义熵指数和泰尔指数

除基尼系数之外，常用的衡量收入分配差距的指标还有广义熵（Generalized Entropy，GE）指数。目前，这个指标在国内也被学者广泛接受。广义熵指数的计算公式如下。

$$GE = \frac{1}{\alpha(1-\alpha)}\sum_j f_j\left[1 - \left(\frac{Z_j}{\mu}\right)^{\alpha}\right] \tag{4}$$

其中，Z_j 表示收入的观察值，N 表示样本体积，f_j 表示人口比例，α 为常数，α 越小，表示厌恶不平等的程度越高。

当 $\alpha=0$ 时，

$$T_0=\sum_j f_i \ln \frac{\mu}{Z_j} \tag{5}$$

这就是所谓的平均对数离差，又被称为泰尔第二指数，或者泰尔－L 指数。

当 $\alpha=1$ 时，

$$T_1=\sum_j f_j \frac{Z_j}{\mu} \ln \frac{Z_j}{\mu} \tag{6}$$

这就是我们所谈到的泰尔指数，也叫泰尔第一指数，或者泰尔－T 指数。泰尔指数是泰尔（Theil，1967）利用信息理论中熵的概念来计算收入不平等的方法。泰尔指数的优点在于它可以衡量组内差距和组间差距对总差距的贡献，作为衡量个人间或地区间收入差距（或者不平等程度）的指标被使用。但是，泰尔指数的计算非常烦琐，且受样本大小的影响很大。而且，在研究我国的收入分配差距时，我们更应该关心中等收入阶层的收入状况，泰尔－T 指数对富裕阶层的收入变化反应比较强烈，泰尔－L 指数对贫困阶层的收入变化反应比较强烈，而基尼系数对中等阶层收入变化反应更敏感。因此，在研究我国的收入分配差距问题时，还是采用基尼系数进行考察比较合适。

（3）绝对极差

绝对极差就是通过极差（最大标志值与最小标志值之差，这可以反映收入差异的变动范围和幅度）或平均差（总体所有单位与其算术平均值的离差绝对值的算术平均值）来衡量收入分配差距的方法。

极差的计算公式如下所示。

$$R=Y_{\max}-Y_{\min} \tag{7}$$

其中，$Y_{\max}$表示居民收入的最大值，$Y_{\min}$表示居民收入的最小值。

虽然极差的计算很简单，但是容易受极端因素的影响，不能真正反映收入分配差距的真实情况。因此，用这个指标衡量收入分配差距是不可靠的。

平均差的具体计算公式如下所示。

$$D=\frac{\sum_{i=1}^{N}|Y_i-\bar{Y}|}{N} \tag{8}$$

其中，Y_i 表示第 i 个居民的收入，$\bar{Y}$ 表示所有居民收入的平均值，N 表示居民的总数。

与极差相比，平均差虽然能够反映收入的平均变动情况，且运算简单，但有一个致命的弱点：假设两个收入都高于平均收入 $\bar{Y}$ 的人 A 和 B，他们的收入分别记为Y_A 和Y_B，且$Y_A > Y_B$，B 将其收入的一小部分 y 转移给 A，且转移之后$Y_A - y$ 和$Y_B - y$ 都还大于 $\bar{Y}$，则按照道尔顿准则，这种转移肯定是加大了收入分配差距，但是，$\sum_{i=1}^{N} | Y_i - \bar{Y} |$ 的大小没有因此发生改变，也就是说，此时 D 的大小并没有改变。

（4）阿特金森（Atkinson）指数

1970 年，Atkinson 在收入分配差距的度量问题上发表了独到见解，提出了由社会福利函数推导出来的测度收入分配差距中带有社会福利规范特征的 Atkinson 指数。

Atkinson 选择的社会福利函数如下所示。

$$W(x) = \int U(t) \, dF(t) \tag{9}$$

其中，$U(t)$ 为严格凹的增函数，$F(t)$ 为收入分配 x 对应的分布函数。

另外，Atkinson 选择了一种边际效用弹性为常数的社会效用函数，具体如下。

$$U(x_i) = \begin{cases} \alpha + b\dfrac{x_i^{1-\xi}}{1-\xi}, & 0 < \xi \neq 1 \\ \alpha + b\ln x_i, & \xi = 1 \end{cases} \tag{10}$$

由此推出 Atkinson 指数的计算公式为

$$A(x, n) = 1 - \frac{\partial(x, n)}{\bar{x}} = \begin{cases} 1 - \left[\dfrac{1}{n} \sum_{i=1}^{n} \left(\dfrac{x_i}{\bar{x}} \right)^{1-\xi} \right]^{1/(1-\xi)}, & 0 < \xi \neq 1 \\ 1 - \left(\prod_{i=1}^{n} \dfrac{x_i}{\bar{x}} \right)^{1/\xi}, & \xi = 1 \end{cases} \tag{11}$$

其中，ξ 是反映社会对不平等厌恶程度的参数，ξ 增大，表示社会对不平等的厌恶程度增加，ξ 的取值范围是（0，+∞）。根据学者们对不平等的实际研究，ξ 一般的取值范围是（0.5，2）。

Shorrocks 和 Slottje（2002）的研究发现，Atkinson 指数与广义熵指数

存在一一对应的单调转换关系，两者都具有可分解性，但是 Atkinson 指数的分解要麻烦很多。因此，在进行收入分配差距研究时，一般不选择 Atkinson 指数。如果社会福利函数不是严格意义上的凹函数，Atkinson 指数就失效了。另外，如果两种不同的分配方式得到了相同的福利函数，那么用 Atkinson 指数测度的收入分配差距也是相同的，而现实经济中并非如此。

（5）变异系数

变异系数（coefficient of variation 或 coefficient of variability）是指样本标准差占平均数的百分比。它既能够衡量相同度量衡单位的纵向指标间的差异，又能够衡量不同度量衡单位的横向指标间的差异。以人口规模为权数的加权变异系数的计算公式如下所示。

$$CV = \frac{1}{\bar{y}}\sqrt{\frac{\sum_{i=1}^{n}(y_i - \bar{y})^2 p_i}{\sum_{i=1}^{n} p_i}} \tag{12}$$

其中，y_i 指第 i 个地区的人均可支配收入，$\bar{y}$ 指 n 个地区人均可支配收入的平均数，p_i 指第 i 个地区年末常住人口，n 指地区总数。变异系数越大，收入分配差距就越大。但是，如果出现下面的情况，变异系数对收入分配不平等的测度就可能失效：从有 1000 元收入的人向有 900 元收入的人进行 100 元的转移，以及从有 1000100 元收入的人向有 1000000 元收入的人进行 100 元的转移，前者比后者对收入分配差距产生的影响更大，但是用变异系数显示不出这种差距。

（6）沃尔夫森“极化指数”

沃尔夫森“极化指数”是沃尔夫森（Michael C. Wolfson）在 1994 年《美国经济评论》上发表的一篇文章中提出来的。他认为收入分配的两极分化不是收入水平在两极之间差距的极度拉大，而是总人口中穷人阶层的人数和富人阶层的人数都在增加，中等收入阶层的人数在减少。基于此，沃尔夫森提出了衡量收入分配差距的极化指数，具体如下。

$$W = \frac{2(U^* - U_1)}{M} \tag{13}$$

其中，U^* 表示修正了的平均收入［平均收入 ×（1 − 基尼系数）］，U_1 表示最穷的1/2人口的平均收入，M 表示中位收入。像基尼系数一样，沃尔夫森“极化指数”的取值范围也是（0，1）。当不存在收入分配差距时，为零分化；当收入分配差距极大时，为完全分化。

但是，沃尔夫森“极化指数”的分组过于简单，对收入分配差距的反映太过整体化而不够细致。因此，笔者也不赞成使用这种方法测度收入分配差距。

（7）偏离值法

偏离值法既可精确测量收入分配差距的程度，又可进行横向和纵向的比较，计算方法也很简便。其计算公式如下所示。

$$R = \sum_{i=1}^{n} \left| y_i - \frac{1}{n} \right|, \ i = 1, 2, \cdots n; \ y_1 + y_2 + \cdots + y_n = 1 \tag{14}$$

其中，R 为偏离值；n 为分组数，即将社会上的人口均分为 n 组；y_i 表示第 i 组人口的收入占社会总收入的比重。n 可以取不同的值，n 的取值越大，表示对人口的分组越细，那么 R 的取值范围也会越大（如当 $n=5$ 时，$0 \leqslant R \leqslant 1.6$；当 $n=10$ 时，$0 \leqslant R \leqslant 1.8$；当 $n=20$ 时，$0 \leqslant R \leqslant 1.9$）。偏离值 R 越偏离0，说明收入分配差距越大。

由于 R 的取值和分组数 n 的取值具有直接关系，所以，在保持计算口径的统一问题上，偏离值法就显得比较苍白。

（8）贫困指数

1998年，诺贝尔经济学奖获得者阿马蒂亚·森（Amartya Sen）提出了衡量收入分配差距的又一重要指标：贫困指数（Poverty Index）又称贫困率（Poverty Rate），是指家庭收入低于贫困线（Poverty Line）绝对水平的人口百分比。其计算公式如下。

$$P = H \cdot [I + (1 - I) \cdot G] \tag{15}$$

其中，H 表示一个社会预先确定好的处于贫困线下的人口数，G 表示基尼系数，I 表示衡量收入分配的指标，其值处于0和1之间，且 G 和 I 均针对处于贫困线下的贫穷群体计算得出。贫困指数的计算方法比较复杂，且贫困线的确定也存在很多人为因素的干扰，因此，使用这一指标来衡量收入分配差距并不客观。

5. 功能性收入分配度量的数据来源与测度原则

为保证数据的权威性，本文的基础数据主要来自以下资料：《中国国内生产总值核算历史资料（1952 ~ 1995）》[①]、*China's National Income 1952 - 1995*[②]、《中国国内生产总值核算历史资料（1996 ~ 2002）》[③]、《中国国内生产总值核算历史资料（1952 ~ 2004）》[④]、《中国资金流量表历史资料（1992 ~ 2004）》[⑤] 等；此外，还包括相应年份的《中国统计年鉴》《国际统计年鉴》，以及各省份统计年鉴等。

为了避免根据单一数据来源研究我国工资收入份额可能带来的偏差，本文分别根据投入产出表、资金流量表、省际收入法 GDP 等几个不同来源的数据进行计算，对每种数据特点进行分析和对比，再把计算结果进行相互印证，以便得到较为稳健的结论。为了剔除 2004 年我国统计核算口径变化所带来的影响，本文以 2004 年经济普查数据为基础，根据 1978 ~ 2007 年个体就业者与全部就业人数之间的比例关系推算出各年自我雇用者的混合收入，并按照三种口径对现有的劳动者报酬数据进行调整，即把混合收入全部记为劳动报酬，将其 2/3 记为劳动报酬，以及将其全部记为资本收入。结果都显示，我国工资收入份额自 1995 年以来的确明显下降，但与调整之前的原始数据相比，下降幅度大为缩小。研究发现，2004 年统计口径的变动夸大了工资收入份额的下降，下降了约 4.6 个百分点。

在因素分析法的运用上，本文对剔除了统计口径变动影响之后的工资收入份额进行了分析，将其分解为产业间效应和产业内效应，并计算出不同时期两种效应的影响程度。结果发现，在短期，产业内效应的影响居主要地位。但由于第二、第三产业的工资收入份额通常的变动方向是相反

---

① 国家统计局国民经济核算司：《中国国内生产总值核算历史资料（1952 ~ 1995）》，东北财经大学出版社，1997。

② Hsueh, Tien - tung, Li Qing (1999). *China's National Income 1952 - 1995*, Westview Press, 1999。

③ 国家统计局国民经济核算司：《中国国内生产总值核算历史资料（1996 ~ 2002）》，中国统计出版社，2004。

④ 国家统计局国民经济核算司：《中国国内生产总值核算历史资料（1952 ~ 2004）》，中国统计出版社，2007。

⑤ 国家统计局国民经济核算司、中国人民银行调查统计司：《中国资金流量表历史资料（1992 ~ 2004）》，中国统计出版社，2008。

的，产业内效应相互抵消，总体工资收入份额表现出较强的时间稳定性，因而从长期来看，产业间效应的影响更重要。

为了考察产业内工资收入份额变动的影响因素，本文以我国 1998 ~ 2007 年工业部门中 39 个子行业的面板数据为基础，建立了混合效应和固定效应计量模型，发现各行业间的工资收入份额存在显著差异，资本增强型技术进步是该期间工业行业工资收入份额下降的主要原因，而资本深化（提高资本 - 产出比）则与工资收入份额呈正相关。当以 1978 ~ 2007 年的省际面板数据为基础考察工资收入份额的影响因素时，我们发现除资本增强型技术进步之外，产业结构转型也是各省份工资收入份额变动的重要原因。显然，从行业角度与从区域经济角度分析得到的工资收入份额的影响因素有很大不同。其主要原因是，工业部门内的各行业之间同质性较强，产业结构的变动对工资收入份额的影响并不大。而这些因素，如三次产业结构的转型等，可能对区域经济中工资收入份额的变动产生显著影响。因此，本文把两种研究视角结合起来，对工资收入份额变动的影响因素做了更为全面的揭示。

在比较分析法的应用上，本文研究了 1980 ~ 2008 年典型发达国家和发展中国家工资收入份额的变动趋势，发现前者的工资收入份额显著高于后者，表现为明显的“俱乐部趋同”现象。本文按照可比口径把中国与其他国家的工资收入份额进行对比，发现 1980 ~ 2007 年中国的工资收入份额比发达国家工资收入份额均值低约 15 ~ 20 个百分点，也比其他发展中国家工资收入份额均值低约 4 个百分点。在发展中国家，中国的工资收入份额低于其他转轨国家，如捷克、波兰和俄罗斯，也低于韩国约 10 个百分点，但高出墨西哥、土耳其近 5 个百分点。

劳动者报酬是居民收入的主体部分，占比在 80% 以上，但仅仅考察工资收入份额的变化依然无法揭示居民收入份额变动的全貌。为了反映初次分配和再分配过程对居民收入变动的综合影响，本文采用了整体分析法，以修订后的资金流量表数据为基础，进一步研究了劳动者报酬、财产收入、生产税净额、经营性留存、经常性转移等初次分配和再分配环节对居民收入份额的影响。结果发现，1992 ~ 2008 年，初次分配中居民的劳动报酬占比下降了 6.66 个百分点；经过生产税、财产性收入等分配环节之后，整个初次分配过程居民收入占比下降了 8.47 个百分点；经过经常性转移支付后形成的居民可支配收入所占比重下降了10.45个百分点。这清晰地表明，居民收入几乎在国民收入分配中的各个环节、各个分配项目上都有所下降，而政府和企业部门在初次分配和再分配后的收入份额都有所提高。

三 研究思路与研究内容

收入分配差距与经济增长的关系是一个看似简单，实际上却非常复杂的问题。相关研究很多，但理论认识在很多方面都不清楚，意见分歧非常大，甚至完全相左。经济学家在收入分配方面对公共政策的影响微乎其微，与其研究的程度完全不成正比。本文试图对两者之间的动态关系进行一些尝试性研究。本文在对收入水平、收入结构与经济增长关系重新考察的基础上，将收入水平、收入结构与经济增长纳入一个整合框架，建立一个收入流量与资本存量同时均衡的两部门（资本品部门与消费品部门）模型，推导经济增长稳定状态的实现和转换，以及收入水平和收入结构之间的互动模式，从而提出结构性有效需求理论。以收入流量与资本存量同时均衡模型和结构性有效需求理论为基础，利用实证研究和比较制度分析，寻求经济史中出现的"经济奇迹"的成因及其不同结果的根源。结合这些理论与经验，本文将利用调研获得的第一手数据与其他途径收集的第二手数据，讨论中国城市化与工业化进程中的收入结构变动，从而对中国"经济奇迹"的性质进行重新审视，并以此为根据，提出中国"经济奇迹"能够得以维持的对策建议。

本文的总体思路是在对经济增长与收入分配相关理论和文献进行分析与评价的基础上，结合中国的经济发展阶段，对经济增长与收入差距的关系进行理论分析和实证检验，重点是探索经济增长对收入分配的影响与收入分配差距对经济增长的作用机制，并尝试进行理论上的解释；同时，通过探讨收入分配差距与经济增长"良性互动"的条件，建立收入分配差距的动态评价体系，并从制度与政策入手，构建有利于经济持续、稳定增长的收入分配体系，以改善收入分配状况，推动经济增长与收入分配"良性互动"。

收入分配差距扩大和结构扭曲是经济快速增长的结果，同时，收入分配差距扩大和收入结构扭曲导致消费结构扭曲，消费结构的扭曲导致生产结构（产业结构）的畸形，从而产生经济波动和经济停滞。收入分配的不断完善有利于经济保持快速、稳定的增长。本文的研究内容主要包括以下几个方面：①收入水平与经济增长率之间的倒“U”形关系是由收入结构扭曲导致的资本存量与收入流量失衡造成的，如果收入能够保持合理的结构，倒“U”形关系将会变成斜率为正并逐渐趋于零的曲线，经济增长稳定状态得以维持。②在收入水平、收入结构与经济增长的整合模型中，经济增长率不取决于外生的人口增长率或所谓的“内生”技术变动率，而是由收入水平、收入结构决定的。收入水平的提高与收入结构的优化会引起经济增长稳定状态的转移，经济变量结构的扭曲将导致稳定状态的崩溃。“经济奇迹”实际上是收入结构发生实质性调整带来的经济增长稳定状态转移的一种表现，“经济奇迹”的不同结果是收入变量结构差异导致的不同增长路径的必然。③发展卡莱斯基（1976）的模型，可以推导出只有工资收入对非工资收入（利息与利润）的比率与产品成本中工资成本对折旧和利息成本的比率保持不变，经济增长稳定状态才能实现并得以维持，唯此才能保证工人购买全部消费品而企业得到稳定的利润率。随着经济的增长，增加投资一方面会导致工资收入对非工资收入的比重下降；另一方面会使资本存量价值对收入流量的比率提高，在折旧率和利息率不变的情况下，这会使企业的成本构成中工资成本对非工资成本（折旧与利息）的比率下降。如果收入结构不能得到调整，就必然形成工人靠工资买不起企业按现行成本生产和定价的产品，进而导致投资减少。这就是结构性有效需求问题，它不同于凯恩斯主义的有效需求概念。④根据结构性有效需求理论，收入分配不平等与经济增长不是正向的关系，均衡的收入结构是经济增长稳定状态得以维持的必要条件。缩小收入分配差距的意义并不仅仅在于内生增长理论所强调的微观层次的问题，而更在于保持经济的平稳运行。一个附属的推论是，收入分配的差距并不会依靠市场力量自动减小，必须求助于适当的经济政策来调整收入结构。⑤经济史中出现的“经济奇迹”可以大致分为两种类型：“拉美模式”和“东亚模式”。拉美“经济奇迹”所遗留的“拉美病”根源于收入结构严重扭曲所造成的经济中流量与存量严重失衡；而东亚“经济奇迹”的持续和振荡后的快速恢复依赖于收入结构的相对均衡。⑥考虑到中国农民和城市失业人员巨大的“收入缺口”和“需求缺口”，根据结构性有效需求模型，可以推算出城市化和工业化能够保证今后中国 20～30 年长期的高速增长，如果收入结构能够不断优化，城市化的推力和工业化的拉力会使中国经济在某些年份达到更高的增长速度，即伴随着收入结构的调整出现经济增长稳定状态的不断转换。⑦经济政策可以分为规模性经济政策和结构性经济政策，前者是指在需求增加和国民收入总量水平增加的同时，资产值也提高，导致收入结构和成本结构失衡，产生阻碍经济可持续增长的政策因素，如出口退税、家电下乡补贴、政府各种农业或科技补贴、扩张性财政政策和货币增长等；而后者是指能够提高低收入阶层收入能力和水平，保证收入结构和成本结构在经济增长过程中协调的政策因素，如使劳动力从传统低效率行业向现代高效率行业转移、降低农民“进城”的障碍和成本、实施有效率的教育推广计划、进行影响生产模式和相对价格的对商品市场的调控、对技术状态和技术进步性质进行调整、实行累进税制、公共投资向低收入者重新配置等。不同的经济政策对经济增长的影响具有很大差别，规模性经济政策在一定阶段可以阻挡收入水平－经济增长率曲线向下弯曲形成倒“U”形，但它有可能造成流量与存量的失衡，从而降低经济增长速度；而结构性经济政策使曲线向右转动，表现为经济增长稳定状态向更高增长率转换，并进一步维持下来，结构性经济政策是经济持续高速增长的保障，更应该成为政策制定时的首选。

第一章　经济增长与收入分配关系的理论审视

经济增长与收入分配关系的问题历来是经济学中研究的重点，众多经济学大师对这一问题的研究形成了丰硕的成果。从亚当·斯密、大卫·李嘉图、卡尔·马克思的古典时代起，有关经济增长与收入分配关系的研究就成为经济学的核心领域之一，之后的不同经济学流派也都对这一问题从不同的视角进行了审视。这些成果是本文研究的理论基础和逻辑起点。

第一节　不同视域下的分配理论

在人类经济社会发展中，生产与分配是永恒的主题，也是经济学研究的中心课题。从古希腊思想家色诺芬开始，经过威廉·配第、亚当·斯密、大卫·李嘉图、艾尔弗雷德·马歇尔、卡尔·马克思，到现代西方主流经济学家萨缪尔森，都在不同的视域下分析经济增长与收入分配，都把分配理论作为经济学研究的核心之一。正如大卫·李嘉图（1821）所指出的："土地产品，即将劳动、机器和资本联合运用在地面上所取得的一切产品，要在土地所有者、耕种所需的资本所有者以及进行耕种工作的劳动者这三个社会阶级之间进行分配。……确立支配这种分配的法则，是政治经济学的主要问题。"①

① 〔英〕大卫·李嘉图：《政治经济学及税赋原理》，郭大力、王亚南译，商务印书馆，1981，第2页。

一　古典经济学的经济增长与收入分配理论

1. 亚当·斯密的国民财富增长原因分析与三个阶级、三种收入的理论

亚当·斯密（Adam Smith，1776）的经济增长和收入分配思想主要体现在《国民财富的性质和原因的研究》中，他认为政治经济学的目的就在于促进国民财富的增长，并在这本书中着重论述了影响国民财富增长的原因。他认为增加国民财富主要靠两种方法：一是提高工人的劳动生产力，这主要靠发展分工；二是增加从事生产劳动的人数，这主要靠增加资本。

亚当·斯密首先论述了资本主义社会的阶级结构。他提出，地主、工人和资本家是构成文明社会（资本主义社会）的三大阶级。亚当·斯密根据人们对生产资料的占有状况，用取得收入的方式来划分阶级。他认为收取地租的土地占有者是地主阶级；从事劳动、以工资为生的人是工人阶级；手中积累了资本，以利润为收入的人是资产阶级。地租、工资和利润分别是他们的收入。这些是社会的基本收入，其他收入如利息、赋税等，都是从这三种收入中派生出来的。他认为商品价值由地租、工资、利润三部分构成，地主、工人、资本家三个阶级分别取得地租、工资、利润三种收入。“在商品价格中，除去土地的地租以及商品生产、制造乃至搬运所需要的全部劳动的价格外，剩余的部分必然归利润。……工资、利润和地租，是一切收入和一切可交换价值的三个根本源泉。”①

关于工资，亚当·斯密认为，在资本主义条件下，劳动生产物要在这三个阶级中进行分配。工资水平由劳资双方的契约决定，但仍然有一个最低限度，即足够维持其生活。工资水平取决于市场上对劳动的需求，而对劳动需求的增加，是一国资本和收入或国民财富增加的结果，也就是说，一国财富增加的速度即资本积累的速度，决定工资的水平。国民财富不断增长的国家，工资会不断提高；反之，工资会降低。因此，劳动报酬提高及劳动者生活状况改善是国民财富增进以及社会前进的结果与评价标准。

关于利润，亚当·斯密认为，第一，利润是在资本主义生产中才出现的，劳动者因丧失生产资料和生活资料而不得不接受雇佣是利润产生的前

① 〔英〕亚当·斯密：《国民财富的性质和原因的研究》，郭大力、王亚南译，商务印书馆，1981，第48~50页。

提；第二，工人创造的价值分为归工人的价值和归资本家的价值两部分，也就是工人的劳动要分为必要劳动和剩余劳动两部分。利润是工人创造的价值在补偿了工资以后的余额，归资本家占有。这里，亚当·斯密实际上认识到了剩余价值的起源。亚当·斯密认为，利润是倾向于下跌的，“在同一行业中，如有许多富商投下了资本，他们的相互竞争，自然倾向于减低这一行业的利润；同一社会各种行业的资本，如果全部同样增加了，那么同样的竞争必对所有行业产生同样的结果”。[①] 同时，亚当·斯密指出，由于受许多因素影响，利润是不确定的，但可以由利息率的变动推知利润的变动，因为国内资本的利润一般会随利息率的升降而增减。亚当·斯密主张用市场供求关系调节资本利润和利息，反对人为垄断和干预。他指出，在自由竞争条件下，除了起因于职业本身性质的不平等难以避免外，工资和利润在不同行业可以大体均等，但这需要若干条件；此外，人为的政策和制度也会造成不平等现象，如限制竞争、城乡的人为差别、限制资本和劳动自由流动等。

讨论了工资和利润以后，亚当·斯密进而讨论了地租。他认为，地租是使用土地的代价，是租地人按照土地实际情况支付给地主的最高价格。地租是土地生产物的售价中除了工资和利润以外的部分，这一部分规模依照土地生产物的价格而定，而这个价格又要看土地生产物的需求如何。亚当·斯密由此指出，工资和利润是价格高低的原因，而地租是价格高低的结果。

2. 李嘉图的经济增长与收入分配思想

李嘉图是从总供给入手来研究经济增长与收入分配的。李嘉图以劳动价值论为基础，把收入分配作为政治经济学的研究主题。这是因为收入分配问题不仅涉及各阶级的经济利益，而且关乎资本主义未来的发展。李嘉图在其名著《政治经济学及赋税原理》的序言中指出：确立支配全部国民产品在三大社会阶级之间分配的法则，是政治经济学的主要问题。李嘉图不仅研究分配本身，而且把收入分配的研究同一国经济增长紧密地联系在一起，认为整个经济体系运行的机制、经济增长的决定力量和前景，以及

① 〔英〕亚当·斯密：《国民财富的性质和原因的研究》（下卷），商务印书馆，1974，第67页。

一些重要的政策措施的答案，都深藏在分配理论之中。

李嘉图继承了亚当·斯密的劳动价值论和分配理论中关于资本主义社会的三个阶级和三种收入的见解。李嘉图认为，收入分配是社会总产品在地租、工资和利润之间的分配，并遵循着两种不同的原则：边际原则和剩余原则。边际原则被用来说明地租的决定和地租份额的变化，它以土地报酬递减规律为基础。地租被看成土地这种生产要素的级差收益，资本主义级差地租有两种形态。第一种形态是由土地的质量和位置造成的，不同土地劳动生产率的差别产生了地租的差别。他认为该形态地租的产生和存在有两个条件，即土地的有限性及其肥沃程度和位置的差别性。第二种形态是由追加等量资本和等量劳动的生产率而产生的地租。剩余原则被用来说明商品的价值在工资和利润之间的分配，它以“生存工资”理论为基础。工资等于维持劳动力生存和延续所必需的生活资料的价值，利润是产品价值减去工资之后的余额。在此前提下，他认为经济增长取决于资本积累，资本积累的唯一源泉是利润，利润是资本所有者的收入，是劳动者创造价值的一部分，利润的规模取决于社会财富在资本家和工人之间的分配。因此，李嘉图认为，经济增长的速度和前景取决于收入分配中利润份额的变动。

李嘉图还系统地研究了资本主义早期发展阶段工资、利润、地租的大小及其相互关系，并由此得出了两个重要结论。一个结论是，因为地租总是由追加的劳动量所获报酬相应减少而产生的，所以在资本主义发展过程中，经济增长的必然结果是地租上升；另一个结论是，由于商品的全部价值只被分解为两个部分，即劳动者的工资和资本家的利润，利润是工资的余数，因此，利润和工资的高低成反比。此外，他也认识到了随着社会的进步、财富的增长、资本积累和人口的增加，利润有下降的趋势。

二　马克思的分配理论与利润率下降规律

马克思的分配理论继承了亚当·斯密和李嘉图劳动创造价值的观点，并发展出了剩余价值理论，用来解释资本主义社会运行的规律。马克思认为，分配关系是生产关系的一个侧面，是在一定历史阶段社会生产力发展的产物。当个人以雇佣劳动形式参与生产时，他就会以获得工资的形式参与产品的分配，而雇佣劳动制度是以生产资料和劳动者的分离为前提的。

“分配的结构完全决定于生产的结构，分配本身就是生产的产物，不仅就对象说是如此，而且就形式说也是如此。就对象说，能分配的只是生产的成果，就形式说，参与生产的形式决定了参与分配的形式。”①

对于工人阶级在社会分配中的地位变动趋势问题，马克思在他的资本积累理论和资本有机构成理论中，集中体现了自己的观点。与李嘉图将利润最大化视为资本积累的主要目的不同，马克思认为，由于资本家之间的激烈竞争，资本积累和扩大再生产不仅是一种选择，而且是必需的。工业革命之后所形成的社会化大生产使大量手工工场在激烈竞争中倒闭，但新的生产方式又不足以吸纳由大量失业者所组成的“劳动储备大军”。因此，当劳动供给超过劳动需求时，工资仅能维持在满足工人基本生活的最低水平。随着竞争的加剧和中小企业的倒闭，生产逐渐集中于少数大资本家，从而使经济进入垄断资本主义阶段。在这一阶段，资本的有机构成逐渐提高，也就是以机器设备为主的不变资本在总预付资本中的比例提高，而用于支付工人工资的可变资本的比例降低，从而使工资占总产出的份额下降，工人阶级陷入相对贫困，甚至绝对贫困，这就是马克思的“生存工资”观点。资本积累过程体现了资本主义生产方式内在的对抗性矛盾：它的一极是资本家财富的积累，另一极是无产阶级失业、贫困的积累。

马克思对利润变化趋势的分析也是以资本有机构成理论为基础的。马克思认为，随着经济的增长，资本利润率必然下降。剩余价值是可变资本的产物，利润率是剩余价值对总资本（不变资本与可变资本之和）的比率，随着资本积累和资本有机构成的提高，利润的绝对量上升，而利润率必然下降。马克思指出：“在资本主义生产方式的发展中，一般的平均的剩余价值率必然表现为不断下降的一般利润率。因为所使用的活劳动的量，同它所推动的物化劳动的量相比，同生产中消耗掉的生产资料的量相比，不断减少，所以，这种活劳动中物化剩余价值的无酬部分同所使用的总资本的价值量相比，也必然不断减少。而剩余价值量和所使用的总资本价值的比率就是利润率，因而利润率必然不断下降。”② 关于地租的变动，

① 中共中央马克思恩格斯列宁斯大林著作编译局：《马克思恩格斯选集》（第二卷），人民出版社，1974，第98页。

② 马克思：《资本论》第三卷，人民出版社，1975，第237页。

马克思认为："地租量完全不是由地租的获得者决定的，而是由他没有参与、无关的社会劳动的发展决定的。"① 随着资本主义经济的发展，一方面土地产品的市场需求会增大；另一方面对土地本身的直接需求也会增大。因此，"土地所有者只是坐享剩余价值和剩余产品中一个不断增大的份额"。②

马克思认为，良好的自然条件和技术的发展只提供剩余劳动、剩余价值或剩余产品的可能性，而不能提供它的现实性。要把剩余劳动归属于资本，必须具备特定的社会历史条件，需要外部的强制，"对这种剩余劳动的占有不是以交换为中介，而是以社会的一部分人对另一部分人的暴力统治为基础"。③ 相应的，他认为资本通过侵占劳动创造的剩余价值，对劳动者构成了剥削，从而使资本和劳动两种生产要素在分配中处于敌对关系，资产阶级与工人阶级之间的矛盾是不可调和的。马克思认为，只有通过增强工人阶级的集体谈判能力，才能使资本家降低剥削的程度，将一部分剩余价值交给劳动者，以提高其收入份额。因此，马克思的理论意味着分配份额是由双方的阶级力量决定的，要维持工资和利润的稳定分配关系，必须使工人阶级的组织和谈判能力与经济发展水平相适应。

三　新古典经济学的分配理论

新古典经济学的价值理论和分配理论与马克思的观点相反，它继承了李嘉图的边际原理，从生产的技术角度来解释收入分配，将现行制度中的利润和工资的分配格局看成由资本和劳动的边际生产力决定的。新古典经济学的代表人物主要有美国经济学家克拉克和英国经济学家马歇尔。前者以边际生产力为核心，研究收入分配；而后者以均衡价格理论为核心，研究收入分配。

1. 克拉克的边际生产力分配理论

克拉克首创了"边际生产力"这一经济学概念，并将其运用到各种生产要素的价格决定中，从而建立起一个比较完整的要素分配理论体系。他

① 马克思：《资本论》第三卷，人民出版社，1975，第 717 页。

② 马克思：《资本论》第三卷，人民出版社，1975，第 719 页。

③ 中共中央马克思恩格斯列宁斯大林著作编译局：《马克思恩格斯选集》（第三卷），人民出版社，1974，第 440 页。

认为，国民收入在各种要素所有者之间的分配，是由各要素在生产中所做的贡献决定的，“每个生产要素在参加生产过程中，都有其独特的贡献，也都有相应的报酬——这就是分配的自然规律”。① 他认为，各生产要素的所有者根据其拥有的生产要素对生产的贡献而获得的收入，就是生产要素的价格。因此，解决分配问题就是要解决生产要素的价格决定问题，但生产要素的价格决定是动态过程，而生产要素所有者的收入是一个静态过程。边际生产力决定生产要素之间的收入分配，工资和利息则决定于劳动和资本的边际生产力。在自由竞争条件下，工资等于劳动边际生产力、利息等于资本边际生产力就是社会收入分配的自然规律，从而形成了在完全竞争和规模报酬不变条件下的欧拉定理：$Q = K \cdot MP_K + L \cdot MP_L$，也被称为产品分配净尽原理，其中，$Q$、$K$、$MP_K$、$L$、$MP_L$分别代表总产出、资本投入量、资本的边际产出、劳动投入量、劳动的边际产出。

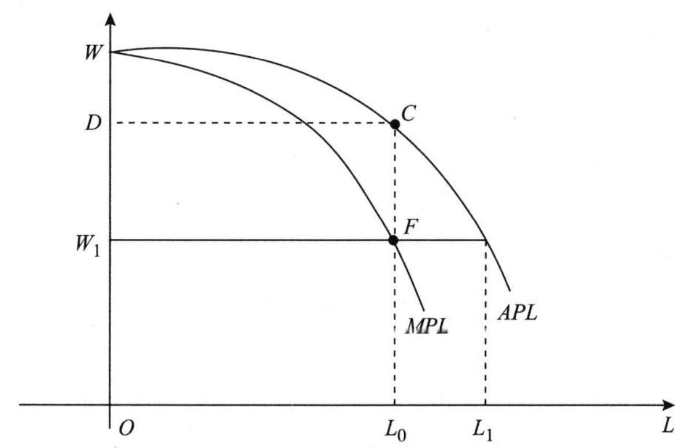

图 1－1　完全竞争时的工资水平决定

在图 1－1 中，APL 为劳动要素的平均产出曲线，MPL 为劳动要素的边际产出曲线。在完全竞争的劳动力市场中，厂商根据利润最大化原则，雇佣的劳动力数量为 L_0，支付工资水平为 W_1，劳动要素的总收入为矩形 OL_0FW_1，其他要素的收入则为矩形 W_1FCD。

克拉克认为导致动态变化的力量来自人口增长、资本增加、生产方法的改良、生产组织形式的变化，以及人类欲望的增长和变化。经济增长过

① 〔美〕约翰·贝茨·克拉克：《财富的分配》，商务印书馆，1997，第 11 页。

程中收入分配格局变化的趋势是：一方面，由于各种动态因素的共同作用，工资以及其他形式的收入将不断上升，同时，商品价值（以劳动衡量的单位价值）将不断下降，使一定量的劳动可以交换到更多的商品；另一方面，随着收入水平和消费水平的不断提高，劳动、资本以及整个社会结构也会不断上行，导致经济不断增长。

2. 马歇尔的要素市场均衡价格理论

克拉克只是从需求的角度考察了要素的分配问题，而新古典经济学的集大成者马歇尔把边际效用理论和生产费用价值论结合起来，并把“均衡价格”的概念引入要素价格的决定，从供给与需求两个方面共同解释要素价格的决定。“需求和供给对工资起着同样的影响，其中是不容有轩轾的，如同剪刀之两边、拱门之双柱一样。……这个问题中的各种因素都是相互决定（相互制约）的，它偶尔使供给价格和需求价格相等。工资既不是由需求价格，又不是由供给价格决定的，而是由支配供给和需求的一系列原因决定的。”[①] 他认为，任何生产要素的需求都取决于它在替代原理下的边际生产力，而供给“不论什么时候都首先取决于它的现有存量，其次取决于它的所有者把它运用到生产上的意向”。[②]

就劳动而言，劳动力的需求价格是由最后被雇用的那个工人的生产力，即边际生产力决定的，若劳动的边际生产力递减，厂商对劳动的需求价格也将下降。对于劳动力供给价格，马歇尔认为是由培养、训练和维持有效率的劳动者的生产成本决定的。于是，工资、利息、地租等生产要素虽然形式上互不相同，但其收入份额问题都被归结为要素均衡价格的决定问题。“工资及其他的劳动报酬，和资本的利息有许多共同之点。因为决定物质资本和人身资本的供给价格的因素具有一致性，使人投资于他的儿子的教育上的动机，和使他为他的儿子积累物质资本的动机相同。”[③]

二战以后，经济学研究的中心由英国转向美国，作为凯恩斯的追随

---

① 〔英〕阿尔弗雷德·马歇尔：《经济学原理》（下卷），陈良璧译，商务印书馆，1965，第204～205页。

② 〔英〕阿尔弗雷德·马歇尔：《经济学原理》（下卷），陈良璧译，商务印书馆，1965，第199页。

③ 〔英〕阿尔弗雷德·马歇尔：《经济学原理》（下卷），陈良璧译，商务印书馆，1965，第362页。

者，以保罗·萨缪尔森等人为代表的一批美国经济学家把马歇尔的学说改造成微观经济学，把凯恩斯的学说发展成宏观经济学，并在经济学领域一直占据着支配地位，这就是经济思想史上著名的新古典综合派。

四　新剑桥学派对收入分配影响经济增长效应的分析

新剑桥学派的收入分配理论是由罗宾逊、卡尔多、帕西内蒂和斯拉法等沿着凯恩斯的投资－储蓄分析框架发展起来的。他们认为，在就业和产出给定的条件下，凯恩斯的分析框架也可用来分析工资和利润的分配关系。他们试图在否定新古典综合派的基础上，重新恢复李嘉图的传统，建立一个以客观价值理论为基础、以分配理论为中心的理论体系，并以此为根据，探讨和制定新的社会政策，以改变资本主义现存分配制度，调节失业与通货膨胀的矛盾。

新剑桥学派主张研究经济增长时必须将收入分配纳入。帕西内蒂（2005）认为，将经济增长和收入分配结合起来研究是该学派的一大特色，也是未来该学派研究的重点内容，新剑桥学派将继续致力于解决现代经济中始终存在的高失业率和收入不均等问题。[①] 他们主张通过调节储蓄率来解决哈罗德－多马模型的内在不稳定性，认为在既定的经济增长率和资本－产出比之下，可以通过改变储蓄率来实现充分就业的经济增长，而储蓄率的改变需要通过改变资本利润和劳动工资在国民收入中的比例来实现。在经济增长的过程中，国民收入分配结构的变动趋势朝着有利于资产阶级的方向发展，即在储蓄倾向不变的条件下（新剑桥经济增长模型的假设之一就是，资本家和工人的平均储蓄倾向都是常数），投资率越高，国民收入中的资本利润份额越大，劳动工资份额越小。这种不利于经济稳定增长的收入分配格局变化趋势完全是社会制度原因和历史原因造成的，必须通过政府干预才能得到解决。政府应该采取有力措施来调整国民收入中的利润份额和工资份额，改变收入分配的格局，以使社会储蓄率满足经济稳定增长的条件，从而实现经济的稳定增长。基于这样的逻辑思路，新剑桥学派提出依靠社会政治力量，通过改进累进税制、实行没收性遗产税等

① 〔英〕琼·罗宾逊、约翰·伊特韦尔：《现代经济学导论》，陈彪如译，商务印书馆，1982。

一系列收入均等化措施，改进资本主义收入分配制度。

卡尔多（1955）认为，当经济满足充分就业条件时，总产出可以分割为工资和利润两个部分，并将其分配给社会中的两类群体——工人和资本家，这两类人群则分别以不同的储蓄率将其收入进行储蓄。当社会的总投资等于总储蓄时，经济处于均衡状态，而工资和利润的分割比例也同时确定。

假定社会上只有工人和资本家，全部国民收入 Y 分为工资 W 和利润 P 两部分，即 $Y=W+P$，则整个社会的储蓄额 $S=W\cdot S_w+P\cdot S_p=(Y-P)\cdot S_w+P\cdot S_p=P(S_p-S_w)+Y\cdot S_w$，其中，$S_w$ 为工人的储蓄率；S_p 为资本家的储蓄率。当经济实现均衡增长的时候，有 $I=S$，即 $I=P(S_p-S_w)+Y\cdot S_w$，对该式两边同除以 $Y(S_p-S_w)$，得到式（1）：

$$\frac{P}{Y}=\frac{1}{S_p-S_w}\cdot\frac{I}{Y}-\frac{S_w}{S_p-S_w} \tag{1}$$

式（1）表明，利润份额（P/Y）由投资率（I/Y）和工人与资本家的储蓄倾向（S_W 和 S_P）决定。当工人的储蓄倾向 S_w 为零时，即工人将所有收入用于消费时，利润份额（P/Y）可简化为式（2）。

$$\frac{P}{Y}=\frac{1}{S_p}\cdot\frac{I}{Y} \tag{2}$$

由式（2）可以得到三个推论：①当资本家降低其储蓄倾向，即提高其消费率时，他们的收入份额，即利润率也因此提高。卡尔多认为，这就是凯恩斯所说的取之不尽、用之不竭的“寡妇的坛子”，也就是说，“资本家赚取他们所花费的，工人花费他们所赚取的”。[①] ②当资本家的储蓄率 S_P 不变时，社会的投资率（I/Y）越高，经济增长率越高，利润占国民收入的份额越大，相应的，工资所占国民收入的份额就越小。③如果资本家的储蓄率和投资率都不变，那么劳动与资本的收入份额将保持稳定。新剑桥学派的分配模型与李嘉图（或马克思）的模型恰好相反，利润由投资率和资本家的消费倾向决定，因而利润是国民产出的“优先支付”，而工资则变成一种“剩余”。

---

① 丁冰：《当代西方经济学流派》，北京经济学院出版社，1993，第 121 页。

新剑桥学派在凯恩斯的投资－储蓄分析基础上，把经济增长与国民收入分配联系起来进行分析，得到的基本结论是：投资率是决定经济增长和收入分配最重要的因素，经济增长将引起国民收入分配朝有利于资本家的方向变化；经济增长率越高，利润在国民收入中所占比重越大，工资收入所占份额越小；如果投资率一定，资本家消费越多，其所得的利润就愈多；只有当资本家的储蓄率和投资率都不变时，两种要素的收入份额才会稳定。

五　福利经济学及制度经济学的分配理论

对居民收入份额的考察不能仅限于要素的市场供给与需求方面的因素，福利经济学指出：即使市场机制是有效的，通过交易，商品的分配由交换契约线以外的某一点回到交换契约线上的某一点，实现了帕累托最优，但这一最优解只能位于互利空间内，而不可能超出这一范围，互利空间是由两个交易者的初始要素禀赋决定的。如1－2图所示，如果两种商品在两个消费者 *A* 和 *B* 之间的初始分配点为 *M*，那么在完全竞争条件下，通过市场交易，分配点可能会回到互利空间内的契约线上的某一点，但不可能超出互利空间。

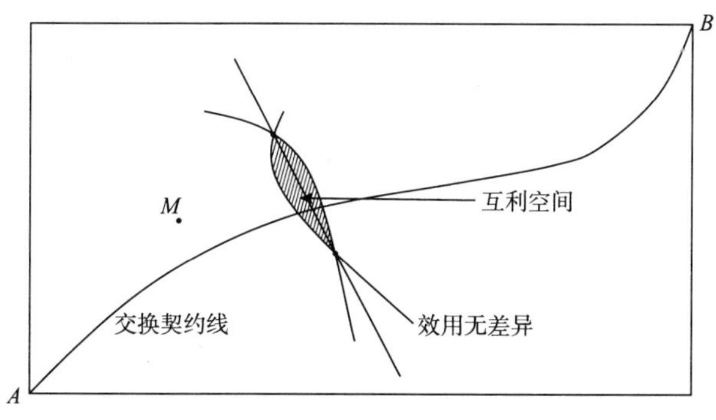

图1－2　完全竞争时的互利空间

但初始要素禀赋是由什么决定的呢？初始要素禀赋只能由生产技术决定的各类资源的重要程度、公共选择过程决定的生产性资源配置结构，也就是社会制度决定。而公共选择过程，或者说社会制度的制定及变迁过程，不仅是个人参与推动的过程，而且是全部利益相关者集体行动的过程，而这取决于该利益集团的组织能力和博弈能力。曼瑟尔·奥尔森（1971）认为，由于大集团和小集团的成员面临的选择性激励强度不同，大集团成员更倾向于“搭便车”，为本集团提供公共产品的激励弱化。相反，小集团成员有更强的激励为本集团提供公共产品，更容易组织起集体行动，从而影响公共选择的方向。道格拉斯·诺思指出，由于政府也是经济人，并且在使用暴力方面具有相对优势，它通常以自身利益最大化而非社会效率最大化为原则为社会成员界定产权，这使得社会制度可能是无效率的，经济的停滞与僵化成为常态。也就是说，政治、社会制度极大地影响甚至决定了经济结构与经济效率。①

六　发展经济学关于经济增长与收入分配的理论

发展经济学以发展中国家的经济发展为主要研究对象，一方面继承了西方经济学的传统，探讨经济增长与功能性收入分配的关系；另一方面更重视收入分配的均等问题，其经济增长与收入分配理论以库兹涅茨的倒“U”形曲线假说和刘易斯的二元经济结构为代表。

1. 库兹涅茨的倒“U”形曲线假说

库兹涅茨是第一位研究经济增长过程中收入分配长期变动趋势的经济学家，他 1955 年发表了《经济增长与收入不平等》，文中他把处于经济增长早期（1854～1857 年）的普鲁士的收入差距统计资料与处于经济发展后期（1880～1950 年）的美国、英国和德国萨克森地区的收入差距统计资料结合起来进行分析。在库兹涅茨看来，经济增长早期收入分配不平等迅速加剧并恶化的趋势是不需要证明的事实。他对普鲁士的资料进行研究，发现 1854～1857 年，最富裕 5% 的人口的收入份额从 21% 上升到 25%，而较贫穷 90% 的人口的收入份额则从 75% 下降为 65%。而对美、英、德等国几个收入阶层的有关数据的研究却得出了不同的结论：在考察期内，美国、英国和德国萨克森地区富裕阶层的收入份额均不同程度地下降了，而贫困阶层的收入份额不同程度地上升了，即收入差距缩小了。同时，库兹涅茨还引证了横截面资料，数据显示，处于经济发展早期的发展中国家比

① 〔美〕道格拉斯·诺思：《制度、制度变迁与经济绩效》，杭行译，格致出版社，2008，第 56 页。

处于经济发展后期的发达国家有更高程度的收入不平等。据此得出结论：在经济进入增长阶段之前，收入分配较为平等；在经济增长的早期，收入分配不平等程度会逐渐加大；当一个经济社会从前工业文明向工业文明转变的时候，收入分配不平等程度的加大更为迅速。但随着经济的持续增长，这种情况会有短暂的稳定，并逐步得到缓解；在经济增长的后期，随着各部门的劳动生产率差距逐步缩小，收入分配不平等程度开始缩小，直至收入分配的平等化。也就是说，在经济的长期增长过程中，个人收入分配不平等的变动存在着一种倒“U”形规律，即“先恶化，后改进”（见图 1－3）。

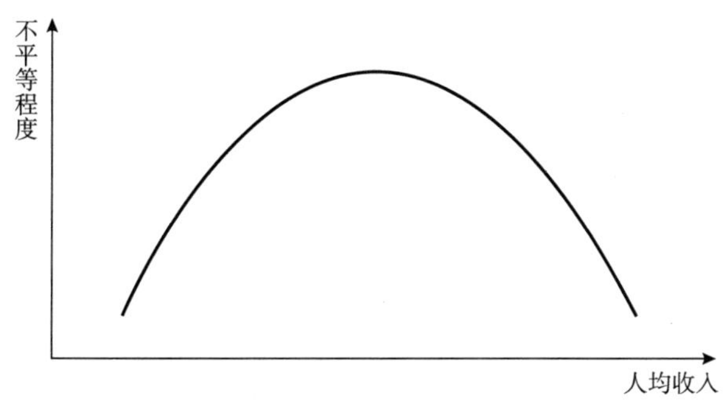

图 1－3　库兹涅茨倒“U”形曲线

库兹涅茨倒“U”形曲线表明：在整个经济发展的过程中，人均收入在从最低上升到中等水平时，收入分配状况先趋于恶化，但随着经济的进一步发展，收入分配差距状况会逐步得到改善，最后达到比较公平的状态。也就是说，在一个国家从发展中国家向发达国家过渡的长期过程中，居民收入分配差距状况呈现“先恶化，后改善”的趋势是不可避免的。库兹涅茨认为，收入分配状况在经济发展早期呈现逐步恶化的趋势有两个原因：一是作为经济增长动力，储蓄和积累集中在少数富裕阶层的手中，因此，整个经济在增长的过程中，必然会出现穷人越来越穷、富人越来越富的现象；二是随着经济的增长，工业化和城市化必然会出现，而城市居民收入分配比农村居民更加不平等，所以工业化和城市化水平的提高必然会导致收入分配状况的恶化。但是，库兹涅茨同时也认识到现实中存在着一些能够抵消收入分配差距扩大的因素。这些因素分别是：①如救济法、累进所得税制等法律干预和政治决策；②富人比穷人更倾向于控制生育，因此，人口中富人的比重会逐步下降。这样，若干年之后，收入较低的人口会进入固定比重的最富裕阶层，从而使这一阶层的相对收入份额在整个居民收入中的比重下降；③科学技术的不断进步以及新兴行业的不断出现，也挤占了原有行业的财产和收入，导致来源于旧行业的财产和收入的比重在总收入中不断减少。

2. 二元经济结构模型与规模性收入分配动态

二元经济结构理论由刘易斯在1954年发表的《劳动力无限供给条件下的经济发展》中首次提出。该模型是以劳动和资本两类生产要素的供求关系来解释经济发展中的要素收入分配关系的。模型有三个基本假设：①发展中国家经济中存在两个部门，一个是劳动生产率极低以至于收入水平也很低的传统农业经济部门，另一个是劳动生产率高且工资水平也相对高的现代工业经济部门。现代工业经济部门通过从传统农业经济部门吸收劳动力而得以发展。②在现行工资水平下，对现代工业经济部门的劳动力供给超过这个部门的劳动力需求。换言之，在传统农业经济部门，劳动的边际生产率为零，相对于资源而言，劳动处于大量过剩或无限供给的状态；这些剩余劳动转移到现代工业经济部门，不会引起农业产出的变化。③在提供同等质量和同等数量的劳动力条件下，非熟练劳动在现代工业经济部门比在传统农业经济部门可得到更多的工资。传统农业经济部门的劳动收入比较固定，仅供维持基本生活，这就决定了现代工业经济部门工资的下限。现代工业经济部门的工资是由传统农业经济部门仅能维持基本生存的工资水平乘以一个百分比得到的。

在追溯经济发展的过程中，刘易斯强调其关键是资本主义剩余的使用。这个制度的推动力是对资本主义剩余进行再投资以创造新资本而产生的。当资本主义城市工业部门扩大时，劳动力就被从传统农业经济部门吸收到现代工业经济部门，于是剩余变得更大了，就有了更多的利润进行再投资。由于传统农业经济部门存在大量的剩余劳动力，如果在这一过程中不发生故障，资本主义城市工业部门就可以按照现行不变的工资水平雇到所需要的劳动力数量，一直到资本积累赶上劳动力的剩余供给，届时劳动力供给函数不再是完全无弹性的。超过这一点，实际工资将不再是固定的了，而是在资本形成时出现上升，城市工业部门的工资水平不再是一条水平线。

刘易斯关于经济增长与收入分配问题的基本结论是：在经济发展的初级阶段，农村劳动力相对过剩，劳动价格较低，而资本收益不断增加；这种农业部门和工业部门之间较大的收入差距促使了农村剩余劳动力向工业部门转移，从而促进了经济增长。随着经济的增长，劳动力成为稀缺要素，劳动收益开始上升，资本成为相对丰裕的要素，其收益转而下降。这样，两部门间的收入差距逐渐缩小，最后，二元经济变为一元经济，收入分配趋于平等。简单来说，就是在经济发展的初级阶段，经济增长与收入分配不平等呈正相关，即经济增长伴以收入差距的扩大；在经济发展过程中，随着剩余劳动的消失，经济增长将伴随着收入差距的缩小。刘易斯二元经济模型很好地解释了倒“U”形假设的全过程：收入分配不平等现象在发展的初级阶段（存在大量剩余劳动）逐步上升，然后是短暂的稳定，在发展的较高级阶段（剩余劳动消失）转而下降。刘易斯二元经济模型的结论与库兹涅茨的相关概述是一致的。收入分配不平等最初为什么会加剧？刘易斯给出了两个原因：一是资本所有者的收入比重会随着现代化部门或资本主义部门规模的扩大而提高；二是当不断增长但总数仍然不多的劳动者从传统农业经济部门转移到现代工业经济部门时，劳动力收入分配内部的不平等在早期阶段也会加剧。

在刘易斯之后，费景汉和拉尼斯对二元经济模型进行了补充和扩展，更为清晰地阐明了工业部门和农业部门发展之间的关系；乔根森在刘易斯发展中国家二元经济模型的基础上，创建了新的模型。与此同时，其他发展经济学大师针对发展中国家的实际国情，提出了诸多创新性的理论，如托达罗的人口流动模型（又名“三部门模型”，因为模型中包括农业部门、城市正规部门和城市非正规部门三个部门）、莱宾斯坦的“临界最小努力”理论和纳尔逊的“低水平陷阱理论”等。

第二节　工资收入份额在经济周期中的变动规律

在经济周期和工资收入份额的关系问题上，Giammarioli（2002）研究了欧洲 20 世纪 60～90 年代的工资收入份额，发现欧洲各国工资收入份额具有逆周期特征。Diwan（2001）探讨了工资收入份额和金融危机之间的关系，发现金融危机之后，工资收入份额大多降低，这表明金融危机的社会损失更多地由劳动者承担了。肖红叶、郝枫（2009）研究了我国各时期的工资收入份额与人均实际 GDP 增长率之间的关系，结果如表 1－1 所示：

表 1－1　中国各时期的工资收入份额及其经济背景

时　期	考察时期		人均实际 GDP 增长率（%）	国民经济的工资收入份额	
	基期（年份）	报告期（年份）		相对变动（个百分点）	绝对变动（个百分点）
社会主义合作化时期	1952	1957	3.77	111.69	0.09
“大跃进”时期	1957	1960	7.93	75.03	－0.21
三年自然灾害时期	1960	1963	－9.58	128.65	0.18
经济调整时期	1963	1966	12.44	76.59	－0.19
“文革”初期	1966	1968	－7.34	116.38	0.10
“文革”中期	1968	1972	8.63	83.46	－0.12
“文革”后期	1972	1977	3.03	89.33	－0.06
整个计划经济时期	1952	1977	4.21	77.11	－0.17
改革开放初期	1978	1990	7.47	107.88	0.04
	1990	1993	11.05	93.71	－0.04
改革开放深化时期	1993	1998	9.06	101.75	0.01
	1998	2004	8.30	82.29	－0.10
市场转型时期	1978	2004	8.37	84.64	－0.09
完成社会主义改造以来	1952	2004	6.23	65.27	－0.26

资料来源：肖红叶、郝枫：《中国收入初次分配结构及其国际比较》，《财贸经济》2009 年第 2 期。

肖红叶、郝枫分析认为：“绝大多数时期国民经济工资收入份额与人均 GDP 增长速度呈反方向变动，往往在经济紧缩之际，劳动者在初次分配中的地位才得到提高，经济高速增长时，增长成果更多地倾向于资本，劳动者相对地位反而下降。” 1952～2004 年，仅有三个考察期例外，即 1952～1957 年，社会主义改造基本完成，国民经济恢复到新中国成立前的最高水平；1978～1990 年，改革开放初期摆脱了计划经济的制度束缚，劳动者切实分享到了经济增长的利益；1993～1998 年，有效地治理了 20 世纪 90 年代初期的经济过热，中国经济实现了“软着陆”。只有在这三个时段内，工资收入份额才随着人均实际 GDP 增长而提高，在其余考察时段内，两者都呈负相关。据此，肖红叶、郝枫认为：“中国的工资收入份额变动表现出逆周期特征，揭示出我国经济增长陷入以工资收入份额下降为代价，增长成果更多地流向资本的发展模式。”① 白重恩等（2009）根据我国省际面板数据的研究结果，也支持了资本收入份额具有顺周期性这一观点。

第三节　教育、制度等因素与功能性收入分配

一　人力资本对工资收入份额的影响

劳动者报酬与劳动者拥有的人力资本密不可分，Kreguer（1999）将劳动者报酬分为两部分：一部分是教育的回报；另一部分为简单体力劳动获得的回报，这被称为原始劳动报酬。劳动者报酬的公式如下所示。

$$\ln w_i = b_0 + b_1 S_i + b_2 X_i + b_3 X_i^{\ 2} + e_i$$

其中，$\ln w_i$ 表示第 i 个工人年平均工资的对数值，X_i表示工作经验，$X_i^{\ 2}$为工作经验的平方项，S_i表示教育年限。所谓原始劳动报酬，是指当教育年限 S_i和工作经验 X_i均为零时，工资收入为 b_0，因此，原始劳动报酬也可被称为截距工资（intercept labor）。原始劳动报酬在总劳动报酬中的比例可以表示为下式。

$$S_R = \frac{\sum W_0}{\sum W_i}$$

将这一比例与全国工资收入份额相乘，可以得到原始劳动报酬在国民收入分配中的份额。

$$\alpha_R = \frac{Y_L}{Y} \cdot \frac{\sum W_0}{\sum W_i} = \alpha_l S_R$$

周明海（2010）利用大样本的个体微观数据，将劳动要素划分为原始

① 肖红叶、郝枫：《中国收入初次分配结构及其国际比较》，《财贸经济》2009 年第 2 期。

劳动和智力劳动，发现1988～2007年我国智力工资收入份额显著提升，同时原始工资收入份额持续下降。他认为，改革开放使智力劳动的收入获得较快增长，而那些没有受过教育、凭简单劳动就业的人的收入增长缓慢，这在一定程度上带来总体工资收入份额的下降。

二　产权、政府与工资收入份额

很多理论成果研究了劳动力市场供求对工资收入份额的影响，但按照政治经济学的观点，财产所有权才是决定性的。居民收入份额下降的过程就是劳动者财产权力逐渐丧失的过程，或者说是资本强势逐渐形成的过程。根据福利经济学理论，即使通过市场机制实现了交换的帕累托最优，市场交易也只能使交易者从契约线外回到互利空间内的契约线上，不可能超越互利空间范围，互利空间本身只能由交易双方最初的资源禀赋决定。

在纯公有制经济中，居民并不持有财产性生产要素，也不会在初次分配中获得财产性收入。劳动报酬是初次分配中居民收入的唯一来源，财产收益全部流向企业和政府。随着中国市场化体制改革的推进，居民所拥有的财产得到了迅速积累，也改变了财产性收入的流向和国民收入初次分配的格局。樊刚、姚枝仲（2002）对我国居民、企业、政府之间的财产分布状况进行了研究，发现：①我国居民的营利性资产比重与发达国家相比依然偏低，这可能是造成居民财产性收入比重偏低的重要原因。②居民是资本净输出方，居民拥有43%的生产性资本，但只使用了其中的17%。③在居民所持有的总资产中，自有住房和储蓄存款占73.39%，流动性和赢利能力差，这使得居民财产的收益率低于全社会的平均资本收益率，居民所获得的财产性收入所占比重大大低于其所持有的资本比例。

关于政府在国民收入分配中的作用，道格拉斯·诺思认为，政府在暴力方面具有比较优势，它为全社会成员界定产权结构，其目的一方面是获得垄断租金的最大化，另一方面是促进社会经济效率的提高。但这两个目的之间存在着持久的冲突，所以对社会经济增长而言，无效率的产权结构可能长期存在。[①] 政府本身就是参与国民收入分配的成员之一，为了自身

① 〔美〕道格拉斯·诺思：《制度、制度变迁与经济绩效》，杭行译，格致出版社，2008，第25页。

利益最大化，它可能凭借对暴力的垄断优势不适当地分割社会产出，或者搞选择性执法，或者为方便寻租而在政策制定中采取策略性模糊行为等。从新政治经济学的分析角度来看，收入分配格局的失衡和贫困现象的持续与大规模存在，是由于不同的社会群体在政府政策制定过程中的影响不同。既得利益集团或者精英阶层显然拥有更多的话语权，通过寻租影响法律规则的制定，寻求自身利益最大化，这显然是一种非生产性的寻利活动。

从实证角度看，Lee 和 Jayadev（2005）用国民收入中政府所占份额代表政府对经济的干预，发现该值越高，工资收入份额越高。罗长远、张军（2009）根据中国的省际面板数据考察财政支出占 GDP 比例、政府消费占 GDP 比例对工资收入份额的影响，发现财政支出占 GDP 比例对工资收入份额的影响在 10% 的水平上显著为正。这说明财政支出的增加可能在某种程度上促进了社会分配格局的公平化。

但也有学者持相反观点，认为政府角色错位可能是引起我国国民收入分配格局失衡的重要原因，甚至是推动力量。高培勇（2008）认为，当前的居民收入分配差距是在体制转轨时期的“制度真空”状态下产生并拉大的，缺乏甚至没有相应的制度规范，在相当程度上使得中国的收入分配陷于“失控”境地。要把规范政府行为作为主要线索，解决中国当前的收入分配问题。也就是说，居民分配份额的下降不仅要从要素市场供求、产业结构与技术变化、国际贸易与国际投资等经济领域中寻找原因，而且应该从政治体制中寻找原因。从理论的角度看，一个有效的政府应该符合以下标准：它是有限的政府、法治的政府、分权的政府、还是民主的政府。沿着这个方向进行制度与法制建设，是我国分配格局合理化的长久治本之策。

第二章　收入分配与经济增长关系的研究综述

经济增长与收入分配是密切联系在一起的，两者的关系是一种动态的相互作用和相互影响过程，离开经济增长而研究收入分配，或者只考虑促进经济增长而不考虑收入分配问题，很难得出正确的结论。

经济增长和收入分配的关系，是经济学特别是发展经济学的研究主题。对收入差距与经济增长关系的研究主要围绕两个方面展开：一是研究经济增长过程中收入分配的长期变动趋势，主要讨论经济增长对收入分配的影响方向、大小和机制；二是研究收入分配的变动对经济增长的影响。前者主要围绕所谓库兹涅茨倒“U”形曲线能否成立而展开，后者主要讨论收入分配的不均等促进还是阻碍了经济增长，以及更有利于经济增长的分配方式应该是怎样的。许多学者也已经认识到，经济增长与收入分配之间实际上是相互影响的双向关系，但最终尚未形成统一的意见。

获得高速经济增长和降低收入不平等程度都是非常重要的政策问题，特别是对发展中国家来说，经济增长与收入不平等之间的关系存在长期争论。

第一节　经济增长对收入不平等影响的研究

揭示经济增长对收入不平等的影响是经济增长与收入分配关系研究的一个分支，主要是以 Kuznets（1955）开始的。Kuznets（1955）提出，经济发展必然伴随着收入不平等，但是一定时期之后，收入不平等将减少。Kuznets（1963）进一步明确提出收入不平等与人均 GDP 之间存在一个倒

“U”形曲线。他主要通过在发展过程中人口从农业/农村向工业/城市的转移来进行解释。工业活动比农业活动具有更不平等的收入分配，在发展过程中的人口转移将导致更加不平等的收入分配。Kuznets 的假说提出之后，很多经验研究支持了这一结论，Anand 和 Kanbar（1993）扩展并建立了正式的模型。但是，从 20 世纪 70 年代中期开始，倒“U”形曲线假说受到 Anand 和 Kanbur（1993）等许多学者的挑战，在很多实证分析中并没有发现对库兹涅兹假说支持的证据。

一　支持倒“U”形曲线假设的经验研究

库兹涅茨之后，许多学者运用时间序列数据、跨国的横截面数据或面板数据，对经济增长对收入不平等的影响进行了实证分析。一些研究结果支持了倒“U”形曲线假说。Adelman 和 Morris（1973）利用发展中国家数据的检验结果支持倒“U”形曲线假说，Paukert（1973）对 56 个国家和地区的数据进行实证分析，发现收入不平等随着经济增长而提高，速水佑次郎和神门善久（Hayami and Godo，2009）基于《2003 年世界发展指标》的数据，研究了 44 个国家和地区 1990～2000 年的基尼系数和人均 GDP 的关系，结果显示，基尼系数对人均 GDP 的二次回归，线性项系数为正，二次项系数为负，与倒“U”形曲线假设一致，但是它们在常规水平的统计上都不显著；在加入了表示国家类型的虚拟变量后，方程的线性项系数为正，二次系数为负，并且在 5% 的水平上显著，从而支持了倒“U”形曲线假说的统计证据。

Aghion 等（1999）提供了有关经济增长对收入分配影响的更进一步理论和实践证据。他们发现发达国家收入不平等程度的加深主要来自技术进步，因为技术进步对技术劳动者有利。他们也提出，随着新技术在工人中充分地扩散，收入不平等程度将有所缓解。

二　与倒“U”形曲线假说不一致的经验研究

一些研究结果也表明，库兹涅茨倒“U”形曲线假说在一些国家和地区并不成立。例如，韩国和中国台湾地区就是在高增长中保持相对稳定收入差距的典型代表。费景汉等人（Fei，Rams and Kuo，1979）对中国台湾的实证分析发现，20 世纪 50～70 年代，中国台湾不仅保持了高速的经济增长速度，而且收入差距不断缩小，基尼系数从 0.53 下降到了 0.331。Ravallion 和 Chen（1997）通过对东欧和中亚部分转型国家进行考察，在对 64 个国家和地区的样本进行分析后发现，1982 ~ 1994 年，经济增长和收入不平等之间呈现了非常明显的反方向变化关系，换句话说，经济增长降低了收入不平等程度。Deininger 和 Squire（1998）运用 108 个国家 682 份有关基尼系数和五等分法在内的高质量数据资料进行分析，表明：以单个国家为基础进行检验时，数据分析对表达倒"U"形关系理论仅仅提供了微不足道的支持；而且大约 90% 的被调查国家不存在倒"U"形曲线这种关系。

综上所述，经济增长对收入不平等的影响目前并不存在统一的认识，经济增长是提高还是降低了收入不平等水平，还需要根据具体国家的实际情况确定；另外，基于多国数据进行的研究大多支持倒"U"形曲线假说，而利用时间序列数据检验的结果则大多拒绝倒"U"形曲线假说。

第二节　收入不平等是否有利于经济增长

关于经济增长与收入不平等的文献主要集中于讨论收入不平等对经济增长的影响[①]。收入分配对经济增长影响的观点可以归纳为三类：收入不平等有利于经济增长；收入不平等不利于经济增长；收入分配与经济增长具有双向因果关系。

一　收入不平等有利于经济增长的观点

Forbes（2000）使用了 Deininger 和 Squire（1998）整理的有关收入不平等的高质量数据，在以前学者研究的基础上，加入地区虚拟变量或其他变量，对收入分配差距和经济增长的关系进行了重新估计，估计方程如下。

$$Growth_{it} = \beta_1 \, Inequality_{i,t-1} + \beta_2 \, Income_{i,t-1} + \beta_3 \, MaleEducation_{i,t-1} + \beta_4 \, FemaleEducation_{i,t-1} + \beta_5 \, PPPI_{i,t-1} + \alpha_i + \eta_t + \mu_{it}$$

① 当然，从经济思想发展的历史上可以看出，对这一问题的研究可以追溯到古典经济学派。

其中，i 表示国家，t 表示时期，$Growth_{it}$表示第 i 国第 t 期的年均经济增长率，$Inequality_{i,t-1}$表示第 i 国第 $t-1$ 期的收入不平等程度，$Income_{i,t-1}$表示第 i 国第 $t-1$ 期的收入水平，$MaleEducation_{i,t-1}$表示第 i 国第 $t-1$ 期的男性受教育程度，$FemaleEducation_{i,t-1}$表示第 i 国第 $t-1$ 期的女性受教育程度，$PPPI_{i,t-1}$表示第 i 国第 $t-1$ 期的市场扭曲程度，α_i 是地区虚拟变量，η_t 是时间虚拟变量，μ_{it}是误差修正项。

Forbes 同时采用固定影响、随机影响、Chamberlain's π - matrix 和 GMM 四种方法对问题进行估计，并运用 Hausman 检验，发现 GMM 估计是最有效的。Forbes 发现，不管使用哪种估计方法，得出的结论都是收入不平等与经济增长存在正相关。

早期的学者主要从储蓄率、投资率的角度分析收入不平等的对经济增长的作用，认为富人的储蓄倾向比穷人要高，因此，收入不平等有利于经济增长。这种观点的渊源可以追溯到亚当·斯密、大卫·李嘉图等古典经济学家。亚当·斯密、大卫·李嘉图都认为，社会中的资本存量是靠制造业中工业企业家的“过度节约”积累起来的；而专制君主、有土地的贵族和有特权的商人的“挥霍”和“渎职”，则会减少资本积累。因此，他们主张资本、财富应该向企业主集中。在他们看来，收入向资本家集中而产生的不平等将有助于经济增长。实际上，凯恩斯也持这种观点。凯恩斯（1919）认为，19 世纪社会的安排使那些最不可能浪费财产的人掌握了不断增长的财富；这些“新富翁”不是为了大量的消费而成长的，他们更喜欢投资所赋予他们的权利而非享受直接的消费。正是财富分配的这种不平等，使资本的急剧增加成为可能，使每个人的一般生活水准或多或少地稳定提高成为可能。

认为因果关系应该是从收入不平等到经济增长，更大的收入不平等将导致更高的经济增长的研究主要有三种理论。第一种理论以 Kaldor（1961）、Stiglitz（1969）和 Bourguignon（1981）为代表。Kaldor（1961）认为富人的边际储蓄倾向比穷人的高，在斯旺 - 索罗经济增长模型框架下，一个自然的逻辑结论是：不平等的经济将比更加平等的经济达到更高的稳态收入水平，因为它会具有更高的储蓄率。Stiglitz（1969）利用线性储蓄函数表明，决定（稳态转换时期）总产出增长率的总量资本积累行为与财富分配无关。Bourguignon（1981）利用凸储蓄函数扩展了这一分析，他推论，在这种条件下，（稳态转换时期）总产出的增长率取决于财富分配，更加不平等的经济将会达到更高的稳态收入水平。如果产出是资本的线性函数,[①] 一个收入更加不平等经济的长期增长率将会更高。Stiglitz（1969）在新古典经济增长模型框架中，假设富人比穷人有更高的储蓄倾向，因此，向富人倾斜的再收入分配政策可以提高经济增长率。这种观点的一个更现代的版本是将生命周期储蓄假说进行扩展，从而引入遗产（bequests）。如果遗产是奢侈品，较富裕的人将具有更高的储蓄率，程度更高的收入不平等意味着更高的总储蓄量，进而导致更高的经济增长（Schmidt-Hebbel 和 Serven，1999）。第二种理论应用于资本市场不完善的经济，这种理论认为，很多投资是不可分割的，需要大量的个人或者家族财富为其融资。因此，更加不平等的收入和财富分配意味着更多的投资资金。第三种理论的逻辑是，为降低收入不平等而必需的更高税率，将降低储蓄回报率，从而降低投资和经济增长。Li and Zou（1998）认为，如果将公共支出纳入效用函数，收入不平等可能导致更高的经济增长。

也有研究表明，收入不平等是否促进经济增长，还取决于一个国家初始条件的优劣。Barro（1999）利用跨国数据考察了收入不平等与经济增长率的关系，发现高程度的收入不平等在贫穷国家（人均 GDP 低于 2000 美元的国家）会阻碍经济增长，而在富裕国家会促进经济增长。

二 收入不平等不利于经济增长

收入不平等不利于经济增长的观点可以追溯到马克思。马克思认为，资本主义收入差距过大最终可能导致整个资本主义制度瓦解。马克思认为资本家有借助于增加资本的使用来节约劳动的强烈动机，所以资本收入份额的增加是以牺牲劳动的收入份额为代价的，这意味着不平等是资本主义固有的趋势。马克思预见资本主义经济中收入不平等程度的提高将激化工人阶级和资产阶级之间的敌对状态，最终导致暴力革命，以少数人占有资本的私有制为基础的资本主义将转换为以公有制为基础的社会主义。

随着新经济增长理论的产生和发展，现在学者们将内生经济增长理论扩展化，主要从信用市场不完全与教育投资、内生财政政策、社会政治经

① 在这种情况下，经济长期内将走上平衡增长路径，而不是稳定状态。

济不稳定等方面考察收入不平等对经济增长的作用机制。20 世纪 90 年代以来，大量的理论和实证分析表明收入不平等对经济增长具有负面的影响（Persson 和 Tabellini，1992a，1992b，1994；Alesina 和 Rodrik，1994；Benhabib 和 Spiegel，1994；Perotti，1994，1996；Birdsall 等，1995；Clarke，1995；Deininger 和 Squire，1998）。表 2－1 总结了这些研究的主要回归分析的结论。

表 2－1　收入不平等对经济增长影响的回归分析结果

作者（年份）	*LHS* 变量*	不平等指数**	参数符号***	∂*LHS*/∂*SD*****
Alesina 和 Rodrik（1994）	*gdp*	GINI	—	na
Benhabib 和 Spiegel（1994）	*gdp* or *GDP*	－MID	—	na
Birdsall 等（1995）	*gdp*	1－MID	—	0.32
Clarke（1995）	*gdp*	various	—	1.3（OLS），2.5（SLS）
Deininger 和 Squire（1998）	*gdp*	GINI	—	0.5
Perotti（1994）	*INV*	－ID	—	na
Perotti（1996）	*gdp*	－MID	—	0.6
Persson 和 Tabellin（1992a）	*gdp*	－MIDDLE	—	至少 0.5

注：* *gdp*：样本时期内人均 GDP 的平均年增长率；*GDP*：样本时期内 GDP 的平均年增长率；*INV*：样本时期内投资与 GDP 的平均比率。

** GINI：基尼系数，Deininger 和 Squire（1998）利用的是土地而不是收入衡量的基尼系数；MID：第三和第四 quintiles 分配份额；various：Clarke（1995）利用的多种收入不平等的衡量方法；ID：最低两个等份所占的分配份额；MIDDLE：第三等份所占分配份额。

*** 括号里面的符号表示收入不平等的估计参数不显著。除了 Birdsall 等（1995），其他估计至少在 5% 的水平上显著。

**** ∂*LHS*/∂*SD* 表示收入不平等每降低一个标准差，*LHS* 变量会增加的百分点。

在这些研究中，大部分表明在收入不平等与经济增长之间存在统计上的显著相关性。收入不平等对经济增长的影响程度在不同研究中也存在差别：不平等度量每降低一个标准差，将使人均 GDP 年增长率增加 0.32～2.5 个百分点。

两个问题随之而来：一是这些效果足够大吗？也就是说，这些影响的程度是否值得我们关注？二是无论效果怎么样，其背后的机制是什么？换句话说，收入不平等怎样影响经济增长？

收入不平等影响经济增长的通常做法是看不平等程度变动一个标准差

所带来的结果。例如，在 Birdsall 等（1995）的研究中，不平等程度降低一个标准差，使人均 GDP 增长率提高 0.32 个百分点。如果比较两个除了初始收入分配相差一个标准差外其他方面都相同的经济，25 年后，初始收入分配不平等程度较低国家的人均 GDP 将比另一个国家高出 8.2 个百分点。

已经检验了收入不平等对经济增长的重要性，现在我们应关心收入不平等对经济增长影响背后的机制，方法是利用包括收入不平等在内的各种变量对人均 GDP 增长率进行简约化回归分析。因为计量模型的一个明显缺陷是不能辨明问题背后运行的机制，所以 20 世纪 90 年代，一些经济学家（Bertola，1993；Galor 和 Zeira，1993；Alesina 和 Rodrik，1994；Person 和 Tabellini，1994；Acemoglu，1995；Benabou，1996c；Benhabib 和 Rustichini，1996；Grossman 和 Kim，1996；Galor 和 Zang，1997）尝试建立理论模型，以支持简约化计量模型的实证结果。另外，一些实证研究利用结构计量模型来验证这些理论。综合起来，可以把这些理论分为以下四类。

第一类理论可以称为“内生财政政策理论”（Bertola，1993；Alesina 和 Rodrik，1994；Persson 和 Tabellini，1994）。在这种理论中，收入分配影响经济增长是因为它影响政府支出和税收。在这种模型中，政府支出和税收水平是由投票决定的。因为个人偏好的政府税收和支出水平与其收入水平呈负相关，如果主要投票人、中间投票人的收入少于平均收入，政府的税收就会提高。如果我们将中间投票人的收入相对于平均收入的比率作为收入平等程度的度量，利用内生财政政策理论，一个必然的结论是，随着收入平等程度的提高，政府再分配支出进而扭曲性税收将减少（政治机制）。政府支出和税收与经济增长是负相关的，因为在高税收下，个人储蓄和投资的激励将减少。因此，收入平等程度提升将提高经济增长水平。Alesina 和 Rodrik（1994）的模型使用了包括 OECD 发达国家和一部分发展中国家在内的高质量数据进行实证分析。模型以 1960～1985 年平均经济增长率为因变量，以收入的基尼系数、土地分配的基尼系数、人均收入水平和初等教育入学率为自变量，采用最小二乘法（OLS）方法进行估计，结果几乎所有的结果都显示经济增长率与土地分配的基尼系数呈明显的负相关。另外，他们重新使用 1970～1985 年的数据进行估计，得到了相同的结论，并且显著性更强。另外，模型还引入反映国家经济体制的变量进行估计，结果却并不显著。Alesina 和 Rodrik 的模型得出的结论是，居民收入分配差距越大，经济增长越缓慢。在一个居民收入分配差距过大的畸形社会中，人们会倾向于依靠政府或别的组织对社会财富进行再次分配，但是由于种种原因，再分配政策会出现不同程度的扭曲，这会进一步降低经济增长速度。二战后，几个东亚国家首先进行了土地改革，降低了土地分配的不平等程度，因此，它们比没有进行土地改革的国家实现了更高的经济增长率。这一经济事实为其模型找到了现实依据。Persson 和 Tabellini（1994）以世代交叠模型（OLG）和新经济增长理论为基础，建立了分析收入再分配政策的模型，得到了与 Alesina 和 Rodrik 相似的结论。H. Li 和 H. Zou（1998）构建了一个与 Alesina 和 Rodrik 的模型相似的模型，但他们假设政府的服务（对资本进行的税收）是消费型的，而不是生产性的，结果得到了与 Alesina 和 Rodrik 相反的结论。

在第二种理论中，收入分配影响经济增长是通过它对社会政治稳定产生影响起作用的（Hibbs，1973；Gupta，1986，1990；Tornell 和 Velasco，1992；Murphy 等，1993；Grossman，1991，1994；Acemoglu，1995；Alesina 和 Perotti，1996；Benhabib 和 Rustichini，1996；Grossman 和 Kim，1996；Perotti，1996；Bénabou，1996 ；Benhabib 2002）。这些研究认为，收入分配差距的扩大，会使处于社会最底层的穷人参与犯罪、暴动甚至恐怖活动，投入这些活动的时间和能力没有用来进行生产性活动，会直接造成资源的浪费。同时，产权的威胁也会阻碍投资的增长，因此，收入分配差距扩大会产生一系列的社会不安定因素，进而阻碍经济的增长。在收入更不平等的社会中，个人更喜欢将精力用于寻租活动或者其他导致社会政治不稳定的行为。社会政治不稳定将通过不确定性妨碍经济增长，并且市场活动中的贪污行为也会对生产力产生不好的影响。因此，收入平等程度的提升会提高经济增长速度。

在第三种理论中，收入分配对经济增长的影响是通过其对人力资本投资的影响产生的（Banerjee 和 Newman，1993；Benabou，1993，1996a，1996b；Galor 和 Zeira，1993，1996；Durlauf，1994；Fernanderz 和 Rogerson，1996；Aghion 和 Bolton，1997；Piketty，1997；Saint – Paul 和 Verdier，1997）。在这种模型中，资本市场是不完善的，个人不能凭借未来的收入自由地借款。在这种情况下，如果最初的收入分配影响到人力资本投资的人数、数量和质量，那么它就将对经济增长产生影响。这种模型的一般结论是，如果收入分配更加平等，那么更多的个人能够进行人力资本投资。因为经济增长水平随着人力资本投资的增加而提高，我们可以得出与以前相同的结论：收入平等程度的提升将提高经济增长。

第四种理论可以称为“内生生育理论”（Becker 和 BArro，1988；Kelley，1988；Barro 和 Backer，1989；Becker 等，1990；Perotti，1996；Galor 和 Zang，1997；Dahan 和 Tsiddon，1998；Morand，1999；Asano，2000）。在这种理论中，生育和入学决定一起确定，因为它们被解释为代表父母人力资本的两种不同变量。生育决定下一代的数量，而入学决定其人力资本质量。这种模型的结论是，分配平等程度的提高将降低生育水平而提高人力资本投资水平。因为经济增长与人口生育呈负相关，而与人力资本投资呈正相关，总的结论与前面相同：收入分配平等程度的提高会促进经济增长。

1. 内生财政政策理论

Persson 和 Tabellini（1994）利用世代交叠模型，Alesina 和 Rodrik（1994）与 Bertola（1993）利用无限期界模型，在理论上得出了相同的结论：收入分配不平等将通过内生的财政政策和由此带来的扭曲降低经济增长速度。但是，实证分析并不支持该结论。

Persson 和 Tabellini（1994）的估计方程如下。

$$\underset{}{GROWTH} = \underset{(3.414)}{4.874} - \underset{(-3.873)}{0.00052GDP_{60}} + \underset{(0.763)}{0.011PSCHOOL} - \underset{(-0.970)}{4.724TRANSF}$$

$$TRANSF = \underset{(1.790)}{0.203} - \underset{(-1.286)}{0.011MIDDLE} + \underset{(1.756)}{0.000018GDP_{60}}$$

他们没有将这些方程看成一个系统，所以方程是分别利用最小二乘法进行估计的。*GROWTH* 是 1960～1985 年人均 *GDP* 的年均增长率；GDP_{60}是 1960 年的实际 GDP，将其纳入第一方程是因为考虑了收敛效应；*PSCHOOL* 是 1960 年适龄儿童的入学率，是初始人力资本的代理变量；*TRANSF* 表示 1960 年和 1981 年政府再分配支出相对于 GDP 的平均比例；*MIDDLE* 是衡量不平等的变量，是第三等份的人口税前收入所占比例，*MIDDLE* 增加意味着收入分配更加平等。

数据并没有很好地支持他们的理论假说。第二个方程中 *MIDDLE* 变量的估计参数是负的，这与理论预期一样，但统计上并不显著。同样，在第一个方程中，*TRANSF* 变量的估计参数也与理论预期一样，都是负的，但统计上也不显著。

Perotti（1996）利用两阶最小二乘法对一个系统方程进行了估计，具体如下。

$$GROWTH = 0.004 - 0.004GDP_{60} + 0.004MSE + 0.001FSE - 0.0005PPPI + 0.090MTAX$$
$$(0.47)\quad(-2.39)\quad(0.38)\quad(0.10)\quad(0.07)\quad(3.61)$$
$$MTAX = 0.164 - 0.021GDP_{60} - 0.096MIDDLE + 3.047POP_{65}$$
$$(1.13)\quad(-1.50)\quad(-0.19)\quad(3.78)$$

在这个系统中，*GROWTH* 和 *MTAX* 是内生变量；*MTAX* 是 1970 年和 1985 年的平均边际税率，该变量用来反映再分配政策引起的扭曲；*MSE*、*FSE* 分别是 1960 年男性、女性接受初中教育的平均年数，是初始人力资本的代理变量；*PPPI* 是市场扭曲的代理变量。在第二个方程中，除了 GDP_{60}和 *MIDDLE* 变量外，还引入了 1970 年、1975 年和 1985 年 65 岁以上人口所占的比例（POP_{65}），目的是控制对这些人较高的再分配支出。

估计结果并不足以支持该理论。在第一个方程中，*MTAX* 变量的估计参数在统计上显著，但是与模型的预期相反。第二方程中 *MIDDLE* 变量负的估计参数与理论预期相符，但在统计上不显著。采用其他财政政策变量或者收入不平等衡量指标验证并不能改变这种结论。

2. 社会政治不稳定理论

Alesina 和 Perotti（1996）与 Perotti（1996）对社会政治不稳定理论进行了实证检验。Alesina 和 Perotti（1996）检验了收入不平等通过造成社会政治不稳定而对投资带来的影响。为了达到这一目的，他们构建了一个联立二双元变量方程模型，其中，固定资本投资占 GDP 的比例（*INV*）和社会政治不稳定指数（*SPI*）是内生变量。他们估计的最简单的方程系统如下。

$$INV = 27.63 + 0.07GDP_{60} - 0.50SPI - 0.14PPPI + 0.04PPPIDE$$
$$(9.34)\quad(1.09)\quad(-2.39)\quad(-2.39)\quad(0.62)$$

$$SPI = 37.43 - 0.23PRIM - 1.01MIDCLASS + 0.72INV$$
$$(4.54)\quad(-2.45)\quad(-3.42)\quad(1.30)$$

估计方法用的是两阶最小二乘法，所有参数的符号都符合预期。这里关心的是 *MIDCLASS* 的参数，从方程的回归结果上可以看出，其参数是负的，并且在统计上显著。*MIDCLASS* 增加一个标准差，可以使 *SPI* 降低大约 5.7，相当于其自身标准差的 48%。与此相联系的是 *INV*，它可以提高大约 2.85 个百分点。

Perotti（1996）构建的系统稍微有一些改变，其最简单的系统如下。

$$GROWTH = 0.034 - 0.04GDP_{60} + 0.028MSE - 0.025FSE - 0.014PPPI - 1.495SPI$$
$$(3.46)\quad(-1.81)\quad(2.63)\quad(-2.05)\quad(-1.32)\quad(-2.27)$$
$$SPI = 0.021 + 0.06MSE - 0.009FSE - 0.090MIDDLE$$
$$(3.26)\quad(1.20)\quad(-1.20)\quad(-2.11)$$

变量的定义与前面一样。该模型与 Alesina 和 Perotti（1996）的区别在于，在第一个方程中，该模型用 *GROWTH* 替换了 *INV*。在第二个方程中，*MIDDLE* 的参数如预期一样，是负的，并且在统计上显著。另外，在第一方程中，*SPI* 的参数也如模型预测那样是负的，在统计上也显著。按照这样的估计，*MIDDLE* 增加一个标准差，会使 *SPI* 降低 0.005，这将会使 *GROWTH* 提高大约 0.7 个百分点。

3. 人力资本与借贷限制方法

Perotti（1996）的实证分析是建立在人力资本与借贷限制方法之上的，其最简单的联立方程如下。

$$GROWTH = 0.002 - 0.013GDP_{60} + 0.111\ FSEC$$
$$(0.26)\quad(-4.68)\quad(5.24)$$
$$FSEC = -0.212 + 0.088GDP_{60} + 0.235MSE - 0.155FSE + 1.078MIDDLE$$
$$(-1.61)\quad(5.86)\quad(2.95)\quad(-1.80)\quad(2.51)$$

Perotti（1996）选择 *FSEC*——女性初中教育入学率（1965 年和 1985 年的平均值）——作为人力资本投资的代理变量，因为初中教育的机会成本可能比小学教育高。如果用男性中学入学率（*MSEC*）替代 *FSEC*，结果基本上是一样的。

估计结果与理论模型的预期是一致的，在第一个方程中，*FSEC* 的参数为正，意味着人力资本投资对经济增长具有正效应；在第二个方程中，*MIDDLE* 的参数为正，意味着一个经济系统的收入分配越平等，其社会人力资本投资越高。*MIDDLE* 增加一个标准差，将导致 *GROWTH* 提高 0.63 个百分点。

4. 内生生育方法

Galor 和 Zang（1997）根据其理论，构建了如下的计量经济模型。

$$GROWTH = 3.2038 - 0.2547FERT - 3.9620GINI - 0.2011GDP_{60} + 0.0293PSCHOOL + 0.1785PUBEDU$$
$$(3.190)\ (-2.182)\quad (-2.211)\quad (-6.056)\quad (4.806)\quad (1.820)$$

其中，*GINI* 指基尼系数，*PUBEDU* 指 1960～1983 年公共支出占 *GDP* 的平均比例。估计结果与理论的预期一致：给定生育率，经济收入分配越平等，经济增长率越高；给定收入分配，生育率越低，经济增长率越高。所有变量参数与理论预期一致，并且至少在 5% 的水平上显著。生育率每降低一个百分点，可以使 *GROWTH* 增加 0.25 个百分点；*GINI* 降低一个标准差，*GROWTH* 会提高 0.32 个百分点。

为了揭示生育决定与人力资本投资决定的联合影响，Perotti（1996）进一步估计了下列方程。

$$GROWTH = 0.101 - 0.010GDP_{60} + 0.011PPPI - 0.016\ FERT$$
$$(0.26)\ (-4.68)\quad (5.24)\quad (-5.10)$$
$$FERT = 8.903 - 0.466GDP_{60} - 1.380MSE + 1.368FSE - 10.310MIDDLE$$
$$(11.92)\ (-563)\quad (-3.19)\quad (2.92)\quad (-4.24)$$

其中，*FERT* 指 1965 年和 1985 年净生育率的平均值，估计结果与理论预期一致。在第一个方程中，*FERT* 的参数为负，并且在统计上显著，意味着降低生育率会提高经济增长率。在第二个方程中，*MIDDLE* 的负参数值与预期一致，并在统计上显著。*MIDDLE* 增加一个标准差，将使 *FERT* 降低大约 0.55 个百分点，这又会使 *GROWTH* 提高 0.87 个百分点。

三　双向因果关系及其相应的政策含义

有些关于收入分配对经济增长影响的研究结果并不是单一的，收入不平等对经济增长的影响方向取决于不同的国情条件。有些研究显示，收入分配与经济增长之间具有双向的因果关系。这些研究结果具有特定的政策含义。

Asano（2001）扩展了 Ehrlich 和 Lui（1991）的模型，在同时处理内生生育、人力资本积累和经济增长的框架里，引入收入不平等，并将收入不平等定义为收入变动的系数。Asano（2001）利用数据模拟观察初始收入不平等怎样影响以后的经济增长。根据数据模拟，Asano（2001）表明，收入不平等对经济增长的影响并不是单一的，而取决于一个经济体人口的发展阶段。

Asano（2001）通过观察到的生育率（*FERT*）定义人口模式是否转型，并据此将经济分为两种类型。为了检验该结论，Asano（2001）估计了下面的方程系统。

$$GROWTH = 0.121 - 0.012GDP_{65} - 0.005PPPI + 0.025FSEC$$
$$(4.42)\ (-3.26)\qquad (-0.85)\qquad (2.02)$$
$$FSEC = 2.108 - 0.443FERT + 0.094FSE - 0.030GINI + 0.007FERTGINI$$
$$(3.68)\ (-3.14)\qquad (3.33)\qquad (-2.08)\qquad (2.16)$$

理解收入不平等对经济增长影响非单一性的关键，是第二个方程中的相互作用项 *FERTGINI*，它是 *FERT* 和 *GINI* 的乘积。从第二个方程中 *GINI* 参数为负和第一个方程中 *FSED* 参数为正可知，当生育率比较低时，收入不平等对经济增长的影响是负向的；但如果生育率足够高，影响的方向可能会刚好相反。

另一个提出收入不平等对经济增长的影响呈非单一性的实证研究，是 Deininger 和 Squire（1998）根据民主和不民主提出的。他们发现在不民主的社会里，收入不平等与经济增长之间存在显著的负相关，但是在民主社会不存在这种关系。他们声称这一发现降低了内生财政政策理论的可信度，因为在该理论中，民主投票起着关键作用。他们按照国民自由 Gastil 指数值（指数值低于 2 的国家被定义为民主国家），将样本分为两类，在对民主国家的经济增长回归分析中，收入不平等对经济增长的影响不显著，但对不民主国家来说，这种影响是显著的。

Barro（2000）根据一个国家的富裕程度，也发现收入不平等对经济增长影响具有非单一性。他发现在贫穷国家，收入不平等会妨碍经济增长，而在富裕国家，收入不平等可以促进经济增长。Barro（2000）利用的是面板数据，研究的是较短时期的经济增长。Forbes（2000）以及 Li 和 Zou（1998）也采用了相似的方法，他们的回归分析以滞后的因变量为自变量，不过他们采用 GMM 估计，以便得到一致的估计值。他们的估计结果显示，收入不平等促进经济增长，这好像是对传统观点的回归。这是否就意味着发展中国家不可避免地面临两难选择：要么降低收入不平等程度，要么获得经济增长？Forbes（2000）指出，收入不平等对经济增长的短期影响可能是正的，但是这种影响在长期内可能会减弱，甚至是负的。Forbes 的估计显示，10 年期的影响小于 5 年期的影响。但是，数据缺乏阻止了对 10 年以上两者关系的检验。

Aghion、Caroli 和 Garcia - Penalosa（1999）详细地研究了这些证据和理论进展，他们认为，尽管降低收入不平等程度确实可以促进经济增长，但是更高的经济增长可能会提高收入不平等程度，至少在短期内是这样的。这意味着，为了保持经济增长，必须有可持续的收入分配政策。Aghion 等呼吁对经济增长和收入不平等之间关系的存在性与因果方向寻求进一步的证据，特别是时间序列的证据。Forbes 对此做出了呼应，认为典型的跨国回归分析不能为一个国家收入不平等的变化如何影响其经济增长等重要的政策提供指导。Bergstrand（1994）利用美国 1948 ~ 1990 年的经济数据，发现经济增长（更确切地说是生产力增长）与收入不平等之间存在双向关系，认为影响经济增长和收入不平等的政策在设计时应该同时考虑。

Aghion 等（1999）发现的双向因果关系如果存在，将使经济增长更加复杂。目前，货币政策的任务主要是保持低通货膨胀，而财政政策的任务是在经济周期中保持财政预算平衡。无论是货币政策还是财政政策，经济增长和充分就业是最终的目标。货币政策和财政政策都没有把再分配作为目标。在制定货币政策和财政政策时，经济增长是重要的考虑对象，而收入分配不在考虑之列。收入分配目标是通过其他一些公共政策实现的，如税收、政府支出和转移支付等。

Aghion 等（1999）建议，政策的制定应该考虑经济增长与收入不平等之间双向的因果关系，即降低收入不平等程度会促进经济增长，而这反过来又会提高收入不平等程度。合适的做法应该是考虑可持续的再分配政策。Hayes（1994）走得更远，他认为宏观政策与再分配政策应该同时建立模型，因为旨在促进经济增长的政策将影响收入分配，反过来也是一样的。在这种情况下，货币政策与财政政策联合制定能同时实现控制通货膨胀、公共储蓄和收入分配等目标。

第三节　对中国经济增长与收入不平等问题的研究

改革开放以来，我国的经济增长取得了举世瞩目的成就，与此同时，我国的收入分配差距在不断扩大，并成为一个社会关注的焦点问题。国内不少学者也开始关注收入分配差距和经济增长问题的研究。有的研究者主要致力于研究如何衡量中国居民的收入分配差距，找出产生收入分配差距的原因，并提出缩小收入分配差距的对策。有的研究者主要致力于分析研究改革开放以来，我国基于时间序列的收入分配差距（基尼系数）与经济增长水平（经济增长率）之间的关系，进而探讨如何改进收入分配政策，以促进我国经济又好又快发展。有的研究者主要致力于分析研究各地区间或城乡间的收入分配差距与经济发展水平的关系，以求解决地区间或城乡间收入分配差距过大的现实问题，实现地区间或城乡间的均衡、和谐发展。

一　对收入分配差距程度的估测

很多学者认为近年来我国收入差距在不断扩大，基尼系数已达到较高的水平，但对于我国基尼系数的具体值，不同研究的结论差异很大。陈宗胜、向书坚（1996）计算出的 1995 年全国总体基尼系数分别为 0.365 和 0.3515。陈宗胜（2000）还计算出 1999 年我国居民正常收入的基尼系数为 0.413（如考虑到非正常收入，基尼系数则达 0.480）。中国社会科学院“收入分配课题组”将城镇住户的实物收入、住房补贴及农户自有住房的隐含租金纳入个人可支配收入后，计算出 1988 年全国的基尼系数为 0.382，1995 年增加到 0.452；研究同时认为，城乡差距、地区差距扩大是造成居民收入差距扩大的主要原因。

二　经济增长与收入分配关系的研究

这些研究多注重经济发展过程中收入分配差距的扩大及其原因、收入差距对经济增长有利还是有害，以及经济增长是否必然带来收入差距的扩大等方面，即库兹涅茨倒“U”形曲线理论在中国的适用性。

陈宗胜在1994年提出了倒“U”形曲线的阶梯形变异论，对倒“U”形曲线进行了严格的数学证明，并将体制改革与制度创新引入分析，论证了阶梯形收入差别曲线，这更切合实际地解释了我国收入分配差距的变动情况。2002年，陈宗胜又提出了“公有经济收入分配差别的倒U曲线”，以区别于库兹涅茨倒“U”形曲线，这改变了库兹涅茨理论私有经济条件的假设，创造性地将公有经济制度的假设引入倒“U”形曲线模型，这一创造性的发展为以后学者利用中国数据做倒“U”形曲线论证的定量分析提供了充分的理论依据，因为我们收集到的数据本身就已经包含了政策因素的影响。

林毅夫（1997）也认为，当前中国内地各省份之间发展水平差距的主要原因在于，新中国成立以来所推行的各种各样的经济扶持措施影响了市场的正常运转，这制约了中国部分地区经济的发展与技术的进步，也造成了一定程度的地区收入分配差距。

李实、赵人伟、张平（1998）通过两次大规模的居民收入抽样调查，对个人可支配收入的不均等程度进行了估计，分别估算了1995年我国城镇居民和农村居民个人可支配收入的基尼系数，认为城乡之间的收入分配差距呈现了一种不同的变动轨迹；同时，他们还利用国家统计局家庭人均纯收入的概念，分别计算了1985年、1991年和1995年省际收入差距的变异系数和基尼系数，两者均表现了不断上升的趋势。赵人伟、李实（1999）根据两次大规模的抽样调查数据，分别对洛伦兹曲线及其变化形式等分组分析法、基尼系数和泰尔指数进行了全国、城镇和农村三个层次的测算，并以此为基础，对收入分配状况及其变化进行了一系列实证分析，得出如下结论：对任何一个经济体来说，收入分配及其变化更多地表现为制度变迁和经济发展的结果，也就是说，制度变化因素和经济发展因素构成了收入分配格局及其变化的直接和间接决定因素。

郭熙保（2002）认为，中国居民收入差距不断扩大主要是因为经济发展的不平衡性加强。随着经济发展，居民收入差距将符合倒“U”形曲线假说。尹恒等（2005）运用一个政治经济模型，研究了增长率与税率的关系，认为在政治均衡时，收入越不平等，实际资本税率就越高，因此，收入不平等与经济增长之间存在一定程度的倒“U”形关系。

周文兴（2002）在《中国城镇居民收入分配差距与经济增长关系实证分析》一文中，采用1978～1995年中国城镇基尼系数和名义GDP数据集，并运用非经典的时间序列方法，对线性化后的城镇基尼系数和名义GDP进行实证分析，得出中国的经济增长与收入分配不平等之间存在协整（co－integration）关系。之后，周文兴分别建立了反映经济增长对收入分配不平等程度影响的误差修正模型（ECM_1）

$$\Delta \ln \hat{Gini}_t = -0.3832\Delta \ln \hat{Gini}_{t-1} + 0.3886\Delta \ln Y_t + 0.6819 ecm_1$$

以及反映收入分配不平等对经济增长影响机制的误差修正模型（ECM_2）

$$D(GDP_1) = 0.508455D[GDP(-1)] + 0.583252D(TOWN_1) + 0.006979 ecm_2$$

周文兴得出的结论是，经济增长以外的因素（如体制和政策等因素）对收入分配不平等产生的影响更大。各项推动经济增长的短期政策都不是很奏效，且难以持久。接下来，周文兴又采用产生于化学领域，由S. Wold和C. Albano等创造的偏最小二乘法（PLS），引入资本、教育、城市化、通货膨胀、财政收支、税收、工资率和货币控制等因素，对经济增长和城镇居民收入分配不平等进行分析，结论是大多数有利于经济增长的因素会导致收入分配不平等的扩大。

林毅夫、刘明兴（2003）以1970～1997年中国28个省份（不包括西藏、海南和港澳台地区）的相关数据为基础，先采用σ收敛法直观地度量中国东部、中部、西部三个地区经济增长的收敛性差异；接下来，使用1978～1999年中国28个省份的纵向数据，并构造技术选择指数，采用基于新古典模型导出的增长方程进行计量分析，得出如下结论：在大多数劳动力处于低技能水平的中国，发展战略是解释中国经济增长和收入分配的关键。

刘霖、秦宛顺（2005）采用1982～2001年GDP增长率（代表经济增长率）及钱敏泽（2002）估算的基尼系数（代表收入分配差距）两个指标，进行了 Granger 因果关系的实证检验，发现改革开放以来中国的收入分配差距与经济增长之间存在双向因果关系：一方面，改革开放以来中国经济的快速增长确实推动了收入分配差距的扩大；另一方面，收入分配差距的扩大也激励了人们努力改善自己在社会中的地位，对经济增长也有一定的促进作用。刘霖、秦宛顺认为："适度扩大收入分配差距符合市场经济原则，是合理的、必需的，它有助于调动个人的积极性，有助于促进经济增长。"

陆铭、陈钊、万广华（2005）在《因患寡，而患不均——中国的收入差距、投资、教育和增长的相互影响》一文中，使用 1987～2001 年的省级面板数据，以 Mitchell 和 Speaker（1986）模型为基础，利用联立方程模型和分布滞后模型，对收入差距、投资、教育和经济增长的相互影响进行了研究。结果发现，在即期收入分配差距对投资的影响由负逐渐变为正，然后再逐渐下降至微弱的负，从长期的累积效应来看，收入分配差距对投资的累积影响始终为负。收入分配差距对教育的影响较对投资的影响微弱得多，其累积影响始终为正。收入分配差距对经济增长的间接影响在即期也是由负逐渐变为正，然后再逐渐下降至微弱的负。从长期的累积效应来看，收入分配差距对经济增长的影响始终为负。同时，随着经济的不断增长，收入分配差距也有降低的趋势。因此，他们得出结论，控制收入差距在长期有利于经济增长，并反过来有利于缩小收入差距，从而可能实现收入分配平等与经济增长相协调的目标。

章奇、刘明兴、陶然、Vincent 及 Yiu Por Chen（2004）在《中国的金融中介增长与城乡收入差距》一文中，考察了中国金融中介的增长对城乡收入分配差距的影响，并采用 1978～1998 年 28 个省份（除了西藏、重庆、海南，以及港澳台地区）的数据，建立如下模型进行实证分析。

$$INE_{it} = C + \alpha_1 \cdot RPGDP_{it} + \alpha_2 \cdot RPGDP_{it}^2 +$$
$$\alpha_3 \cdot FINDEV_{it} + \alpha_4 \cdot AFINDEV_{it} + \sum_j \beta_j \cdot D + \varepsilon_{it}$$

其中，i 表示第 i 个省份；t 表示第 t 年；ε 是服从均值为 0、方差为 σ^2 的正态分布的残差项；*INE* 表示城乡收入差距（城镇居民可支配收入与农村居民人均纯收入的比值）；*RPGDP* 表示以 1978 年价格计算的各省份实际人均 *GDP*，*FINDEV* 和 *AFINDEV* 均表示各省的金融发展水平（*FINDEV* 表示各省份全部国有及国有控股银行信贷总额占 *GDP* 的比例，*AFINDEV* 表示 *FINDEV* 中向农业贷款的比例）；*D* 表示其他对城乡收入差距产生影响的变量。模型估计的结论为：金融中介增长即经济增长显著拉大了城乡收入分配差距，换言之，扩展的库兹涅茨效应在我国省级面板的数据集中并不成立。

王小鲁、樊纲（2005）的研究认为，中国居民收入差距还有继续扩大的明显趋势，经济发展并不必然带来收入差距先升后降的结果。李实（2009）认为，迄今为止，还没有证据表明中国收入差距的变动在遵循库兹涅茨倒“U”形轨迹。

关于收入不平等对经济增长的作用，学者们的研究结果大多表明，较低程度的收入不平等一般有利于经济增长，但收入不平等程度的提高，将会阻碍经济增长。杨俊、张宗益、李晓羽（2005）选取 1995 ~ 2000 年和 1998 ~ 2003 年两个样本区间，使用各省截面数据和时间序列数据的研究表明，中国 20 世纪 90 年代中后期收入不平等与后期经济发展之间存在较为显著的负相关。王少平、欧阳志刚（2006）使用泰尔指数刻画了中国城乡收入差距的发展过程，研究表明，城乡收入差距与实际经济增长长期存在着非线性关系，1978 ~ 1991 年，城乡收入差距对实际经济增长的长期效应为正，1999 年后则变为负，而且负效应逐年增加。梁亚明、臧海明（2009）的研究发现，较发达地区的收入差距对经济增长具有阻碍作用，而欠发达地区的收入差距对经济增长具有促进作用。

第三章　我国经济增长与收入分配动态关系分析

改革开放以来，我国经济经历了30多年的快速增长，与此相伴而生的是收入分配差距的积累和加剧。对我国经济增长和收入分配变化历程的考察以及对两者动态关系的分析，是我们进一步深入分析的起点。

第一节　改革开放以来我国经济增长的演变与成效

中国改革开放以来，在市场经济改革力量的推动下，中国经济持续了30多年的高速增长，林毅夫认为只有用“奇迹”一词才能描述这一成就。“奇迹”作为复合增长不断累积的结果，表现在很多方面，充分展示了中国经济增长的成效。

一　高速稳定的GDP增长率与GDP的持续增加

1978~2010年，我国GDP年均增速达9.8%，被世人公认为“中国奇迹”。高速持续的增长使我国在这短短几十年中，走过了西方国家几百年走过的历程（见图3-1）。1978年我国GDP为1482亿美元，在世界排第10位；2000年GDP为10801亿美元，在世界排第6位；2010年GDP达到58791亿美元，在世界排第2位。

二　人均GDP和人均可支配收入迅速提高

与高速、稳定增长的GDP增长率和持续增加的GDP相一致，人均GDP指标也表现出相同的特征（见图3-2）。1952年，我国人均GDP为

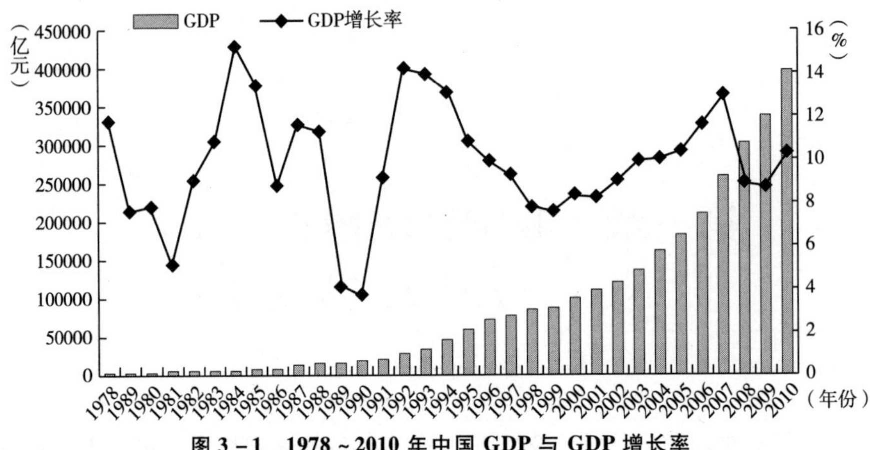

图 3－1　1978～2010 年中国 GDP 与 GDP 增长率

资料来源：根据历年《中国统计年鉴》计算。

50 美元；改革开放初期，我国人均 GDP 为 190 美元，是世界上最穷的国家之一，在世界上排倒数第二。2003 年，我国人均 GDP 首次突破 1000 美元；2006 年人均 GDP 突破 2000 美元；2008 年人均 GDP 突破 3000 美元；2010 年人均 GDP 突破 4000 美元，达 4283 美元（按 2010 年底汇率计算）；2012 年人均 GDP 突破 6000 美元。从国际经验看，人均 GDP 从 1000 美元上升到 2000 美元和从 2000 美元上升到 3000 美元，一般共需要 10～15 年的时间。德国分别用了 9 年和 6 年，日本分别用了 7 年和 4 年，我国分别只用了 3 年和 2 年。

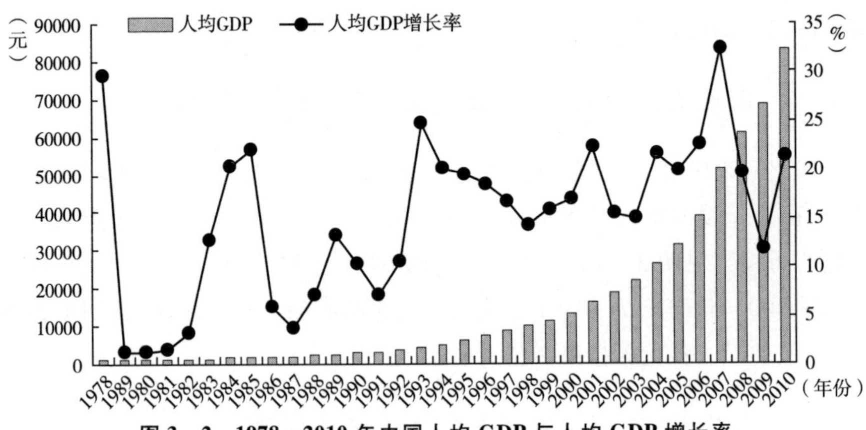

图 3－2　1978～2010 年中国人均 GDP 与人均 GDP 增长率

资料来源：根据历年《中国统计年鉴》计算。

人均 GDP 的快速增加带来了居民人均收入的不断提高（见图 3－3）。

改革开放以来的 30 多年是居民收入增长最快、得到实惠最多的时期。1978～2010 年，城镇居民人均可支配收入由 343 元提高到 19109 元，农村居民人均纯收入由 134 元提高到 5919 元。30 多年来，我们从最贫穷的低收入国家跨入中等收入国家。

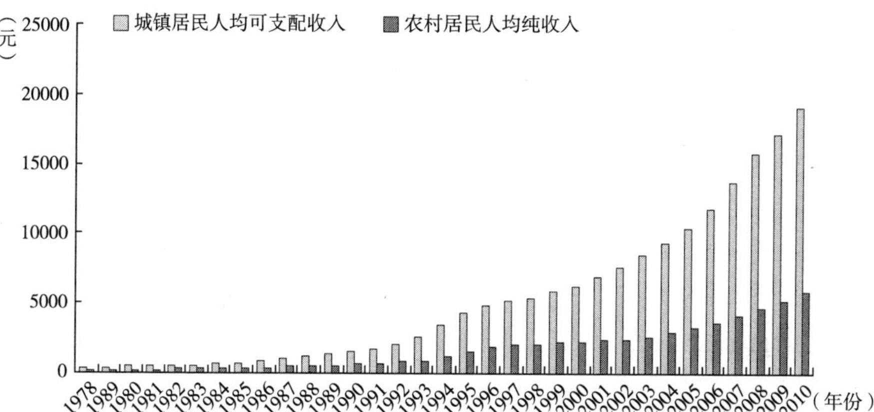

图 3－3　1978～2010 年中国城镇居民人均可支配收入与农村居民人均纯收入

资料来源：根据历年《中国统计年鉴》计算。

三　中国在国际上的经济地位显著提高

GDP 总量相对于其他国家（地区）的快速增加，使中国在国际上的经济地位显著提升，中国按汇率法计算的 GDP 占世界经济总量的份额大幅度提高（见表 3－1）。中国大陆 GDP 占世界经济总量的份额也已从新中国成立之初的不到 1%，提高到 1978 年的 1.8%，再到 2010 年的 9.3%，中国已超过日本，成为世界第二大经济体。其他经济指标所占世界份额也都经历了大幅度提高的过程（见表 3－2）。如果按 PPP 计算，2010 年中国大陆 GDP 占世界经济总量的份额更大，达 13.6%（见表 3－3）。

表 3－1　2010 年按汇率法计算的世界主要国家和地区 GDP

单位：亿美元，%

排名	国家和地区	GDP	占世界份额	排名	国家和地区	GDP	占世界份额
—	世界	619634.29	100.0	11	印度	14300.20	2.3
—	欧盟	161068.96	26.0	12	西班牙	13747.79	2.2

续表

排名	国家和地区	GDP	占世界份额	排名	国家和地区	GDP	占世界份额
1	美国	146241.84	23.6	13	澳大利亚	12197.22	2.0
2	中国大陆	58791	9.3	14	墨西哥	10040.42	1.6
3	日本	53908.97	8.7	15	韩国	9862.56	1.6
4	德国	33058.98	5.3	16	荷兰	7703.12	1.2
5	法国	25554.39	4.1	17	土耳其	7290.51	1.2
6	英国	22585.65	3.6	18	印度尼西亚	6950.59	1.1
7	意大利	20366.87	3.3	19	瑞士	5224.35	0.8
8	巴西	20235.28	3.3	20	比利时	4613.31	0.7
9	加拿大	15636.64	2.5	24	中国台湾	4269.84	0.7
10	俄罗斯	14769.12	2.4	36	中国香港	2264.85	0.4

资料来源：根据世界银行网站数据整理汇编，http：//data.worldbank.org.cn/indicator。

表 3－2　中国主要指标占世界的比重

单位：%

指　标	1978 年	1990 年	2000 年	2007 年	2008 年	2009 年
人口	22.3	21.6	20.8	20.0	19.8	19.7
GDP	1.75	1.64	3.75	6.2	7.14	8.6
进出口贸易总额	0.79	1.65	3.60	7.7	7.88	8.8
出口额	0.76	1.80	3.86	8.7	8.89	9.6
进口额	0.82	1.50	3.35	6.7	6.90	7.9
外商直接投资	—	1.68	2.95	4.2	6.38	8.5
稻谷产量	36.35	36.95	31.69	28.7	28.23	29.1
小麦产量	12.13	16.58	17.00	18.1	16.30	16.9
玉米产量	14.24	20.11	17.92	19.4	20.18	19.9
大豆产量	10.09	10.15	9.55	7.2	6.73	6.5

资料来源：根据世界银行网站数据整理汇编，http：//data.worldbank.org.cn/indicator。

表 3－3　2010 年按 PPP 计算的世界主要国家和地区 GDP 及其占世界份额

单位：亿美元，%

排名	国家和地区	GDP	占世界份额	排名	国家和地区	GDP	占世界份额
—	世界	740042.49	100.0	10	意大利	17711.40	2.4
—	欧盟	151506.67	20.5	11	墨西哥	15496.71	2.1

续表

排名	国家和地区	GDP	占世界份额	排名	国家和地区	GDP	占世界份额
1	美国	146241.84	20.0	12	韩国	14570.63	2.0
2	中国大陆	100843.69	13.6	13	西班牙	13644.99	1.8
3	日本	43086.27	5.8	14	加拿大	13301.06	1.8
4	印度	40011.03	5.4	15	印度尼西亚	10274.37	1.4
5	德国	29320.36	4.0	16	土耳其	9565.76	1.3
6	俄罗斯	22187.64	3.0	17	澳大利亚	8823.44	1.2
7	巴西	21816.77	2.9	18	伊朗	8307.15	1.1
8	英国	21810.69	2.9	19	中国台湾	8104.87	1.1
9	法国	21462.83	2.9	20	波兰	7175.37	1.0

资料来源：根据世界银行网站数据整理汇编，http：//data. worldbank. org. cn/indicator。

四　实物产量供给在世界上具有举足轻重的影响

GDP 总量的增加及其在世界上地位的攀升内含着实物产量的增加及其在世界产品供给中占有举足轻重的地位（见表 3－4 和表 3－5）。截至 2009 年，我国工业产品产量居世界第一位的已有 220 种，中国已经成为世界汽车第一生产与消费大国、手机用户第一大国，已经成为世界公认的工业大国。

表 3－4　中国农业主要产品产量的世界排名演变

项　目	1978 年	1990 年	2000 年	2008 年	2009 年
谷　物	2	1	1	1	1
肉　类	3	1	1	1	1
棉　花	3	1	1	—	1
大　豆	3	3	4	4	4
花　生	2	2	1	1	1
油菜籽	2	1	1	2	1
甘　蔗	7	4	3	3	3
茶　叶	2	2	2	1	1
水　果	9	4	1	1	1

资料来源：中国经济网数据库。

表 3-5　中国工业主要产品产量的世界排名演变

项　　目	1978 年	1990 年	2000 年	2008 年	2009 年
粗　钢	5	4	1	1	1
煤	3	1	1	1	1
原　油	8	5	5	5	4
发电量	7	4	2	2	2
水　泥	4	1	1	1	1
化　肥	3	3	1	—	—
棉　布	1	1	2	1	1

资料来源：中国经济网数据库。

五　进出口总量呈爆发式增长

改革开放以来，中国进出口总额的增长速度超过了 GDP 的增长速度，1978~2010 年外贸年均增长 16.8%，这既是中国经济快速增长的推动力，又是经济增长的结果。中国的进出口总额爆发式增长使中国外贸在世界主要国家和地区中的位次有了很大提升，中国进出口总额占世界的份额显著提高。2010 年，中国内地进出口总额约 2.97 万亿美元，占世界贸易总额的 9.8%，超过德国，跃居世界第二位，出口居世界第一位（见表 3-6）。

表 3-6　2010 世界主要国家和地区进出口总额及其占世界份额

单位：亿美元，%

排名	国家和地区	出口额	进口额	进出口总额	占世界份额
—	世界	150820	153050	303870	100.0
—	欧盟	49158	47680	96838	31.9
1	美国	12781	19681	32462	10.7
2	中国内地	15778	13951	29729	9.8
3	德国	12681	10664	23345	7.7
4	日本	7698	6926	14625	4.8
5	法国	5204	6057	11261	3.7
6	荷兰	5720	5166	10887	3.6
7	英国	4043	5571	9614	3.2
8	意大利	4474	4838	9313	3.1

续表

排名	国家和地区	出口额	进口额	进出口总额	占世界份额
9	韩国	4664	4252	8916	2.9
10	中国香港	3904	4335	8239	2.7
11	比利时	4113	3902	8015	2.6
12	加拿大	3872	3912	7783	2.6
13	新加坡	3519	3108	6627	2.2
14	俄罗斯	4000	2484	6484	2.1

资料来源：世界银行统计数据库，www.wto.org。

六　外汇储备和实际使用外商直接投资金额迅速积累

从货币金融发展看，我国的人民币在1996年就实现了经常项目下的可兑换，但人民币还不是可兑换货币。我国外汇储备从1978年的1.67亿美元增加到2006年的10663亿美元（见图3-4），超过日本，居世界第一位（见表3-7）。2010年，我国外汇储备达2.85万亿美元，占世界总份额的31.6%。展望今后10年，人民币在经常项目下可兑换的基础上将逐步实现资本项目下可兑换，朝着成为完全可兑换货币、国际储备货币的方向发展。2010年，我国实际使用外商直接投资金额1057亿美元，当年对外直接投资额达590亿美元。多年以来，我国是发展中国家利用外资和对外投资最多的国家。

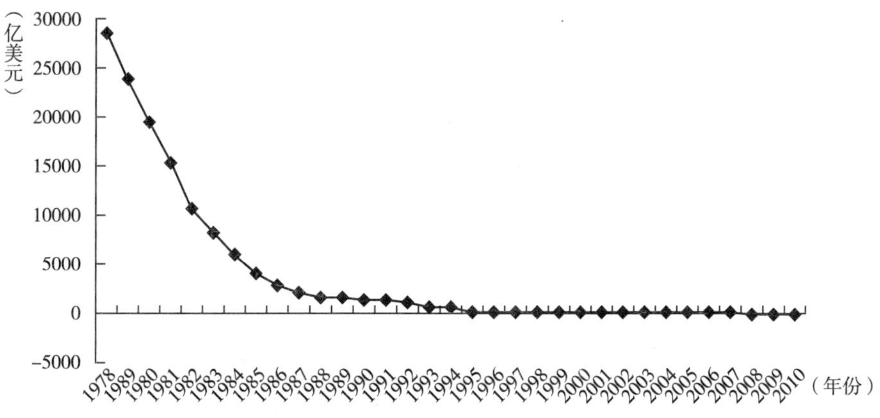

图3-4　1978~2010年中国外汇储备

资料来源：中国经济网数据库。

表 3－7　2010 年世界主要国家（地区）外汇储备排行榜

单位：亿美元，%

国家和地区	外汇储备	占世界比重	占 GDP 比重
世界	90228.4	100.0	15.5
东盟四国	3948.1	4.4	34.1
金砖四国	36639.2	40.6	40.3
欧元区	1516.8	1.7	1.2
七国集团（G7）	12991.5	14.4	4.2
欧佩克组织（OPEC）	9391.8	10.4	43.4
中国大陆	28473	31.6	53.1
日本	10416.9	11.5	20.6
俄罗斯	4637.7	5.1	37.6
中国台湾	3792.6	4.2	106.7
韩国	2902.3	3.2	34.9

资料来源：世界银行统计数据库，www.wto.org。

七　国家财力大幅度增长

上述经济指标的快速增加带来了国家财力的大幅度增长。1950 年，我国财政收入只有 62 亿元，1978 年达到 1132 亿元（见图 3－5），2010 年达到 83080 亿元，约是 1950 年的 1340 倍、1978 年的 73 倍。

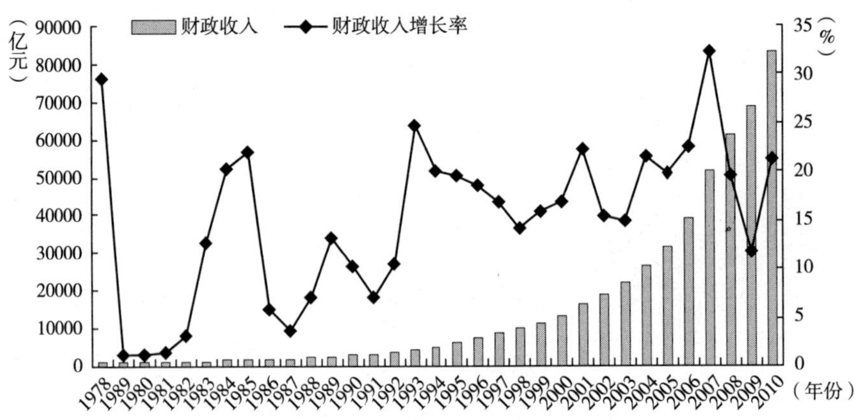

图 3－5　1978～2010 年中国财政收入及其增长率

资料来源：根据历年《中国统计年鉴》计算。

八　21世纪前叶中国的发展前景

我国经济成功的经历使很多机构和学者对中国未来经济发展的前景充满了信心。美国高盛在2003年预测了“金砖四国”的经济发展趋势，预测中国的GDP在2041年将达2.8万亿美元，超过美国的2.79万亿美元，成为世界最大的经济体；人均GDP将达1.9万美元，约是美国人均GDP 7.1万美元的27%。2011年3月23日，林毅夫在由香港科技大学举办的中国经济发展论坛上表示，在过去的30多年里，中国经济以平均每年9.8%的速度增长，现已成为全球第二大经济体，约占全球经济规模的9%；在未来20年，中国经济将以平均每年8%的速度继续增长，到2030年，中国的经济规模将超越美国。清华大学国际战略与发展研究所在2009年第6期《国际经济评论》上发表论文《上升中的中国国力、国际地位与作用》，预测：①如果2007年以后的20～30年，美国GDP的平均增长率为2%，而中国GDP的平均增长率为10%，那么到2026年，中国的GDP将以20.7万亿美元的规模首次超过美国的20.1万亿美元。②如果2007年以后的20～30年，美国GDP的平均增长率为3%，而中国GDP的平均增长率为8%，那么到2037年，中国的GDP规模将以34万亿美元首次超过美国的33.5万亿美元。③如果2007年以后的30～40年，美国GDP的平均增长率为4%，而中国GDP的平均增长率为8%，那么到2045年，中国的GDP规模将达63万亿美元，首次超过美国的61万亿美元。也就是说，早则21世纪20年代中后期，晚则40年代中期，中国的经济总量有可能超过美国。2011年4月25日，《华尔街日报》发表文章，根据国际货币基金组织报告的数据，按照PPP法计算，中国2011年GDP为11.2万亿美元，到2016年将达19万亿美元，相比之下，美国2011年GDP仅为15.2万亿美元，到2016年将达18.8万亿美元，中国GDP将于2016年超过美国。

这些预测能否实现，取决于我国是否能够保持以前的经济增长态势。而能否保持过去快速、持续的增长要看诸多前提条件能否实现，其中一个很重要的因素就是收入分配能否与经济增长形成良性的动态关系。

第二节　我国规模性收入分配差距的演变

随着改革开放的深入，我国经济一直保持着高速增长的良好态势，与此同时，中国的收入分配差距也在不断扩大。2009 年，中国的基尼系数已经达到了 0.465，严重超出了国际公认的 0.4 的警戒线，这说明我国收入分配差距之大已经成为一个社会问题。从横截面的数据来看，我国居民收入分配差距过大主要表现在城乡收入分配差距过大、地区间收入分配差距过大，以及行业收入分配差距过大三个方面。

一　城乡收入分配差距不断扩大

改革开放以来，我国城市居民和农村居民的收入都是在不断增加的，但进入 20 世纪 90 年代以后，城市居民收入的增长速度很多时间超过了农村居民收入的增长速度（见图 3－6），这导致我国城乡居民收入差距不断扩大。

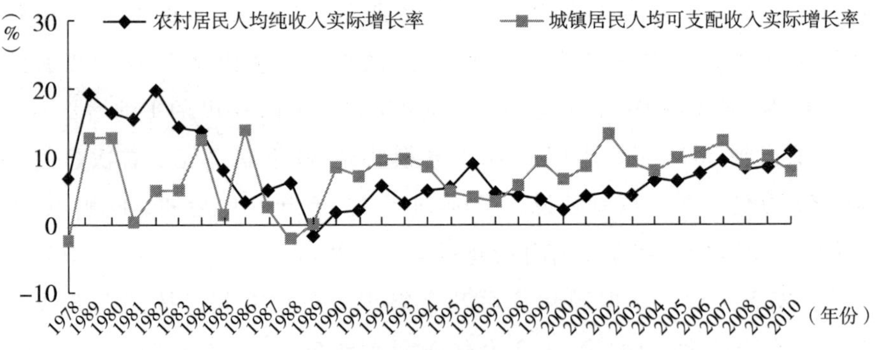

图 3－6　1978～2010 年我国农村居民人均纯收入与城镇居民人均可支配收入实际增长率的比较

资料来源：根据历年《中国统计年鉴》计算。

1978 年，我国城乡收入差距为 2.57 倍，之后由于农村实行家庭联产承包责任制，农民收入增加，所以城乡收入差距有一个小幅度的下降。1983 年城乡居民人均收入比为 1.82∶1。从 1984 年开始，体制改革开始在城市推开，城镇居民人均可支配收入上升，城乡收入差距开始扩大。2010 年，城镇居民人均可支配收入为 19109 元，农村居民人均纯收入为 5919 元，两者差距扩大到 3. 23 倍（见图 3 – 7）。该数据尚未反映出城镇居民享有的各种社会保障、社会福利和社会补贴，如果考虑到城镇居民还享受社会保障方面的非货币收入因素，中国城乡收入差距可能为 5 ~ 8 倍。从绝对差距来看，1978 年农村居民人均纯收入与城镇居民人均可支配收入相差 209. 8 元，1992 年差距突破千元大关，达 1242. 6 元，2010 年达 13190 元（2009 年一度达 16908 元）。2010 年，中国城镇居民收入最高的为上海（31838 元），中国农村居民收入最低的为甘肃（3424. 7 元），前者是后者的 9. 3 倍。2010 年，贵州城镇居民人均可支配收入为 14142. 74 元，农村居民人均纯收入为 3472 元，前者是后者的 4. 1 倍。来自世界银行的有关资料显示，世界上大多数国家的城乡居民收入差距为 1. 5 倍。我国如此之大的居民收入差距不仅高于发达国家，而且远远高于巴西、阿根廷等发展中国家。可见，我国城乡居民收入差距扩大已经是一个相当严峻的问题。

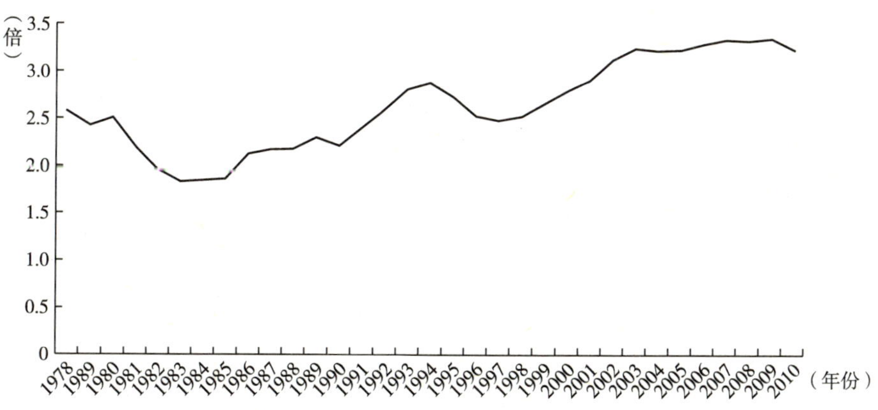

图 3 – 7　1978 ~ 2010 年我国城乡居民收入差距变动

资料来源：根据历年《中国统计年鉴》计算。

二　地区收入分配差距不断拉大

随着我国区域发展战略的调整以及各区域区位优势差异的扩大，我国不同地区之间的收入差距随着改革的深入越来越明显，具体表现为：从东南沿海到中部地区再到西部地区，收入差距呈现阶梯式变化。东南沿海各省份的居民人均收入较高，往内陆地区中部、西部各省份依次降低，西部地区的居民人均收入最低。图 3-8 反映了 2009 年我国各省份城镇居民人均可支配收入的情况，收入最高的上海为 28837.78 元，收入最低的甘肃为 11929.78 元，上海的城镇居民人均可支配收入是甘肃的 2.4 倍。1995 年，全国各地区城镇居民人均可支配收入最高的上海为 7191.77 元，最低的甘肃为 3152.52 元，收入差距之比为 2.28∶1；2006 年，全国各地区城镇居民年人均可支配收入最高的上海为 20667.91 元，最低的新疆为 8871.27 元，收入差距之比为 2.33∶1。1995 年，全国各地区农村居民人均纯收入最高的上海为 4245.61 元，最低的甘肃为 880.34 元，收入差距之比为 4.82∶1；2006 年，全国各地区农村居民人均纯收入最高的上海为 9138.65 元，最低的贵州为 1984.62 元，收入差距之比为 4.60∶1；2009 年，全国各地区农村居民人均纯收入最高的上海为 12482.94 元，最低的贵州为 3005.41 元，收入差距之比为 4.15∶1。

虽然各地区农村居民人均纯收入的收入差距之比有所下降，但是绝对差额在增大（见图 3-9）。2009 年，上海农村居民人均纯收入为 12482.94 元，是甘肃农村居民人均纯收入 2980.1 元的 4.2 倍；上海城镇居民人均可支配收入是甘肃农村居民人均纯收入的 9.8 倍，两者相差 25857.68 元。在全国 4007 万贫困人口中，中西部地区所占比重高达 94.1%。从这些数据可以看出，我国的地区收入差距一直呈现扩大的趋势。尽管 2009 年中国人均 GDP 已经达 3680 美元，但真正达到人均 3680 美元的省份只占 35.5%，还有 64.5% 的省份没有达到此水平。比如，2009 年贵州人均 GDP 为 1350 美元，而国内比较发达的地区，如上海、北京、天津、浙江、江苏等，人均 GDP 分别达 11320、10298、9295.48、6582.88、6437.91 美元，后进地区也在努力发展，但“发展差率”越来越大。

另外，我国居民地区收入分配差距呈现阶段性发展趋异的“马太效应”。农村居民人均纯收入处于高水平的省份比较稳定，上海一直稳居第一，而处于低水平的省份也基本保持不变，甘肃和贵州一直阶段性循环地徘徊在倒数第一和倒数第二的位置。

三　行业收入分配差距不断增大

由于我国尚未形成统一、完善的劳动市场，所以不同行业的收入分配

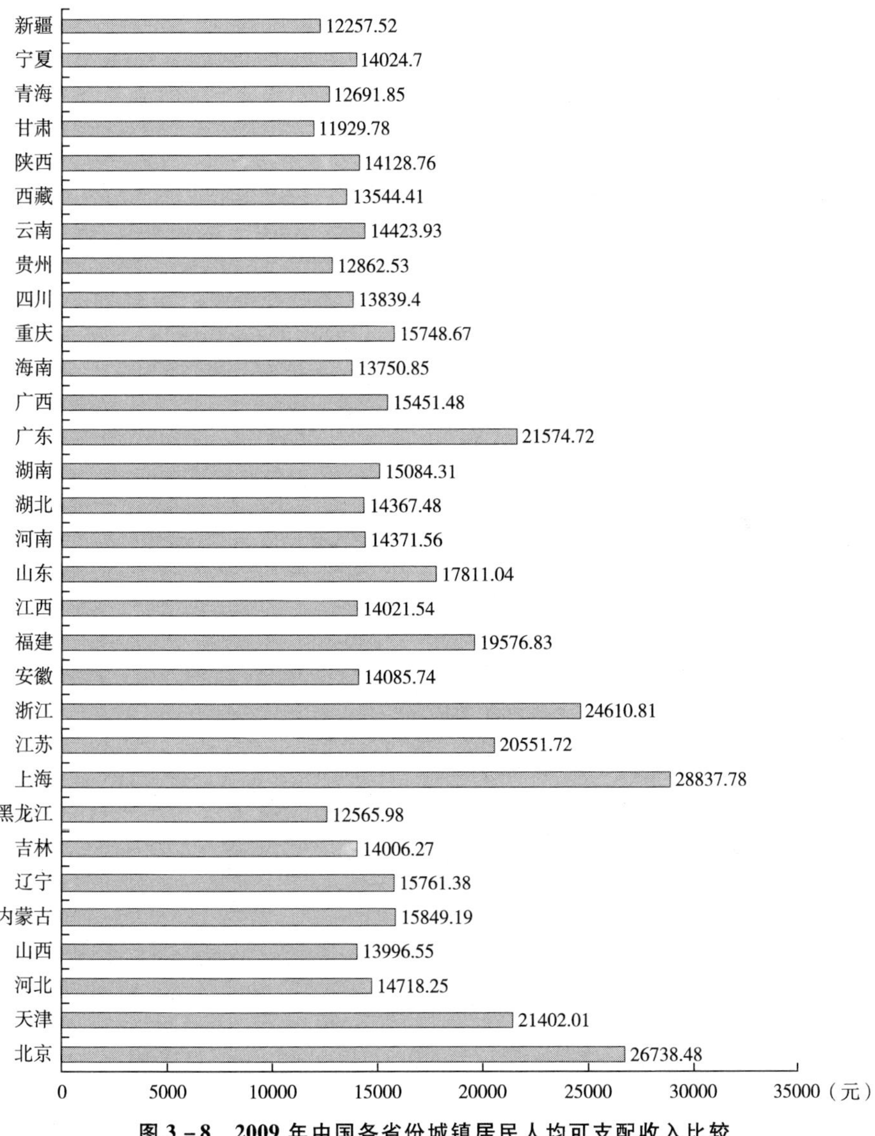

图 3－8　2009 年中国各省份城镇居民人均可支配收入比较

资料来源：《中国统计年鉴（2010）》。

差距也呈现了加大趋势。20 世纪 90 年代，中国金融业和制造业间的收入差距尚不到 1 倍，而现在已超过 3 倍。如果将官方统计的工资收入差距用社会保障和社会福利等因素进行调整，这个差距恐会更大。目前，高收入者主要集中在金融、电力、电信、石油、烟草等垄断性行业。1978 年，行

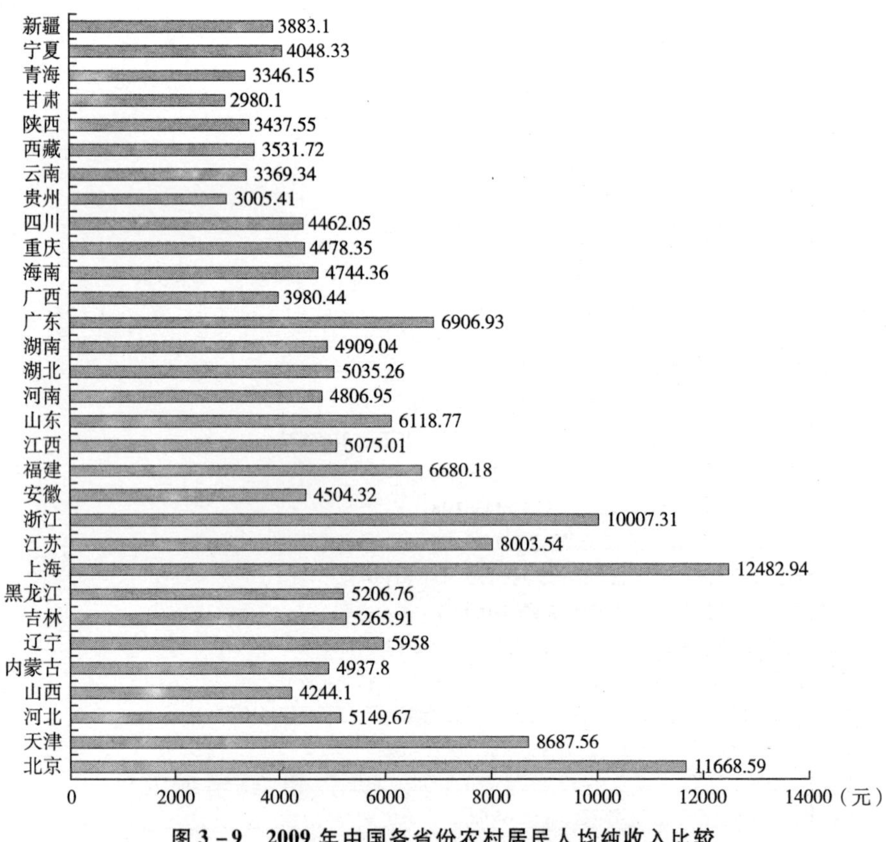

图 3－9　2009 年中国各省份农村居民人均纯收入比较

资料来源：《中国统计年鉴（2010）》。

业最高人均工资水平是行业最低人均工资水平的 2.63 倍，2010 年该差距扩大到 15 倍，如果把证券业归到金融业一并计算，行业收入差距也至少为 6 倍。而发达国家 2006～2007 年最高和最低行业工资差距，日本、英国、法国为 1.6～2 倍，德国、加拿大、美国、韩国为 2.3～3 倍。

图 3－10 显示了 1978～2008 年我国收入最高和最低行业的工资差距，我国收入最高和最低行业的工资差距经历了 1978～1984 年的基本稳定期，以及 1984～1985 年的小幅下降期，然后开始了稳步升高。其总体趋势还是上升的，也就是说，我国行业收入差距是不断拉大的。

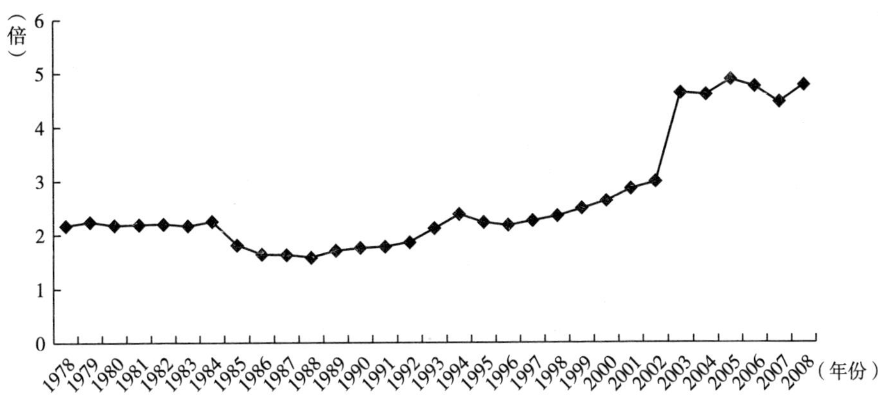

图 3－10　1978～2008 年我国收入最高和最低行业的工资差距

资料来源：根据历年《中国统计年鉴》计算。

第三节　我国规模性收入分配差距与经济增长动态关系分析

我国在改革开放不断深入的过程中，经济持续、快速增长伴随着收入分配差距的不断变化。对两者在同时变动过程中动态关系特征的分析，可为后面的理论分析和因素分解提供经验依据。本节主要对衡量收入分配差距和经济增长的指标进行选取，对相关数据进行搜集整理，对数据进行单位根检验、协整关系检验及 Granger 因果关系检验，从而得出两者动态关系的特征。

一　指标与数据的选取

实证检验分析要求其结论能够与经济事实相符，并且能为社会经济的发展提供有效、可靠的建议。这要求分析者提出的实证检验模型必须以经济事实为依据，并且当实证检验模型确定了要检验的经济现象以后，用什么样的经济指标来模拟模型中设定的经济现象，也是一个很关键的因素。在本节中，选取哪个变量来模拟收入分配差距，用哪个变量模拟经济增长，都是我们检验分析的关键所在。另外，选定了这些变量之后，还要保证所选数据的来源可靠。

因此，本文在指标和数据的选取上，都遵循了上述原则。对于引言中列出的度量收入分配差距的指标，我们认为基尼系数比较合适，主要是基于如下几点考虑：第一，基尼系数与洛伦兹曲线具有较强的一致性，即使发生与洛伦兹曲线相交的情况，基尼系数也能很好地测度出收入分配差距的状况；第二，基尼系数是人们使用较早的可以量化的衡量收入分配差距的指标，具有运用的广泛性和可接受性；第三，国内外学者对基尼系数的相关研究较多，且提出了多种计算基尼系数的方法，选择基尼系数可以很好地利用现有统计数据进行收入分配差距测算；第四，在国际上，基尼系数是衡量收入差距的惯用指标，具有很强的普遍适用性和可比性，有利于对各个时期的收入分配差距状况进行比较；第五，基尼系数对任何收入水平上由富人向穷人的收入转移都不失敏感性。本文选取的基尼系数数据，1978～2007 年数据来自《城乡收入差距的临界点判定及其对经济效率影响的研究》，2008 年、2009 年数据则是用矩阵法测算而得。

对于经济增长指标的选取，根据以往学者的研究经验，本文以按 1978 年不变价格计算的 GDP 为衡量指标。因为这一指标在历年《中国统计年鉴》中可以很容易地获取，数据的可靠性比较强，这可以保证模型的准确性，减少误差。我国 GDP 指数和基尼系数的数据见表3－8。

表 3－8 1978～2009 年我国 GDP 指数与基尼系数

年份	GDP 指数	基尼系数	年份	GDP 指数	基尼系数
1978	100.0	0.31	1994	452.8	0.399
1979	107.6	0.305	1995	502.3	0.397
1980	116.0	0.322	1996	552.6	0.38
1981	122.1	0.297	1997	603.9	0.369
1982	133.1	0.269	1998	651.2	0.376
1983	147.6	0.263	1999	700.9	0.389
1984	170.0	0.264	2000	759.9	0.402
1985	192.9	0.242	2001	823.0	0.411
1986	210.0	0.305	2002	897.8	0.44
1987	234.3	0.309	2003	987.8	0.45
1988	260.7	0.319	2004	1087.4	0.444
1989	271.3	0.348	2005	1210.4	0.452
1990	281.7	0.341	2006	1363.8	0.453

续表

年份	GDP 指数	基尼系数	年份	GDP 指数	基尼系数
1991	307.6	0.358	2007	1557.0	0.454
1992	351.4	0.377	2008	1707.0	0.461
1993	400.4	0.407	2009	1862.5	0.465

资料来源：根据历年《中国统计年鉴》计算。

二　数据平稳性检验

GDP 指数和基尼系数都是典型的时间序列数据，大多数时间序列数据存在自己特有的趋势性，就像物理学中的惯性一样，即存在一种保持自己原有状态的属性，这种性质也可以称为反映的滞后性。但是时间序列数据存在的这种趋势性，即存在单位根，会出现虚假回归（伪回归）的问题。因为当随机变量不平稳时，统计量的拒绝阈远远超过了检验的正常值，由按照一般检验方法得出的接受假设很可能是错误的。因此，在对时间序列数据进行实证分析时，为避免出现虚假回归的现象，需要先对时间序列数据做平稳性检验。

从图 3－11 可以看出，无论是 GDP 指数还是基尼系数，都带有很强的趋势性。从 GDP 指数的趋势可以看出，1978～2009 年，GDP 指数的增长趋势非常明显。而基尼系数的趋势可明显地分为两段：第一段是 1978～1985 年，基尼系数有一个明显的下降趋势，表明我国居民的收入分配差距有缩小的趋势；1986～2009 年，基尼系数的上涨趋势比较明显。

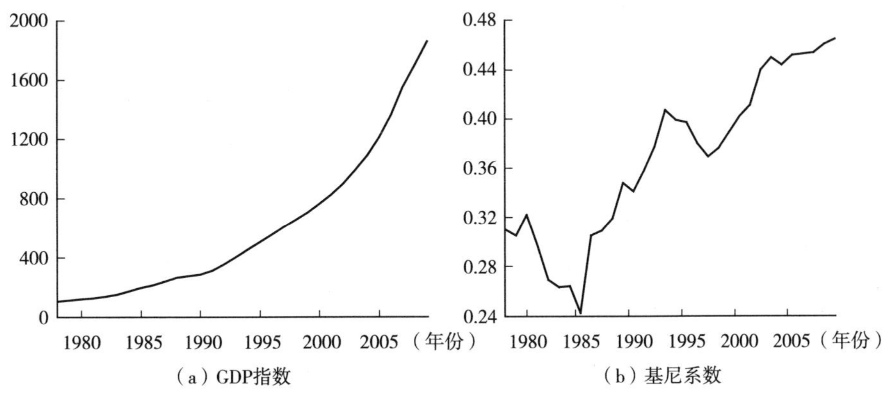

图 3－11　GDP 指数和基尼系数的变化趋势

利用 Eviews 可以得到 GDP 指数和其尼系数的自相关函数（AC）和偏自相关函数（PAC），并描绘出 GDP 指数和基尼系数的自相关与偏自相关系数（见图 3－12）。如果序列的自相关系数很快地趋于零，即落入随机区，时间序列是平稳的；反之，是非平稳的。若自相关系数大于临界值，则时间序列数据有显著的自相关性。从 GDP 指数的自相关系数可以看出，滞后 1～3 期的 GDP 指数数据都有显著的自相关性，其自相关系数并没有很快地落入随机区，因此，GDP 指数序列是非平稳的。从基尼系数的自相关系数可以看出，滞后 1～4 期的基尼系数数据都有显著的自相关性，其自相关系数也没有很快地落入随机区，因此，基尼系数序列也是非平稳的。

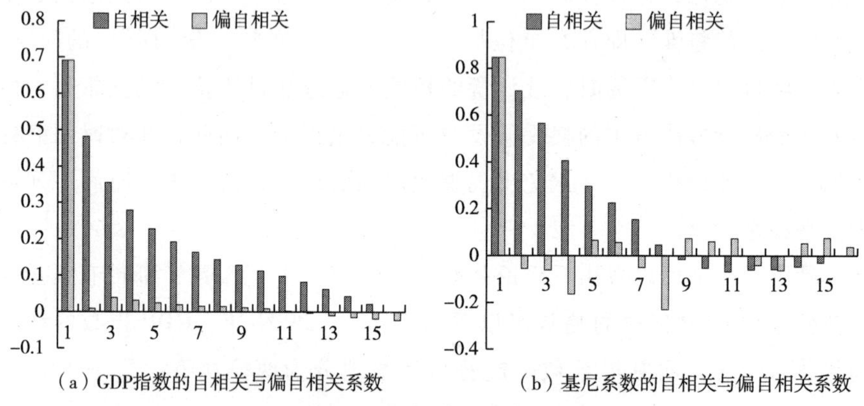

图 3－12　GDP 指数和基尼系数的自相关与偏自相关系数

本文采用增广迪基－富勒检验（ADF 检验）来检验时间序列数据是否存在单位根。笔者按照下面的方式对各个序列进行单位根检验。

假设序列数据的生成过程为

$$\Delta y_t = \mu + \delta y_{t-1} + \rho t + \sum_{j=1}^{p} \lambda_i \Delta y_{t-j} + \varepsilon_t,\ t = 1,\ 2,\ \cdots \tag{1}$$

令 ε_t 表示一个在给定 y 的过去值时均值为零的过程。

$$E\ (\varepsilon_t \mid y_{t-1},\ y_{t-2},\ \cdots,\ y_0) = 0 \tag{2}$$

在式（2）中，ε_t 被称为（y_{t-1}，y_{t-2}，…，y_0）的鞅差分序列。如果说 ε_t 是均值为零的独立同分布，即 $E(\varepsilon_t)=0$，$Var(\varepsilon_t)=\sigma^2<\infty$，且独立于 y_0，那么它也满足式（2）。

对y_{t-1}的系数 δ 进行 t 检验，由于式（1）的回归比迪基－富勒检验（DF 检验）增加了滞后变化 Δy_{t-h}，所以本检验为 ADF 检验。

表 3－9　序列 GDP 指数和基尼系数的 ADF 检验结果

变　量	判断类别（C，T，K）	ADF 检验值	1% 显著性水平（临界值）	5% 显著性水平（临界值）	10% 显著性水平（临界值）	P 值
GDP 指数	（C，T，1）	1.133307	－4.296729	－3.568379	－3.218382	0.9999
基尼系数	（C，T，0）	－2.543828	－4.28458	－3.562882	－3.215267	0.3066

注：（C，T，K）表示常数项、时间趋势和滞后期。

从表 3－9 对 GDP 指数和基尼系数序列单位根检验的结果可以明显看出，GDP 指数序列不能拒绝存在单位根的假设，基尼系数序列也不能拒绝存在单位根的假设。因此，不能直接利用这两个时间序列数据进行回归分析。

对于含有指数趋势的时间序列，可以通过取对数的方法将指数趋势转化为线性趋势，然后再进行差分，以消除线性趋势。根据上述消除单位根的经验，首先对两个序列分别取对数，得到两个新的序列 *LGDP* 和 *LGINI*。对这两个新的序列重进行单位根检验，结果见表 3－10。

表 3－10　*LGDP* 和 *LGINI* 的 ADF 检验结果

变　量	判断类别（C，T，K）	ADF 检验值	1% 显著性水平（临界值）	5% 显著性水平（临界值）	10% 显著性水平（临界值）	P 值
LGDP	（C，T，3）	－4.43136	－4.323979	－3.580623	－3.225334	0.0078
LGINI	（C，T，0）	－2.508648	－4.28458	－3.562882	－3.215267	0.3220

注：（C，T，K）表示常数项、时间趋势和滞后期。

从检验结果可以看出，序列 *LGDP* 拒绝了存在单位根的假设，已经成为一个平稳序列；但是序列 *LGINI* 不能拒绝存在单位根的假设。因此，还不能用这两个序列进行协整分析。由于进行协整分析要求两个序列必须是同阶单整的，为了检验经济增长与收入分配差距是否存在长期的均衡关系，我们就需要对 *LGDP* 和 *LGINI* 序列进行差分，得到 *DLGDP* 和 *DLGINI*，并验证其是否存在协整关系。我们对新生成的序列 *DLGDP* 和 *DLGINI* 进行单位根检验，结果见表 3-11。

表 3-11 *DLGDP* 和 *DLGINI* 的 ADF 检验结果

变　量	判断类别 (C，T，K)	ADF 检验值	1%显著性水平（临界值）	5%显著性水平（临界值）	10%显著性水平（临界值）	P 值
DLGDP	(C，T，3)	-3.496413	-4.33933	-3.587527	-3.22923	0.06
DLGINI	(C，T，0)	-5.568491	-4.296729	-3.568379	-3.218382	0.0005

注：(C，T，K) 表示常数项、时间趋势和滞后期。

从单位根检验的结果可以看出，序列 *DLGDP* 在 10% 的显著性水平上是平稳的，序列 DLGINI 在 1% 的显著性水平上也是平稳的，对于两个 *I*（1）单整的时间序列，我们可以进行时间序列的协整分析，以检验两者是否存在长期均衡关系。

从所有序列的 ADF 检验结果可以看出，序列 *GDP*、*GINI*、*LGINI* 的 ADF 检验值均大于 1%、5% 和 10% 显著性水平的临界值，且 P 值很大，所以这些序列都是非平稳的。尽管在 1% 的显著性水平上，序列 *LGDP* 已经不存在单位根，是平稳序列，但为了检验两者是否同阶平稳，对序列 *LGDP* 和 *LGINI* 进行一阶差分，得到序列 *DLGDP* 和 *DLGINI*：序列 *DLGDP* 的 ADF 检验值虽大于 1% 和 5% 显著性水平的临界值，但小于 10% 显著性水平的临界值；序列 *DLGINI* 的 ADF 检验值均小于 1%、5% 和 10% 显著性水平的临界值，且 P 值小于 0.05。因此，可以认为这两个序列已经具有平稳性。所以，*LGDP* 和 *LGINI* 为一阶单整序列，分别记为 *LGDP* - *I*（1）和 *LGINI* - *I*（1）。

三　数据的协整关系检验及 ECM 模型构建

进行古典的计量经济学时间序列分析要求时间序列是平稳的、不存在单位根的，既不存在确定趋势，也不存在随机趋势，否则，就有可能出现虚假回归（伪回归）问题。因此，我们在做时间序列的古典回归分析时，需要把非平稳的时间序列数据进行差分，消除随机趋势，以取得平稳的时间序列数据，再用这些平稳的序列数据进行回归分析。但是，进行差分会让我们的信息集减少，可能会让我们失去数据总量的长期信息。经过长期潜心研究，计量经济学家发现：有时虽然两个时间序列都是随机游走的，但它们之间可能由于受到共同因素的影响，在时间上表现出共同的趋势，即存在某种平稳的线性关系，这就是所谓的协整关系。

Engle 和 Granger 在 1987 年提出了“协整”的定义，为我们分析非平稳时间序列组合提供了新的估计方法（结构方程组的估计方法，或称包含非平稳变量的 VAR 估计方法）。协整的定义如下：如果向量x_t =（x_{1t}，x_{2t}，…，x_{nt}）$'$的所有序列都是 d 阶单整，存在一个向量 β =（β_1，β_2，…，β_n），使得线性组合 $\beta x_t = \beta_1 x_{1t} + \beta_2 x_{2t} + \cdots + \beta_n x_{nt}$是（$d-b$）阶单整，其中，$b>0$，则向量$x_t$ =（x_{1t}，x_{2t}，…，x_{nt}）$'$是 d、b 阶协整，记为x_t – CI（d，b），向量 β 被称为协整向量。

基于协整的定义，我们在做协整分析时，需要注意以下几个方面的问题。

①协整只涉及非平稳变量的线性组合，协整向量也不是唯一的。如果（β_1，β_2，…，β_n）是协整向量，则对于任意非零的 λ，（$\lambda\beta_1$，$\lambda\beta_2$，…，$\lambda\beta_n$）也是协整向量。因此，可以通过确定其中一个变量的系数为单位 1 来标准化协整向量。为了标准化关于x_{1t}的协整向量，可以选择 $\lambda = 1/\beta_1$。

②根据 Engle 和 Granger 给出的协整定义，协整只涉及相同阶数的单整变量，但是并不是所有的单整变量都存在协整关系。

③如果x_t 有 n 个非平稳序列，则有 $n-1$ 个先行独立的协整向量，协整向量的个数成为x_t 的协整秩。

④大多数协整研究集中在每个变量只存在一个单位根的情况下，原因是古典回归分析或时间序列分析的应用建立在变量是 I（0）的条件下，并且极少有经济变量的单整阶数大于 1。

前文对相关的时间序列做了单位根检验，可知序列 *LGDP* 和序列 *LGINI* 都是一阶单整的，符合做协整分析的各项条件。对两个变量的时间序列做协整检验，既可以采用 Engle 和 Granger 提出的两阶段回归分析法（简称 E – G 检验方法），又可以使用 Johansen 和 Juselius 提出的基于 VAR 的协整系统检验［又称 Johansen 检验法或 JJ（Johansen – Juselius）检验法］。E – G 检验法仅适用于两个变量的协整关系检验。Johansen 检验法可适用于多个变量的协整关系检验。因此，本文对 *LGDP* 和 *LGINI* 采用 E－G 检验法进行协整检验。

第一步，以 *LGDP* 为因变量，以 *LGINI* 为自变量，采用最小二乘法（OLS）进行回归分析，得到如下形式的回归模型。

$$LGDP = \alpha + \beta LGINI + \mu_t \tag{3}$$

通过 Eviews 进行回归分析，得到如下回归方程。

$$LGDP = 4.27026\ LGINI + 10.37325 \tag{4}$$

其中，$R^2 = 0.817972$，F = 134.8094，DW = 0.460269。

从模型的统计指标可以看出，$R^2 = 0.817972$，说明模型的拟合度很高，具有很好的经济意义。F = 134.8094 很大，认为总体回归方程存在显性的线性关系。从模型的残差图可以看出，随着时间的推移，模型后期残差逐渐减小，说明后期的拟合度更高。

第二步，对估计方程的残差 μ 进行 ADF 检验（见表 3－12），根据 μ 的平稳性判定两个序列是否存在协整关系。如果 μ 存在单位根，则两个序列是非平稳的，说明两个序列不存在协整关系；如果 μ 不存在单位根，则两个序列是平稳的，说明两个序列存在协整关系。因此，我们可以建立 ECM 模型。

表 3－12　残差 μ 的 ADF 检验结果

变　量	判断类别（C，K）	ADF 检验值	1% 显著性水平（临界值）	5% 显著性水平（临界值）	10% 显著性水平（临界值）	P 值
μ	（0，0）	－2.495631	－2.641672	－1.952066	－1.6104	0.0144

可以看出，μ 的 ADF 检验统计量的值 －2.495631 小于 5% 和 10% 显著性水平的临界值，也就是说，在 5% 的显著性水平上，可以拒绝 μ 存在单位根的假设。因此，序列 μ 是平稳的，序列 *LGDP* 和序列 *LGINI* 是存在协整关系的。

1978 年，Davidson、Hendry、Srba 和 Yeo 共同提出了误差修正模型（Error Correction Model，ECM）的基本形式，因此，误差修正模型又被称为 DHSY 模型。误差修正模型中的 *ecm* 被称为均衡误差，反映了变量在短期波动中偏离长期均衡关系的程度。

Granger 在协整概念的基础上，提出了著名的以解决协整与误差修正模型（ECM）关系为目的的 Granger 协整定理。定理内容为：若非平稳序列存在协整关系，则必然可以用这些序列建立误差修正模型；若用非平稳序列能够建立误差修正模型，则这些序列必然存在协整关系。既然在前文已经用 E－G 两步法验证了 *LGDP* 和 *LGINI* 之间存在协整关系，即 *LGDP* 和 *LGINI* 之间存在长期的均衡关系，那么我们就可以直接建立误差修正模型了。

ADF（1，1）模型的误差修正模型的基本形式为

$$\Delta x_t = \alpha_0 + \sum \alpha_{1,i}\Delta x_{t-i} + \sum \alpha_{2,i}\Delta y_{t-i} + \alpha_3\, ecm_1 + \varepsilon_{1,t-1}$$
$$\Delta y_t = \beta_0 + \sum \beta_{1,i}\Delta x_{t-i} + \sum \beta_{2,i}\Delta y_{t-i} + \beta_3\, ecm_2 + \varepsilon_{2,t-1}$$

由于上文在做协整检验时，已经给出了序列的残差 *ecm*，在这里便可以直接建立误差修正模型，表 3－13 给出了变量在不同滞后期收入分配差距对经济增长影响的 ECM_1 模型的回归结果。

表 3－13　ECM_1 模型中变量在不同滞后期下的回归结果

变　量	模型 1	模型 2	模型 3	模型 4
c	0.042885 (2.541014)	0.065388 (3.666862)	0.064591 (3.48165)	0.062552 (2.583575)
DLGDP（－1）	0.549397 (3.20527)	0.800701 (4.300198)	0.0853895 (4.830928)	0.926874 (3.824029)
DLGINI（－1）	0.011847 (0.168829)	0.046298 (0.687577)	0.028317 (0.473861)	0.084723 (1.423339)
DLGDP（－2）	—	－0.486998 (－2.579421)	－0.585347 (－2.783638)	－0.662080 (－2.271094)
DLGINI（－2）	—	－0.040607 (－0.600785)	－0.141639 (－2.056923)	－0.117405 (－1.953042)
DLGDP（－3）	—	—	0.145604 (0.751382)	0.221405 (0.807016)
DLGINI（－3）	—	—	－0.204286 (－3.089322)	－0.141639 (－1.788207)

续表

变　量	模型 1	模型 2	模型 3	模型 4
DLGDP（-4）	—	—	—	-0.103495 (-0.509971)
DLGINI（-4）	—	—	—	0.037029 (0.442263)
ecm（-1）	-0.002971 (-0.227924)	-4.00E-05 (-0.002916)	-0.036324 (-1.904277)	-0.021776 (-0.966724)
SSR	0.02304	0.021342	0.016993	0.016990
AIC	-4.579618	-4.674307	-5.077051	-5.034245
SC	-4.392792	-4.391418	-4.696421	-4.554305

根据 AIC 和 SC 准则，可以看出模型 3 是比较好的。因此，我们选择模型 3 为收入分配差距对经济增长影响的 ECM_1 模型。在模型 3 中，$R^2 = 0.662855$，DW = 1.567727，F = 5.617368，P = 0.001081。这些统计量都通过了显著性检验。模型 3 的结果意味着：*DLGINI* 对 *DLGDP* 的影响滞后 2 阶、3 阶的系数都是负的，也就是说，收入分配差距对经济增长有负的冲击作用。

表 3-14 给出了变量在不同滞后期经济增长对收入分配差距影响的 ECM_2 模型的回归结果。

表 3-14　ECM_2 模型中变量在不同滞后期下的回归结果

变　量	模型 1	模型 2	模型 3	模型 4	模型 5
c	0.000595 (0.014442)	-0.006739 (-0.147353)	0.039736 (0.767462)	0.085458 (1.265754)	0.137164 (1.595067)
DLGINI（-1）	0.082226 (0.441986)	0.184423 (0.951124)	0.229610 (1.342955)	0.043884 (0.233441)	0.004821 (0.017013)
DLGDP（-1）	0.121173 (0.287267)	0.183092 (0.371861)	-0.154294 (-0.308953)	-0.874200 (-1.360732)	-0.857938 (-1.14553)
DLGINI（-2）	—	0.272396 (1.492022)	0.432717 (2.456194)	0.458523 (2.703788)	0.397962 (1.914479)
DLGDP（-2）	—	-0.073568 (-0.149)	0.469262 (0.769752)	1.243919 (1.689655)	0.967287 (0.843897)

续表

变　量	模型 1	模型 2	模型 3	模型 4	模型 5
DLGINI (-3)	—	—	0.439736 (2.611292)	0.270870 (1.289874)	0.298778 (1.194479)
DLGDP (-3)	—	—	-0.810219 (-1.526260)	-1.58092 (-2.178781)	-1.57736 (-1.338525)
DLGINI (-4)	—	—	—	-0.090864 (-0.404036)	-0.082834 (-0.260469)
DLGDP (-4)	—	—	—	0.369512 (0.690547)	0.58706 (0.604488)
DLGINI (-5)	—	—	—	—	-0.082834 (-0.334129)
DLGDP (-5)	—	—	—	—	-0.477852 (-0.788963)
ecm (-1)	-0.332002 (-2.271508)	-0.460089 (-2.931485)	-0.642698 (-3.971012)	-0.47279 (-2.081039)	-0.463901 (-1.62881)
SSR	0.057924	0.056568	0.049670	0.046941	0.049665
AIC	-2.735792	-2.724753	-2.931879	-3.001738	-2.862984
SC	-2.548966	-2.441864	-2.551249	-2.521798	-2.282324

根据 AIC 和 SC 准则，可以看出模型 4 是比较好的。因此，我们选择模型 4 为经济增长对收入分配差距影响的 ECM_2 模型。对于模型 4，R^2 = 0.547891，DW = 2.032713，F = 2.289064，P = 0.067595，这些统计量都通过了显著性检验。从模型 4 的回归结果可以知道，*DLGDP* 对 *DLGINI* 的影响滞后 1 阶、3 阶的系数都是负的，且在滞后 3 阶时，系数较大，也就是说，*DLGDP* 对 *DLGINI* 有一个自动回调的内部机制，使得 *DLGINI* 不致因为 *DLGDP* 的提高而上升过快。

从图 3 -13 (b) 可以看出，在滞后 1 阶、2 阶的时候，*DLGINI* 对 *DLGDP* 有一个正的冲击，说明收入分配差距对经济增长有一个正的促进作用，也就是说，适当的收入分配差距会对经济增长产生一定的促进作用；随着滞后阶数的增加，*DLGINI* 对 *DLGDP* 的冲击又变为负，但是冲击的力量比较小，说明收入分配差距对经济增长有一定的阻碍作用。因此，为了促进经济增长，我们需要适当调整收入分配差距。

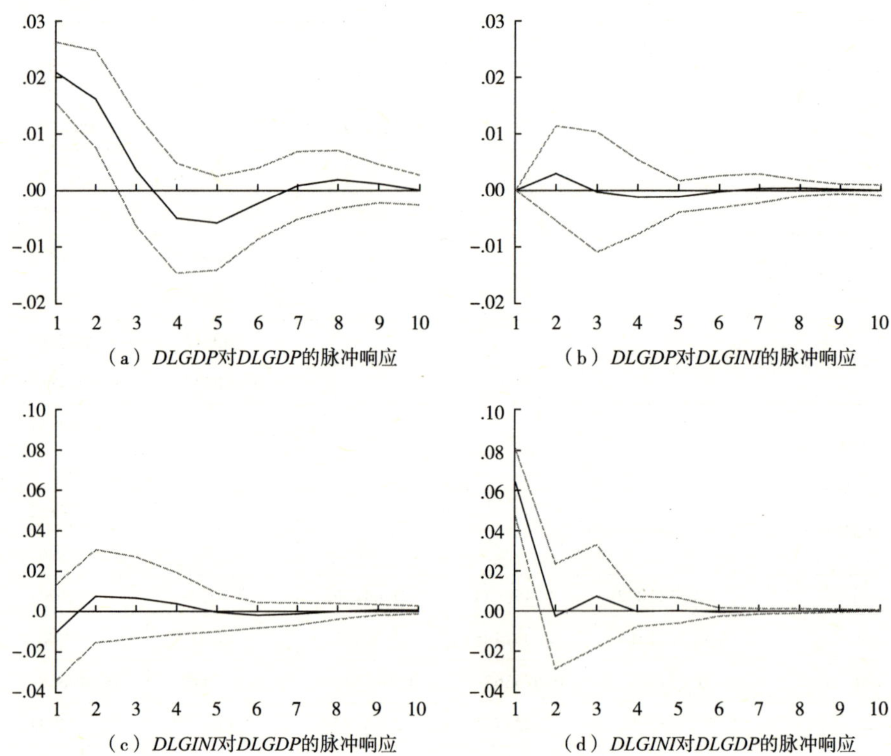

（a）*DLGDP*对*DLGDP*的脉冲响应

（b）*DLGDP*对*DLGINI*的脉冲响应

（c）*DLGINI*对*DLGDP*的脉冲响应

（d）*DLGINI*对*DLGDP*的脉冲响应

图 3-13 *DLGDP* 和 *DLGINI* 的脉冲响应

从图 3-13（c）可以看出，一开始，*DLGDP* 对 *DLGINI* 有一个负的冲击，说明经济增长可以缓解收入分配差距；随着滞后阶数的增加，*DLGDP* 对 *DLGINI* 的冲击变成了正的，说明随着经济的增长，收入分配差距也会进一步扩大。这与前文 ECM 模型的分析结果是一致的。

四 基于 Var 的 Granger 因果关系检验

Granger 因果关系检验是由诺贝尔经济学奖获得者 Clive W. J. Granger 于 1969 年提出的用于分析经济变量之间因果关系的方法。

两个时间序列变量 *X*、*Y* 的 Granger 因果关系的定义为：若在包含了变量 *X*、*Y* 的过去信息的条件下，对变量 *Y* 的预测效果要优于单独由 *Y* 的过去信息对 *Y* 进行预测的效果，即变量 *X* 有助于解释变量 *Y* 的将来变化，则认为变量 *X* 是引致变量 *Y* 的 Granger 原因。

Granger 因果检验就是要估计下面的两个回归。

$$y_t = \sum_{i=1}^{q}\alpha_i x_{t-i} + \sum_{j=1}^{q}\beta_j y_{t-j} + \mu_{1t} \tag{5}$$

$$x_t = \sum_{i=1}^{s}\lambda_i x_{t-i} + \sum_{j=1}^{s}\delta_j y_{t-j} + \mu_{2t} \tag{6}$$

其中，μ_{1t}、μ_{2t}为白噪声，且两者不相关。两式都假定变量与其自身的过去值及另一个变量的过去值有关。

式（5）的零假设为H_0：$\alpha_1 = \alpha_2 = \cdots = \alpha_q = 0$。

式（6）的零假设为H_0：$\delta_1 = \delta_2 = \cdots = \delta_s = 0$。

表 3－15 给出了序列 *DLGINI* 与序列 *DLGDP* 基于 Var 的 Granger 因果检验的结果。可以看出，在滞后阶数为 4 阶时，在 10% 的显著性水平上，*DLGINI* 和 *DLGDP* 互为对方的 Granger 原因，说明收入分配差距和经济增长之间存在双向的因果关系。

表 3－15　序列 DLGINI 与序列 DLGDP 基于 Var 的 Granger 因果检验

因变量：*DLGDP*			
Excluded	Chi－sq	df	Prob.
DLGINI	9.924779	4	0.0417
All	9.924779	4	0.0417
因变量：*DLGINI*			
Excluded	Chi－sq	df	Prob.
DLGDP	8.556941	4	0.0732
All	8.556941	4	0.0732

第四节　我国功能性收入分配的演变

从理论上看，功能性收入分配在经济学理论推演方面具有重要作用；从政策角度看，功能性收入分配的改善是规模性收入分配改善的着力点，提高工资收入的经济政策会带来规模性收入分配的极大改善。Feldstein（2008）提到劳动收入比重是一个重要的宏观经济变量，因为它既是劳动者生活水平的重要决定因素，又是资本和劳动之间收入分配的重要决定因素。

我国劳动收入比重的下降引起了越来越多学者的关注，因为收入水平和收入结构决定着消费水平和消费结构，进而决定了供给水平和供给结构。工资收入的不断下降使得日益扩大的社会生产力与不断相对萎缩的社会消费之间产生了矛盾，进而影响了经济的总体发展。工资收入份额的下降导致部分产业（特别是大众消费类产业）出现了相对生产过剩和内需不足的矛盾。国内相对过剩的产品不得不依赖出口贸易。这种局面导致了我国外贸依存度不断增加，顺差日益增长，人民币面临不断增加的升值压力，国内货币被动大量投放，最终造成了国内流动性严重泛滥。在一定程度上，这些内外经济失衡的现象是由劳动收入在收入分配中所占份额过少造成的。中国劳动收入比重下降的现象已经引起了党和国家的高度重视，党和国家明确提出了要增加劳动报酬在初次分配中的比重。

工资收入份额的核算和测度涉及许多复杂的细节和问题，不同的数据来源和对收入项目归属认同的处理方式，都可能导致工资收入份额差异加大，但对不同数据来源和用不同工资收入归属处理方式获得的多种工资收入份额数据进行考察，可以得出我国功能性收入分配的动态特征。

一　投入产出表计算出的工资收入份额的变动

图 3－14 是根据投入产出表数据计算出的我国工资在国民收入中占比（工资收入份额）的变动情况。1987 年，我国工资收入份额为 47.23%，到 1995 年，上升到 55.4%，之后则呈现下降趋势，2007 年下降到 41.36%。

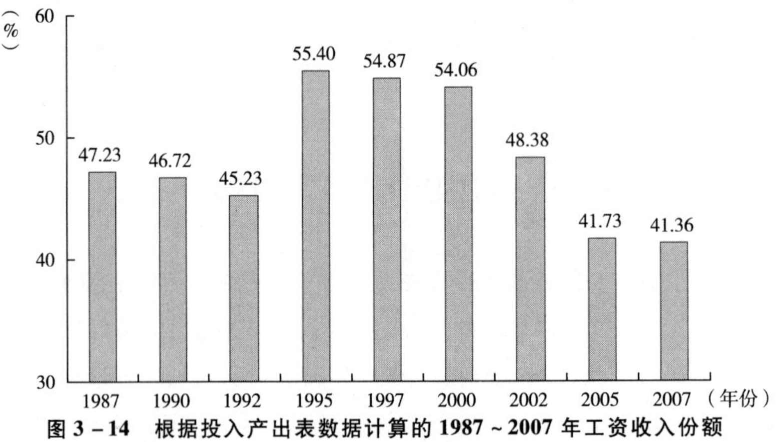

图 3－14　根据投入产出表数据计算的 1987～2007 年工资收入份额

资料来源：相关年份的《中国统计年鉴》。

二　根据资金流量表计算的工资收入份额的变动

根据相关年份《中国统计年鉴》的资金流量表数据计算的工资收入份额，可以得到两个序列的工资收入份额：一个序列是根据从未修订的资金流量表得到的数据；另一个是根据修订后的资金流量表得到的数据。两个不同序列的工资收入份额数据相差较大。正因为如此，在目前我们看到的研究中，同样使用资金流量表计算的数据，结果相差甚远。图 3－15 反映了根据两种数据分别计算的工资收入份额。

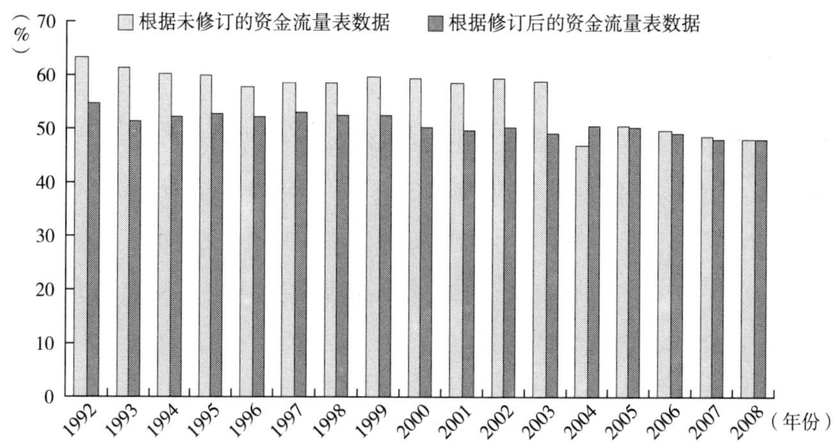

图 3－15　根据资金流量表计算的 1992～2008 年工资收入份额

资料来源：修订前数据来自相应年份的《中国统计年鉴》；修订后数据来自《中国资金流量表历史资料：1992～2004》。

对比资金流量表中两个序列中的工资收入份额，可以看出，根据修订前数据计算的工资收入份额在 2003 年之前和之后都表现出了基本稳定的趋势，但 2003～2004 年出现了突然下降，从 58.9% 下降到 50.6%，这显然是统计口径变动的结果。而根据修订之后的数据计算的工资收入份额，1992～2007 年的波动一直较为平缓。

1992～2008 年，根据修订前的数据得到的工资收入份额从 63.47% 下降到 47.93%，降幅为 15.54 个百分点；根据修订后的数据得到的工资收入份额从 54.59% 下降到 47.93%，降幅为 6.66 个百分点。

在 2003 年之前，两者之间相差非常明显。1992～2003 年，按修订前数据比按修订后数据计算的工资收入份额平均高出 7.96 个百分点；而 2004 年之后两者差距大大缩小，2004～2008 年两者平均相差 0.44 个百分点。

三　根据省际收入法 GDP 核算数据计算的工资收入份额的变动

《中国统计年鉴》从 1995 年开始提供全国 30 个省份按收入法计算的 GDP 数据。此外，与《中国统计年鉴》口径相同的省际收入法 GDP 历史资料汇编文献包括：《中国国内生产总值核算历史资料（1952～1995）》①、*China's National Income 1952－1995*②、《中国国内生产总值核算历史资料（1996～2002）》③、《中国国内生产总值核算历史资料（1952～2004）》④。《中国国内生产总值核算历史资料（1952～1995）》和 *China's National Income* 1952～1995 提供了 1978～1995 年中国各省份按三次产业及行业划分的收入法 GDP 核算数据；《中国国内生产总值核算历史资料（1996～2002）》提供了 1978～2002 年中国各省份按三次产业划分的收入法 GDP 核算数据；《中国国内生产总值核算历史资料（1952～2004）》则提供了 1993～2004 年中国各省份按三次产业划分的收入法 GDP 核算数据。这三部资料汇编中所有指标的绝对数和构成比重都按当年价格计算，构成了面板数据集。我国在 2004 年进行了第一次经济普查，《中国国内生产总值核算历史资料（1952～2004）》“根据经济普查资料对 2004 年 GDP 进行了重新核算，并按照国际惯例，对 2004 年以前年度的生产法 GDP 和支出法 GDP 历史数据进行了系统的修订”。⑤

与前两个来源的数据相比，省际收入法 GDP 核算并没有直接给出全国水平的劳动报酬（工资）数据，全国工资收入份额一般是把各省份劳动报

① 国家统计局国民经济核算司：《中国国内生产总值核算历史资料（1952～1995）》，东北财经大学出版社，1997。

② Hsueh, Tien－tung, Li Qing（1999）. *China's National Income 1952－1995*, Westview Press, 1999.

③ 国家统计局国民经济核算司：《中国国内生产总值核算历史资料（1996～2002）》，中国统计出版社，2004。

④ 国家统计局国民经济核算司：《中国国内生产总值核算历史资料（1952～2004）》，中国统计出版社，2007。

⑤ 参见该书编者说明。

酬和 GDP 分别加总计算得到的。我国采取分级核算体制，即国家统计局核算全国 GDP，各省份统计局核算地区 GDP，因此，尽管国家统计局制定了统一的核算方法，但由于依据的基础资料存在差异，加之某些全国性活动难以进行地区划分，全国数据不等于 31 个省份（港澳台地区除外）数据的简单加总，可能出现地方 GDP 加总高出全国核算数据的情况，从而影响省份加总法测度全国工资收入份额的准确度。图 3 - 16 给出了根据省际收入法 GDP 核算数据计算的工资收入份额的变动情况。

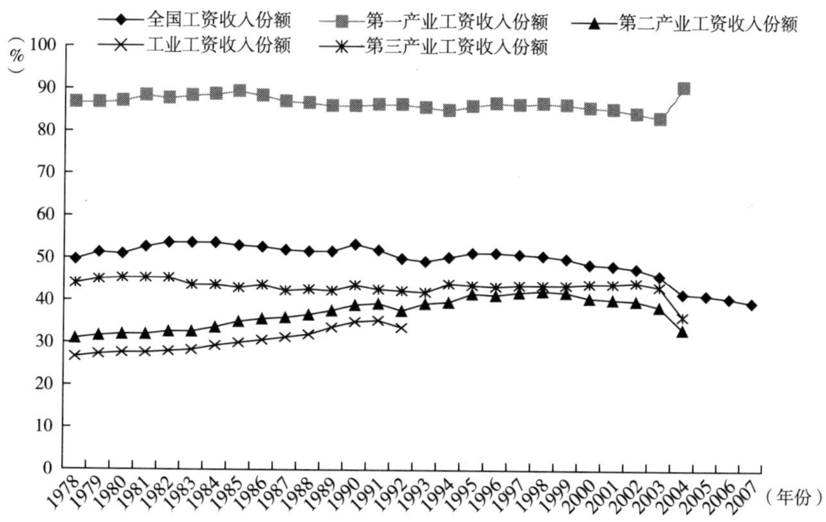

图 3 - 16 根据省际收入法 GDP 核算数据计算的工资收入份额

注：全国工资收入份额数据期间为 1978 ~ 2007 年；第一、第二、第三产业的工资收入份额数据期间为 1978 ~ 2004 年；工业的工资收入份额数据期间为 1978 ~ 1992 年（工业部门和第二产业工资收入份额变动趋势相当接近，因为前者占后者的比重在 85% 以上，但前者的工资收入份额更低）。

根据这一来源的数据，改革开放以来全国工资收入份额总体上趋于下降，但不同时期工资收入份额变动较大：1978 ~ 1984 年，全国工资收入份额从 49.64% 上升到 53.68%；1985 ~ 1998 年，这一数据基本保持在 50% 以上，处于相对稳定阶段；1998 年之后则趋于下降，特别是 2003 年之后，开始加速下降，到 2007 年，全国工资收入份额降至 39.74% 的历史最低水平。

从各产业工资收入份额来看，第一产业明显高于其他产业，平均达 85.62%，是第二产业平均值（36.93%）的 2.32 倍，是第三产业平均值

(43.84%)的1.95倍。

三次产业工资收入份额从高到低依次是第一产业、第三产业、第二产业，第二产业最低，只有30%左右。需要指出的是，按地区收入法GDP核算数据计算的工资收入份额在2003～2004年也出现了突然下降，从2003年的46.16%下降到2004年的41.55%。同时，第一产业的工资收入份额则有明显上升，第二、第三产业的工资收入份额有明显下降，这些变化反映了2003年后工资收入统计口径变化的影响。

第四章　收入分配与经济增长动态关系的理论解释：存量与流量均衡的结构性有效需求模型

从古典经济学、新古典主义、凯恩斯主义到货币主义，直至理性预期学派，研究宏观经济的传统是只重视流量的分析，而很少联系到资本存量，将两者联系起来构建存量与流量同时均衡模型的更少。所以，他们研究宏观经济现象时都是以变量之间纵向的变动比率（如各种变量的变动率）关系为主，而很少联系变量之间横向的结构比例（如收入分配结构）关系。[①] 但是，在经济的变化过程中，经济变量纵向变动速度的变化必然导致经济变量横向之间的比例关系发生变化，经济变量横向比例结构的变化又制约着经济纵向的发展速度。下面我们在企业生产结构层面上研究经济变量纵向和横向之间的互动关系。这种理论分析的不完整，导致理论很难成功地解释经济现实，更难以给出有用的政策建议。

市场经济并不能在亚当·斯密“看不见的手”的自由竞争下达到协调，自1825年英国发生了严重的经济危机后，周期性经济波动一直困扰着资本主义经济，20世纪30年代的大萧条使其接近崩溃的边缘。二战后采用凯恩斯主义的宏观经济政策也未使这一状况发生明显好转，整个70年代西方国家都在“滞胀”中挣扎，这导致了凯恩斯主义的破产。美国在经历了90年代的繁荣之后，从2000年开始了经济衰退，至今尚未复苏。日本则在30年的高速增长之后，从1989年开始经历了长期的经济停滞。自80

① 哈耶克也许是个例外，他的信用周期理论说明了资本品部门和消费品部门之间的比例变动如何引起经济的波动，但他没有脱离仅仅研究流量的传统。

年代拉美新兴的发展中国家出现金融危机，到1997年严重的东南亚金融危机，再到2008年的国际金融危机，几乎所有的发达国家和新兴发展中国家经历了严重的金融危机。但在主流宏观经济学中，找不到任何对此有说服力的解释，对危机的治理完全束手无策，不仅不能对金融危机进行预测，如在东南亚金融危机和2008年国际金融危机之前，没有一个经济学家指出这种危险的存在，而且在经济衰退后开出的治理药方使许多国家备受煎熬，如日本几乎成了这些药方的试验场，无怪乎国际货币基金组织和世界银行对经济学界严加指责。为了能够对经济现实给出合乎逻辑的有说服力的解释，在经济出现问题时能够开出有效的药方，需要对现有的理论进行改进，建立流量与存量同时均衡的模型，将收入分配与经济增长整合在统一的分析框架中，从而通过结构性有效需求揭示经济增长与收入分配的动态联系。

第一节　存量与流量的均衡与失衡：经济稳定状态增长的维持与背离

一　存量与流量相联系的收入－支出模型中经济稳定状态增长的条件

马克思经济学和凯恩斯经济学都把有效需求作为研究经济波动的核心问题，如我们前面的分析所表明的，有效需求不足产生于由高投资导致的资产值占收入的比重过高和收入分配中工资的比重下降，由此导致需求不足和利润率下降，造成经济衰退。现在，我们采用现实的国民收入核算体系的统计变量来讨论这种由有效需求导致的经济波动问题。

修改主流经济学的收入－支出模型（$C+S=C+I$），按照国民收入核算的收入法统计，把收入一方的计算改为企业的成本收益计算，即前面表述过的收入－支出模型，具体如下。

$$W+D+R+\pi = C+I$$

其中，总收入由工资（W）、固定资产的折旧（D）、利息（R）和利润

（π）构成；总支出由消费（C）和投资（I）构成。

这种收入法的分类是目前国民收入核算统计所使用的，原来的统计为 $W+D+T+R=GDP$，这里不考虑政府的税收（T），把营业盈余（R）划分为利息（R）和利润（π）两部分。

当把表明市场经济或资本主义经济关系的成本收益计算和利润率加入收入－支出模型时，重要的是考察企业是否能够赢利，这一点是本模型的一个重要特性。这一模型中的收入一方可以表示企业的成本收益计算，企业生产的总成本由固定成本和可变成本两部分组成，固定成本包括折旧和利息，可变成本由工资构成。这样，企业的总成本由工资（W）、折旧（D）和利息（R）构成，当总支出（$C+I$）超过总成本时，厂商将获得利润（π）。这样，如果给定企业的总成本，则总支出的变动将决定企业的赢利状况，即

$$\pi = (C + I) - (W + D + R)$$

在这一公式中，企业的固定成本 $D+R$ 取决于原有的资产值（K）、折旧率（δ）与利息率（i），即企业的折旧为 $D=\delta K$，为了简化，这里先不考虑企业的资产负债率，则利息为 $R=iK$，资产值（K）是由以前的投资决定的，即 $K=\Sigma I-\Sigma D$。可以把上面的公式改为

$$W + (\delta + i)K + \pi = C + I$$

加入企业以利润为经营目标的假设，这样，企业增加或减少产出和是否扩大投资的决策取决于利润量的大小，即当 $\pi>0$ 时，企业将扩大产出和投资，而当 $\pi<0$ 时，企业将减少产出和投资。这样，我们可得到上述模型的均衡状态，即 $\pi=0$。让我们在这一简单模型的基础上讨论稳定状态的条件和经济波动。

假设折旧率和利息率不变，则这一模型的均衡条件或稳定状态增长的条件为经济增长率$\Delta Y/Y$（$Y=GDP$）不变，资本－产出比 K/Y 不变，工资对折旧的比率 W/D、消费对投资的比率 C/I，以及投资对资本存量价值的比率 I/K 都是不变的，从而收入在工资与利息（利润）之间分配的比率 W/R 也是不变的，因而有 $R/K=i$。上述稳定状态增长的条件来自资本存量与收入流量的关系，一旦利息率被给定，则稳定状态的增长率将取决于利息率。上述稳定状态均衡的条件正是卡尔多的程式化事实所表明的，即由

统计资料所显示的资本主义经济长期增长的事实。

这里，重要的是投资流量和资本存量之间的联系，即本期的投资流量将转化为下一期的资本存量（$K_t = K_{t-1} + I_t$，$D_t = D_{t-1} + \delta I_{t-1}$），这构成了这一模型稳定性的内在机制。在模型 $W+(\delta+i)K+\pi=C+I$ 中，假设折旧率和利息率不变，短期的一个重要性质是，由于资本存量价值是给定的，所以企业的固定成本是给定的，假设工资率是给定的，则利润完全取决于总支出。假设其他条件不变，当某种外在因素导致了投资的增长率超过稳定状态的增长率时，则企业会赢利，即 $\pi>0$。假设企业的投资取决于利润，则利润的增加会引起投资的增加和产出的扩大，而投资的增加又会使利润增加，从而引发更多的投资。但在上述模型中，本期投资的增加将使下一期的资本存量价值增加，从而使折旧成本和利息成本增加，因此，要使增加的投资能够获得利润，投资必须以累积的比率提高。同时，上述保持稳定状态条件的各种比率也将随累积比率的变动而变动，但这种累积的比率是不可能持续的，一旦投资的增长率不再随累积比率的提高而提高，就会导致企业亏损（$\pi<0$），从而使投资下降，继而使利润下降或亏损增加，导致经济进一步衰退。因此，只要利息率不变，则经济将围绕由利息率决定的增长率呈周期性波动。

需要再次申明的是，在前面讨论的模型中，完全采用名义变量而不再考虑价格水平。显然，当考虑到企业的成本－收益计算时，决定企业赢利状况的只是名义收入流量的变动，因为企业的成本（不仅包括固定成本，而且包括可变成本的工资率）都是预先给定的，即存在企业在投资支出时的货币支出或预先的货币契约，主流经济学在这里区分名义变量与实际变量是毫无意义的。

二　收入结构与结构性有效需求：稳定状态的偏离与恢复

现在利用前面的收入－支出模型讨论有效需求问题，即前面模型中各个变量的决定问题。有效需求问题可以用前面的收入－支出模型来表示，这一模型的稳定状态要求收入分配的比率等于产品成本的比率，即在稳定状态下，模型中表示收入分配的工资对利息（加利润）的比率 $W/(R+\pi)$ 和产品成本中工资成本对折旧和利息成本的比率 $W/(D+R)$ 将是不变的，唯此才能保证工人购买全部消费品而资本家得到稳定的利润率或利息率，因为工资不仅是成本，而且决定需求。因此，这种有效需求条件的满足状况取决于收入分配的变动和企业成本的变动。

首先来看消费需求的决定。对于消费函数的讨论，主流经济学教科书完全抛开了凯恩斯边际消费倾向递减的假设，即消费随着收入的增加而下降，而这一假设涉及市场经济或资本主义经济的性质。需要说明的是，边际消费倾向递减并不意味着长期消费随着总收入水平的增加而下降，因为这将打破稳定状态增长。边际消费倾向递减意味着具有不同收入的阶层的消费在收入中所占的比重是不同的，或者说富人比穷人具有更高的储蓄倾向。按照边际消费倾向递减的假设，消费函数将取决于收入分配的差距。在市场经济中，收入分配的差距或消费倾向的不同来自工资收入与财产收入和经营收入的不同。可以根据模型把收入划分为三类：工资、利息和利润。现实中，利息和利润的消费倾向要远低于工资的消费倾向。在前面模型的总收入一方（$W+D+R+\pi$）中，不考虑折旧 D，W 表示工资收入，R 表示利息收入，π 表示利润或经营收入，我们可以把消费函数表述为$C=f[W/(R+\pi)]$，即消费倾向的变动与收入分配的变动直接相关。现在的问题就在于收入分配是如何决定的。

对于工资的决定，我们先抛开前面关于收入分配的争论，只从简单的方式来考虑这一问题。企业在做投资计划时，必须给定工资，否则就无法进行成本收益计算，另外，由于工资合同的存在，工资也具有刚性。但工资作为可变成本是可变的，工资的变化基本上取决于企业的利润变化和就业状态。当经济高涨和企业的利润高时，工资率将上升，就业也会增加，但工资的上升比例不会超过利润的上升比例，即工资在总收入中的比例会下降；当经济衰退和企业利润下降时，企业将降低工资和解雇工人，但利润可能下降得更多，使工资在收入中的比重并不一定下降。从短期分析来看，为了考察利润的变动，可以把工资视为给定的。

其次来看利息的决定。利息在总收入中的比重取决于利息率和商业银行的贷款数量，假设企业的资产负债率是不变的，可以把利息直接联系到资本存量。由于 $R=iK$，假设利息率（i）不变，则随着资本存量价值（K）对收入流量（GDP）比重的增加，即资本－产出比的提高，利息收入在总收入中的占比将增加。在经济高涨阶段，投资的增加将使资本存量和利息增加；但在经济衰退阶段，由于存在以前的契约，利息在总收入中的占比并不一定下降，而有可能提高。

最后来看利润的决定。如我们在前面表明的，对于企业的固定成本折旧和利息，假如给定折旧率和利息率，则在短期分析中，企业的成本可视为给定的，比如，每年的折旧和利息在年初就被给定了。如果工资也是给定的，利润将取决于经济增长率，经济增长率的提高将使利润上升，经济增长率的下降则会使利润下降。一般条件下，在经济周期的上升阶段，利润在收入中的占比是提高的，而在经济周期的衰退阶段，该占比则是下降的。

这样，当投资的增加使经济增长率提高时，一方面，经济增长率的提高将使利润增加；另一方面，增加的投资将转化为下一期的资本存量，这使得资本存量对收入流量的比重提高。如果假设利息率不变，这将导致利息在总收入中的比重提高。如上所述，经济向上波动和投资对累积的比率增加，必然导致收入分配中利息和利润在收入中的占比提高或工资在收入中的占比下降，即 $W/（R+\pi）$ 降低，从而使消费倾向下降或储蓄率提高。

现在来看经济高涨时企业成本比率的变动。随着投资的增加，资本存量价值对收入流量的比率将提高，假设折旧率和利息率不变，这将使企业的成本构成中工资成本对非工资成本（折旧与利息）的比重下降，或可变成本对不变成本的比重下降，即 $W/（D+R）$ 下降。加入前面讨论的收入分配的变动，即经济高涨时，工资收入对非工资收入的比重 $W/（R+\pi）$ 下降。这样，随着经济的扩张，一是消费需求减少，二是产品成本上升，到了一定阶段，必然形成工人的工资买不起企业按现行成本生产和定价的产品，而此时如果企业降低价格，就会产生亏损。

这里需要提到的一个问题是，当消费支出下降时，能否通过投资支出的增加来弥补？仅从前面的推论就可否定用投资弥补有效需求不足的可能性，因为投资的增加虽然可以在当期增加需求，但投资在 GDP 中的占比提高将会使下一期的收入分配和成本构成之间的矛盾更为严重。当企业的产品积压而不得不降低价格时，企业将根据马歇尔的短期成本函数行事以减少亏损，即解雇工人，失业的增加也会使工资率下降，但这又会进一步减少需求。因此，降低工资并不能减少失业，而只会增加失业。当然，企业提高工资和增加就业将会改善有效需求不足问题，但这只是逻辑上的推论，因为这将增加企业的亏损，企业或资本家是不可能这样去做的。当消费品市场萎缩和企业严重亏损时，投资将大幅度下降，即使利息率能够下降，由于产品大量积压，企业也不会找到任何有利可图的投资机会。

这样，有效需求可以用两个比例的关系加以表述：工资成本在总成本中的比重和工资在总收入中的比重，即 $W/(D+R)$ 和 $W/(R+\pi)$。这两个比例的关系正是这一体系均衡的存在性和稳定性的关键所在。给定消费倾向和利息率，这里将有唯一的均衡能够保证企业按照成本和给定的利息率或利润率售出产品或出清市场。换句话说，这一模型的存在性和稳定性完全取决于由资本主义经济关系决定的消费倾向和为利润而生产的企业的成本收益计算，这也是结构性有效需求问题的核心。

三　存量与流量共同作用下的总供给与总需求模型

当表明了企业的成本收益计算和这一体系的性质，我们就可以重新讨论总供给与总需求的问题。在主流经济学中，总供给完全取决于生产函数，而总需求是总支出或货币支出，两者是不协调的。这里把总供给改为企业以货币量值表示的成本函数，而总需求则取决于由企业成本函数决定的利润率和收入分配。因此，与主流经济学不同，这里的总供给与总需求不是分离的，而是相互联系的。

现在，我们采用成本收益分析和马歇尔的短期成本曲线进一步说明前面的问题。如前面的收入－支出模型所表明的，企业的成本可以分为三个部分：固定成本、可变成本和利润，其中，固定成本取决于资本存量，可变成本取决于工资总量，利润为销售额减全部成本。上述成本函数可以采用马歇尔的短期成本曲线来表示。

假设折旧率和利息率不变，则不变成本曲线的水平取决于固定成本的价值；假设工资率不变，则可变成本曲线为一条向上倾斜的直线，即可变成本随着就业和产出的增加同比例上升，其斜率取决于工资率。在总支出一方，消费取决于工资总量，投资取决于利润，给定工资总量和利润，将得到总需求数量，总需求曲线为一条向下倾斜的曲线。总供给曲线与总需求曲线的交点决定了产出、价格、利润和就业水平。

现在，我们来看这一模型的动态变化。假设企业的投资增加，则总需求和利润会增加，从而引起投资的增加，虽然投资的增加可以增加总需求，但投资的增加会使下一年的固定成本增加，使固定成本曲线向上平移。图 4－1 揭示了整个经济的动态演化过程。在图 4－1 中，FC_1是本期中固定成本的价值，可变成本取决于工资总额，假设工资率不变，则可变成本曲线是一条向上倾斜的直线，固定成本曲线加可变成本曲线形成了总供给曲线（AS_1）。总需求取决于工资总量和利润，给定工资总量和利润，总需求曲线为一条向下倾斜的双曲线，为方便起见，我们以直线（AD_1）表示。假设本期经济处于稳定状态，资本流量与收入和投资流量比例、收入结构和成本结构处于均衡水平，均衡产量和价格分别为 Q_1、P_1。假设外部因素刺激了投资的增长，投资的增加使资本存量的价值上升，从而使企业的固定成本（$R+\pi$）提高，表现为固定成本曲线向上移动，因而总供给曲线向上移动。成本结构和收入结构的变化导致消费需求不足，使总需求曲线下移。但在经济繁荣的初期，利润的刺激引致投资大量增加，会使需求曲线外移，从而可以暂时保持均衡产量 Q_1。但是，由于资本存量价值随着投资的增加而不断提高，要保持利润的持续增长，投资必须以累计的比率增长，但这是不可能的。当企业的投资受到内部和外部的约束逐渐增加时，投资会减慢，从而降低利润率，而这又会进一步减少投资。当固定成本曲线上升到 FC_2时，总供给曲线为 AS_2，总需求曲线由于投资减缓和消费不足而不能大幅度向外移动，企业发现按照现在的成本而制定的价格，只能出售 Q_2数量的产品。这里，重要的是总投资中用于购买资本存量和支

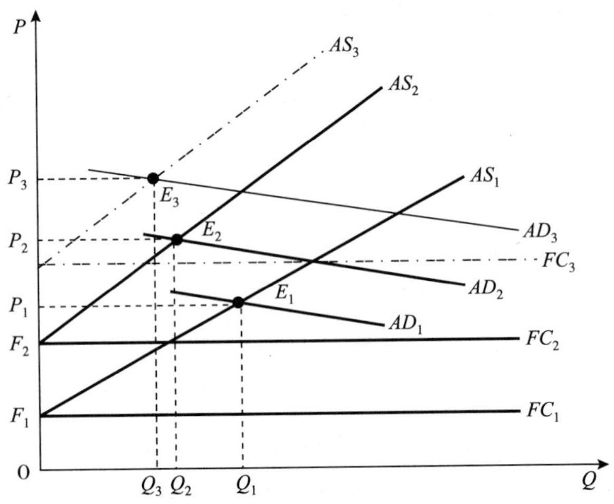

图 4－1　存量与流量共同作用下经济的动态演化过程

出工资的比例。在上述模型中，当收入增加时，利润就将增加，从而引起投资的增加，当经济没有达到充分就业时，工资率将上升缓慢，从而使投资中用于购买资本存量的部分增加，而当投资用于购买资本存量时，就会引起利润的进一步增加，由此导致投资增加和经济高涨。

面对严重的产品积压，企业会被迫降低产品价格，这意味着企业会亏损。对单个企业来讲，它的理智选择只有两条路：减少投资或降低工资。减少投资会导致利润下降，而降低工资虽然可以降低成本，但也会引起消费的减少，可能会进一步增加亏损或使利润下降。利润的下降反过来又对投资的减少起到推波助澜的作用。消费、投资、利润的这种连锁反应最终会导致企业的破产和合并。破产和合并的资本存量价值是按照清算价格计算的，会大大低于其账面价值。接管这些资产的企业在计算成本的时候是按照接管时的清算价格进行计算的，所以固定成本会大大降低。资本存量价值的收缩并不影响生产的正常进行，原来的资本存量被新企业接管后，生产就可以恢复，失业的工人又可回到原来的工作岗位。和原来不同的是，资本存量价值的收缩恢复了它与收入流量和投资流量的均衡比例关系，从而使成本结构和收入结构也调整到均衡的比率，按照现在成本制定的价格刚好可以被工资购买，经济又恢复到稳定状态。

如果用两个部门模型来表示，则经济高涨时资本品部门的扩张快于消费品部门，将使工资比重下降。

这里，问题的关键是，由当期投资购买资本存量而引起的资产增值会计入当期利润，这必然会在一定时期使利润和投资增加，但这种利润的增加只能引起投资的增加，而消费则取决于工资的增长。投资的增加又会引起固定成本（折旧和利息）的增加，投资与消费的比率或投资中用于购买资本存量与支付工资的比率达到一定程度，必然导致利润下降，而利润下降引起的投资减少又使利润进一步下降，从而导致经济衰退。

实际上，上述对企业短期成本收益的分析已经表明了有效需求的性质，即有效需求问题来自企业的获得利润状况，给定消费函数或假设资本家不消费，则利润取决于企业固定成本对可变成本的比率和收入分配。在投资取决于利润的条件下，当企业按照短期成本函数进行成本收益计算时，经济一旦脱离了稳定状态，则必然会导致经济波动，从经济衰退到复苏的过程更能表明这一点。

当投资与利润减少引起经济衰退时，由于过高的固定成本和收入分配中工资所占的比重过低，企业已经无法通过正常的方式赢利，如增加投资虽然可以增加总需求，但会使下一时期的固定成本增加；提高工资虽然可以使总需求曲线向上移动，但首先会增加企业的成本，使企业遭受更大的亏损。实际上，在经济衰退时期，由于固定成本与可变成本的比例失衡，即使所有企业都提高工资，也不可能使利润增加而走出困境，而要恢复正常的比例，只有在提高工资的同时降低产品的价格，即越亏损越应提高工资，增加亏损，才能使经济走出衰退，这一点是企业不可能做到的。在经济衰退时期，企业将按照马歇尔短期成本函数决定的利润最大化行事，即随着价格的下降而减少可变成本和产量，工资率的下降又会进一步降低产品需求和价格，直至企业的“停止营业点”。

总需求曲线将与工资成本曲线一起下降，而企业的固定成本则保持不变，这样，总支出将无法弥补企业的成本，导致企业亏损。如前所述，当经济处于这种状态时，克服经济衰退的唯一方法是企业破产，当企业破产后，其资本存量将贬值而不再计入固定成本，即固定成本曲线将向下移动，这就会使企业从亏损转为赢利。

按照上述分析，经济衰退来自经济高涨时改变的收入分配结构和企业成本结构，即过高的资本存量价值和收入分配中非工资收入的比重。因此，要使经济恢复平衡，只能使资本存量贬值以恢复原有的比率，同时改变收入分配的比例。市场经济中自我调节的方式是，当经济衰退而引起企业亏损时，商业银行也将减少货币供给（否则将导致银行亏损和倒闭）并向企业追债，这必将引起企业的破产。对此，只要知道破产的含义，就可理解这一问题，企业的破产就是让过高的资本存量价值从账面上销掉，正是这种企业的破产，使不合理的比例得以恢复。由于富人或资本家的储蓄是以股票和地产的形式存在的，企业的破产和资本存量价值的下降将改变收入分配，收入分配结构和企业成本结构的反方向变动会使经济复苏并进入下一个周期。

从这种企业的破产和收入分配变动的分析中，可以更明确地表明我们前面所讨论的结构性有效需求与收入分配的关系，资本家的利润只是为了资本积累而获取更多的利润，但有效需求决定工资与利润的比例必须保持稳定，收入分配在经济高涨时向富人倾斜会导致有效需求不足。企业的破产使富人的财产减少，收入分配将恢复原有的比例，换句话说，市场经济中的有效需求是可以自动调节收入分配的。

在上述经济周期过程中，企业的破产和资本存量价值的下降并不意味着实际生产能力的下降，就像东南亚金融危机导致的货币贬值并不意味着实际生产能力的下降。实际上，经济周期只是资本主义经济的自动调整过程，企业的破产只是把资本存量价值降下来，同时这也是一个竞争的过程，企业的董事长也通过企业的破产而更迭，工人的失业也是暂时的，工人会随着经济的复苏而重新就业。然而，如果企业的破产导致了商业银行的破产，就会引起严重的信用危机，如 20 世纪 30 年代的大萧条和 1997 年的东南亚金融危机，信用的瘫痪会对经济产生严重的破坏作用，甚至需要重建货币金融体系。实际上，在上述模型中，企业的破产必然联系到商业银行的破产，这种有效需求不足的经济危机总是与金融危机相联系的。

第二节　流量与存量均衡模型的正式化：卡莱斯基增长模型的扩展

在众多对经济增长理论的研究中，卡莱斯基的理论似乎已被世人遗忘，在介绍经济增长理论的书籍中已经很少有人提及了。然而，卡莱斯基作为当代资本主义动态经济理论、社会主义经济发展理论和发展经济学这三个领域的最早开拓者之一，以及后凯恩斯主义的启蒙者，其很多经济学思想是十分宝贵且富有真知灼见的。本节将扩展卡莱斯基的经济增长理论，把资本存量与有效需求引入其模型，从而讨论经济增长与收入分配之间的动态关系。

一　卡莱斯基的经济增长模型

卡莱斯基（1967）经济增长理论模型①的基本形式如下所示。

---

①〔波兰〕米哈尔·卡莱斯基：《社会主义经济增长理论导论》，符刚战译，上海三联书店、上海人民出版社，1996。

$$g = \frac{1}{\delta} \cdot i - \frac{m}{\delta} \cdot (a - u)$$

其中，g 为经济增长率，i 为投资率，δ 为资本－产出比，m 为生产性固定资本产出率，a 为折旧系数，u 为改进系数。卡莱斯基认为，在 δ、m、a、u 不变的情况下，g 取决于 i 的变化，g 是 i 的增函数，但是 g 并不是可以无限提高的，自然的经济增长率是 g 的稳定状态，由劳动生产增长率（α）与劳动力增长率（β）两个外生变量共同决定，即自然增长率为 α 与 β 之和。若提高 i，改变经济增长过程中积累与消费的比例，即加大积累力度、抑制消费份额，可以使经济增长率在短期暂时提高到自然经济增长率之上，但在长期，因为积累和消费之间的矛盾与新增投资逐步被经济体吸收，经济增长率最终会回到其自然增长率的水平。此时，经济体获得经济高速增长时期国民收入水平的额外增加。卡莱斯基认为要提高社会主义国家的经济增长率，根本的出路在于：通过促进技术进步来提高劳动生产增长率，从而提高国民收入增长率；通过加速折旧，加快旧技术设备废弃、新技术设备重置，缩短设备生产周期；改善对现有生产能力的利用。

卡莱斯基认为投资率的改变会导致经济增长率的变动，并在此基础上进行了一系列分析，但是他只注重了流量分析而忽视了存量的作用。他认为投资的增加会导致经济增长率的增加，而经济增长率的提高会使利润份额提高，从而进一步促进投资增加，这正如凯恩斯所描述的“寡妇的坛子”。但是这种分析忽视了流量变动带来的存量变动，虽然卡莱斯基证明了存量的变动与时间无关，并且按照经济增长率每年递增，即 $K_{t+1}/K_t = 1 + g$。存量的变动与时间无关这一结论是在经济稳定状态下得出的，若经济增长率 g 发生变动，资本存量价值便不会保持一个稳定的比例，因为一旦经济增长率提高，资本存量的稳定比例就会发生变动，若要获得与前期相同或更多的利润份额，投资也必须以更大的幅度提高，这种投资累积性增长的困难、投资流量与资本存量之间的关系，正是制约经济无限制增长的根源所在。

所以，需要对该模型加以扩展，使之适应现代经济实际发展情况。下面我们将应用卡莱斯基经济增长模型的主要思想，将其置于一个特定的货币金融体系内，引入存量分析，建立一个适用于分析市场经济体制的经济增长模型，并且构造一条有效需求曲线来说明限制经济增长的因素。

二　加入存量的卡莱斯基经济增长模型

现在我们将根据卡莱斯基经济增长模型的主要思想，加入资本存量，并使之成为一个可以反映市场经济关系的经济增长模型。

把加入企业成本收益计算的收入－支出模型与卡莱斯基的国民收入决定模型结合起来，可以得到下式。

$$Y = W + D + R + \pi = I + C + S$$

其中，W 为劳动者报酬；D 为固定资产折旧；R 为利息；π 为企业的收入，即利润；I 表示生产性投资；S 表示存货增加，即流动资本加库存；C 表示消费；$I + S$ 是生产性积累。

依照卡莱斯基的假设，我们先研究国民收入的增量与生产性投资和国民收入水平的关系。国民收入的增量首先应归因于投资（I）的产出效应，用 m 表示生产性投资的资本－产出比，即 $m = K/Y = I/\Delta Y$，则投资的生产效应可表示为 I/m；其次应归因于资本设备的逐渐陈旧、磨损与耗费，这个因素会使第二年初国民收入下降 $a \cdot Y$，这里，a 是一个系数，被称为“折旧系数”；最后应归因于卡莱斯基所说的生产改进效应，这也是卡莱斯基认为资本主义与社会主义的最大区别之处，即在社会主义社会中，由于生产能力原则上至少是充分利用、通过计划来保证的，生产改进效应的系数 u 可以保持稳定，而在资本主义社会中，设备利用程度取决于有效需求和生产能力之间的关系，因此 u 不是一个独立系数。在此，我们认为对 u 的处理仍然能使其保留在模型之中，原因如下：其一，即便在以前的社会主义国家中，u 保持稳定也只是一个理论上的假说，因为即便是斯拉法等人“无意”中或者兰格有意证明的“新古典的资源配置理论是完全适用于统一的计划经济”的论点，也是建立在完全竞争、信息对称等现代社会几乎寻觅不到的发展条件之下的，而自由主义的旗手哈耶克穷其一生论证了计划经济只不过是一种非理性的“构建主义”，只有自由市场的力量，才可以使资源达到最充分利用。其二，在资本主义社会或市场经济中，由于竞争压力的存在，生产效率改进动力似乎要比计划经济强烈得多，从而有理由认为 u 可以在长期保持稳定，而且社会关系的不断改进、生产组织结

构的变动可使 u 在持续稳定相当长时间后，有一个较大的飞跃，而后再保持稳定，如生产方式从 20 世纪五六十年代的福特制向 90 年代后福特制的转变。其三，卡莱斯基的社会主义经济增长模型最终要解决的并不是 u 本身或 u 变动的问题，而是积累与消费这一矛盾对社会主义经济发展的制约与如何提高经济增长率等问题。所以，把 u 保留在模型中并不会影响模型的适用范围。综上所述，我们得到式（1）。

$$\Delta Y = \frac{1}{m} \cdot I - a \cdot Y + u \cdot Y \tag{1}$$

我们用 Y 除以式（1），并定义 g 为经济增长率，可得到式（2）。

$$g = \frac{\Delta Y}{Y} = \frac{K}{Y} \cdot \frac{\Delta Y}{K} = m \cdot \left(\frac{1}{m} \cdot \frac{I}{K} - a \cdot \frac{Y}{K} + u \cdot \frac{Y}{K} \right) = \frac{I}{K} - a + u$$

$$\frac{I}{K} = g + a - u \tag{2}$$

现在，我们来研究国民收入增量和生产性积累另一项目——存货增加之间的关系。依据卡莱斯基的定义，“给定实物结构的存货量与国民收入成比例增加”,[①] 所以我们有式（3）。

$$S = \mu \cdot \Delta Y \tag{3}$$

这里，μ 是存货量和国民收入之间的比率，即所谓的存货平均周转期。我们用 K 除以式（3）得到式（4）。

$$\frac{S}{K} = \frac{\mu \cdot \Delta Y}{K} = \mu \cdot \frac{Y}{K} \cdot \frac{\Delta Y}{Y} = \frac{\mu}{m} \cdot g \tag{4}$$

根据式（2）和式（4），可得到式（5）。

$$\frac{I+S}{K} = g + a - u + \frac{\mu}{m} \cdot g = \left(\frac{m+\mu}{m} \right) \cdot g + a - u$$

$$g = \frac{m}{m+\mu} \cdot \frac{I+S}{K} - \frac{m}{m+\mu} \cdot (a-u) \tag{5}$$

这里，$I+S$ 是生产性积累，我们用 q 表示它在资本存量中的相对份额 $\frac{I+S}{k}$；

① 〔波兰〕米哈尔·卡莱斯基：《社会主义经济增长理论导论》，符刚战译，三联书店、上海人民出版社，1996。

此外，用 k 表示 $m+u$，我们称 k 为"总资本的资本 - 产出比"，其表明生产 1 个单位国民收入所需要的固定资本与存货数量。在式（5）中引入这些符号，我们可得到式（6）。

$$g = \frac{m}{k} \cdot q - \frac{m}{k} \cdot (a - u) \tag{6}$$

式（6）为我们推导出的加入资本存量的卡莱斯基经济增长模型。该模型表明了若参数 m、k、a、u 保持不变，稳定的经济增长率取决于投资与存货增加之和与资本存量比例关系的稳定性，即取决于投资流量与资本存量之间的稳定关系，如图 4 - 2 所示。式（6）给出的线性函数有斜率 $\frac{m}{k}$，并在 C 点交于纵轴，C 点位于原点之下，距离为 $\frac{m}{k} \cdot (a-u)$①。同稳定的经济增长率相对应的投资流量对资本存量的比率 $q = OA$。在参数稳定的条件下，g 取决于 q，这里存在一个稳定的经济增长率，它是由特定货币金融体系决定的，这一点我们将在下一部分予以说明。

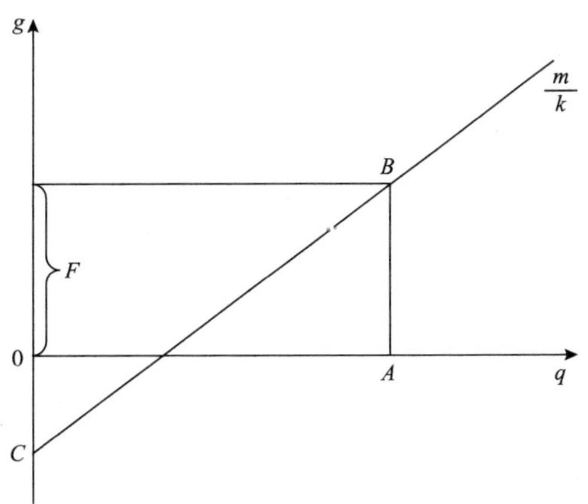

图 4 - 2　投资流量与资本存量之间的关系

三　结构性有效需求问题与有效需求曲线

下面我们在模型中引入有效需求问题，从中可以看出，将存量加入经济增长模型后，可以研究收入分配与经济增长之间的动态关系。

① 这是 $a-u>0$ 的一种情况。如果 $a-u<0$，点 C 当然位于原点之上。

1. 结构性有效需求问题

有效需求问题涉及市场经济或资本主义经济的性质，即生产不是为了消费，而是为了利润。为方便起见，我们采用古典经济学的假设，假设资本家的利润不用于消费，那么全部产品将是个人用工资购买和消费的，资本家所获得的只是永远不消费而转化为资本的利润。这样，假设利润率或货币利息率不变，则在货币量值的收入－支出模型的稳定状态下，工资对利息和利润的比率 $W/(R+\pi)$ 与产品成本中工资成本对折旧和利息成本的比率 $W/(D+R)$ 将是不变的，唯此才能保证工人购买全部消费品而资本家得到稳定的利润率或利息率，因为工资不仅是成本，而且决定着需求。

现在来看经济高涨时企业成本比率的变动。由于本期的投资会转变为下一期的资本存量，所以随着投资的增加，资本存量价值对收入流量的比率将提高，假设折旧率和利息率不变，这将使企业的成本构成中工资成本对折旧与利息等非工资成本的比重下降，即可变成本对不变成本的比重 $W/(D+R)$ 下降。加之经济高涨时资本收入的增长率远远高于劳动收入的增长率，使得工资收入对非工资收入的比重下降。这样，随着经济的扩张，一方面是消费需求减少，另一方面是产品成本上升，到了一定阶段，必然形成工人的工资买不起企业按现行成本生产和定价的产品，而如果企业降低产品价格，则会产生亏损。这样，有效需求可以用两个比例关系加以表述，即工资成本与固定成本的比例 $W/(D+R)$ 和工资收入与资本收入的比例 $W/(R+\pi)$。这两个比例关系的稳定正是经济体中均衡的存在性和稳定性的关键。

这里需要提到的是，引入资本存量分析使得用投资弥补有效需求不足这一凯恩斯主义核心政策的效果变得扑朔迷离，难以让人把握。因为投资的增加虽然可以在当期增加需求，但投资在 GDP 中的比重提高将会增加下一期的资本存量，从而在利息率和折旧率一定的条件下，使得下一期出现更为严峻的有效需求不足问题，即收入流量对资本存量的进一步降低，使得 $W/(D+R)$ 和 $W/(R+\pi)$ 这两个比率的下降趋势迟迟不能得到恢复。在此还要说明，通过提高劳动者报酬总量来使收入流量对资本存量的比例提高只是在观念上可行，因为在有效需求不足时，企业普遍存在库存增加、销售停滞甚至下降的亏损现象，此时提高工人工资只会使企业亏损更为严重，这种做法在实际中是行不通的。20 世纪 90 年代的日本和 1998 年后中国出现的通货紧缩和有效需求不足迟迟不能得到有效解决的根源，大抵就在于此。由此我们可以看出，解决有效需求问题的根本在于降低过高的资本存量价值，恢复正常的流量与存量关系。

2. 有效需求曲线

通过以上的论述，我们得知为获得较高的经济增长率 g，投资 q 必须以累积的比例增长，而由于投资流量与资本存量之间的累积扩张是不可能持续下去的，若想通过 q 的持续增长使 g 上升，q 必须加速增长。不过，在经济运行中这会导致有效需求问题，从而最终使经济增长率受到制约。现在我们构造有效需求曲线来说明这一问题。

假设在特定的货币金融体系下，g_0 是稳定状态的经济增长率，当我们采取古典经济学的假设——全部工资用于消费（$W=C$）、全部利润用于投资（$D+R+\pi=I+S$）时，工资收入份额或者说劳动力报酬占资本存量的比重为 $\frac{W}{K}=\frac{Y}{K}-\frac{I+C}{K}=\frac{1}{m}-q$。这时，要通过提高投资流量与资本存量比 Δq 来促进经济增长率提高 Δg，工资收入份额将下降 $\Delta q/(1/m-q)$。[①] 同此时的经济增长率 g_0 相对应，$\Delta q/(1/m-q)$ 就是对经济增长率的约束，经济的高速增长与由经济增长积累的巨额资本存量和收入分配逐渐扩大而导致的有效需求不足问题两者之间是相互制约、相互影响的。我们可以将其记为

$$\Delta g - w \cdot \frac{\Delta q}{1/m - q} \tag{7}$$

其中，w 是一个有效需求函数，w 是 q 的函数，它表明 q 的增幅越大，W/K 的比例越低，在既定的利息率和折旧率及由于经济增长而不断增加的利润率下，决定有效需求的两个关键比例 $W/(D+R)$ 和 $W/(R+\pi)$ 的下降幅度越大，从而对经济的进一步发展产生不利影响。所以，式（7）可以改写为式（8）的形式。

① 卡尔多程式化事实指出，在长期资本 - 产出比不变，所以在全部工资用于消费、全部利润用于投资的假设下，投资流量对资本存量的等量增加必然会导致工资总额对资本存量的等量减少。

$$\Delta g - \frac{w(q)}{1/m - q} \cdot \Delta q \tag{8}$$

其中，w（q）是 q 的增函数。若该式是正值，那么 g 所能达到的最高变动点为下面一点，在该点，有

$$\Delta g - \frac{w(q)}{1/m - q} \cdot \Delta q = 0$$

$$\frac{\Delta g}{\Delta q} = \frac{w(q)}{1/m - q} \tag{9}$$

此时，经济增长率 g 达到有效需求的临界点。超过这一临界点，更高的经济增长率会使 $W/$（$D+R$）、$W/$（$R+\pi$）的比例彻底失调，经济中出现以现有收入购买不起因固定成本过高而定价较高的商品。经济会陷入衰退阶段，经济增长率将下降，导致有效需求不足，经济中出现通胀或者“滞胀”的危机。

现在，为了更加直观地反映这一问题，我们用图形来描述经济增长率的变动导致有效需求变动的过程。如图 4－3 所示，该图由两部分构成，上部分与图 4－2 相同，下半部分我们把 q 作为横坐标，同时用$\frac{\Delta g}{\Delta q}$作为纵坐标。线段 BN 描述图 4－3 上部分中经济增长率 g 与总投资增长率 q 之间的关系，与之对应，图 4－3 下部分有一条水平直线 $B'N'$，后者同横坐标轴 q 的距离为$\frac{\Delta g}{\Delta q}=\frac{m}{k}$，因为这是线段 BN 的斜率。曲线 $D'K'$为有效需求曲线，数学表达式为$\frac{w(q)}{1/m-q}$，由于假定 w（q）为 q 的增函数，而且随着 q 的上升分母递减，所以$\frac{w(q)}{1/m-q}$是一个增函数，曲线 $D'K'$向上倾斜。

从图 4－3 中我们可以看出，有效需求曲线 $D'K'$与水平线 $B'N'$交于 P' 点，正是这一点决定了经济中反映社会关系有效需求的经济增长率的最大值。对于在横坐标上比 P'点低的所有 q 值，我们都有$\frac{\Delta g}{\Delta q}=\frac{m}{k}>\frac{w(q)}{1/m-q}$，因此，$\Delta g-\frac{w(q)}{1/m-q}\cdot\Delta q>0$，说明虽然经济增长率的提高会改变稳定状态时的收入分配结构与积累过高的资本存量，但此时经济中收入流量对资本存量的变动程度尚不会产生阻碍经济发展的有效需求不足问题，经济增长

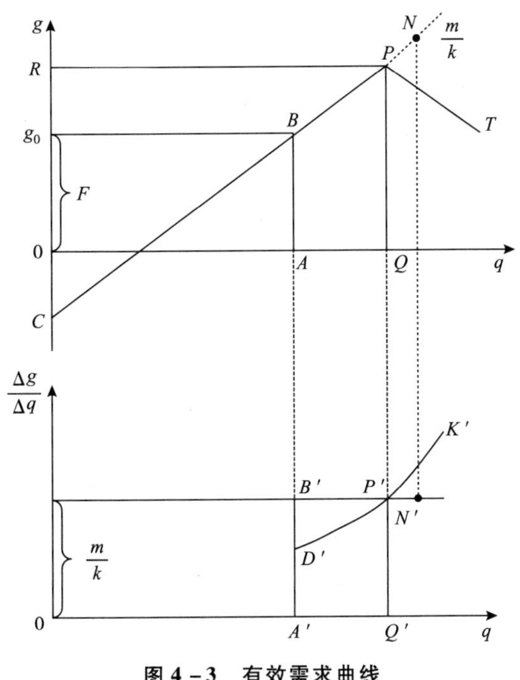

图 4－3　有效需求曲线

率仍有提高的空间；若 q 值超过 P'点，则意味着 $\Delta g - \frac{w\ (q)}{1/m - q} \cdot \Delta q < 0$，此时有效需求不足已经成为经济发展中的严重问题，阻碍了经济的进一步发展。通过将 P'映射到图 4－3 上部分 BN 曲线的 P 点，我们可得到这个经济体中经济增长率的最高限度，即最多可以以 OR 的经济增长率持续增长，若是经济增长率超过这一限度，经济中会出现有效需求不足问题及经济衰退现象，此时经济增长率会沿着线段 PT 所显示的路径下降，而不是虚线 PN 所显示的路径持续上升。

在此需要了解的是，我们是无法精确地从量上描述有效需求曲线的，这不仅因为各个经济体拥有不同的货币金融体系、不同的经济发展阶段，而且因为我们描述有效需求曲线的主要目的是表达一种经济思想，这种经济思想是要使人们对经济问题的看法与观点从仅仅局限于流量分析的凯恩斯主义分析方法中解脱出来，考虑流量与存量之间相互作用、相互影响的关系，并以这种全面的经济问题分析方法观察分析市场经济中的宏观经济问题。

第三节　凯恩斯主义宏观经济政策的后果与反思

凯恩斯的《就业、利息和货币通论》在1936年发表后，在经济学界引起了极大震动，这种震动联系到1929年在美国爆发的严重经济危机和整个30年代西方世界的大萧条，凯恩斯的理论和政府干预经济的政策建议无疑为恐慌的政府官员们开出了一剂药方。凯恩斯主义的理论和政策在二战后被西方国家普遍接受。20世纪60年代，西方国家经济的高速增长使凯恩斯主义达到了顶峰。这种政府干预经济的凯恩斯主义政策充分体现在财政政策上，主要西方国家的财政收入在GDP中的占比大幅度上升，再加上"冷战"因素，使西方国家国债的发行量大大增加，同时，中央银行开始采用货币政策控制和调节货币供应量的增长率。在主流宏观经济学的教科书中，这种"逆周期而行"的宏观经济政策被作为公认的真理。但好景不长，随着70年代初的石油危机和美国严重经济衰退的出现，西方国家政府开始了大规模地应用凯恩斯主义的财政政策和货币政策，但这些政策完全失效了，导致整个70年代西方国家出现严重的"滞胀"，超过10%的高失业率在西方国家1825年之后的历史上仅次于30年代的大萧条。这种"滞胀"导致了凯恩斯主义的破产。80年代初，美国和英国开始采用经济自由主义的政策，这种经济自由主义的政策竟然奇迹般地生效了，它使西方国家在80年代中期摆脱了困扰10年之久的"滞胀"。

然而，在主流宏观经济学教科书中，凯恩斯主义的失败和西方国家80年代如何摆脱困境的问题从来没有被真正地说明过，而且随着美国经济的好转，新凯恩斯主义的教科书可以不再考虑70年代经济学界中凯恩斯主义和货币主义在理论和政策上的激烈争论，反正生产函数的基本原理已经告诉你了，政府要采用什么政策，可以根据实际中的工资刚性和由货币幻觉决定的各种各样的菲利普斯曲线去选择。格林斯潘对此是心领神会的，即只能按经验办事，他主持的美联储在90年代根据美国长期3%的增长率经验，采用了紧缩性的货币政策来抑制美国的经济增长，创造了美国90年代高科技发展的奇迹，并使美国经济从1996年开始破天荒地出现了财政盈余。但是，当美国经济在2000年进入衰退时，格林斯潘依然按经验办事，既然在高增长时可以通过提高利率来降低增长率，那么在衰退时为什么不能降低利率来使经济复苏呢？美国政府自2000年经济衰退时开始采用了大规模的扩张性财政政策和货币政策，如利率从6%降到了在美国历史上少见的1.5%的水平，但是这种凯恩斯主义的政策造成了伴随高失业和高赤字的美国经济长达6年的衰退，至今尚未复苏。这种凯恩斯主义的政策在日本1989年经济衰退后被用到了极致，利率下降到零的水平，政府公债对GDP的比率已经超过了200%，并且日本中央银行用准备金购买商业银行的股票而不致其破产，这导致了日本经济长达16年的停滞，而且至今尚未有复苏的迹象。这种凯恩斯主义政策带来的恶果难道还不值得人们反思吗？

可以说，这种按照主流经济学教科书制定的宏观经济政策在实际中根本就不存在成功的经验，而只有失败的教训，因为这种理论错了，所有建立在这种理论基础上的政策恰恰是“逆经济周期”而行的，即完全是与经济周期的调整相悖的。作为凯恩斯主义政策成功经验的案例只有20世纪30年代美国的“新政”与60年代美国和其他西方国家的经济高增长，但是，美国30年代的“新政”导致了美国经济的长期萧条，只是到二战爆发后才得以走出低谷，而60年代冷战时期财政扩张带来的增长率提高，正是导致美国70年代经济衰退的主要原因。这种凯恩斯主义的理论和政策是需要认真讨论的。

一　适合总供给－总需求分析的货币量值生产函数

我们采用货币量值的生产函数，它可以直接从企业的货币成本收益计算中得到。如前面的分析所表明的，企业所投入的并不是劳动，而是货币工资，虽然劳动数量或就业影响产出，但企业成本收益计算所考虑的只是货币工资成本。这样，我们把生产函数改写为 $Y = aK + wL$，其中，a 为系数，表示折旧和利息成本，K 为资本存量价值，w 为工资率，L 为劳动量，这个货币量值的生产函数就是企业的成本函数。

这种货币量值的生产函数所表示的企业成本函数完全不取决于技术，企业的短期成本曲线完全是由货币值来表示的。借用马歇尔的短期成本分析，企业的短期成本由固定成本和可变成本构成。但在这里，成本曲线完全取决于货币成本，与技术无关，即成本曲线的形状只是企业的货币支出，而不联系到实物的投入与产出的变动。固定成本由折旧和利息组成，可变成本由工资构成。

在短期，固定成本是一条水平的直线，其位置取决于企业的资本存量价值，如果企业的资本存量价值增加了，成本曲线将向上移动。可变成本由工资决定，向上倾斜的可变成本曲线来自劳动增加引致的工资总量增加，可变成本曲线的斜率取决于工资率，工资率的提高将使可变成本曲线向左倾斜。

从前面对总供给和总需求的重新表述中，更容易理解这种生产函数的性质。在主流经济学中，总供给完全取决于实物生产函数的投入产出关系，这是与总需求分析所采用的总支出或货币支出不协调的。在我们的分析中，总供给只是企业的货币成本函数，不联系到技术上的投入产出关系，这使总供给和总需求的分析都采用货币量值，而与实物无关。

采用货币量值生产函数可以使我们在名义 GDP 与就业之间建立联系。给定工资率，如果固定成本与工资的比例处于稳定状态，则可以得到产出与就业的关系，即就业与产出为一条直线，该直线的位置取决于货币工资率和工资与固定成本的比例。

与由工资率决定的货币量值生产函数相对应的，是收入支出模型，在特殊假设下，可以成为 45°线模型。这样，我们可以得到主流经济学教科书中的结论，即给出劳动量，可以得到充分就业的 GDP，充分就业的 GDP 等于货币工资率乘以劳动量，再乘以工资与总支出之比的倒数。当利息率和折旧率给定时，则可以决定稳定状态的增长率，此时工资与固定成本或资本存量之比为一个稳定的数值。在上述模型中假设货币工资率不变（刚性工资），则给定总支出或总需求，将决定短期的就业量和产出（名义 GDP）。然而，在实际的经济周期中，工资率和企业的固定成本都是变动的，其变动的规律在前面分析经济周期时已经表明。因此，除非在特定的条件下，我们不能得到主流经济学的 45°线模型，即就业量与名义 GDP 不会成稳定的比例。

这个货币量值生产函数实际上是非常简单和容易理解的。给定名义 GDP，那么会有多少劳动力就业呢？这当然取决于名义 GDP 中有多少用于发工资，以及工资率的水平。举个例子，按照我国的名义 GDP 总量，如果名义 GDP 增长 8%，则总收入大致每年新增 10000 亿元，那么会带来多少新增的就业呢？这当然取决于10000亿元中有多少用于发工资和工资率的水平。不考虑国家财政，新增的就业量取决于投资中用于固定资产（土地）投资和增加工资的比例。假设这个比例不变，同时工资率也按照8%增长，则新增的就业为零，而如果企业把更多的投资用于房地产或工资率上升的幅度超过8%，则会导致在职工人的失业。

二　凯恩斯主义的财政政策与“滞胀”

采用上述货币量值生产函数，可以更清楚地讨论“滞胀”和凯恩斯主义政策带来的恶果。首先，我们重新定义“滞胀”，它是名义GDP增长率与就业之间的负相关关系。当然，这里负相关的含义包括随着名义GDP增长率的提高，增加的就业越来越少（就业增长率与经济增长率的二阶导数小于零）。由于存在经济周期，所以需要区分正常的或经济周期中的名义GDP增长率与就业之间的相关性，以及非正常情况下的“滞胀”，如政府的宏观经济政策导致的“滞胀”。

在前面讨论由有效需求导致的经济的周期性波动时表明，经济衰退来自经济周期中经济上升时期的高投资导致的资产值过高和收入分配中工资的比例下降，那么在经济衰退时，采用凯恩斯主义的财政政策会产生什么结果呢？

在前面讨论经济周期时，我们表明了经济衰退时市场机制的自动调节过程，即企业的破产使过高的资产值下降，并同时调节收入分配的比例，使工资在GDP中的比例回升，从而使经济走出衰退而实现复苏。当然，这一过程伴随着失业的增加。然而，凯恩斯主义的财政政策是朝着与这种能使经济复苏的过程完全相反的调节方向进行的，即通过财政支出的增加进一步提高资产值，并把资产值的提高转化为企业的利润，使企业避免破产。这种财政政策会使收入分配的比例进一步向利润倾斜，降低工资在GDP中的比重，其结果只能是“滞胀”。

先来看政府采用扩大财政支出政策的方法增加投资的结果，投资的增加可以提高当期的总需求，从而增加企业的收入和工人就业，但是，在下一期必然使企业的固定成本增加，如图4-4所示。这与前一种情况的曲线完全相同，只是把企业的总成本曲线改为总供给曲线，以与主流经济学教科书相对比。在第一期，给定企业的成本函数或总供给曲线AS，政府总支出的增加使总需求曲线 AD 向上移动，这使企业的产出和就业增加。随着投资转化为固定资本，企业的固定成本将向上移动，从 FC 上移到 FC'，总供给曲线也相应地移动到 AS'，这使就业（失业）重新回到原来的位置。但是，与原来不同的是，资本存量价值或资产值更高了，由于工资率不变，当就业（失业）不变时，工资在 GDP 中的比重将下降，这种更高的资产值和工资在 GDP 中的比重下降将使有效需求不足状况进一步恶化，由此导致失业的进一步增加。

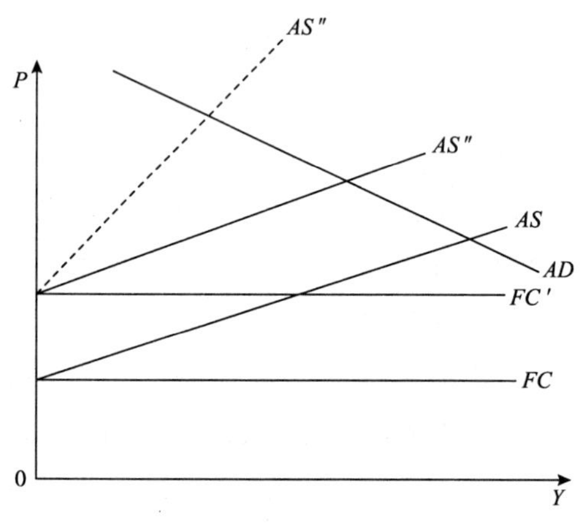

图 4－4　扩张性财政政策的后果

在经济衰退时，失业的增加必然伴随着工资率的下降和工资总额的减少，从而使消费品部门产生严重的生产过剩。在消费品根本没有需求的情况下，企业的投资或财政投资必然转向资本品部门，这会使已经过高的资本品部门比重进一步提高，而当投资更多地用于资本品部门时，当期的投资流量中利润的增长幅度将更大，这不仅使企业更难以破产，而且提供了错误的信号，即政府财政投资的增加会带动企业投资的增加。这种投资的增加和 GDP 的增加只会使下一期的有效需求不足问题更为严重，导致严重的结构失调。

再来分析政府的消费支出。在经济衰退时，政府扩大消费支出（如扩大军费开支）当然可以提高总需求，而且不增加资产值，这不是很好吗？但问题是，这种政府消费支出的增加虽然可以增加就业，但不能提高工资率，从而不能改善有效需求不足的状况，只是延缓了企业的破产和资产值与收入分配比例的调整。实际上，政府的消费支出总是用在最不该发展的产业上，如购买军用产品就会提高军用品生产部门的利润和投资水平，同时，在工资率不可能增长的情况下，会使这些部门的利润上升，引起收入分配的进一步恶化。

按照边际消费倾向递减的分析，由于低收入阶层有更高的消费倾向，能否通过转移支付的方法来增加消费需求？这种转移支付的方法对低收入阶层度过危机是有帮助的，但对解决有效需求问题是无效的。和前面一样，这种收入再分配的政府支出并不能改变资产值过高和由初次分配决定的有效需求不足问题，只会使企业延缓破产，从而延缓经济的复苏。

这里的一个重要问题是，这种政府财政支出的扩大能不能通过提高税率和增加税收来解决？在主流宏观经济学中，根据政府的边际消费倾向等于 1 而建立了一种“平衡预算乘数”理论，表明政府采用税收的方式增加支出可以提高总需求。但在前面对有效需求的分析中，这种“平衡预算乘数”是不存在的，增加企业的税收将直接增加企业的“固定成本”使总供给曲线向上移动，从而造成更多的失业。增加对富人的征税行不行呢？比如提高所得税的税率，其实结果与向企业征税是相同的，这必然会进入投资者的成本收益计算，使投资减少。政府的税收和税率不能采用“相机抉择的财政政策”逆周期而随意变动，因为税率是企业（和个人）成本收益计算的一部分（或游戏规则的一部分），它怎么可以随着经济周期而改变呢？比如，企业进行的固定资产投资是把税率作为给定的来计算成本收益的，当固定资产投资刚完成，税率就提高了，谁还敢再进行投资？供应学派就指责这种凯恩斯主义的税收和收入再分配政策导致了富人和穷人都不干活儿了。

剩下的扩大政府支出的方法就是发行国债了，国债发行在主流经济学中一直被作为财政政策来讨论，其理由是，只要国债不是由中央银行直接购买的，就不会影响货币供应量。但国债发行是不折不扣的货币政策，国债不仅会增加货币供应量，而且是真正的外生货币供给，是导致美国 20 世纪 70 年代“滞胀”的重要原因。

三 凯恩斯主义的货币政策

在讨论国债之前，我们先来分析凯恩斯主义的货币政策。在前面所阐述的内生货币供给模型中，由于经济高涨时期企业的资产负债率过高，加之商业银行的超额存款准备金率下降，企业破产必然导致商业银行破产，从而使货币供应量减少，并且可能造成金融危机。金融危机对市场经济具有极大的破坏性，而中央银行对货币金融体系的管理、货币政策的调节是重要的。但是，在经济衰退时，货币政策的调节并不是使商业银行不破产和进行“清算”，以调整企业和商业银行的资产负债结构。如果中央银行的货币政策所起到的作用只是使企业和商业银行都不破产，而不能消除企业过高的资产负债率和改善商业银行的资产负债结构，其作用将只能是延缓经济的复苏。

按照教科书中凯恩斯主义的货币政策，在经济衰退时，中央银行将通过降低利率、降低法定存款准备金率和公开市场业务增加货币供应量。然而，这种货币政策是朝着加重经济衰退的方向调节的。

前面对经济周期的经验分析中表明，在经济衰退时，利率会大幅度上扬，同时商业银行也会收紧银根，通过货币供应量的减少使企业和银行破产而调整资产负债结构，这种自动调整可能会导致金融危机。那么，中央银行采用降低利率的方法会起到这样的作用吗？利率的下降一方面降低了投资的成本；另一方面使资产值大幅度提高，如果与扩张性的财政政策相配合，投资和资产值会进一步增加，企业的资产负债率不但不能降低，反而可能继续提高。这将使已经失衡的金融结构进一步恶化，这对经济周期的调整是极为不利的。中央银行降低存款准备金率而扩大货币供应量也只能起到延缓经济复苏的作用，虽然货币供应量的增加对减轻金融危机的破坏会起到一定的作用，但不能真正地对经济周期进行调整。

实际上，在一个内生货币供给的货币金融体系中，这种降低利率和存款准备金率的货币政策所能起到的增加货币供给的作用是有限的。试想，在经济衰退时，企业面临严重亏损和破产，而且企业的资产负债率过高或极高，商业银行也面临破产的威胁，即使法定存款准备金率大幅度下降而使商业银行的超额存款准备金增加，哪个商业银行敢把钱贷给企业？企业在全面产品过剩的情况下又该向哪个产业投资？可以举我国的例子来说明这个问题，自 1997 年我国经济开始衰退后，中国人民银行采用扩张性的货币政策，把存款利率从 10% 降到 2% 以下，取消了商业银行原来 12% 的备付金，并把存款准备金率从 11% 降到 6%，其力度不可谓不大，如果按照教科书中的货币乘数，就将使货币供应量成倍增长，但实际结果是货币供应量的增长率不但没有上升，反而大幅度下降。原因很简单，商业银行怎么敢给资产负债率已经达到70%且亏损严重的企业贷款？无论利率和存款准备金率下降多少，商业银行的贷款都可能收不回来，由此形成商业银行的“惜贷”和存贷差的大幅度提高，这有些类似于“流动偏好陷阱”。

前面曾经提出，货币政策可以和政府的扩张性财政政策相配合，从而增加企业的利润而使商业银行增加对企业的贷款，这可能是使货币扩张政策得以实施的一个条件。但企业过高的资产负债率和由投资带动产生的房地产泡沫和股市泡沫必然使商业银行心有余悸，它们一定会根据以往的经验来防止这种灾难降临到自己头上，这与美国20世纪70年代货币供应量的大幅度增加和名义GDP的增长率连续多年超过10%的经验是不相符的。我们需要寻找商业银行能够如此扩大货币供应量的原因，这个原因就是国债的发行。

哈耶克在他获得诺贝尔经济学奖的演说中讲过一段名言：通货膨胀肯定是中央银行过多地发行货币造成的，因为在商业银行发行货币的条件下，通货膨胀必然使商业银行破产。我们前面对内生货币供给体系和经济周期的分析证实了哈耶克的说法，即当商业银行的货币供给（贷款）超过稳定状态的增长率时，商业银行一定会破产。但哈耶克说错了，通货膨胀并不是中央银行把货币发多了，美国的中央银行没有这么大的权力和能力把货币供应量提高到如此高的地步，是美国的财政部发行的国债导致了货币供应量大幅度增加。

需要说明的是，这里所说的国债带来的货币供应量增加，并不是教科书里中央银行的公开市场业务，虽然它与此有关。这里要说的是，国债本身就是货币供给，是外生的货币供给，是对内生货币金融体系造成严重破坏的外生货币供给。上面说的“国债本身就是货币供给”并不意味着国债就是货币，国债当然不是货币，但它可以通过内生的货币供给体系创造货币。

我们在前面对内生货币供给体系的分析中表明，制约这一体系货币供给的是资产抵押，商业银行是以资产抵押进行贷款的，这是企业的资产负债率成为制约货币供给的重要因素。国债的发行对这种以资产抵押为基础的内生货币供给体系起什么作用呢？国债的发行是以政府的信用做担保的，也就是说，国债到期后政府肯定是会还的，那么这种国债必然成为商业银行贷款的最好抵押品，如果你用国债做抵押，商业银行可以闭着眼贷款，无论商业银行贷多少款或发行多少货币，它都不会破产。正是这种国债进入了货币供给体系，才导致了美国20世纪70年代严重的“滞胀”。美国的国债发行量从1970年占GDP的50%变为1980年的120%，如此大量的国债不断地成为商业银行的流动性资产和贷款抵押品，由此造成货币供应量的大幅度增加，而银行和企业又都不会破产，这就一方面制造出大量的资产泡沫，另一方面制造出更多的失业。最典型的是日本经济，日本政府在1989年经济衰退后把国债占GDP的比重增加到了200%，由此出现了奇怪的现象：日本企业的资产负债率高达70%，房地产市场和股市泡沫的破灭使商业银行存在巨大坏账，但商业银行竟然很少有破产的，商业银行作为企业的大股东不破产，企业也难以破产。可以说，只要政府以累积的比率发行国债，日本的商业银行就不会破产，但这造成了日本经济的长期停滞，货币金融体系已经严重混乱到难以治理的地步。

这种凯恩斯主义政策的错误可以从20世纪80年代经济复苏的过程中得到说明，里根和撒切尔上台后采用了经济自由主义政策，即控制货币供应量和减少政府支出，这种政策在最初的1981~1982年导致了经济的严重衰退，大量企业，包括银行破产，失业率也随之上升，但从1983年开始，美国和英国经济竟然奇迹般地回升了，并逐渐走出了“滞胀”。美国20世纪90年代的高科技奇迹是不是也和财政赤字大幅度减少有关？这里完全有理由说，凯恩斯主义的政策错了，它根本就不存在成功的经验，由凯恩斯主义政策造成的20世纪60年代美国和西方国家经济的高增长正是导致70年代严重衰退的原因。美国30年代的“新政”正是用财政取代银行，如1935年实行的《银行法》对美国商业银行的发展产生了很大的限制，这些政策可能延缓了金融体系的恢复，造成长达多年的经济萧条。

四　收入结构与结构性失业

在美国20世纪70年代的“滞胀”中，出现了一种结构性失业的现象：一方面，存在大量失业的劳动力；另一方面，一些高新技术行业和产业的需求扩张使高级劳动力短缺，并造成这些行业的工资率上升。这种结构性失业被经济学家用来解释“滞胀”，即工资率的上升使总供给曲线向上移动，而总需求不变会导致更多的失业。但是，这里要说明的是，这种结构性失业并不是“滞胀”的原因，而是“滞胀”的结果。

这里需要表明的是，在市场经济中，并不会存在类似于结构性失业这种技术性失业，而只存在结构性有效需求不足导致的失业。前面的分析中提到过采用资本密集型技术是否会带来失业的问题，其实这个问题在经验中已经有很好的说明，在工业革命采用大规模机器生产以来的 200 年中，机器替代劳动并使劳动生产率成倍提高，但这并没有造成失业。为什么呢？因为在以货币占主导地位的市场经济中，技术、机器和劳动在企业的财务管理中都是货币符号，比如，机器对劳动的比率叫（货币）资本对工资的比率，这样，无论技术如何变化，都不会影响由有效需求决定的价值符号。比如，美国的农业劳动生产率之高，可以达到 1 个人养活 40 个人，而美国基本消费品的一半多是靠进口的，是不是美国人都要失业了？当然不是，机器所替代下来的劳动力可以从事任何活动，比如进入电影、娱乐等行业，但是所有的行业都要被货币化而变成挣钱的游戏，如果你没有参加这个游戏，那么资本或货币资本就要把你拉进这个游戏，即把你变成领取工资的雇佣工人，然后资本家再靠货币供应量的增加获取利润，这种资本不仅使小农户和小手工业者完全破产而进入市场体系，而且要扩张到国外去获取利润，当然，这个竞争的游戏要有新技术和进行劳动生产率的竞争，但创造游戏也是劳动生产率。因此，这个市场经济体系并不会造成技术性失业，在一个完善的市场经济中，只要还有新的技术没有被应用，还有人没有被雇佣，资本和竞争就会去开发，因为这可以创造利润。

这样，对成熟的市场经济国家美国来说，20 世纪 70 年代出现了以前没有过的大规模结构性失业，正是由于凯恩斯主义的政策造成的市场分割，使失业工人被排挤在这个游戏之外。在经济衰退期，过高的资产值和过低的工资导致了基本消费品产业的需求不足，而由政府的财政货币政策促动的投资、消费和名义 GDP 增长率的大幅度上升，只能撇开基本消费品工业和失业的工人，因为那里没有需求，货币供应量的增加可以在富人的圈子里循环，房地产业、金融行业和号称高科技的新兴产业可以让富人们继续做游戏，失业的工人则被“边缘化”了。但是，资产值越高和收入分配越向富人倾斜（或创造出新的富人或“中产阶级”），失业的工人就越多。因此，这种结构性失业只是有效需求不足导致的产业结构和收入分配结构的严重失衡，而这种严重结构失衡正是凯恩斯主义的政策使过高的资产值对工资的比率进一步上升造成的。

五　经济政策的反思

通过上述对加入存量的卡莱斯基增长模型与有效需求问题的分析，我们应看到，在运用凯恩斯主义的扩张性或收缩性货币、财政政策来解决经济问题的时候，必须注重对资本存量的调整。

然而，经济增长率一旦脱离稳定状态的初始值开始增长，投资的增加导致利润上升，使经济增长率提高，对利润的追逐使有利可图之时没有人主动减少投资。即使厂商本身意识到了有效需求问题，但是在经济高涨时期，对微观企业来讲，如果不增加投资，就会在严酷的市场竞争中被淘汰。这就如同“囚徒两难困境”一般，个体的理性选择并不意味着集体的理性，所以经济体中脱离稳定状态的经济增长率一般会产生有效需求问题。我们建立的模型反映了这一问题，并且暗含着解决问题的方法。从模型中我们可知（见图4－3），q 的增加会促进经济增长率 g 的提高，而 q 表示的是生产性积累 $I+S$ 在资本存量 K 中的相对份额（$I+S$）/K，当 q 超过 P'点时，经济增长率会下降，此时，在完全的市场经济中，企业因为经济中获利机会减少、产品滞销，会主动减少投资，进而使 q 下降到 P'点以下，投资流量对资本存量的比例将会恢复，经济会自动调节到正常水平。但是如果为了防止经济下滑而带来不利影响，政府通过扩张性的财政、货币政策来增加投资、维持 q 值，使 q 不能降低到 P'点以下，则有效需求问题不能得到有效解决。当然，政府漠视经济衰退，不采取任何措施，是难以在现代社会中被广泛接受的。而通过扩张性的政策来维持较高的投资流量对资本存量的比例，也并不是处理经济问题的治本之道，所以我们应当从流量与存量两方面着手。在经济出现有效需求问题、产生衰退时，一方面，政府应该运用凯恩斯主义的流量调节方法，运用扩张性货币、财政政策来熨平经济波动，防止经济出现严重衰退；另一方面，应注意对资本存量的调节，应充分发挥市场经济的资源配置作用，通过企业破产、兼并等手段降低资产存量价值。

由此，我们可以对政策进行如下反思。

第一，在经济增长的过程中，生产性积累 $I+S$ 与资本存量 K 的比率

$(I+S)/K$ 的变化是形成经济波动的根本原因。$(I+S)/K$ 上升时，经济处于上涨阶段，然而经济增长率是不可能维持下去的，最终会受到投资流量与资本存量脱节而产生的有效需求问题的限制，此时，如果 $(I+S)/K$ 继续上升，经济增长率不但不会继续上升，反而会下降。在这里暗含着这样一个结论，就是通过强制性手段维持较高的名义资产值，不但不利于经济的迅速回升，反而会延长经济衰退过程。

第二，从长期来看，GDP 的增长率与投资的增长率、资本存量增长率是相对稳定的。也就是说，在经过一个经济周期后，GDP、投资与资本存量能够保持一致。

第三，在特定的货币金融体系与经济稳定的条件下，如果保持生产性积累 $I+S$ 与资本存量 K 的比率 $(I+S)/K$ 的稳定，经济将实现均衡发展。

第四，紧盯名义 GDP 和其他相关数据，在经济增长阶段，积极进行“逆风向”行事的政策实施，可以减小经济的波动幅度，保持经济的平稳增长。在经济的下落阶段，政府应积极实施降低现有资产值的政策，推动企业之间的兼并重组，扩大需求，促进投资流量与资本存量比例的恢复，实现经济的平稳过渡。

第五，由于受阐述的主要问题所限，本文并没有对式（6）中其他两个可操作变量 a、u 进行分析。在此简要提一下，我们可以通过加快旧技术设备废弃、新技术设备重置来缩短设备生产周期，加速折旧；通过引入国外先进的生产管理方式、经营理念来提高经济增长率。

同样的政策含义可以引申到提高需求和居民收入的经济政策。根据其对总供给和总需求的影响，经济政策可以分为提高需求和收入水平的经济政策（“规模性经济政策”）和改善收入结构的经济政策（“结构性经济政策”），前者可在需求增加和国民收入总量增加的同时，使资产值也提高，导致收入结构和成本结构失衡，产生阻碍经济可持续增长的因素，如出口退税、家电下乡补贴、政府各种农业或科技补贴、扩张性财政政策和货币增长等。而后者更侧重于低收入阶层收入能力和水平的提高，能够保证收入结构和成本结构在经济增长过程中的协调，如使劳动力从传统低效率行业向现代高效率行业转移、减少农民“进城”的障碍并降低其成本、出台有效率的教育推广计划、进行影响生产模式和相对价格的对商品市场的调控、对技术状态和技术进步性质进行调整、推行累进税制、公共投资向低收入者重新配置等。不同的经济政策对经济增长的影响具有很大差别，“规模性经济政策”在一定阶段可以阻挡收入水平-经济增长率曲线向下弯曲，形成倒“U”形曲线，但它有可能造成流量与存量失衡，从而降低经济增长速度；而“结构性经济政策”使曲线向右移动，表现为经济增长稳定状态向更高增长率转换，并进一步维持下来。因此，“结构性经济政策”是经济持续高速增长的保障，更应该成为政策制定时的首选。

第五章　基于我国两次经济衰退的模型经验检验

1997年和2008年，分别受到东南亚金融危机和国际金融危机的冲击，我国经济经历了两次经济波动。对我国应对两次金融危机做出的经济调整的审视，可以从经验上验证第四章提出的模型和其中体现的思想是否符合经济发展的实际。

第一节　我国经济货币化进程与经济奇迹的产生

自1980年我国经济体制改革以来，我国经济的一个重要特征是在经济的货币化过程中实现工业化和城市化，产出的增加、技术的进步和农村劳动力向城市的转移都离不开经济的货币化。1997年和2008年出现的经济衰退直接联系到这种经济的货币化过程，我国的社会主义市场经济体制改革与经济波动具有直接联系。因此，在讨论两次经济衰退问题之前，有必要对我国1980年以来的经济体制改革进行简单回顾。

我国的经济体制改革是从农村开始的，在1978年之前，我国就开始在农村试行家庭联产承包责任制，到1980年已经在全国推广。工业企业的改革是从1980年左右开始的，1980～1984年，占全部经济76%的国有企业（其余为集体企业）实行了利润分成、利改税、承包经营及资产经营责任制等，扩大企业的自主权，加强对企业管理人员的利润刺激，上述方法的共同点是，企业在获得的利润中可以得到一部分作为企业管理人员的收入以及增加工资，这种方法有些类似于苏联和东欧的经济体制改革，只是步子迈得更大一些。但外部条件的变化使这种国有企业改革的性质逐渐发生了根本变化，使它完全不同于苏联和东欧的改革，这种外部条件的变化就是经济的货币化。

1978 年农村改革以来，农民的生产积极性极大地提高，使粮食和其他农产品的产量大幅度提高，1984 年的粮食产量比 1978 年增长了 33.6%，年均增长 4.95%，而其他农作物的产量则均以更快的速度增长，农村的人均收入也由 1978 年的 191.33 元增长到 1984 年的 355 元，增长了 85.5%，年均增长 10.85%。1980 年，我国逐渐放开农产品市场，开始了商品流通领域的改革，农副产品进城以及私人长途贩运使非国有的农村市场和城市中的农副产品市场逐渐建立，到 1985 年，农村活跃着大约 3 万个市场。随着这种市场的发展，从农产品加工起步的乡镇企业开始发展起来，并逐步扩展到初级消费品的生产领域。乡镇企业与国有企业相比，在市场经济中具有先天的优越性，很快在市场中成长起来，乡镇企业在 1981～1985 年的实际增长率高达 26.7%，远远高于同期农业 9% 和 GDP 15.72% 的实际增长率。农村的市场化和货币化对城市中的国有企业改革具有极大的示范效应和促进作用。

我国货币化进程的真正开始或加速应该在 1984 年。1984 年 1 月 1 日，中国工商银行从中国人民银行中剥离出来，中国人民银行开始单独行使中央银行职能，我国开始进行了一系列货币金融体系改革，向社会主义市场经济的货币金融体系过渡。中央银行成立后，国有四大商业银行和其他金融机构被赋予了一定的权限，中央银行取消了原有的“统存统贷”货币管理方法，实行各大商业银行“实存实贷”的货币管理方法，虽然银行贷款依然完全实行计划额度管理，但各个商业银行贷款的计划额度被联系到它们的存款，即商业银行可以根据存款的 60% 制订贷款计划，同时允许银行间的同业拆借，这有些类似于存款准备金的管理。1985 年，我国实行了“拨改贷”的投资体制改革，把原来用于固定资产投资的财政拨款改为银行贷款，“拨改贷”的初衷是加强企业的成本收益计算和建立企业自负盈亏的利润刺激机制，但实际上，“拨改贷”成为企业“只负盈、不负亏”的行政管理与市场结合的体制，因为企业的贷款是完全没有资产作为抵押的，而企业在赢利时可以根据已经扩大的企业自主权支配很大一部分利润和资金，用于企业的再投资、增加职工的工资和管理人员的收入，这使企业对贷款的需求是无限大的。商业银行则只是按照国家计划及其本身的赢利计划开展贷款业务，而其本身的赢利指标更重要，从而使根据企业的赢利状况进行贷款成为商业银行贷款的重要依据。这种货币管理体系和投资体制的改革，不仅使商业银行逐步向市场经济过渡，形成具有一定内生性的货币供给体制，而且使我国以利润分配为基础的扩大企业自主权的改革与苏联和东欧的改革具有了根本不同的性质，利润和企业规模成为企业管理人员追求的主要目标，同时也逐渐成为主管部门对企业管理者评价的主要指标。

上述货币金融体制改革和企业改革相互联系，使我国的货币化或向社会主义市场经济过渡出现了标志性的变化。1984～1988 年，我国的货币供应量和名义 GDP 增长率都大幅度提高：1984 年，货币供应量的增长率达 35%，1984～1988 年一直超过 20%；1984～1988 年平均名义 GDP 增长率约为 20%。这种货币供应量的大幅度增长已经联系到货币供给的内生性，1984～1985 年银行贷款的增加不仅使银行存款增加，而且使其以更大的幅度增加，因为货币供应量的增加使企业的利润大幅度增加，而根据国家和企业利润（与资金）分成的规则，在利润大幅度增加的条件下，企业所能支配的部分将以更大的比例提高。其中用于对管理人员奖励的部分和工资增长的部分的提高使储蓄率上升，这使商业银行的存款或货币供应量以更大的比例增长，并形成更多的利润和储蓄存款。在商业银行的贷款或货币供给上，虽然存在计划额度的控制，但各个商业银行的存款已经成为制订贷款计划的重要依据，中央银行通过同业拆借来调剂资金或修改计划额度。中央银行具有对商业银行贷款额度的审批权和控制权，但在上述与商业银行制定的规则下，中央银行只能根据存款的增加来修改贷款计划，这就形成了商业银行对中央银行的某种倒逼机制，迫使中央银行增加信贷额度。

这种货币供应量的大幅度增长对我国经济向市场经济体制过渡和经济的货币化起到了巨大作用。企业支配的资金不断增加，大大地促进了当时的商品流通体制和外贸体制改革。1986 年，我国开始了价格体制改革，实行了价格“双轨制”，即企业可以把计划外生产的部分按照市场价格出售，使大量的货币进入流通领域，并转入非国有企业和个人之手。1984～1988 年，乡镇企业和私营企业有了很大的发展，其增长率都超过了 GDP 的增长率和国有企业的增长率，国家财政收入在 GDP 中的比重则持续下降，这表明大量增加的货币进入了非国有领域，加速了城乡的货币化进程。

但是，这种内生的货币供给会导致货币供应量的累积性增长，从而引发经济波动，其特点是“一抓就死、一放就乱”，这一点在1984～1988年表现出明显的趋势。货币供应量的增长使国有企业的资产负债率大幅度上升，1980年，企业的资产负债率不到20%，到1990年企业的资产负债率已上升到50%。由于当时的市场化程度较低，过度的货币增长虽然能够产生利润和刺激产出的增加，但供给的增加并不能适应需求，这表现在货币更多地进入流通领域，企业的利润留成中很大的一部分被用于增加工资和管理者的收入，城市中的就业增长缓慢。1988年出现的通货膨胀导致了城市居民对商品的抢购，使中央银行不得不回到严格的信贷额度管理。货币供应量的下降造成了1989～1990年投资和经济增长率的大幅度下降，出现了以前从未有过的商品供大于求的买方市场，这与仅一年前的1988年的抢购形成了鲜明对照，这表明我国经济已经开始受到了有效需求不足的约束。

1989～1990年，在市场需求下降的条件下，金融体系加快了改革步伐，中央银行实行了更为明确的准备金管理制度，确定准备金率为13%，备付金率为5%～7%；成立了各种股份制银行、保险公司等金融机构，并进行了开放资本市场的试点，初步形成了以中央银行为主导、以专业银行为主体、其他多种金融机构并存和分工协作的金融体系，这为20世纪90年代货币供应量的大幅度增长准备了条件。

从1991年开始，我国的经济体制改革进入了新的发展时期，1991～1996年，我国的货币供应量以超常的速度增长（见图5－1），M2的平均增长率超过30%（见图5－2），名义GDP的增长率也随之快速增长，6年平均为24%，1994年达35%。这种货币供应量的超常增长来自前面所描述的货币的内生性，即银行贷款转化为收入，经济增长率上升时收入中利润和利息份额提高而使存款进一步增加，在商业银行准备金率不变的条件下，货币供应量的增长率会以累积的比率提高。1993年，我国开始针对出现的物价水平上升实施宏观调控，但直到1995年采用严厉的行政措施控制货币供应量才使货币供应量增长率下降。

2002～2007年，货币供应量与1993年前后相比，增长速度虽然有所下降，但仍然保持很高的速度。2002～2007年，M1的平均增长速度是

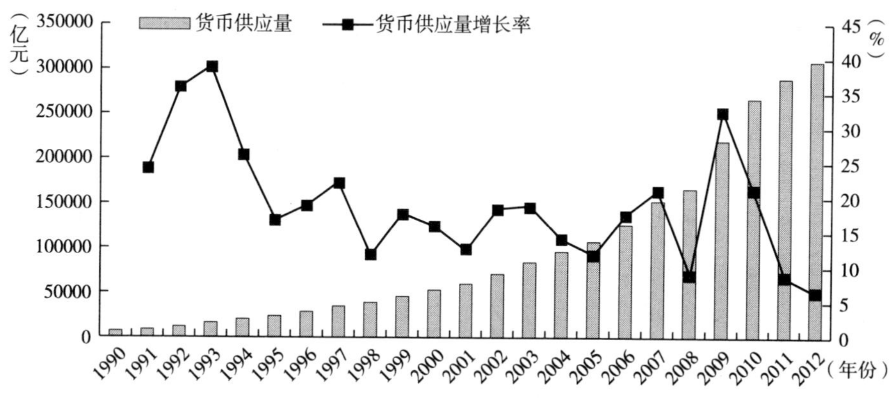

图 5－1 1990～2012 年我国货币供应量及其增长率

资料来源：根据历年《中国统计年鉴》计算。

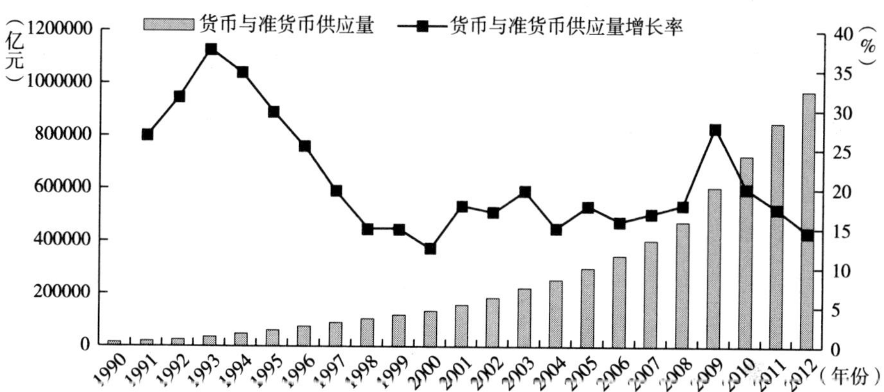

图 5－2 1990～2012 年我国货币与准货币（M2）供应量及其增长率

资料来源：根据历年《中国统计年鉴》计算。

16.91%，M2 的平均增长速度为 16.88%。2008 年国际金融危机爆发之后，为了应对经济衰退，政府采取了宽松的货币政策，2009 年 M1 和 M2 的增长速度分别为 32.36% 和 27.58%，2010 年分别为 21.19% 和 19.73%。

无可否认，货币供应量的超速增长会导致严重的经济波动。从统计指标上看，这一时期无疑产生了严重的通货膨胀，但只要和 1988 年的通货膨胀做一下对比就可以看出，1991～1996 年的物价水平上升的幅度远超过 1988 年（见图 5－3），如 1994 年的通货膨胀率按消费者价格指数（CPI）计算为 24.1%，且连续 3 年的通货膨胀率超过 10%，但并没有出现 1988 年的抢购风，因为这一时期主要消费品的供求平稳，许多产品供大于求而产生价格下降，如这一时期大量生产的家电的价格一直在下降，还有许多采用新技术生产的工业产品的价格也在下降，CPI 统计的主要消费品和劳务的消费随着恩格尔系数的快速下降在收入中所占的比重一直在下降。如果从我国技术水平的变化来看，这一时期随着外资的大量进入，出现了我国技术水平的跨越式发展，家电和日化产品、建筑材料、医药产品以及汽车等基本消费品的生产技术达到了国外 20 世纪 80 年代的水平。1996 年，我国基本上与世界同步生产大屏幕彩电和开发 DVD 产品，原有的纺织工业和食品加工行业在技术水平大大提高的基础上，产量大幅度提高，加上农业生产中经济作物和养殖业的大发展，人们的生活水平出现了前所未有的改变。可以说，如果真的能够根据实物或技术水平进行统计，中国这一时期的经济增长率不但不是统计指标显示的 10% 的实际 GDP 增长率，反而可能超过 24% 的名义 GDP 增长率。

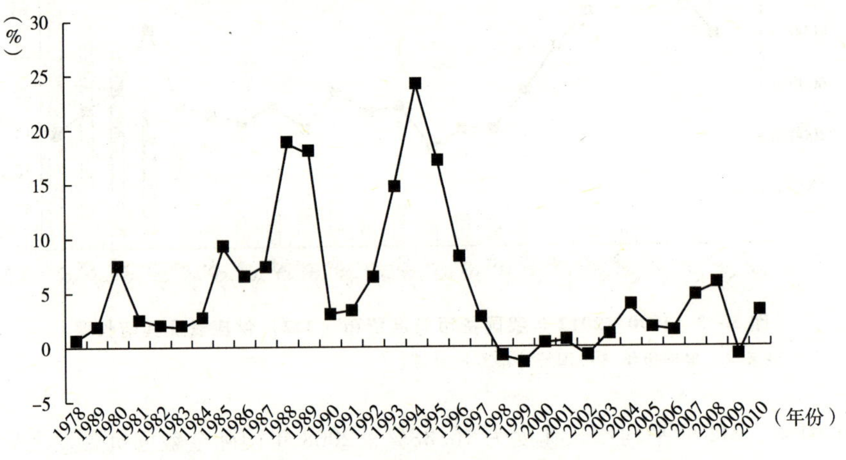

图 5－3　1978～2010 年我国按 CPI 计算的通货膨胀率

资料来源：根据历年《中国统计年鉴》计算。

当然，实物和技术是根本不能统计和加总的，但我们可以从汇率的变动来估计我国与其他国家价格水平的变动关系。1994 年 1 月 1 日，人民币兑美元汇率从 5.8∶1 调整到 8.6∶1，但这并不是人民币贬值，因为在这之前，我国的经常项目实行严格的外汇管制，人民币汇率的市场价格（或黑市价格）就是 8.6 元/美元，在两年之后（两年的通货膨胀率超过 30%）上升为 8.3 元/美元而保持稳定。如果人民币汇率不变，那么是否可以说我国名义 GDP 的增长率就是实际 GDP 的增长率呢？我国人均 GDP 的统计就是按名义 GDP 进行的，在严重的东南亚金融危机中，东南亚国家和地区的货币都大幅度贬值，只有人民币汇率保持稳定，这是不是说明这一时期 24% 的名义 GDP 增长率并没有多少水分？

实际上，1991 ~1996 年是我国经济货币化并顺利地初步实现了向社会主义市场经济过渡的时期，2002 ~2007 年是我国社会主义市场经济逐步完善的时期，经济和各项社会事业都保持了快速平稳的发展，货币供应量的超常规增长对我国货币化进程起到了巨大和不可替代的作用。这体现在如下几个方面。

第一，货币供应量和名义 GDP 的大幅度增长对冲破传统体制的束缚、向社会主义市场经济过渡起到了重大作用。在企业已经转向以利润为经营目标和面向市场的条件下，货币供应量的大幅度增长使企业的利润大幅度增加，企业的权限随着利润的增加迅速扩大，并使利润目标具有了实质性的意义和带来经营概念的根本转变。如经济学家们总结的：企业一方面要盯着主管部门向银行要贷款和政策，另一方面必须面对市场和竞争，而且商业银行对企业的贷款越来越注重企业的效益。

货币供应量的大幅度增加使大量资金通过投资的增加流向市场和非国有经济，这一时期是我国乡镇企业大发展的时期，其增长率远高于国有企业。在这一时期，国家财政在 GDP 中的比重逐渐下降。由于国有企业的利润上缴依然在政府收入中占有很大比例，在经济增长率提高时，国有企业在经济中的比重下降，而且当经济增长率提高和利润增加时，企业的留利也会增加（在以前的分税制条件下，地方政府税收所占的比重也会随着经济增长率的提高而增加），这将减少政府的财政收入。在经济增长率下降时，由于国有企业的效率低于非国有企业，国有企业的利润减少得更多，这也会使政府的财政收入在国民收入中的比重降低（同时亏损的增加会使政府的财政支出增加）。上述原因使政府的财政收入在国民收入中的比重自 1991 年以来持续下降，到 1995 年这一比例下降为 10.7% 的最低点。随着政府财政收入的下降，政府的直接财政投资逐渐减少，这反映了我国货币化过程中向市场经济过渡的趋势。随着财政投资的减少，政府也开始把投资的方向转向非竞争性的基础工业部门，而把非基础工业部门的投资转为从银行贷款。到 1996 年，国有企业产值在 GDP 中的比重已经下降为

30%左右，包括劳动市场和资本市场在内的市场体系已经基本建立起来。

第二，货币供应量的快速增长加速了城市的就业和农村劳动力向城市的转移。1991～1996年是1980年以来我国就业和农村劳动力向城市转移最快的时期，我国工业的快速发展吸收了大量劳动力，城市收入的大幅度增长带来的需求增长，特别是城市建筑业和第三产业的发展，极大地加快了农村劳动力向城市转移的速度。

第三，货币供应量和名义GDP的高速增长使我国引进外资的速度大大加快（见图5-4）。跨国公司直接投资的目的在于获取利润，如上所述，由于人民币汇率不变，我国这一时期高达24%的名义GDP增长率对外商来讲就是实际GDP的增长率，它远高于发达国家3%左右和东南亚国家15%左右的名义GDP增长率。我国货币供应量和名义GDP的超高速增长不仅为国外直接投资的产品提供了广大的市场（市场并不是按人口规模计算的，而是按名义GDP增长率计算的），而且为其提供了比名义GDP增长率更高的利润增长率，这一点对吸引外资是最为重要的。引进外资使我国的技术水平在短短的几年内发生了巨大的变化，可以说，这一时期的大量引进外资为我国出口的大幅度增加和成为"世界工厂"奠定了技术上的基础。

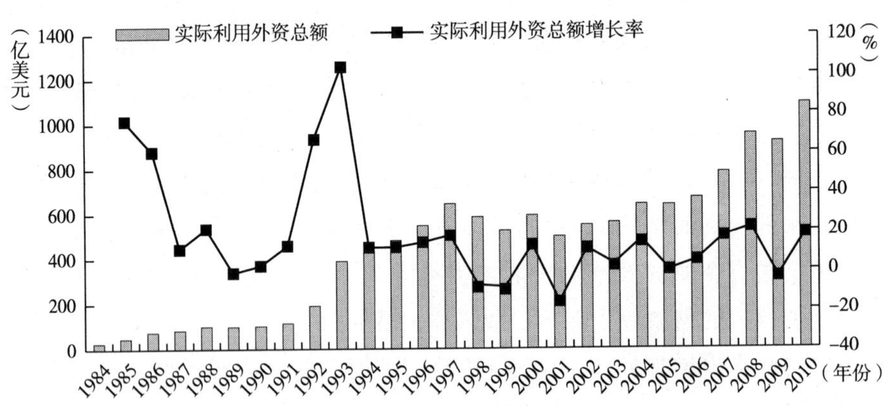

图5-4　1984～2010年我国实际利用外资总额及其增长率

资料来源：根据历年《中国统计年鉴》计算。

从以上几个方面可以得出，1991～1996年和2002～2007年是我国经济货币化的高峰时期。与其他亚洲国家和地区相比，我国不仅技术水平提高快，而且市场化进程的速度也快。在社会主义市场经济思想的指导下，我国在渐进式改革的同时，牢牢地控制经济全局，初步实现了向社会主义市场经济的过渡。可以说，中国的社会主义市场经济改革和货币化过程在世界各国的经验中具有典型意义。

当然，这种迅速的货币化过程也需要付出代价。到 1996 年，国有企业的资产负债率已经超过 70%，企业的资产值增加过快（见图 5－5），收入分配的差距急剧扩大，这些都带有经济周期的典型特征。更重要的是，这种货币供应量的超高速增长使经济周期变短，或导致了经济发展的不稳定。1996 年，我国经济只在城市和部分农村实现了货币化，而农村的城市化进程尚未大规模展开。在上述情况下，我国遇到了严重的有效需求不足问题，我国高增长时期形成的货币金融体系不能再支撑货币供应量的大幅度增长。1997 年以后，我国经济在货币供应量增长率、名义 GDP 增长率和农村劳动力转移速度等方面大大下降，并出现了就业、收入分配和产业结构等方面的问题。

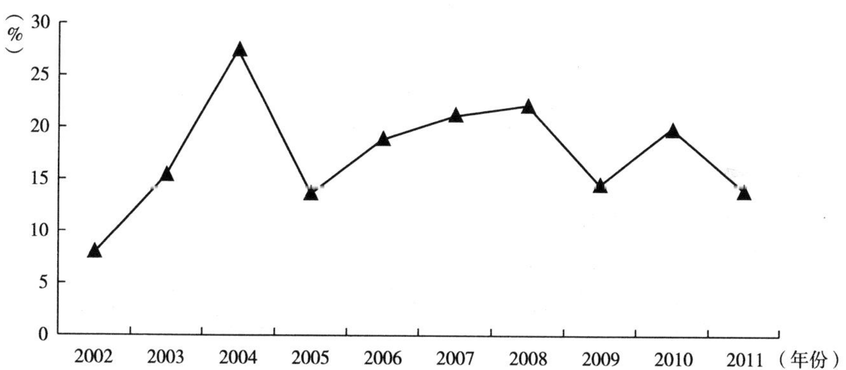

图 5－5　2002～2011 年全部国有及规模以上非国有企业资产增长率

资料来源：根据历年《中国统计年鉴》计算。

第二节　收入结构失衡与两次经济波动

现在，我们采用第四章的理论模型来分析我国 1991～1996 年与2002～2008 年两个阶段的高速增长和随后的经济衰退，两次经济波动的经验事实可以对存量与流量同时均衡的结构性有效需求模型进行很好的诠释。这里采用国民收入核算体系的名义变量，以与企业成本收益计算和收入分配的统计相一致，同时可以表明货币金融体系中各个变量的变动与国民收入核算中名义变量之间的关系。

1991～1996 年与 2002～2008 年两个时期是我国 GDP 的高速增长阶段（见图 5－6）。1991～1996 年，名义 GDP 的平均增长率为 25.19%。我们把 1996 年作为分界点，虽然对经济周期的分析来讲，1995 年以来经济就处于经济周期下降阶段，1996 年企业的利润就接近成本，但 1997 年以来名义 GDP 的增长率一直在低位徘徊，且政府的宏观经济政策是从 1997 年发生转变的，即从 1997 年前的紧缩政策改为扩张政策，这种划分有利于对宏观经济政策的讨论。

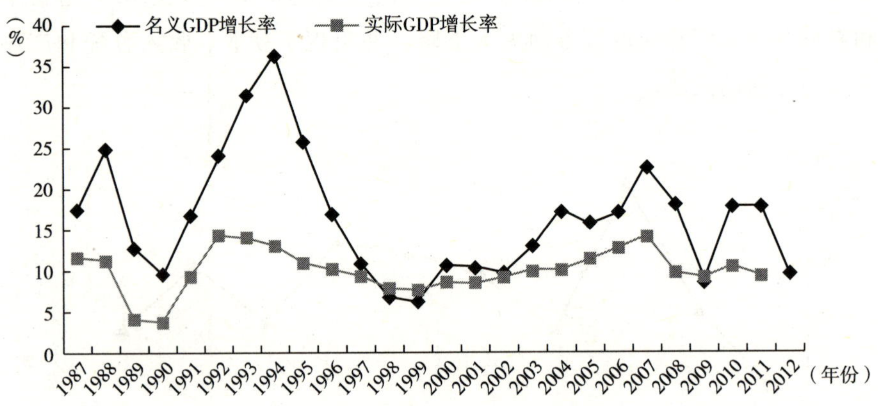

图 5－6　1987～2012 年我国名义和实际 GDP 增长率

资料来源：根据历年《中国统计年鉴》计算。

2002～2008 年，名义 GDP 年增长率最高为 22.88%，季节最高增长率达 36.18%，2002～2008 年平均经济增长率为 13.69%。2008 年虽然保持了较高的增长速度，但由于下半年经济形势突然恶化，国家政策也在下半年发生突然逆转，所以可以将 2008 年看成本次经济周期的分界点。

一　收入结构失衡与经济从高涨到衰退的转变

我们首先来看名义 GDP 的决定，把前面的收入－支出模型 $W+D+R+\pi=C+I$ 改为与现实国民收入统计数据直接联系的模型，即

$$W + D + T + R = C + I + G$$

其中，T 为政府税收，R 为营业盈余，G 为政府支出。在这个模型中，企业的利润等于总收入减去工资、折旧后，再减去政府税收和营业盈余中的利息支出。先不考虑政府税收的变动，考察政府税收加营业盈余再减去利息的方法，可以估算出利润的变动。我们首先要说明的是，投资的大幅度增长使资产值上升，导致企业的折旧和利息成本增加，从而在经济增长率下降时将导致企业亏损。

1991～1996 年，名义 GDP 增长率从 1991 年开始大幅度攀升，1994 年达 36.4%，1996 年以后，名义 GDP 增长率开始回落。2002～2007 年，名义 GDP 增长率从 2002 年开始大幅度攀升，2007 年达 22.88%，自 2008 年下半年开始回落。这种名义 GDP 增长率的大幅度波动是与投资的大幅度波动直接相关的。

图 5－7 和图 5－8 表示了我国固定资产投资与全体居民消费的变动。可以看出，消费增长率的波动远小于固定资产投资增长率的波动。1991～1996 年，固定资产投资的平均增长率为 32%，2002～2008 年固定资产投资的平均增长率为 24.58%。固定资产投资增长率与名义 GDP 增长率之间的关系对解释经济波动是非常重要的。固定资产投资增长率的变动与名义 GDP 增长率的变动具有极高的相关性（见图 5－9），说明这一时期的高增长主要是由固定资产投资带来的。

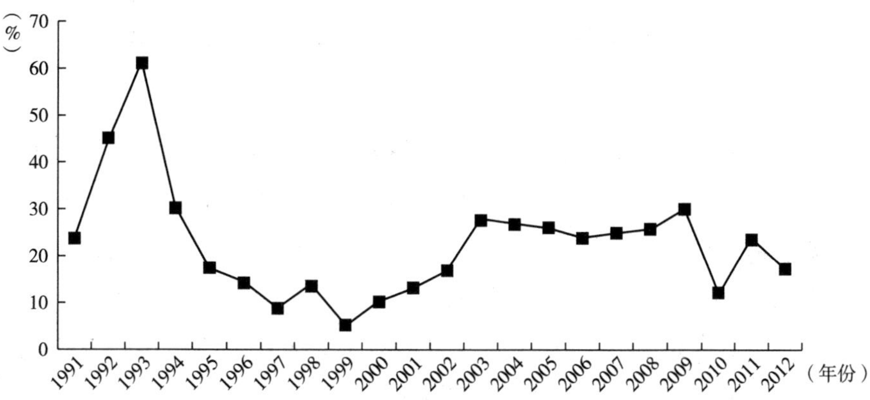

图 5－7　1991～2012 年我国固定资产投资增长率

资料来源：根据历年《中国统计年鉴》计算。

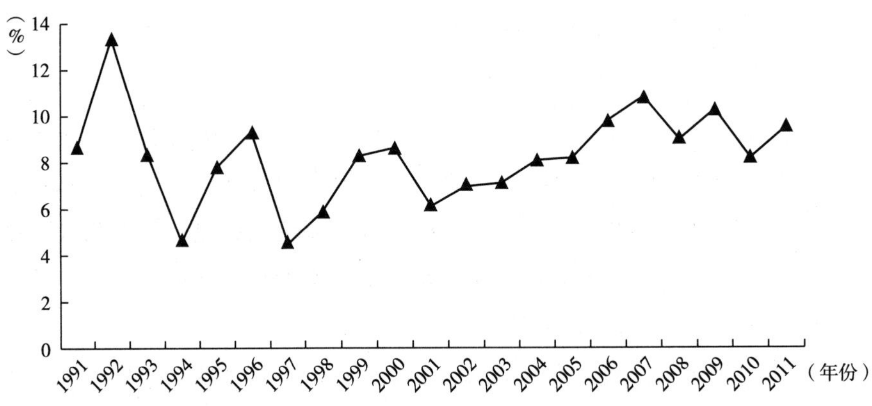

图 5-8　1991~2011 年我国全体居民消费增长率

资料来源：根据历年《中国统计年鉴》计算。

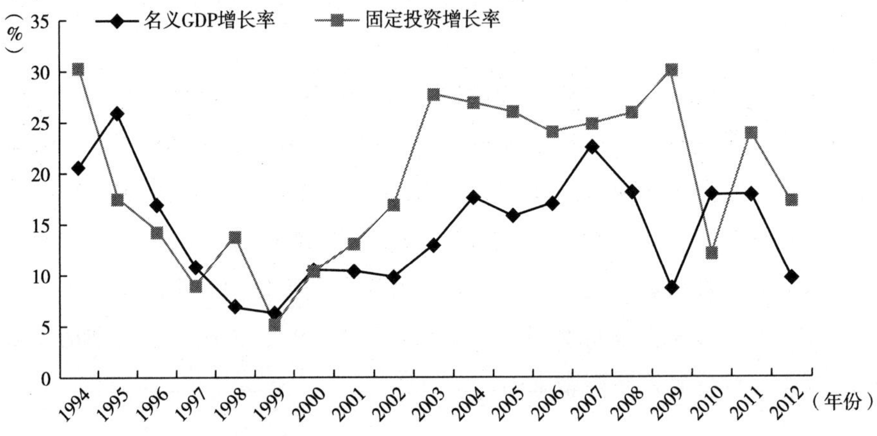

图 5-9　1994~2012 年我国固定资产投资与名义 GDP 增长率

资料来源：根据历年《中国统计年鉴》计算。

按照第四章理论模型的分析，投资的增加会使企业的利润增加，从而进一步刺激企业的投资需求。当贷款不考虑企业的资产抵押和资产负债率的变动，商业银行对企业的贷款和货币供应量会“内生”地增加。然而，这种高投资增长率所带来的结果是固定资产（资产值）增加，从而使企业的折旧成本和利息成本大幅度增加，当投资和名义 GDP 增长率回落时，就会导致企业利润和净资产收益率大幅度下降。

如图 5-10 所示，1990 年以来，折旧在 GDP 中的占比随着投资占比的增加而呈上升趋势，1990 年折旧在 GDP 中的占比为 11.67%，1995 为

12.35%，到1998年已占到GDP的14.45%，2008年达15.90%，之后，由于GDP的增速较快，折旧占比有所下降，但稳定在14%左右。作为企业成本另一项的劳动力报酬（工资），其占比从1990年的53.42%下降到了1992年的50.09%，之后由于宏观调整，工资占比开始有所提高，1996年上升到53.40%，之后开始逐渐下降，到2007年达到最低点，为39.74%。[①] 2008年，由于经济衰退，工资占比出现了逆周期的小幅提高，但随着大规模经济政策的出台，工资占比很快又趋于下降。营业盈余由于资产值的快速增加和由此派生出来的成本提高，在GDP中的占比大幅度下降。在经济波动初期的1990年，工资、折旧、营业盈余在GDP中的占比分别为53.42%、12.33%和21.85%，而到2001年，这三项的占比分别为51.45%、15.72%和18.76%。按照前面模型的分析，企业的利润为营业盈余减去利息和税收。利息自1992年起大幅度上升，1996年利息在GDP中的占比已经接近营业盈余在GDP的占比，从而表明企业几乎没有盈利，加之资产值的上升，企业的净资产税后利润率已经下降到极低的水平。

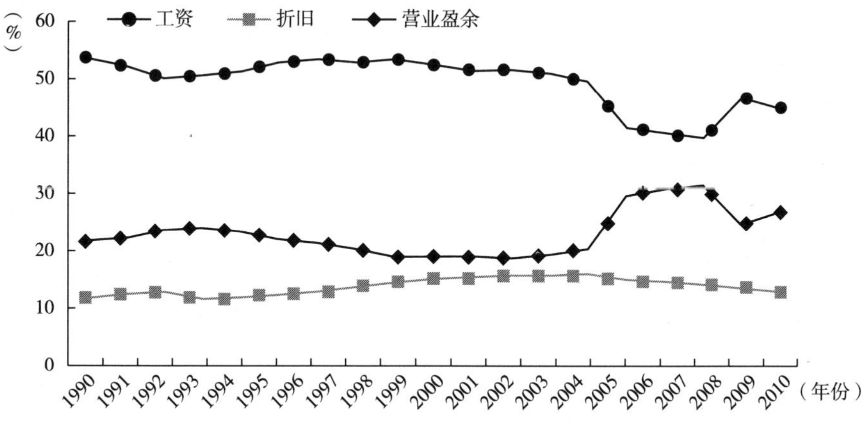

图5－10　工资、折旧和营业盈余在GDP中的占比

资料来源：根据历年《中国统计年鉴》计算。

投资（和名义GDP增长率）的变动与企业利润的变动具有很强的相关性，独立核算工业企业利润与固定资产投资的相关性，上市公司总资产

① 2003年，收入统计口径发生调整，工资收入占GDP比重大幅度下降的部分原因在于此，但即使扣除统计口径调整带来的影响，工资占比仍然存在继续下降的趋势。

收益率与固定资产投资之间的关系。按前面的收入－支出模型对此现象进行分析，在经济高涨阶段，由于有大量资本的投入，企业会获得超额利润，即 $\pi>0$，当期利润的增加与对经济形势预期的看好，将导致企业在下一个生产周期中加大资本投入，在高利润与高投资之间形成一个相互促进的循环机制，从而出现投资在 1991～1996 年与 2002～2008 年的快速上升及其间政府宏观调控后投资增长率的连续大幅度下降。

二　收入结构失衡与消费

按照第四章模型的分析，在经济高涨阶段，投资的增长导致利润和利息在 GDP 中的占比提高，而工资占比下降，由于工资的消费倾向大于非工资的消费倾向，这种收入分配的变动引致了消费倾向的下降和消费支出的下降。如图 5－11 中消费增长率远远低于固定资产投资增长率的状况就说明了这一点。

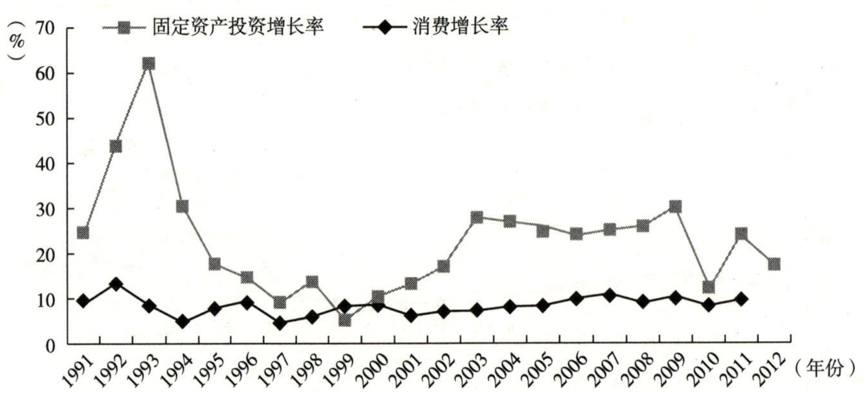

图 5－11　1991～2012 年我国固定资产投资增长率与消费增长率

资料来源：根据历年《中国统计年鉴》计算。

关于收入分配对消费需求的影响，我们采用基尼系数的变化与消费变动之间的关系来说明。图 5－12 所显示的基尼系数的变动与我国经济周期的波动是密切相关的：在经济增长较快时期，基尼系数上升，1994 年达到一个峰值；1995 年之后，宏观调控导致投资和 GDP 增长率下降，使财产收入下降，基尼系数也呈下降趋势；之后，随着 2000 年以后经济增长速度逐渐恢复，基尼系数又开始提高，从 1997 年的 0.369 上升到 2009 年的

0.465。这种收入分配的变动对解释消费倾向的变动是重要的。图 5 - 13 描绘了消费率和投资率的变动情况：消费率在 1990 年开始出现较大幅度的下降，这可联系到基尼系数的上升；而 1997 年和 1998 年消费率的下降则主要来自名义 GDP 增长率的大幅度下降，虽然基尼系数也有所下降；GDP 增长率恢复到高水平之后，基尼系数的上升导致了消费率继续下降，到 2012 年，消费率降到 49.08%。

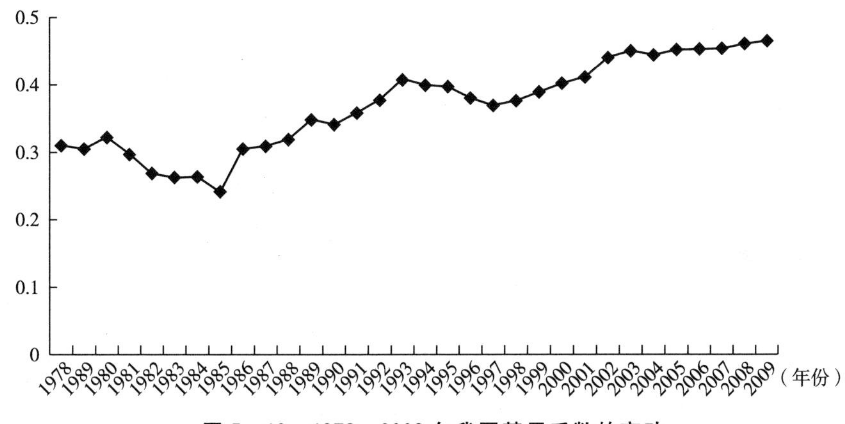

图 5 - 12　1978 ~ 2009 年我国基尼系数的变动

资料来源：根据历年《中国统计年鉴》计算。

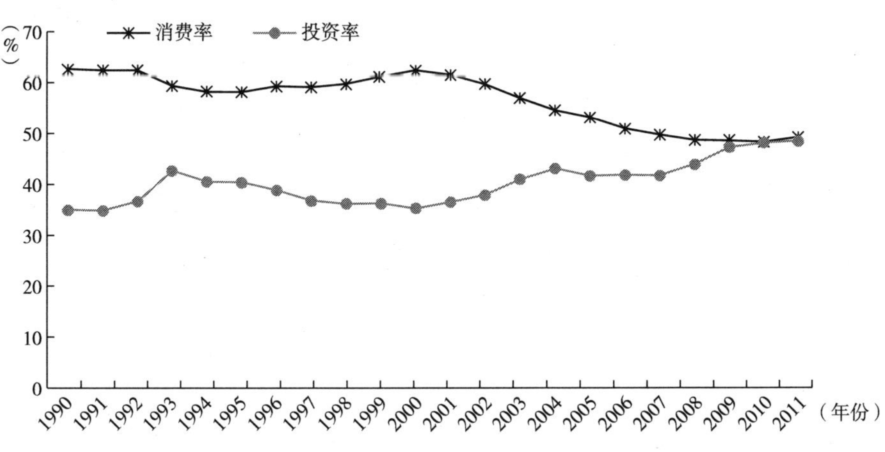

图 5 - 13　1990 ~ 2011 年我国消费率和投资率的变动

资料来源：根据历年《中国统计年鉴》计算。

1996 年和 2008 年名义 GDP 增长率大幅度下降导致了有效需求的严重不足。如前所述，这种有效需求不足的原因在于资产值过高，使工资在产品成本和收入分配中所占的比重同时大幅度下降，由此导致消费支出小于消费品的生产成本，造成企业亏损，企业在亏损状态下又进一步减少投资和降低工资，导致投资和消费支出大幅度下降。按照实际 GDP 和消费者价格指数的统计方法，1998～2000 年和 2008～2009 年出现的通货紧缩的一个特点是，消费者价格指数下降的幅度比生产资料价格指数的下降幅度大，虽然投资增长率的下降幅度远大于消费的下降幅度，其主要原因就在于工资在成本和收入中的占比大幅度下降，这表现为这些年消费品部门生产能力的利用率大大低于资本品部门生产能力的利用率。

三　经济增长与结构变动的动力

投资和名义 GDP 增长率的波动直接关系到货币供应量的变动。名义 GDP 增长率和货币供应量增长率之间具有高度的相关性，如果剔除银行体系存贷差的变动，则名义 GDP 增长率和货币供应量增长率的相关度更高。因此，我们可以从内生的货币供给角度，进一步表明名义 GDP 增长率的波动。在 1991～1994 年的经济上升期，收入水平的不断提高使储蓄增加，从而使按存款统计的货币供应量的增长率以累积的比率上升。1994 年之前，大量负值的存贷差表明商业银行加大了向企业的贷款，从而使经济增长率大幅度上升。1995 年之后，企业资产负债率的提高和企业经济效益的下降，以及政府紧缩性宏观政策的实施，使货币供应量增长率与名义 GDP 增长率大幅度持续下降。商业银行减少货币供给可以从存贷差的变化上反映出来。2002 年之后，GDP 增长率和货币供应量增长率之间，除了 2009 年周期性因素（资金从生产领域流向金融领域，以及政府实施扩张性货币政策）的干扰外，仍然具有高度相关性（见图 5－14）。

我们还可以从贷款增长率的变动来解释这一时期经济波动的动力，图 5－15 表明，1990～1999 年我国贷款增长率的波动要小于 GDP 增长率的波动，在较长的时期内，贷款增长率处于 20%～25%，但 1997 年以后急剧下降，与名义 GDP 增长率的下降形成鲜明的一致性。1991～1994 年，贷款整体上处于增长的态势，尽管名义 GDP 的增长率远高于贷款增长率，但是可以认为以前的贷款余额使名义 GDP 的调整增长成为现实。1995 年和 1996 年贷款增长率虽然没有很大的下降，但我们在前面的理论分析时曾表明，当经济增长率以累积的比率上升时，即使贷款增长率不变，企业的利

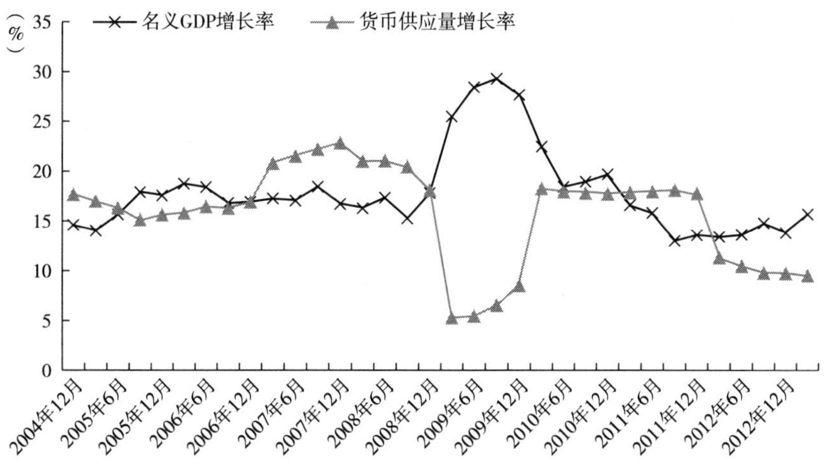

图 5－14　名义 GDP 增长率与货币供应量增长率

资料来源：根据历年《中国统计年鉴》计算。

润也会下降，从而使投资下降。正是由于经济增长率的下降和企业利润的大幅度下降乃至亏损，商业银行才从 1997 年开始大幅度减少放贷，由此导致了名义 GDP 增长率和投资增长率的进一步下降。2002～2008 年，贷款增长率与名义 GDP 增长率保持了高度同步性，2009 年的反差则是政府干预经济的结果。

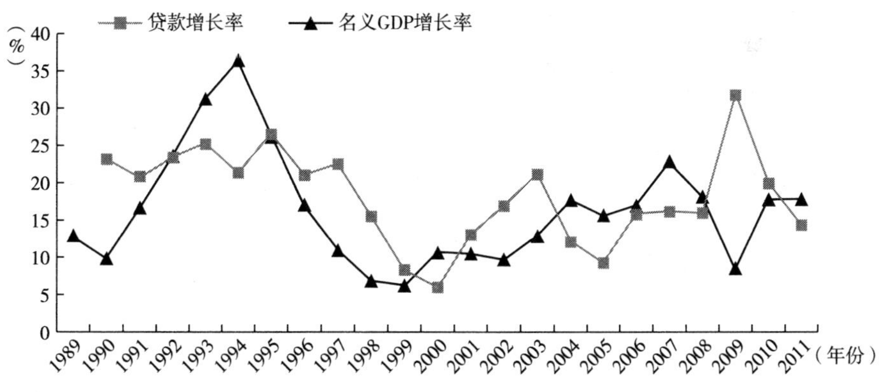

图 5－15　贷款增长率与名义 GDP 增长率

资料来源：根据历年《中国统计年鉴》计算。

随着货币供应量的增加，企业的资产负债率也大幅度提高。1980 年，国有企业的资产负债率仅为 18.7%，经过 1985～1988 年的高增长，到 1990 年约为 50%，而 1991 年以来的高速增长使企业的资产负债率进一步提高，在1994年的最高点时，国有企业的资产负债率达79%，过高的资产负债率是商业银行减少贷款的重要原因。2002之后，资产负债率虽然低于20世纪90年代中后期的水平，但始终维持在57%以上（见图5-16）。

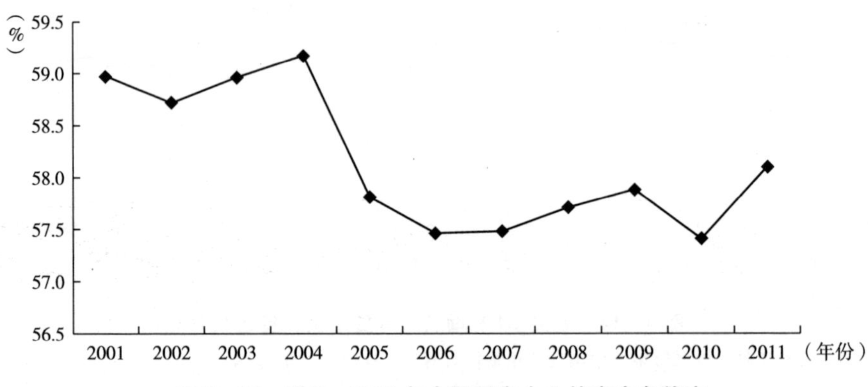

图5-16　2001~2011年全国国有企业的资产负债率

资料来源：根据历年《中国统计年鉴》计算。

第三节　衰退期间经济运行与反思

衰退期间，经济运行带有明显的政府干预痕迹，这种干预可以在短期内使经济走出衰退的阴影，但也为收入结构和其他经济结构纠正失衡制造了障碍。2008年国际金融危机发生后，由于宏观政策的干预，我国经济很快恢复增长，2010年增长速度又超过了两位数，但2012年以来，经济运行又出现了较为严重的困难，经济增速下降逐渐成为人们的共识。这种局面的出现需要进一步反思其中的真正原因。

经济进入衰退和调整时期后，名义GDP增长率跌落到低点，前面的分析表明，经济衰退产生于高增长导致的资产值过高、收入分配中工资的比例下降和企业过高的资产负债率，这些问题造成了市场需求萎缩和商业银行大幅度缩减信贷规模。这种经济衰退具有经济周期的一般特征和经济快速货币化过程产生的严重衰退的典型特征，即这种经济衰退是在市场机制和货币金融体系尚不完善的条件下发生的。因此，对经济衰退的调整除了按照一般经济周期的规律降低资产值、企业的资产负债率及商业银行的不良资产规模外，还需要进一步完善市场机制和调整货币化的方向。

然而，在凯恩斯主义经济学观念的影响下，我国经济学界和政府管理部门对经济衰退的性质认识模糊，人们习惯地按照主流经济学实际变量的方式来考虑所有的统计数据和出现的问题。例如，经济学家对1991～1996年我国名义GDP增长率变动的一致看法是我国出现了严重的通货膨胀，从而在1997年名义GDP增长率大幅度下降的情况下，根据8%的实际GDP增长率认为我国经济实现了“软着陆”，通货膨胀被遏制了。实际上，我国自1996年开始企业的利润就大幅度下降，到1997年许多企业已经出现比较严重的亏损，但经济学家和政府管理部门几乎一致认为，这种现象的产生是由国有企业的效率低和生产率不高造成的，并把其归之于高投入、低产出，认为只要控制住投资的增长率，就可以提高企业的效率。因此，1997年除了因为通货膨胀率下降而采用了降低利率的政策外，没有针对经济衰退进行政策调整。直到1998年上半年，我国经济出现严重的实际GDP增长率下降和市场需求不足导致的通货紧缩，人们才开始意识到出现了经济衰退，但对这种经济衰退原因的分析依然按照主流经济学的方法，把它归因于人们消费倾向发生了变化和东南亚金融危机，采取了通过增加财政支出和降低利率及准备金率来扩大总需求的政策。2008年，同样的一幕又一次上演，主流认识和做法又一次占据了上风，面对国际金融危机的冲击，只有仓促逆转经济政策。

关于1998年之后及2008年之后采用的类似于凯恩斯主义的宏观经济政策，我们在前面已经进行了讨论。这些政策的实施对防止经济出现严重的衰退乃至失去控制起到了积极作用，或者说是必要的，一些政策起到了调整经济周期的作用，如调整商业银行的不良资产。但这里需要讨论的是，衰退之后采取的许多政策与经济周期的调整是相悖的，而且不利于完善市场机制和经济的进一步货币化。

1997～2001年和2008～2009年，根据各项统计指标，可以认为我国经济进入了衰退期，名义GDP的增长率和投资的年平均增长率大大低于经济繁荣时期的平均值。在经济衰退期，这些数值的下降是有利于对经济周期的调整的，投资增长率的大幅度下降可以使资产值下降，商业银行贷款的减少及我国资本市场的发展可以降低企业的资产负债率，企业的亏损和名义GDP增长率的下降也有利于减少富人的财产收入从而调节收入分配，这些都有利于经济复苏。但我国的实际情况是，上述数值的下降及没有很大的改善导致经济衰退的那些因素，如资产值过高、企业的资产负债率过高和收入分配中工资的比重过低等，有些问题甚至变得更为严重了。在2008年的经济波动中，这些问题的存在直接导致了我国经济在2012年又一次出现困难。因此，对上述问题需要进行讨论，以找到使我国经济真正走出低谷的方法。

当我们完全反省主流经济学实际变量和生产函数的分析方法时，政府财政将成为与企业和商业银行共同构成的整个货币流转体系的一部分，与企业和商业银行不同，政府财政的收支可以通过财政政策外生地决定，它可以通过税收和支出改变整个货币流程表。因此，政府财政收支和财政政策对经济的运行是极为重要的，特别是在当前我国经济向社会主义市场经济过渡的货币化过程中，无论是通过货币化建立完善的货币金融体系，还是对经济周期和结构进行调整，都是至关重要的。1997年以来，我国针对经济衰退采用了一系列财政政策，这些政策很大程度上改变了原有企业与商业银行的内生货币流程。

1997年以来，我国经济运行的一个重要变化是财政在经济中的作用显著增强。图5－17反映了1978～2012年财政收入占GDP的比重以及经济增长率的情况。在1995年之前，财政收入占GDP的比重基本上呈平稳下降趋势，从1979年的31.06%下降到1984年的29.9%，再下降到1995年的10.23%。这一比重在1998年以后开始快速提高，1999年、2000年、

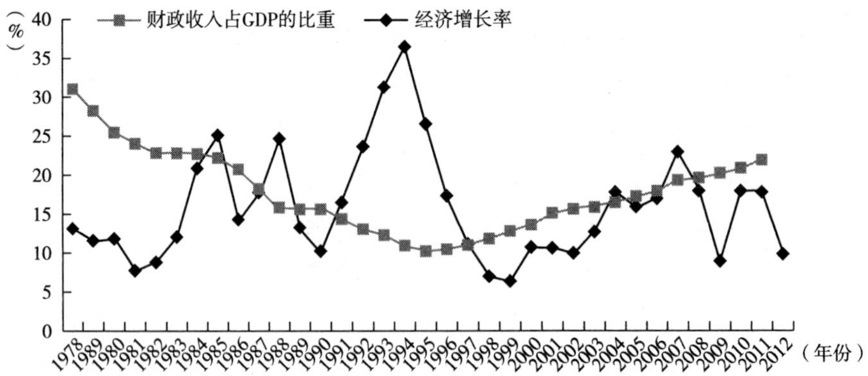

图5－17　1978～2012年财政收入占GDP比重与经济增长率

资料来源：根据历年《中国统计年鉴》计算。

2001 年分别达 13.9%、15%、17.1%，2012 年达 21.06%。从图 5－18 可以看出，1996 年之后，财政收入增长率远高于同期名义 GDP 增长率。

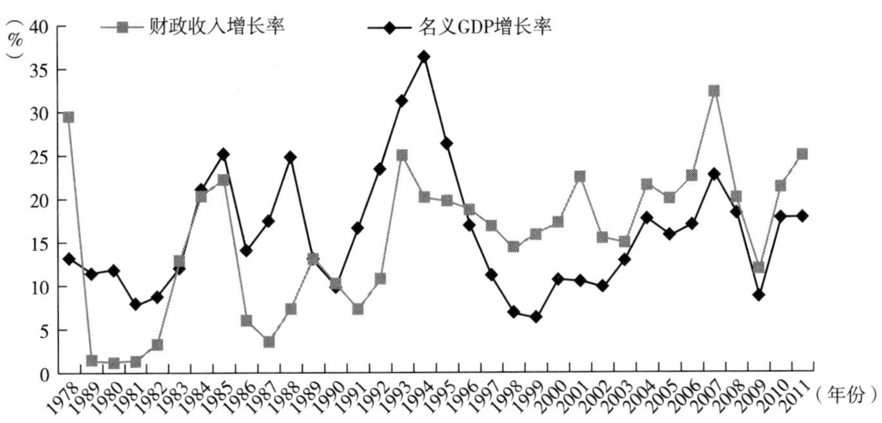

图 5－18　1978～2011 年财政收入增长率与名义 GDP 增长率

资料来源：根据历年《中国统计年鉴》计算。

财政收支的变化与商业银行的内生货币供给形成替代关系。经济衰退之后，企业的资产负债率过高和亏损大量增加，使商业银行的贷款量急剧下降，投资也随之大幅度缩减。我国政府开始实施积极的财政政策，通过发行建设国债增加政府投资，用于基础设施建设和企业结构调整。政府的财政投资在一定程度上带动了商业银行的贷款，因为财政投资可以作为企业的风险抵押。但商业银行由于内生体系中资产结构的失衡，依然不能大幅度增加对企业的贷款，而是产生了“惜贷”现象。与此相对应，利用财政投资的部分大量增加。图 5－19 显示了 1982～2012 年国家预算内和国内贷款的固定资产投资增长率的变动。从中可以看出，它们具有很强的周期特征。

1998 年以来，我国累计发行长期国债超过 6000 亿元，支撑了财政支出以每年 20% 左右的幅度递增。国内很多学者认为，1998 年以来实施的积极财政政策效果显著，增加的财政支出用于基础设施建设、国有企业结构调整、社会保障制度完善等，极大地拉动了需求和 GDP 的增长，并使国有企业（包括国有控股企业）从亏损转为利润大幅度上升。按照主流经济学教科书的财政政策原理，只要经济中没有出现通货膨胀，财政支出的增加就将带来实际 GDP 的增长。根据 1998～2001 年的统计资料可以判断，我

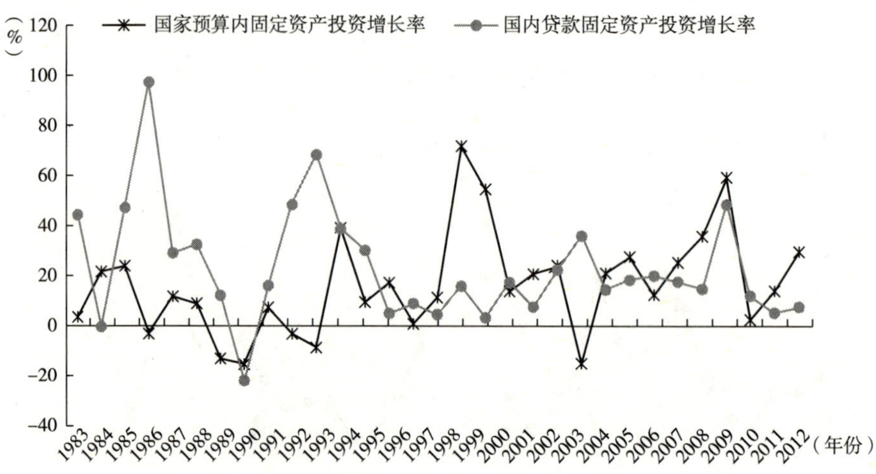

图 5-19　1982～2012 年不同资金来源的固定资产投资增长率

资料来源：根据历年《中国统计年鉴》计算。

国 1998 年以来的积极财政政策是成功的，它带动了实际 GDP 的增长，而没有出现西方国家 20 世纪 70 年代的“滞胀”。实际上，政府财政支出政策的制定也主要是根据 8% 的实际 GDP 增长率及通货膨胀情况。2008 年之后，同样的情况、同样的判断又一次甚嚣尘上。

但是，从我们前面所列出的统计数据中可以看出，政府加大财政支出虽然带动了 GDP 的增长和使企业利润增加，但对有效需求不足状况的改善收效甚微，而且由资产值和工资占比决定的有效需求不足有进一步扩大的趋势。图 5-20 反映了在经济衰退的情况下，企业的资产值非但没有下降，反而继续大幅度上升，联系到这一阶段整个经济投资增长率的下降，可以表明这种资产值的上升主要是因为这一阶段财政投资和相应的银行配套贷款被用于基本建设。资产值的上升必然使企业的折旧上升，提高企业的成本，企业利润的增加除了财政支出使需求扩大外，很大程度上是利息率降低造成的。

财政投资用于基本建设只会增加资本品的需求，而不会增加日益萎缩的消费品需求。为了刺激消费需求，政府出台了一系列措施，如连续三年大幅度提高公务员的工资、提供家电下乡补贴、增加社会福利支出等，这对消费需求的增长起到了一定的作用。但是，如果我们把政府的财政收支表与企业的成本收益计算表连在一起，就会发现，如果财政预算是平衡

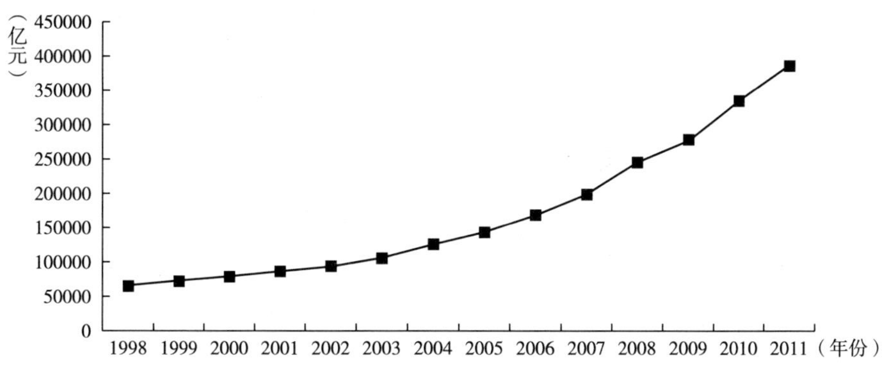

图 5－20　1998～2011 年国有及规模以上非国有企业的资产值

资料来源：历年《中国统计年鉴》。

的，提高公务员的工资并增加社会福利支出必然会提高企业的税率，企业的税收成本增加必然会进一步降低在岗职工的工资。根据企业数据测算的结果，工资在企业成本中的比重持续下降，与折旧占比上升形成鲜明对照。上述分析可以解释为什么我国总需求的上升并没有带动消费需求上升，特别是基本消费品需求上升。显然，依靠政府支出增加总需求和企业盈利只会在短期产生一定的效果，但其所带来的资产值上升和企业成本中工资比重下降会使有效需求不足问题进一步加重。

在主流经济学中，财政支出只是通过调节储蓄和投资的平衡来调节总需求，而对企业的成本收益计算、资产结构和内生货币供给完全不予考虑。我们在讨论"滞胀"问题时表明，这种按照主流经济学制定的凯恩斯主义财政政策的最大危害是对内生货币供给体系的破坏，美国 20 世纪 30 年代用财政替代银行、70 年代大量发行国债所导致的"滞胀"和日本 90 年代以来采用财政政策所导致的长期经济停滞，都表明了这种危害的严重性。我国 1998 年以来采用积极的财政政策调节经济所带来的一个更大问题是，企业的资产结构和商业银行的资产结构并没有带来很大的改善，这也是我国经济至今不能走出低谷的重要原因。

由于政府的财政和货币政策，企业在严重的总需求不足条件下并没有破产，而是使资产值继续大幅度上升，这使企业的资产负债率居高不下，商业银行的经营越发艰难。当企业的资产负债率接近 70% 时，商业银行的贷款几乎是完全没有抵押的，因为企业一旦破产，其拍卖后的收入根本不够安置下岗职工，商业银行必然会损失全部贷款。当企业利润大幅度下降而面临亏损时，商业银行从自身的风险考虑，必然会出现严重的“惜贷”问题，而银行贷款的下降又使商业银行的坏账和不良资产大量增加，由此形成恶性循环。政府采用扩大总支出的方法虽然可以使企业免于破产，但无法解决商业银行的“惜贷”问题，这使得财政投资的增加并不能拉动民间投资的增加。政府财政依靠发行公债扩大总支出，对扩大货币供给必然产生极大的影响。

第六章　收入分配与“经济奇迹”：经济增长的国际经验与教训

世界上有些国家总会有一段时期经济出现高速增长，人们往往把这样的时期称为“经济奇迹”。而“经济奇迹”之后，不同国家的经济增长道路差别很大，有的国家走上了持续发展的道路，经济在稳定发展中，居民生活水平不同程度地有所提高；而有些国家经济进入了长期不稳定时期，居民生活水平在经济震荡中得不到很大改善；还有些国家经济保持了平稳发展，成为发达国家，居民收入已经达到很高的水平，但随后经济陷入长期低迷，宏观经济政策失去了原来的作用，没有任何效果。这些“经济奇迹”为什么会发生？“经济奇迹”之后不同结果的真正原因又是什么？对这些问题的思考，有利于我们总结和吸取经济增长的国际经验和教训。

第一节　“经济奇迹”的动力

凯恩斯主义没有成功的经验而只有失败的教训。这句话如果是针对政府干预经济的政策来讲的，应当加上限制词，即只是针对发达市场经济国家。而对发展中国家来讲，政府采用强有力的财政政策和货币政策是重要的，并取得了许多成功。这是由发展中国家的特殊情况决定的，这个特殊情况就是资本初始积累。

这里的资本与马克思对资本的理解一致，它不是机器，而是支配劳动的货币。这里的资本初始积累是指发展中国家市场规模扩大和货币化推进投资扩张而使资本积累的过程。在发展经济学中，资本积累是机器的增加，而金融深化则会提高机器的使用效率。发展经济学中的理论都是实物分析，需要把发展经济学教科书中的所有“资本”概念都改成“货币”，不是用生产函数来分析实物经济，而是用有效需求来分析货币经济，唯此才能解释发展中国家的现实和经济发展政策。例如，在刘易斯的二元经济模型中，存在着传统的农业部门和现代的工业部门，农业部门存在着剩余的劳动力，其边际产品为零，但工资率只能是生存工资，农业人口向工业部门的转移取决于工业部门劳动的边际生产率，即随着资本积累，工业部门的资本-劳动比率提高，使工业部门劳动的边际产品超过生存工资，而农业部门的劳动力向工业部门转移则会使工业部门劳动的边际产品降低。这样，要通过不断地扩大资本积累，实现农村劳动力向工业转移。刘易斯的这个模型只适合实物经济而不适合货币经济，这里不是劳动的边际产品，而是劳动的边际产品价值，因为工业部门的产品是由工业部门的工人用工资购买的，当工业部门的就业和工资增加时，劳动的边际产品价值将随之增加。因此，农业部门向工业部门的劳动力转移并不取决于工业部门劳动的边际产品和资本积累，而取决于能够转化为“资本”的货币供应量。

在现实中，经济增长是一种随着技术进步的结构变动过程，当人们发现了一种新的技术，就将放弃原有的技术而转向新技术部门。比如，当人们能够生产电视机时，就可以放弃以前在农村编草篮子的技术，而转到工业部门的电视机生产线上生产电视机。在一个计划经济体中，这种结构变动是通过计划进行的，如我国在20世纪50年代得到了苏联援助的156个工业项目，其做法就是把农村的剩余劳动力通过计划调配转向这些工业部门。但问题是，这些工人消费的粮食并不是自己从农村带来的，而是在城市中购买的，即便在农业部门存在着这些粮食。苏俄（苏联）在十月革命后曾采用“余粮征集制”或向农民征收粮食税，但问题是，随着向工业部门转移的劳动力的增加，粮食税必须不断地提高，从而引起农民的不满。我国的做法是采用商品交换的形式，即用所生产的轻工业品向农民交换这些粮食，其交换比例或“剪刀差”取决于所生产的轻工业品数量和向工业部门转移的劳动力数量，如果轻工业部门的产出不变，则随着向工业部门转移的劳动力数量的增加，“剪刀差”将扩大。而在一个市场经济或资本主义经济中，这种结构变动过程是通过货币完成的，即资本家用货币工资从农村雇用工人生产工业品（如电视机），然后工人再用工资把电视机买回家，当然还要购买粮食。假设工资率不变，则从农村转移的劳动力数量将取决于货币供应量，或货币工资率和支付的工资总量。

就技术关系来讲，当一种技术被发明后，其应用是不受资本限制的，因为资本品只是劳动生产的，只意味着生产时间的延长，而农村劳动力的转移只需要增加预付的货币工资。由此可见，在市场经济或资本主义经济中，这种农村劳动力的转移或工业化过程并不受“资本积累”的限制，而只受货币供应量（或名义 GDP 增长率）的限制。增加的货币增加了人们对消费品的需求，同时也只有不断地增加货币供应量，才能使资本家获得利润，这就是前面所表述的有效需求问题。这一点可以说明为什么在资本主义发展的早期，出现了以金属货币为财富的重商主义，其原因在于还没有出现商业银行和纸币。罗斯托在他的经济发展阶段论中提出经济起飞的条件是使储蓄率提高到 10% 以上，但他所说的储蓄是要转化为机器或资本品的，而现实中，发展中国家经济增长的关键则是建立现代的货币金融体系以增加货币供应量，罗斯托对发达国家早期经济增长统计数据的归纳所表明的 10% 以上的储蓄率，显然只是货币供应量，而不是机器。这一点可联系到麦金农等人提出的发展中国家的金融深化理论，但这些经济学家对金融深化的解释是，金融深化能够提高实物资本或资本品的生产率，这种观点正是把货币经济混同于实物经济。

我们在前面讨论了货币金融体系和名义 GDP 增长率之间的关系，表明名义 GDP 的增长取决于特定的货币金融体系，而货币金融体系的发展对市场经济的发展具有极为重要的意义。英国早期资本主义的发展经历了几百年的时间，而后起的美国则通过加快商业银行的发展追赶上了英国。19 世纪初期，美国开始大力发展银行业；19 世纪 50～80 年代，美国出现了经济史上被称为“自由银行时代”的商业银行快速发展时期，这种商业银行的快速发展带来了经济增长率的提高，使美国的工业化和城市化水平逐步赶上和超过了英国。作为亚洲国家的日本，在明治维新后就开始大力发展银行业，在二战前已经通过大量的中小银行基本形成了货币金融体系，这对日本二战后的经济发展是重要的。

对发展中国家的经济发展来讲，关键是建立货币金融体系，通过货币化来实现农村劳动力的转移和城市化，由此来加速工业化和技术发展。由于发达国家已经完成了这种经济的货币化，以及城市化和工业化，建立起完善的货币金融体系，所以其名义 GDP 增长率应当按照货币金融体系的稳定性要求保持稳定，从而保持经济稳定，如美国 20 世纪 90 年代的稳定增长对技术创新起到了极大的保证作用。而对发展中国家来讲，经济货币化和农村的城市化要求货币供应量的大幅度增长，因为存在着刚性的货币工资（不是实物的生存工资）。按照前面所表明的货币量值的生产函数，农村劳动力的转移和就业的增加将取决于名义 GDP 增长率的增长，只有保持名义 GDP 的高速增长，才能在较短的时间里完成经济货币化和农村的城市化。

这种货币金融体系的建立和经济货币化过程伴随着制度变迁，发达国家在早期的经济发展中，这个过程是非常缓慢的，这与市场经济或资本主义经济的自发产生与发展相联系。商业银行和金融市场的发展完全是自发地逐步建立的，从而在以资产抵押为基础的银行体系建立过程中，很难想象会出现货币供应量的大幅度增长和名义 GDP 增长率的持续高速增长，因为这将导致货币金融体系的不稳定。当然，这方面后起的美国比英国要快得多，而且在 20 世纪初出现了以资本市场为代表的金融市场的大规模发展，这对美国超过英国是非常重要的。作为后起的发展中国家，我国可以在借鉴发达国家经验的基础上，加速货币金融体系的建立和经济货币化过程。这实际上就是发展经济学中所讲的储蓄率的提高和金融深化，但这里完全是货币的而不是实物的，作为实物的储蓄率是不可能提高的，因为会受到技术上的限制，实际上储蓄率的提高只是货币供应量增加的结果。金融深化也只是经济的货币化，如货币供应量 M2 与 GDP 的比例提高，也只有在加速农村劳动力向城市的转移中才有意义，否则只意味着经济衰退。

二战后，发展中国家的经济货币化经验可以分为两种：一种是拉美模式，这一模式在很大程度上依赖于国外资本的流入，它促进了本国货币金融体系的建立，但这种模式的货币金融体系表现出极大的不稳定。另一种是以日本、韩国为代表的东亚模式，许多经济学家使用“政府主导型经济”来表明东亚国家的特征，这里的“政府主导”主要表现在货币金融体系的建立上，如二战后日本政府支持大财团形成金融寡头，并形成银行与企业融合的“主银行制”，商业银行直接向企业投资并控股，这必然使货币供应量快速增长。1950 ~ 1989 年，日本名义 GDP 年均增长率超过了

15%，这种高速增长使日本成为发达国家中农业劳动力转移速度最快的国家。与日本相似，韩国的商业银行和金融市场也是在政府的大力扶持下快速发展，中央银行采用高利率政策刺激储蓄，使货币供应量急速扩大。在1965～1980年的高速增长时期，韩国名义GDP的年均增长率达到27.31%，加快了农村劳动力的转移和城市化速度。东南亚一些国家和我国台湾地区也都采取了这种依靠政府的扶持建立货币金融体系的货币化措施，在高增长时期，其名义GDP增长率都超过了20%。与拉美国家不同，东亚国家的货币金融体系都在较长的时期中保持了基本稳定，使经济能够保持持续增长，这与政府对商业银行的支持是分不开的。

第二节　收入分配与“经济奇迹”的不同结果：拉美与东亚的对比

经济发展中的拉美模式和东亚模式经常被用来做对比，它们代表着两种不同的政策选择和经济发展结果。东亚模式意味着经济在经历一段时间高速增长的“经济奇迹”之后，进入稳定增长区间，经济社会发展进入良性轨道，尽管发生了1997年的东南亚金融危机，经济一度增长缓慢，但经过短时间的调整，经济又恢复了发展的动力；拉美模式意味着失败的政策选择和经济发展结果，在一段时间高速发展的“经济奇迹”之后，经济发展失去了动力，进入了低速波动的艰难阶段，各种社会矛盾不断。两种模式最本质的区别在哪里？我们用对比的方式来揭示两种模式的不同结局。

一　拉美与东亚的“经济奇迹”与不同的后续发展路径

1. 拉美的经济发展历程

1950～1980年是拉美国家快速工业化时期，也是经济增长的黄金时期（见表6－1）。在此期间，拉美国家经济持续发展，整个地区的生产总值年均增长率从20世纪50年代的5.1%提高到60年代的5.8%。70年代、80年代，拉美国家继续保持较高的经济增长速度，地区生产总值年均增长率为6%。20世纪60～80年代，拉美国家的地区生产总值年均增长6.2%，工业产值年均增长 7.3%，这两项增速都高于世界平均水平，也高于西方发达国家的水平，创造了推动拉美国家经济高速发展的奇迹。其中，20 世纪 80 年代初，巴西的 GDP 比 60 年代翻了 4 番，在西方世界的排位中由第 28 位跃居到第 7 位。在这 30 年间，拉美国家依托工业化和城市化的强大动力，促进了经济的快速增长，创造了被广为赞誉的“拉美奇迹”。

表 6－1　拉美的经济增长率（1950～2002 年）

单位：%

指　标		1950～1980 年	1980～1990 年	1990～1997 年	1997～2002 年	1990～2002 年
GDP 增长率	加权平均	5.5	1.1	3.6	1.3	2.6
	简单平均	4.8	1.0	3.9	1.7	2.9
人均 GDP 增长率	加权平均	2.7	－0.9	2.0	－0.3	1.0
	简单平均	2.1	－1.2	1.9	－0.3	1.0
工人平均增长率	加权平均	2.7	－1.7	1.0	－1.3	0.1
	简单平均	2.4	－1.9	0.9	－1.2	0.0
全要素生产力增长率	加权平均	2.1	－1.4	1.1	－1.1	0.2
	简单平均	2.0	－1.4	1.9	－1.1	0.6

资料来源：IMF 历年《国际金融统计》。

以巴西为例，巴西自 1967 年开始经济扩张，工业产出持续增加。制造业产量，特别是汽车和化工产品产量增长快于整体产出。巴西政府为了避免出现供给瓶颈，在基础设施、电力、基础材料等领域的投资增长也很快。

1964 年以前，巴西经济最大的问题是螺旋式通货膨胀。到 1964 年，其年平均通货膨胀率高达 87.8%。为了解决通货膨胀问题，巴西政府逐渐降低政府预算赤字在 GNP 中的比重，放慢货币供给增长速度。1964 年之后，通货膨胀得到控制，年通货膨胀率降到 20%～25%。伴随前期通货膨胀的很多扭曲也通过资产价格指数化而得到缓解和中和。

20 世纪 60 年代后期，巴西在经济增长、出口扩张、通货膨胀降低等方面的成绩来自几个方面的因素。一个很重要的方面是巴西采取了一系列有效的政策提高了人们的信心，为经济扩张打好了基础。政府支出建立在更合理的经济根据上，减少了对铁路和其他公共单位的补贴。税收体系得到改革，实际税收收入迅速增加。[①]

简而言之，20 世纪 60 年代末，巴西经济的高速增长可以归因于其 60 年代中期采取的稳定政策，巴西纠正了 50 年代以来工业化高峰时期产生的很多扭曲，到 60 年代后期，价格扭曲得到消除，通货膨胀得到控制，更现实的汇率被采用，出口结构得以扩展和多元化，金融机构更加现代化，通过税收激励，落后地区吸引了资金，政府基础设施投资大幅度提高。

但是，高速经济增长过后，巴西迎来的是严重的债务危机和频发的金融危机，经济增长率大幅度下降，并且经济震荡加剧。从表 1 中可以看出，1980 ~ 1990 年，拉美 GDP 的（加权或简单）平均增长率仅相当于原来的 1/5，90 年代虽有所恢复，但之后又陷入长期低迷。与经济低速增长相伴生的是严重通货膨胀和人民生活水平下降，从而使社会矛盾激化，引发社会动荡。实际上，从 70 年代中期开始，拉美经济就陷入困境，逐渐积累了大量的外债。在 70 年代两次石油危机的冲击下其债务问题已经无法持续，资金开始抽逃。80 年代初，拉美地区债务危机陆续爆发，1971 年拉美国家的外债总额仅 250 亿美元，到 1985 年激增到 3750 亿美元。其中，巴西连续 3 年经济出现负增长，沦为“破产国家”。1983 年，拉美外债总额相当于哥斯达黎加 GDP 的 120%，智利相当于 103%，秘鲁相当于 76%，阿根廷相当于 66%，乌拉圭相当于 63%，委内瑞拉相当于 47%，墨西哥和巴西都相当于 44%。而债务的偿还情况更加不容乐观，1982 年巴西货物和劳务出口的 89% 需要用于支付外债，阿根廷则需要 68%，厄瓜多尔需要 69%，智利需要 65%，墨西哥需要 57%。即使假定债务本金不需要按规定偿还，也要重新筹措资金，形势还是很严重。1983 年，阿根廷需要将货物和劳务出口的 54% 专门用于支付外债利息，巴西需要 40%，墨西哥需要 35%，智利和秘鲁大约各需要 33%。随后，一场世界性的金融危机相继在墨西哥、巴西、阿根廷爆发，对世界金融市场和经济发展造成了重大冲击。

2. 成功的东亚经济发展历程

从经济发展的基础来看，20 世纪五六十年代的东亚远远比不上拉美。

---

① Alexandre Kafka (1967). “The Brazilian Stabilization Program, 1946 - 67,” *Journal of Political Economy*, pp. 166 - 200.

例如，中国香港地区的自然资源缺乏，内部市场狭小，而且由于历史原因，香港地区的经济结构非常单一，当时其主要的经济成分是转口贸易。然而，这种在特定历史条件下形成的单纯依靠转口贸易的经济结构非常脆弱，一旦国际贸易出现大的变化，香港地区的经济就会陷入困难。与中国香港地区一样，新加坡经济也十分脆弱，1965 年新加坡从马来西亚分离出来，就意味着以新加坡 - 马来西亚共同市场为基础的进口替代工业化走到了尽头——新加坡本地市场不能单独使工业实现规模效益。再以韩国为例，历史上，韩国是以农业为主的国家，其土地所有制是小农经济式的。20 世纪 50 年代末，韩国经济结构是以分散的个体农业为基础的，农林水产业总值占国民生产总值的 45% 左右，工业只占 12%。在整个就业人口中，从事农林水产业的人口占 63%，从事工矿业的人口只占 8.7%。在有限的工业中，主要部分是轻工业，而基础工业及其他重工业非常落后。韩国人口众多，劳动力十分丰富。1960 年至 20 世纪 70 年代中期，韩国劳动力一直以每年 3.2% 的平均速度增长，庞大的人口使韩国就业压力十分沉重。韩国还是资源十分贫乏的国家，大多矿产资源，如石油、铁矿石、铜、金、银等都依赖国外，而这些矿产资源对工业化又是极为重要的。另外，韩国经济发展的起点是很低的，远远低于同时期的拉美国家。① 到 1960 年，韩国的人均国民生产总值也仅为 80 美元，产业工人月平均工资收入为 2500 韩元左右，按当时汇率折算合 40 ~ 50 美元。可以说韩国经济发展初期是以过剩的劳动力和停滞不前为特征的。当时，中国台湾也是一个以农业为主的地区，工业基础亦十分薄弱。

从 20 世纪 50 年代中期开始，东亚国家，特别是 8 个实绩优良的亚洲经济体（HPAEs），包括日本、亚洲“四小龙”（中国香港、中国台湾、韩国、新加坡）以及东南亚另外的 3 个新兴工业化国家，即印度尼西亚、马来西亚和泰国，经济增长速度开始逐渐加快。1955 ~ 1968 年，日本实际国民生产总值增加了 2.8 倍，实际经济增长率年平均为 10.1%。1965 ~ 1996 年，韩国国民生产总值从 30 亿美元增长到 4846 亿美元，人均国民生产总值从 150 美元增长到 10548 美元。东南亚各国 1971 ~ 1980 年国民生产总值平均增长率高达 8.6%，1981 ~ 1990 年为 6.2%。东亚经

① 20 世纪 50 年代的韩国是世界上贫穷地区之一，其发展水平只相当于拉美中下游水平的国家。

济持续发展，实现人均产出增长一倍，只用了十几年时间，而英国用了58年，美国用了47年。从表6－2可以看出，除了经济快速增长之外，东亚相关国家和地区的通货膨胀并没有失去控制，其他经济指标也都在比较合理的范围之内。

表6－2 1975～1996年东亚与拉美主要经济体经济指标对比

国家和地区	经济增长率	通货膨胀率	财政余额（占GDP比重）	经常账户余额（占GDP比重）
1975～1985年平均				
中国大陆	7.9	2.7	-1.0	0.4
中国香港	8.2	8.2	1.1	3.0
印度尼西亚	5.7	13.4	0.3	2.0
韩国	7.6	13.5	-2.2	-3.7
马来西亚	6.3	4.8	-5.3	-3.2
菲律宾	2.9	15.6	-2.0	-5.1
新加坡	7.2	3.4	1.9	-7.2
中国台湾	8.3	6.3	0.3	4.3
巴西	4.1	101.2	—	-3.6
智利	2.2	81.0	0.9	-6.5
墨西哥	4.7	39.5	-5.2	-2.3
1986～1996年平均				
中国大陆	9.9	11.6	-1.9	0.4
中国香港	6.3	8.0	2.1	5.6
印度尼西亚	7.4	8.2	-0.5	-2.8
韩国	8.6	5.7	-0.1	0.9
马来西亚	7.8	2.6	-2.4	-2.6
菲律宾	3.7	8.9	-2.3	-2.5
新加坡	8.4	1.9	9.1	9.5
中国台湾	7.7	3.0	-0.5	7.8
巴西	2.6	983.1	-1.3	-0.6
智利	7.7	15.8	2.6	-3.1
墨西哥	2.0	45.7	-4.0	-2.8

资料来源：IMF，*World Economic Outlook*，A Survey by the Staff of the IMF，Oct. 1998，p. 101，table 3.11。

世界银行（1993）认为这一段时期“东亚经济持续高速增长的纪录是令人瞩目的”，并将其称为“东亚奇迹”。世界银行（1995）总结道：“1960 年以来，HPAEs 的增长速度比东亚其他国家和地区快一倍多，比拉美和南亚快将近两倍，比撒哈拉以南非洲快 5 倍，同样，它们的发展速度也高于工业化国家和中东 - 北非的石油输出国。1960 ~ 1985 年，日本和‘四小龙’的实际人均收入增加了 4 倍多，东南亚新兴工业化国家则增加了一倍多，如果高速增长的分布是随机的，那么，如此集中的区域性高速增长是极为罕见的，大约只有万分之一的可能性。”从图 6 - 1 可以看出，HPAEs 的人均 GNP 的增长速度要远远高于其他经济实体的增长速度，包括东亚其他国家和地区。

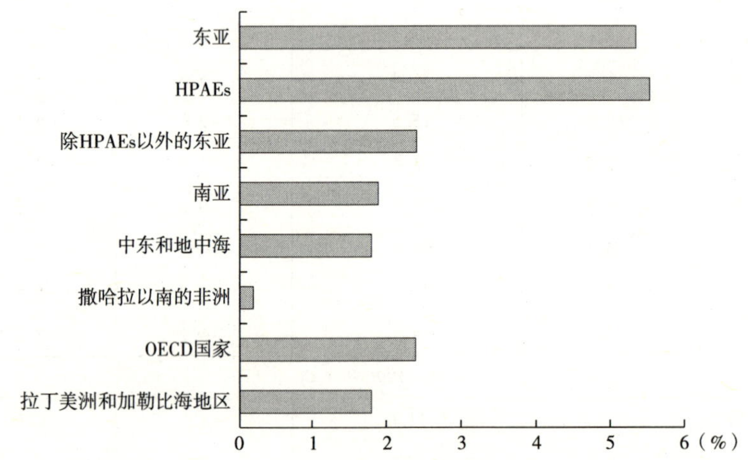

图 6 - 1　1965 ~ 1990 年世界部分地区人均 GNP 增长率

资料来源：根据世界银行网站数据整理汇编，http：//data. worldbank. org. cn/indicator。

东亚经济在快速增长的同时，发展质量也发生着质的飞跃。以韩国为例，伴随着经济增长，韩国的产出结构也发生了翻天覆地的变化，初级产品占 GDP 的比重从 1953 年的 47. 3% 下降到 1965 年的 38. 7% 和 1970 年的 28. 4% 。同时，工业部门的贡献率从 1953 年的 14. 3% 上升到 1965 年的 28. 2% 和 1970 年的 35. 0% 。在农业部门比重相对下降的同时，农业产量却大幅度提高，1957 ~ 1969 年，农业部门的实际产量增长了 75% 以上。在工业部门中，制造业增长是显著的特征，但建筑业、动力和运输设备制造业占 GDP 比重的稳定增长也是其快速工业化经济的特征。

快速经济增长的结果是失业率大大降低。韩国官方样本调查表明，其失业率从1964年的8.0%左右下降到1970年的4.5%。快速经济扩张的另一个结构变化是，1964年以来人口大量向工业部门流动。1964年，韩国61.9%的劳动力在初级产品部门就业，8.9%的在采掘业和制造业就业，29.2%的在基础设施和服务部门就业；1970年，相应的数字分别是50.5%、14.0%和35.2%。这些变化是与产出结构和模式的巨变相对应的。同时，就业人数从1964年的820万增加到1970年的960万，其中在初级产品部门就业的人数从1964年的510万减少到1970年的480万。

1997年的东南亚金融危机对东亚几个国家经济的冲击都比较大，结果引发这些经济体的汇市和股市动荡：泰铢、印度尼西亚盾、马来西亚林吉特、韩元兑美元的汇率当年分别下跌43.5%、57.5%、53.8%、48.3%；股市分别下跌56.0%、52.4%、37.0%、42.2%。把1998年的GDP增长率与1996年的相比，影响最严重的印度尼西亚下降了21.1%，马来西亚下降了17.4%，泰国下降了16.4%，韩国下降了13.7%。从就业和收入等方面看，1998年韩国的失业急剧上升，增加了3倍多，而且，实际工资大幅度下跌，不到一年时间就下降了将近1/5。

但是，亚太地区几个国家经济的自我修复能力相对于拉美国家的优势显现了出来。经过短期调整之后，亚太地区主要几个国家的经济就开始复苏，并且保持了稳定增长的态势。从表6－3可以看出，2002～2006年，亚太地区几个国家的GDP平均增长率保持了较高的水平，高于世界平均经济增长率。图6－2显示，2005年，亚太地区的GDP增长率为4.97%，比世界平均GDP增长率高了1.47个百分点。

表6－3　亚太地区GDP年增长率（2002～2006年）

单位：%

国　家	2002年	2003年	2004年	2005年	2006年
文　莱	3.87	2.9	0.5	0.39	5.14
柬埔寨	5.25	12.6	9.97	13.63	10.77
印度尼西亚	4.25	4.84	5.05	5.6	5.55
老　挝	5.93	5.85	6.88	7.27	8.31
马来西亚	4.35	5.48	7.2	5	5.93

续表

国家	2002 年	2003 年	2004 年	2005 年	2006 年
缅甸	5.5	5.1	5	4.5	7
菲律宾	4.43	3.73	6.38	4.87	5.33
新加坡	4.16	3.11	8.8	6.62	7.88
泰国	5.32	7.14	6.28	4.49	5.03
越南	7.04	7.38	7.79	8.43	8.17
中国	9.1	10	10.1	10.2	10.7
日本	0.3	1.4	2.3	2.6	2.9
韩国	7	3.1	4.7	4.2	5
世界	3.1	4	5.3	4.9	5.4

资料来源：http：//devdata. worldbank. org/dataonline/。

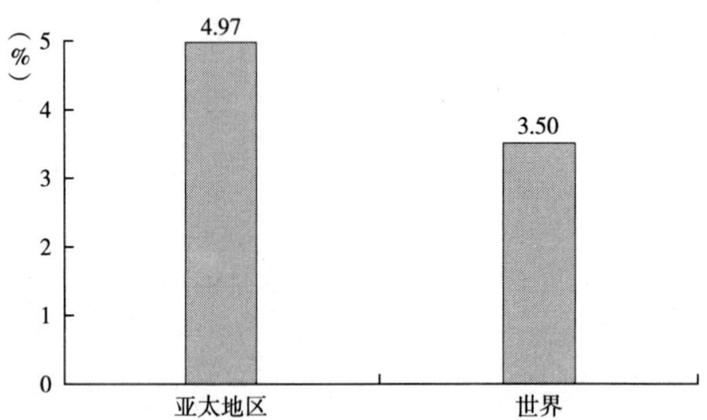

图 6－2　2005 年亚太地区与世界 GDP 增长率的比较

资料来源：IMF《国际金融统计（2006）》。

亚太地区经济的强自我修复能力还表现在经济发展质量的不断提升上。从表 6－4 可以看出，2005 年与 2000 年相比，亚太大部分国家的经济结构继续改善，农业占 GDP 的比重下降，工业和服务业占 GDP 的比重上升。金融危机之后，亚太主要国家的对外贸易也逐渐恢复正常，外向型经济的特征并没有受到影响，出口和进口占 GDP 的比重大部分国家是上升的，并且出口的增长大于进口的增长，很多国家的出口大于进口，国际贸易连年顺差，使这些国家的外汇储备大幅度增加。表 6－5 显示，2000 年以来，中国台湾、日本、新加坡、韩国和中国大陆的外汇储备恢复了快速增长，而同期的美国、德国、法国、英国没有表现出相同的特征。

表 6－4　亚太部分国家产业/贸易结构

单位：%

国　家	农业占GDP比重		工业占GDP比重		服务业占GDP比重		出口占GDP比重		进口占GDP比重	
	2000 年	2005 年	2000 年	2005 年	2000 年	2005 年	2000 年	2005 年	2000 年	2005 年
文莱	2.7	—	47.8	—	49.5	—	—	—	—	—
柬埔寨	37.9	34.2	23.0	26.7	39.1	39.1	49.8	65.1	61.7	73.9
印度尼西亚	15.6	13.4	45.9	45.8	38.5	40.8	41.0	33.5	30.5	29.2
老挝	52.6	44.8	22.9	29.5	24.5	25.7	30.1	27.2	34.4	30.9
马来西亚	8.8	8.7	50.7	51.8	40.5	39.6	124.4	123.4	104.5	99.9
缅甸	57.2	—	9.7	—	33.7	—	—	—	—	—
菲律宾	15.8	14.3	32.3	32.2	52.0	53.4	55.4	47.3	53.5	52.0
新加坡	0.1	0.1	35.5	33.8	64.4	66.1	—	243.0	—	213.1
泰国	9.0	9.9	42.0	44.1	49.0	46.0	66.8	73.6	58.1	75.2
越南	24.5	20.9	36.7	41.0	38.7	38.1	55.0	70.1	57.5	75.3
中国	14.8	12.6	45.9	47.5	39.3	39.9	23.3	37.5	20.9	31.9
日本	1.8	—	32.4	—	65.8	—	11.0	—	9.6	—
韩国	4.9	3.3	40.7	40.3	54.4	56.3	40.8	42.5	37.7	40.0
世　界	3.7	—	29.2	—	67.0	—	24.6	—	24.8	—

资料来源：世界银行统计数据库（www. wto. org）。

表 6－5　主要国家和地区的外汇储备

单位：亿美元

年　份	中国台湾	美　国	日　本	德　国	法　国	英　国	韩　国	新加坡	中国大陆
1991	824.1	459.3	617.6	575.2	282.9	387.3	133.1	339.3	426.6
1992	823.1	400.1	618.9	858.9	243.8	340.9	166.4	396.6	194.4
1993	835.7	415.3	887.2	727.3	200.1	346.3	197.0	480.7	212.0
1994	924.5	412.2	1151.5	722.2	235.2	385.3	250.3	578.9	516.2
1995	903.1	491.0	1724.4	777.9	231.4	391.8	319.3	683.5	735.8
1996	880.4	382.9	2073.4	758.0	231.2	371.2	332.4	764.9	1050.3
1997	835.0	308.1	2078.7	698.5	271.0	288.8	197.1	708.8	1398.9
1998	903.4	360.0	2032.2	641.3	387.5	273.6	519.6	744.2	1449.6
1999	1062.0	321.8	2777.1	526.6	339.3	300.8	737.0	763.0	1546.8

续表

年　份	中国台湾	美　国	日　本	德　国	法　国	英　国	韩　国	新加坡	中国大陆
2000	1067.4	312.4	3472.1	496.7	321.1	392.8	958.6	796.9	1655.7
2001	1222.1	289.8	3877.3	436.2	263.6	319.4	1024.9	748.5	2121.7
2002	1616.6	338.2	4514.6	425.0	219.7	327.9	1208.1	813.7	2864.1
2003	2066.3	397.2	6527.9	411.0	231.2	351.5	1545.1	949.7	4032.5
2004	2417.4	427.2	8242.6	399.0	290.8	394.8	1981.8	1115.0	6099.3
2005	2532.9	378.4	8288.1	397.7	240.0	409.2	2099.7	1153.3	8818.7

资料来源：IMF 历年《国际金融统计》。

二　经济增长、收入结构与“经济奇迹”的不同结果

第四章的存量、流量均衡的结构性有效需求模型说明，导致经济增长的投资的增加，会使经济中资产值逐渐积累，导致成本结构（收入结构）中工资成本（收入）及与资本相关的成本（收入）的相对比例失调。功能性收入分配的失衡通过规模性收入分配差距加大反映出来，当失衡达到一定程度且有一定诱因出现时，其就会引发经济的衰退。

如果过高的资产值不能在经济危机中被调整到正常比例，从而失衡的功能性收入结构不能得到纠正、过大的规模性收入分配差距没有改善，“经济奇迹”之后的结果就是长期的经济低迷。而当政策力图用扩张性的宏观经济政策解决经济危机时，经济就可能会出现短时间的经济增长，但失衡的收入结构会变得更加扭曲，从而导致经济增速再次降低，如此反复就会形成经济的动荡。拉美 20 世纪 80 年代之后的经济就是按照这样的轨迹变动的。

如果在经济增长过程中能够保持工资收入的合理增长，使工资收入与资本收入的结构不至于太过失衡，规模性收入分配没有出现悬殊的差距，“经济奇迹”就会延续较长的时间。当然，随着投资增加和资产值的积累，功能性收入分配中工资份额也会缓慢下降，规模性收入分配差距也会有所扩大，经济增长速度也会跟着有所降低，但经济的高速增长可以保持较长一段时间（见图 6-3）。当资产值积累到一定程度，投资的动力就会减弱，经济增长速度随着会下降，但只要收入结构没有太过失衡，收入结构与成本结构能够匹配，“经济奇迹”之后经济就仍然能够稳定增长。在“经济

奇迹”结束时，由于资产值积累到一定规模，收入结构失衡达到一定程度，经济可能会面临一次比较大的冲击，但只要资产值在经济冲击中得到调整、收入结构失衡得到改善，经济就会很快步入稳定增长的时期。1997

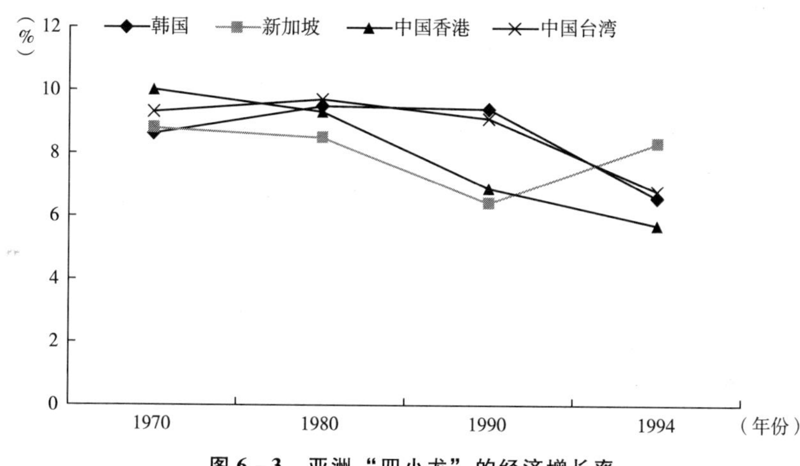

图 6－3　亚洲“四小龙”的经济增长率

资料来源：根据世界银行网站数据整理汇编，http：//data. worldbank. org. cn/indicator。

年之后东亚一些国家的经济就是按照这个规律发展的。

1. 东亚经济增长中的收入分配演变

东亚经济在实现高速增长的同时，保持了收入分配的相对公平，由经济高速增长可能带来的收入结构失衡在一定程度上受到了限制。从表 6－6 可以看出，除中国大陆以外，其余东亚国家和地区在经济增长的同时，基尼系数相对较低，日本的基尼系数基本保持在 0. 35；韩国的基尼系数从 1970 年的 0. 353 下降到 1995 年的 0. 320，使韩国成为收入分配上比较平等的国家之一，[①]而在此期间，韩国人均 GDP 增长了 10 倍；中国台湾的基尼系数维持在 0. 29 ~0. 31。这些国家和地区的收入差距相对接近，也接近发达国家基尼系数的平均水平。中国大陆的收入差距从 1978 年以后迅速扩大，根据世界银行的估计，1981 年中国大陆的基尼系数是 0. 32，近年来中国的基尼系数上升至 0. 46，在东亚国家和地区中处于最高水平。除了收入

① *Annual Report on the Family Income and Expenditure Survey*, Seoul: Bureau of Statistics, Economic Planning Board, 1970; *Report on the Result of Farm Household Economy Survey of Agriculture Products*, Seoul: Bureau of Statistics, Economic Planning Board, 1971.

差距以外，财富存量的差距也从另外一方面反映了收入差距的基本状况。日本以拥有的产权来测度的基尼系数在 1996 年是 0.6，金融资产的基尼系数是 0.49。韩国发展研究院（KDI）进行的一项调查研究表明，韩国的财富不平等程度要高于收入的不平等程度。根据 KDI 的调查数据，韩国个人财富的基尼系数是 0.58，实物资产的基尼系数是 0.6，金融资产的基尼系数是 0.77。韩国 43% 的财富集中在 10% 的家庭，31% 的财富由 5% 的家庭所持有。上述资料表明，从人均收入来看，日、韩的基尼系数并不高，但以财富衡量的基尼系数要显著高于用人均收入衡量的基尼系数水平。

表 6－6　东亚部分国家和地区的经济增长和收入分配差距

国家和地区	基尼系数			人均 GDP（美元）		
中国大陆	0.32（1981）	0.346（1990）	0.447（2001）	483	1332	4059
韩国	0.353（1970）	0.386（1980）	0.320（1995）	1032	2573	11676
中国台湾*	0.29（1970）	0.28（1980）	0.31（1993）	2797	5839	—
日本	0.355（1970）	0.350（1990）	—	4256	19194	—
菲律宾	0.41（1985）	0.438（1991）	0.461（2000）	2373	3167	3897
印度尼西亚	0.307（1970）	0.356（1980）	0.31（1999）	400	836	2736
马来西亚	0.513（1970）	0.491（1980）	0.443（2000）	1371	2318	8884
泰国	0.429（1975）	0.473（1981）	0.432（2000）	776	1572	6777
越南	0.357（1993）	0.361（1998）	0.364（2002）	893	1744	2240
新加坡*	0.41（1972）	—	0.38（1993）	6218**	11516	—

注：* Quibria, M. G.（2002）. *Growth and Poverty: Lessons from the East Asia Revisited*, ADB Institute Research Paper, No. 33。

**为 1970 年的人均 GDP，其余为对应左列的同一年数据。

比较有意思的一点是，近年来东南亚国家的收入差距程度要显著高于东亚新兴工业经济体，除了印度尼西亚的基尼系数是 0.33、越南的基尼系数是 0.35 外，菲律宾、泰国、马来西亚等国的基尼系数均高于 0.4，显示出较高的收入不平等状况。菲律宾的人均 GDP 在 15 年间增长不到 1 倍，而基尼系数上升了 0.05，显示出和其他国家的差异，即经济增长相对缓慢，收入分配差距却日趋严重。这也解释了为什么东南亚一些国家没有取得像亚洲“四小龙”那样的增长业绩。

2. 拉美国家在经济增长中的收入分配

拉美在经济高速增长阶段产生了巨大的收入分配差距。1964 年以后，巴西经济稳定政策的负担大部分落在了低收入阶层的身上。收入分配不平等程度的加深和政策对低收入人群实际收入的损害来自经济稳定政策对实际最低工资的强迫降低。1964 ~ 1970 年，巴西最低工资的购买力降低了 25% 。

巴西快速经济增长的好处大部分被高收入人群获得，低收入人群没有能够共同分享，1971 年 3.2% 的高收入劳动力获得了 33.1% 的收入，而 1960 年这一比例是 27% 。尽管收入的集中度在农业部门小于非农业部门，但是农村的福利并没有明显提高，因为相关调查发现，农业部门与非农业部门收入差别进一步扩大了。①

减小价格扭曲、降低通货膨胀和提高资本市场发展水平等所有这些措施都是供给方面的，但是 20 世纪 60 年代早期的经验说明，巴西没有需求方面相应的措施，即不提高生产力水平和广大低收入人群的收入从而提高低收入人群对国内产品的消费，经济很难持续增长。

从表 6 - 7 可以看出，1970 年，巴西 10% 最高收入家庭获得了近 59% 的总收入，而 40% 的低收入家庭只获得了 5.6% 的总收入，前者的平均收入是后者的 43 倍。洪都拉斯是拉美低收入国家的代表，10% 最高收入家庭占有总收入的 52.2%，40% 低收入家庭只占有总收入的 6.6% ，前者的

表 6 - 7　拉美十国总收入在家庭间的分配

单位：美元

国　家	年　份	人均 GDP	按家庭收入高低分组及各组所占比例（%）						基尼系数
			0 ~ 20	21 ~ 40	41 ~ 60	61 ~ 80	81 ~ 90	91 ~ 100	
阿根廷	1970	1208	4.4	9.7	14.1	21.5	15.1	35.2	0.44
巴西	1972	539	1.6	4.0	7.1	14.2	14.4	58.7	0.66
哥伦比亚	1972	575	2.0	4.5	9.5	17.9	16.0	50.1	0.61

① *Income Distribution in Latin America* (New York: United Nation, 1971); Albert Fishlow (1972). “Brazilian Distribution of Income,” *America Economic Review*.

续表

国家	年份	人均 GDP	按家庭收入高低分组及各组所占比例（%）						基尼系数
			0～20	21～40	41～60	61～80	81～90	91～100	
哥斯达黎加	1971	684	3.3	8.7	13.3	19.9	15.3	39.5	0.49
智利	1968	823	3.7	8.3	13.1	20.4	16.2	38.3	0.48
洪都拉斯	1967	275	2.0	4.6	7.5	16.2	17.5	52.2	0.63
墨西哥	1967	800	2.6	5.8	9.2	16.9	16.2	49.3	0.59
巴拿马	1970	868	1.7	5.3	11.2	20.4	17.8	43.5	0.57
秘鲁	1972	555	1.5	4.2	9.6	20.0	18.5	46.2	0.60
委内瑞拉	1971	1163	2.8	7.0	12.6	22.7	18.6	36.3	0.50

注：人均 GDP 按 1970 年美元不变价格计算。

资料来源：拉美经济委员会和世界银行关于拉美收入分配的衡量与分析课题组，转引自拉美经济委员会《跨入 80 年代的拉丁美洲》。

平均收入为后者的 32 倍。哥伦比亚、墨西哥、秘鲁和巴拿马这四国的基尼系数在 0.57～0.61，其 10% 最高收入家庭的平均收入与 40% 低收入家庭的平均收入相比，秘鲁为 32 倍，哥伦比亚为 31 倍。阿根廷、哥斯达黎加、智利和委内瑞拉的基尼系数在 0.44～0.50，10% 最高收入家庭与 40% 低收入家庭在平均收入上的差距为 13～15 倍。

衰退时经济对资产值过高和收入分配失衡的自我调整过程，一般情况下就是资产值降低、收入结构改善的一个过程。但是，20 世纪 80 年代进入经济衰退之后的拉美，收入分配并没有改善，有些国家反而恶化。从表 6－8 可以看出，在 20 世纪八九十年代，这些国家收入分配在总体上并没有

表 6－8　拉美主要国家城市家庭收入分配（各家庭组别占总收入的比重）

国家	年份	按收入水平由低到高分组（%）						
		0～10	11～20	21～40	41～60	61～80	81～90	91～100
阿根廷	1980	2.8	4.0	10.6	15.7	21.7	14.4	30.9
	1997	2.1	3.3	9.5	13.4	19.9	16.1	35.8
玻利维亚	1989	0.7	2.7	8.7	13.1	20.6	16.1	38.2
	1997	1.6	3.1	9.0	13.6	20.5	15.3	37.0

续表

国　家	年　份	按收入水平由低到高分组（%）						
		0～10	11～20	21～40	41～60	61～80	81～90	91～100
巴西	1979	1.3	2.6	7.9	12.2	20.0	16.9	39.1
	1996	1.1	2.3	7.2	10.4	18.2	16.6	44.3
智利	1987	1.6	2.8	8.3	12.9	19.4	16.5	39.6
	1998	1.7	3.0	8.7	12.4	19.4	15.8	39.1
哥伦比亚	1980	0.9	2.5	7.6	11.3	18.9	17.5	41.3
	1997	1.4	2.9	8.6	13.0	19.3	15.2	39.5
哥斯达黎加	1981	2.3	4.5	12.1	16.7	24.5	16.9	23.2
	1997	1.9	4.2	11.3	16.9	23.7	15.4	26.8
厄瓜多尔	1990	2.1	3.8	11.3	15.5	21.5	15.3	30.5
	1997	2.3	3.5	11.2	15.1	21.6	14.4	31.9
墨西哥	1984	3.2	4.7	12.3	16.9	21.9	15.4	25.8
	1998	2.8	4.0	10.5	13.6	19.3	15.1	34.8
委内瑞拉	1981	2.5	4.4	13.2	17.1	24.9	16.0	21.8
	1997	1.8	3.2	9.7	14.4	21.4	16.8	32.8

资料来源：《拉美和加勒比地区统计年鉴（2001）》，第62～63页。

太大变化，玻利维亚、智利、哥伦比亚10%最高收入家庭所占比重有所下降，但其中多数国家降幅极小。在其他国家中，与80年代初相比，10%最高收入家庭所占比重反而上升，增幅还相当大，委内瑞拉上升了11.0个百分点，墨西哥上升了9.0个百分点，巴西上升了5.2个百分点，阿根廷上升了4.9个百分点，哥斯达黎加上升了3.6个百分点。

收入向少数富裕阶层集中，使拉美国家的基尼系数一直高居不下。经济结束高增长之后，这种状况并没有好转，这也是造成“拉美病”的主要原因。从表6-9看，即使分配比较公平的阿根廷，其基尼系数也从20世纪90年代初的0.426上升到21世纪初的0.504。从拉美整体来看，平均基尼系数从20世纪90年代初至21世纪初还是不断上升的。

拉美地区贫富分化的另一个主要表现是贫困问题依然非常突出严重。1980年，拉美有35%的家庭处于贫困状态，到1990年这一数字增长到41%，到1994年才有所好转，下降到39%。从图6-4可以看出，1989年

表 6-9 拉美主要国家 20 世纪 90 年代以来基尼系数演变情况

国 家	20 世纪 90 年代初	20 世纪 90 年代中期	21 世纪初	变 化
阿根廷	0.426	0.458	0.504	0.078
玻利维亚	0.543	0.558	0.559	0.016
巴 西	0.595	0.583	0.572	-0.023
智 利	0.547	0.549	0.561	0.014
哥伦比亚	0.559	0.543	0.558	-0.001
墨西哥	0.539	0.525	0.527	-0.012
秘 鲁	0.457	0.464	0.477	0.020
乌拉圭	0.408	0.409	0.425	0.017
委内瑞拉	0.417	0.445	0.455	0.038
平 均	0.505	0.507	0.514	0.009

资料来源：世界银行网站，http://devdata.worldbank.org/dataonline/。

以来拉美国家的社会贫困状况的变化情况。从总体上看，从 20 世纪 80 年代末至 2004 年，拉美的贫困人口比重有所下降。但贫困人口的绝对数量在不断上升，目前拉美仍有将近一半的人口生活在贫困线以下。拉美虽然在这十几年过程中做出了诸多解决贫困问题的努力，但目前的贫困状况尚未达到 1980 年的水平。

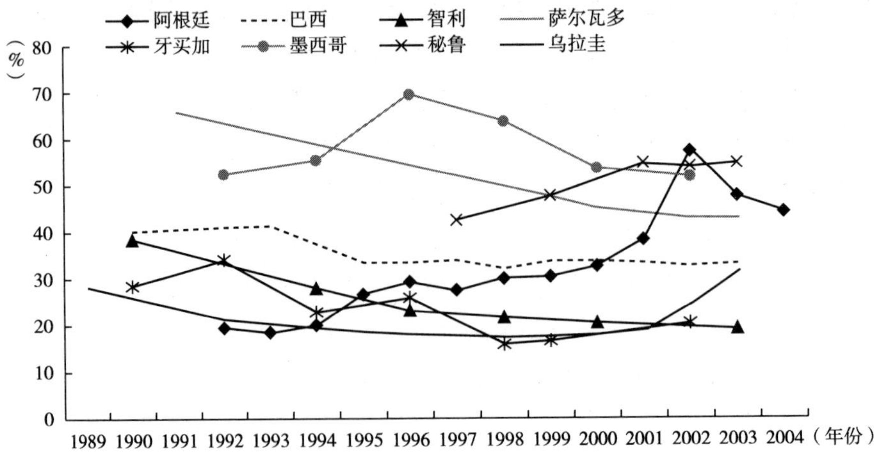

图 6-4 部分拉美国家贫困人口变化趋势（1989~2004 年贫困线以下人口比重）

资料来源：SEDLAC.

从横向比较看，拉美主要国家的收入分配差距也较为严重。表6-10显示，拉美和加勒比地区的基尼系数远远高于同期的亚洲、OECD国家和东欧的水平。就是与收入差距较大的其他发展中国家相比，拉美地区主要国家的收入差距也较大（见表6-11）。

表6-10　20世纪70年代以来世界部分地区基尼系数演变情况

地　区	20世纪70年代	20世纪80年代	20世纪90年代	平　均
拉美和加勒比地区	0.484	0.508	0.522	0.505
亚洲	0.402	0.404	0.412	0.406
OECD国家	0.323	0.325	0.342	0.330
东欧	0.283	0.293	0.328	0.301

资料来源：Banco Mundial - David de Ferranti, Guillermo Perry, Francisco H. G. Ferreira and Michael Walton, *Inequality in Latin America & the Caribbean: Breaking with History*? World Bank, 2003, www.cambiocultural.com.ar。

表6-11　部分发展中国家经济增长和收入差距状况

单位：%

国　家	GDP平均增长率（1990～1997年）	国家贫困线以下人口比例		基尼系数	
中　国	11.9	6.0（1996）	4.6（1998）	0.41（1995）	0.45（2001）
阿根廷	4.5	28.4（1995）	29.9（1998）	—	0.51（2001）
巴　西	3.1	23.9（1995）	22.0（1998）	0.60（1995）	0.59（2001）
印　度	5.9	40.6（1994）	36.8（1997）	0.43（1994）	0.46（2000）
泰　国	7.5	18.0（1990）	13.1（1992）	0.46（1992）	0.40（2002）

资料来源：世界银行《1998/1999年世界发展报告》《2006年世界发展报告》。

第三节　拉美与东亚收入分配动态变动迥异的原因

拉美与东亚收入分配在经济增长过程中表现出不同的动态格局，这是多种因素综合作用的结果。不同国家和地区的做法为我们提供了调解收入结构的成功经验和失败教训。

一　工业化模式的战略选择

1. 拉美：进口替代、资本密集型工业与低就业弹性

拉美大部分国家选择的是进口替代型工业化发展模式。所谓进口替代型工业化模式，是指通过建立和发展本国制造业，替代过去的制成品进口，以满足国内需求，并通过进口替代工业带动经济发展，实现工业化的模式。拉美国家在实施进口替代的初级阶段，大部分初级产品的出口收入从进口非耐用消费品转向进口资本货，用以发展本国工业和替代非耐用消费品的进口。为了保护本国工业，拉美国家采取高关税壁垒，实行进口许可证、外汇管制等强制性措施。但在高保护政策下，拉美国家普遍存在重工轻农的倾向，粮食也在一定程度上依赖进口。尽管制造业不断扩大，但国内市场因人均收入无法提高等因素而得不到相应扩大。20 世纪 50 年代后期，拉美一些国家国内市场容量狭小的问题凸显出来。面对进口替代初级阶段的这种局限性，拉美国家开始了从进口替代初级阶段向进口替代第二阶段的发展，建立起具有资本密集型、技术密集型和熟练劳动力密集型等特点的工业体系。在这一阶段，拉美国家不仅保留了前一阶段的保护本国工业的做法，如巴西对非耐用消费品的实际保护率为 50% ~60%，[①] 而且对资本货和耐用消费品的进口加以控制，以减少它们与本国资本货和耐用消费品生产部门的竞争。

拉美工业化模式中使用的技术在很大程度上具有资本密集型的性质。以哥伦比亚为例，1960 ~1967 年，5 个最现代化的工业部门中资本 - 劳动比翻了一番。其中，化学工业部门尤为严重，1960 年，该部门为创造一个就业机会而需要 1.63 单位的资本投资；至 1967 年，资本需求量已上升到 4.45 个单位。[②] 这种资本密集型技术显然不符合拉美的现实。因此，失业问题始终困扰着许多拉美国家。1950 年，拉美城市失业率为 13.6%，1980 年已提高到 19.5%。

要素市场是一个竞争性市场，为了降低生产成本，生产者必然会选择

---

① 〔美〕G. 拉尼斯等：《拉美与东亚新兴工业化国家发展战略比较》，〔美〕E. 杜兰主编《拉丁美洲与世界衰退》，英国剑桥大学出版社，1985，第 60 页。

② 〔美〕R. 米勒：《跨国公司与第三世界的不发达》，〔美〕C. K. 威尔伯主编《发达与不发达问题的政治经济学》，美国雷登书屋，1973。

一种最优要素组合。如果劳动力资源丰富、资本稀缺造成劳动力价格相对于资本价格更加便宜，那么追求利润最大化的生产者就必然会使用较多的劳动力和较少的资本，结果会形成劳动密集型产业多于资本密集型产业。在发展中国家，劳动力资源较为丰富，而且绝大多数穷人的生计依赖于工资收入。因此，在一般情况下，政府应该鼓励使用劳动力密集型技术，发展劳动密集型产业。然而，拉美国家通过生产要素价格扭曲鼓励现代部门采取资本密集型生产技术，降低了这些部门吸纳劳动力的能力。在政策措施上，特别是在工资与福利政策上，拉美国家又倾向于高工资与高福利财政预算（劳动力市场割裂），这就使得在其他条件不变的情况下，就业率更低。显然，拉美国家未能充分利用劳动力的比较优势，也未能为不断增加的劳动力创造足够的就业机会，这与其重资本密集型技术和轻劳动密集型技术密切相关。

这种战略选择加剧了拉美经济增长过程中资产值过快增长的趋势，导致经济增长吸纳就业的能力越来越弱；同时，劳动者因工资水平受到抑制而无法分享经济增长的成果，收入分配不公状况得不到改善。从表 6 - 12 可以看出，20 世纪 50 ~ 70 年代，拉美就业增长率和工资增长率远远低于 GDP 增长率，造成就业弹性和工资就业弹性比较低，说明拉美在高速增长时期，经济吸纳就业的弹性比较低，劳动者很少能够分享高增长带来的成果。

表 6 - 12　20 世纪 50 ~ 90 年代拉美就业增长及就业弹性（每年加权平均值）

单位：%

时　期	GDP 增长率	就业增长率	就业弹性	工资增长率	工资就业弹性（相对于产出而言）
20 世纪 50 年代	5.1	1.9	0.4	2.5	0.5
20 世纪 60 年代	5.7	2.3	0.4	2.7	0.5
20 世纪 70 年代	5.6	3.8	0.7	4.7	0.8
20 世纪 80 年代	1.2	2.9	2.6	2.4	2.0
1990 ~ 1997 年	3.7	2.2	0.6	2.2	0.6
平　均	4.3	2.6	0.9	2.9	0.9

资料来源：〔美〕芭芭拉·斯托林斯、威尔逊·佩雷斯：《经济增长、就业与公正——拉美国家改革开放的影响及其经验教训》，中国社会科学出版社，2002，第 128 页。

2. 东亚国家和地区的产业结构演进

东亚国家和地区的工业化战略选择可以从亚洲“四小龙”的产业结构演进过程中窥见一斑。20 世纪 60 年代，东亚“四小龙”在出口导向型战略定位下，根据自身优势选择了发展劳动密集型产业的政策，其产业一般为轻纺等产业。比如，中国台湾地区选择的出口主导产业是纺织业和制衣业，橡胶制品工业等化学品工业，以及电机、电器及电料工业等；韩国选择的主导产业为玩具、胶合板、杂货和收音机等制造业；新加坡选择的主导产业为食品、成衣、香烟、家具和纺织品等制造业；中国香港地区选择的主导产业主要集中在成衣、电子、塑胶和钟表四大制造行业。

这种工业化战略定位是符合东亚资源禀赋条件的，即劳动力丰裕而资本缺乏。20 世纪 70 年代以后，随着发达资本主义国家对其产业结构的再次调整，即总的趋势是从资本密集型产业向技术密集型产业转换，从一般资本和技术密集型产业向高资本和高技术密集型产业转换，东亚“四小龙”利用前一阶段发展劳动密集型工业所积累的资本，再次抓住发达资本主义世界经济进行产业结构调整所提供的机遇，针对本国和本地区资源禀赋结构变化的实际，适时确定了以资本密集型产业为主导产业。这些主导产业主要有纤维、塑料、钢板、船舶、通信、机械、电视机、钟表等制造业。到 20 世纪 70 年代末 80 年代初，亚洲“四小龙”实现了经济上的起飞，其劳动力已经显现短缺之势，工资水平与其他国家相比有了较大幅度的提高。面对这一现实，亚洲“四小龙”遵循比较优势原理，分别选择确定了发展以电子工业为代表的相对技术密集型产业，积极推动新一轮的产业升级，即产业结构向高技术化调整，重点发展电脑、生物工程和智力服务等行业，同时将国内失去比较优势的劳动密集型产业向东盟四国和中国内地转移。

由此，我们看到东亚经济在其不同的发展阶段上，要素禀赋决定的比较优势不同，形成的主导产业也不一样。这说明只有充分利用自身的比较优势，才可以实现产业结构升级，促进经济发展。表 6 - 13 反映了亚洲“四小龙”产值结构与经济水平的变化。

劳动密集型产业中劳动对经济增长的贡献度较大，低收入者的劳动报酬可以随着经济的高速增长而得到较快的增加，低收入者可以更多地分享

表 6－13 亚洲“四小龙”产值结构与经济水平的变化（1960～1992 年）

单位：美元，%

国家和地区	人均 GDP		产值及比重（1960～1992 年）						增加值年均增长率（1960～1992 年）				产值比重年增长率（1960～1992 年）		
	1960 年	1992 年	第一产业		第二产业		第三产业		人均 GNP	第一产业	第二产业	第三产业	第一产业	第二产业	第三产业
			产值	比重	产值	比重	产值	比重							
韩　国	324	4606	35.8	7.4	19.6	44	44.5	48.6	9.6	2.7	15	9.8	-5.2	2.8	0.45
中国台湾	151	7954	31.6	5.5	25	43	43	51	15.5	—	—	—	-6.0	2.1	0.34
新加坡	1536	12079	3.5	0.2	17	35.7	79	64	6.7	0.18	9.8	8.0	-8.0	2.3	-0.78
中国香港	1631	11499	3	0.2	34	18	63	81.8	6.1	—	—	—	-7.9	-1.4	0.78

资料来源：World Bank，World Data 1995。

到经济增长的成果，从而缓解了经济增长所造成的收入结构扭曲。表6－14反映的是中国台湾地区劳动力与资本两种要素配置变动对经济增长的贡献。从劳动力与资本两种要素配置变动的贡献来看，20世纪60～70年代与20世纪40～50年代相比，中国台湾地区经济增长方式转变的主要因素是劳动力的增加，即其经济成长主要是依靠劳动力投入的增加而取得的。例如，在70年代台湾地区经济增长的贡献因素中，劳动力增加占有举足轻重的地位，其对经济增长的贡献率达37.8%，大大超过资本投入16.7%的贡献率。

表6－14 以生产要素投入变化解析中国台湾地区经济增长的来源

单位：%

项　目	劳动力与资本	劳动投入	资本投入	经济增长
增长率				
20世纪70年代	4.9	3.4	1.5	9.0
1981～1985年	4.2	2.6	1.6	7.0
1986～1994年	4.4	2.8	1.6	8.3
贡献率				
20世纪70年代	54.5	37.8	16.7	100
1981～1985年	60.0	37.1	22.9	100
1986～1994年	53	33.7	19.3	—

资料来源：王兴化、张锐钢：《台湾经济转型与制造业劳动成本变动》，《台湾研究集刊》2000年第3期，原载于张温波《总体经济调整与成长来源变化之探讨》，中国台湾《自由中国之工业》1995年12月。

二　劳动力部门结构变化与收入分配

1. 拉美的过度城市化与非正规部门就业

拉美国家进口替代型工业化模式还带来另一个问题，即城市过度发展问题。城市的过度发展即“过度城市化”（over－urbanization），可被定义为“非工业化的城市化”（Williamson，1988），其意思是工业化的水平滞后于城市化的发展。在许多发展中国家，现代工业较弱，吸纳劳动力的能力低，以至于被乡村不利条件和城市工业部门的高工资所驱动的乡城迁移者不能被城市工业部门吸收，不得不进入工资水平较低的第三产业和非正规部门。过度城市化问题在拉美国家尤为突出。

拉美国家的过度城市化大约是从二战以后开始的。1950～1980年，拉美国家的城市化水平从40%提高到64%，只用了30年的时间。相比之下，发达国家在完成同样的城市化增幅多花了20年。然而，在同样的增幅内，发达国家的人均GDP增加了大约2.5倍，而拉美国家只增加了60%。从国别看，1997年，阿根廷的城市化率高达89%，超过了美国、日本、德国和法国等大多数发达国家，巴西、智利和委内瑞拉的城市化率也都在80%以上，与发达国家并驾齐驱。但实际上，这些拉美国家的工业化程度和经济发展水平远远落后于发达国家。

从发达国家城市化进程情况看，一般在工业化初期，城市化水平低于工业化水平，而到工业化中后期，城市化水平超过工业化水平，并且差距越来越大。然而，在拉美国家呈现的是另一番景象，即在它们还没有进入最初的工业化阶段时，城市化水平就超过了工业化水平，而在它们进入了工业化阶段后，出现了一种过度城市化现象。有关资料显示，当发展中国家（社会主义国家除外）的城市化水平达到21%时，其人均GDP为340美元，而欧洲大陆城市化水平达到21%时，人均GDP已高达650美元。① 从人口增长情况来看，西欧百万人的城市年均人口增长率只有1%～2%，而拉美同类城市的人口增长则为每十年翻一番。到20世纪70年代中期，拉美地区城市人口已占地区总人口的60%，但工业人口的比重不超过20%～30%。这显然表明，拉美国家的城市化与工业化进程出现了严重脱节。

简达姆（Gendarme）在研究比较了发展中国家和发达国家城市化发展的历史和现状后，认为发展中国家过度城市化存在如下特征：①城市人口快速增长。具体表现为，20世纪发展中国家的人口增速大大快于以往发达国家相应历史发展时期的人口增速。其中，农村迁出者的绝对数量大，使得发展中国家城市面临的压力要比发达国家大得多。②城市经济的二元性比较明显，非正规部门占有重要位置。③低收入的农村人口面临着耕地资源不断缩减的形势，农业的发展大大落后于农村人口的增长。城市规模扩

① 〔瑞士〕保罗·贝罗赫：《1900年以来第三世界的经济发展》，上海译文出版社，1979，第213页。

张而导致的耕地面积下降，一方面拉大了地区农业生产能力和消费者需求之间的缺口，从而导致食物进口量上升；另一方面加剧了人口与土地之间的矛盾，强化了乡城人口迁移的动机。

在拉美国家，非正规经济部门大量存在是因为正规经济部门吸收就业能力低。在非正规经济部门，劳动力素质较差，资本数量微不足道，生产力水平较低，工资或无或非常微薄。这实际上构成了次级劳动市场或二级劳动市场，而正规经济部门构成主要劳动市场或一级劳动市场。这两个劳动市场具有分割性（segmentation）和封闭性特征。两个市场工资的决定也不相同，在主要劳动市场，工资水平由政治制度来决定；而在次要劳动市场，工资水平由就业人数以及资本 - 劳动比决定。两个市场之间要素流动十分有限，或没有联系。

20 世纪 70 年代，拉美国家经济处于上升阶段，主要（正规）经济部门中就业者所占比重从 17% 上升到 19%，但非正规经济部门中的就业人数在整个拉美地区的年增长率为 3.9%。1980 ~ 1987 年，拉美国家中的非正规经济部门就业人数增加了 56%，而整个非农业部门的就业率只增长了 10%。[①] 不过，我们也注意到，即使在发达国家，非正规部门也是存在的。比如，1992 ~ 1995 年，荷兰从业人员增加了 43.5 万人，其中 93.6% 为非全日制就业劳动者；1992 ~ 1997 年，英国增加了 93 万个就业岗位，其中非全日制就业岗位占增加额的 68.5%。[②] 这足以说明，在非正规部门就业亦是一种非常重要的就业方式。但问题是，在拉美，非正规部门往往得不到政府的重视，在非正规部门就业，既缺乏相关的政策扶持，又得不到相应的权益保障，这种情况与较为完善的发达国家的劳动市场是不同的。

在过度城市化国家中的劳动市场，非正规经济部门就业者占有较大的比例。有关资料显示，1950 年，拉美非正规部门中就业人数占经济活动人口的 13.5%，1980 年这一比重达到 19.4%。[③] 1985 年，拉美大约有 3000 万人在非正规经济部门工作，约占城市劳动力人数的 60%，大部分人从事

① 〔俄〕H. B. 斯克雷普尼克：《非正规经济部门的就业问题》，《国外财经》1995 年第 4 期。

② 袁铁铮、李长春：《国外非正规部门就业和其他灵活就业研究》，中国劳动社会保障出版社，2000。

③ 〔美〕E. 卡多索等：《拉丁美洲经济：多样性、趋势和冲突》，美国麻省理工学院出版社，1992，第 235 页。

的是暂时性的、繁重的体力劳动，如洗衣、清洁、装卸、低层次的建筑，涉及的行业相当广泛，有小商业、小制造或加工业、服务业（修理、运输、擦洗、缝纫）等。其中，妇女在这一经济部门中就业比重相当大，还包括许多儿童。这一部门的就业者大多属于贫困阶层，大多数从业人员的收入水平低于官方规定的最低工资线。由于收入水平低，收入分配不公平的问题显得十分突出。有关资料显示，20 世纪 70 年代，拉美的收入分配较世界上其他国家更为不公平。例如，其他国家的基尼系数为 0.39，最穷的 20% 的人口的收入占总收入的 6.5%；而拉美的基尼系数高达 0.52，最穷的 20% 的人口仅获得总收入的 3.1%。[①] 20 世纪 80 年代，由于受经济危机的影响，拉美的两极分化进一步恶化。

首先，拉美的劳动力参与率下降，由 1950 年的 50.4% 下降到 1970 年的 44.9%。其中，男性劳动力参与率由 1950 年的 81.3% 下降到 1970 年的 70.4%；女性劳动力参与率上升，从 1950 年的 19.6% 上升到 1980 年的 27.9%。劳动力参与率下降，说明相当一部分劳动力被排斥在现代工业部门之外，为维持生计，许多人不得不在非正规部门就业，靠打零工维持生活，而靠工资生活的人数不够多。这种情况亦说明城市经济的二元性比较明显，非正规部门占有重要位置。两个部门劳动市场具有分割性。

其次，拉美的部门就业结构发生变化。1950～1980 年，拉美国家的部门经济结构发生了很大变化。制造业以高于整个经济的发展速度增长，其比重由 18.7% 上升到 26.1%。工业产值的年均增长率在 20 世纪 50 年代为 5.8%，60 年代和 70 年代均为 6.4%。因而，劳动力的部门分布结构相应发生明显变化。1950～1980 年，农业部门的比重从 55% 下降到 32.1%，工业部门的比重从 19.3% 上升到 25.7%。服务业部门吸收劳动力的能力不断加强，其比重从 25.7% 上升到 42.2%。

拉美国家经济的二元结构决定了在雇佣劳动部门显著发展的同时，存在着大量的低收入和低生产率（个体劳动、家庭服务等）部门。大量离开土地的农民由于无法在现代生产部门找到工作，流入低收入和低生产率部门，使非正规经济部门就业人数在劳动力人口中的占比保持较高水平。

20 世纪 80 年代，严重的经济危机和巨大的外部压力迫使拉美国家进

① 拉美经济委员会：《80 年代拉丁美洲的贫困与收入分配》，1993 年 3 月 31 日。

行了深刻的经济调整，劳动力市场也发生了相应变化。雇佣劳动部门的就业受到各种影响，非正规部门占就业的比重扩大，呈现就业的非正规化现象。

2. 东亚国家和地区就业部门结构的演进

随着进口替代向出口替代的转变，东亚国家和地区的劳动市场也随之发生了一系列变化。这里以韩国劳动市场为例，其变化如下。

一是第一产业的就业人数大幅度减少，第二、第三产业的就业人数大幅度增加。韩国在开始实施外向型经济战略时，重点发展具有国际竞争能力的制造业，如纺织、服装、鞋、电子产品制造等轻工业。这种劳动密集型的制造业的扩张，导致了韩国在国际分工中由过去的以出口农产品和采掘业产品为主转向了以出口制造业产品为主，并促使大量的农业劳动力向非农业部门大规模转移，农业劳动力在就业人口中所占的比重从 1963 年的 63.1% 下降到了 1983 年的 32.1%。

二是中小企业不断发展。在劳动力市场上，中小企业的就业人数大幅度增加。据韩国经济企划院和国家统计局有关数据，1985 年，韩国企业总数由 1966 年的 22718 个增加到了 44057 个，其中 300 人以下的中小企业占了 96%；而就业人数由 1966 年的 56.67 万人增加到了 243.9 万人，其中仅中小企业就占了 56.1%；由此而带来的巨大价值增值，由 1966 年的 1562 亿韩元猛增到了 267366 亿韩元。[①]

三是妇女就业的机会不断增多。飞速发展的经济为韩国妇女带来大量的就业机会，使妇女劳动参与率在短期内迅速提高。20 世纪 60 年代以前，韩国妇女劳动参与率是很低的，1970 年上升为 34.9%，1980 年为 36.6%，1984 年为 33.9%。制造业成为推动经济增长的“火车头”，而妇女在制造业中的就业参与率增长最快，人数最多。1960 年，韩国妇女在制造业的就业人数仅为 12.7 万人，到 1980 年已达到 101.2 万人，[②] 特别是在与出口有关的制造业行业中，从事生产的主要力量是妇女。80 年代以后，尽管轻工业在韩国产业结构中的比重下降，但是轻工业的绝对量以及对女工的需求绝对量仍然是增加的，同时，新兴的电子等产业对女工也有很大需求。

---

① 徐建平：《韩国的劳务市场》，《国际经济合作》1999 年第 3 期。

② 范若兰：《亚洲“四小龙”妇女劳动参与特点》，《当代亚太》1995 年第 4 期。

四是劳动力受教育程度普遍提高。20 世纪 60 年代以前，韩国中小学适龄青少年的入学率还不足 60%，文盲和半文盲人口占总人口的一半多。自经济步入高速发展轨道的60 年代起，韩国的教育事业得到迅速发展，劳动力受教育程度普遍提高，高级专业人才占比在劳动力结构中不断扩大。有关资料显示，1965 年韩国平均每万人中具有大学学历的只有 38 人，1980 年增长到 117 人，1985 年则变为 249.5 人。[①] 教育的迅速发展，大大改善了人口的文化结构，提高了劳动力素质。

五是在外向型经济发展的过程中，各种职业划分越来越细，职业的专业化和多样化水平越来越高，促使劳动力向各种专业技术工作岗位流动。生产过程的机械化和电脑化需要劳动力接受更多的培训和教育，脑力劳动和体力劳动重叠的领域不断扩大，脑力劳动和体力劳动之间工资水平和生活待遇的差距不断缩小。

六是雇佣劳动不断扩大。1960 年至 20 世纪 70 年代中期，韩国劳动力一直以每年 3.2% 的平均速度增长，但其失业率从 1962 年 8.2% 的高峰值逐渐降到了 1975 年的 4.1%。[②] 1975 年前后，韩国农村地区已经开始出现劳动力短缺现象，1977 年前后，则出现全国范围的劳动力短缺现象；1970 年，韩国城乡人口之比为 43.3∶56.7，农村人口仍然居多，而到 1980 年，城乡人口之比为 57.3∶42.7，城市人口超过农村人口。[③] 雇佣劳动的不断扩大，在促进工业化发展的同时，也使城市化得到了快速发展。

这里有一个十分重要的现象需要引起我们的注意。20 世纪六七十年代，韩国劳动密集型工业在迅速发展的同时，也吸引了农村大量的劳动力涌入城市，但有相当多的劳动力不能在正规经济部门就业，而只能在一些小的企业或非正规经济部门就业。不过，韩国在工业化和城市化进程中，有一个异于其他发展中国家的重要特征，这就是在城市劳动市场中正规经济部门与非正规经济部门之间联系非常紧密，也就是说，这两种经济部门之间的界限比较模糊。就韩国的情况来看，其劳动市场中除正规经济部门的工作外，还包括非正规经济部门的工作，如由大企业提供的临时性工作

① 金万甲：《韩国人口变化趋势》，《当代韩国》1997 年第 2 期。

② 徐建平：《韩国的劳务市场》，《国际经济合作》1999 年第 3 期。

③ 金万甲：《韩国人口变化趋势》，《当代韩国》1997 年第 2 期。

和通过非正式渠道（如亲友介绍）获得的家庭佣人之类的工作。但是，这些非正规经济部门工作中的很大一部分与现代部门有联系，如供出口的毛衣编织。这意味着尽管在一个乡城移民社区内，职业的寻找可能是非正式的，但其职业可能与其社区外的正规经济部门有联系。一般发展中国家的非正规经济部门通常与正规经济部门完全分离，其贫民窟与正规经济部门的任何分支都没有直接的联系。而韩国的贫困阶层可以被视为出口导向型工业化的一个组成部分，在这种情况下，非正规经济部门的临时工和正规经济部门的“蓝领工人”之间就存在着某种流动。韩国和中国台湾地区的工业化、城市化发展过程显示了一种由发展中国家型向发达国家型过渡的范例（Hashiya，1996）。

中国台湾地区劳动市场的变化也大体相似，这可从台湾地区工业化过程中农村剩余劳动力转移的变化清楚地看到。1953～1985年，中国台湾地区农业劳动力的绝对数减少了35万人，工业劳动力人数由52万增至308万，扩大了4.9倍；服务业劳动力人数由79万增至305万，扩大了2.9倍。工业和服务业就业人口在总就业人口中的比重，由44.4%增至82.5%，而农业就业人口比重则由55.6%降至17.5%。[①] 不过，台湾地区经济发展中更多地带有市场导向的特征，比如，台湾地区中小企业的发展更为普遍，相当多的劳动力在中小企业就业。可以说，相对于自由竞争特征的出口部门来说，中小企业起了主导作用，正是这些中小企业的出口，成了台湾地区工业化的重要支撑。表6－15是亚洲“四小龙”和东南亚部分发展中国家劳动力部门的分布情况，表中体现了其劳动市场的变化与韩国和中国台湾地区相近的演变特征。

表6－15　亚洲“四小龙”和东南亚部分国家的劳动力部门分布（1960～1996年）

单位：%

国家和地区	农业			工业			服务业		
	1960年	1980年	1996年	1960年	1980年	1996年	1960年	1980年	1996年
印度尼西亚	75.0	58.0	44.0	8.0	12.0	18.1	17.0	30.0	37.9
菲律宾	61.0	52.0	41.7	15.0	15.0	16.7	24.0	33.0	41.6

① 陈士成：《台湾社会结构变化分析》，《台湾研究》1988年第3期。

续表

国家和地区	农业			工业			服务业		
	1960 年	1980 年	1996 年	1960 年	1980 年	1996 年	1960 年	1980 年	1996 年
泰国	84.0	71.0	60.3	4.0	10.0	15.4	12.0	19.0	24.3
马来西亚	63.0	41.0	19.4	12.0	19.0	32.2	25.0	40.0	48.4
韩国	66.0	37.0	11.6	9.0	27.0	32.5	25.0	36.0	55.9
新加坡	8.0	2.0	0.2	23.0	42.0	30.2	69.0	56.0	69.6
中国香港	8.0	1.0	—	52.0	50.0	25.0	40.0	49.0	75.0
中国台湾	52.0	19.5	10.1	20.0	42.4	37.5	28.0	38.1	52.4

资料来源：1983 年、1996 年《世界银行发展报告》；《国际统计年鉴（1998）》；1998 年、1999 年《中国统计年鉴》；中国台湾地区 1960 年的数据来自郭婉容等《台湾的经济之路》，中国经济出版社，1991，第 15 页。

三　工资增长速度的差异

1. 拉美国家劳动市场分割与工资增长缓慢

拉美国家在工业化进程中工资水平具有如下特点：一是从一个较长的时期来看，拉美国家的工资总水平变化不大，尽管其间波动较大（见表 6－16），这似乎印证了刘易斯的工资不变假说。然而，大量失业的存在，说明现代部门吸收不了传统部门的剩余劳动力，这点正是托达罗批判刘易斯之所在。二是工资水平与生产结构之间不具有协调性。三是雇佣工资阶层的人数不是足够多，整体工资水平不高。四是在二元经济状态下，拉美国家的工资呈现高工资与低收入并存，而工资决定方式大不相同的特点。在进口替代型工业化的最初阶段，拉美国家是以发达国家的增长模式为隐含参照系的。当时，其工业部门工资水平与发达国家相比仍具有竞争性，但由于不顾自身客观经济条件，将以生产消费品为基础的工业转变为资本密集型工业，使得比较优势不能得到有效发挥，廉价劳动力不能得到充分利用，资本积累不快；在市场保护下，企业竞争受到影响，劳动生产率下降，收入增长缓慢。而在工资水平和劳动生产率的作用下，消费品市场受到以工资收入为生活来源的工人的购买力限制，国内市场需求不足，又进一步影响到经济的发展。政府主导的资本密集型工业的建立，使现代工业部门吸纳劳动力的能力更加受到影响。在政府财政预算下高工资的引诱下，城市过度发展问题更为突出，迫于生存，许多人只能到工资水平较低的非正规经济部门就业。而在非正规经济部门中就业人数增加的同时，职工的平均收入水平在降低。这两种变化趋势似乎是同步的，这可以根据国际劳工组织的统计资料得到证实：1980～1987年，拉美国家非正规经济部门职工的收入水平一般降低了8%。因此，在非正规经济部门中，就业的增加是自相矛盾的：一方面，职工的收入水平可以稍高于维持生计的水平；另一方面，其重新回到这一水平上甚至会陷入贫困。

表6－16反映了部分国家制造业雇员人均实际劳动报酬指数的变动情况。我们可以看到，拉美国家工资水平经历了大幅度的波动，但实际上长期增长率较低，而与之形成鲜明对比的是，东亚相关国家的工资水平稳步上升。图6－5揭示了同样的情况。

表6－16　制造业雇员人均实际劳动报酬指数（1987年＝100）

年　份	墨西哥	阿根廷	巴　西	委内瑞拉	韩　国	新加坡
1970	130.9	91.0	61.0	77.1	30.1	69.8
1971	132.4	99.0	68.2	77.0	31.5	74.0
1972	134.5	94.0	77.4	77.4	31.9	50.5
1973	—	110.5	74.3	87.1	37.9	53.4
1974	—	128.9	79.2	98.1	39.4	54.3
1975	—	129.3	75.9	102.1	41.2	55.1
1976	—	82.1	83.0	98.5	45.7	59.3
1977	—	80.9	84.3	102.3	53.7	61.0
1978	—	79.7	88.4	109.7	64.9	61.4
1979	—	90.6	92.2	116.6	72.0	64.7
1980	—	101.0	104.4	119.8	68.8	68.2
1981	—	90.9	114.3	123.5	67.7	74.2
1982	—	80.7	119.7	121.9	70.8	81.3
1983	—	104.3	108.8	112.4	75.0	90.5
1984	108.7	127.0	101.2	112.6	81.8	97.3
1985	110.7	99.4	104.0	112.6	85.7	104.9
1986	101.9	108.6	100.3	108.6	88.2	101.7
1987	100.0	100.0	100.0	100.0	100.0	100.0
1988	98.1	95.0	101.8	95.7	111.8	101.6

续表

年　份	墨西哥	阿根廷	巴　西	委内瑞拉	韩　国	新加坡
1989	104.7	76.4	96.6	75.7	131.4	112.5
1990	108.7	82.6	85.1	70.0	144.0	120.0
1991	114.5	69.5	83.1	72.7	159.3	127.3
1992	125.5	—	—	68.5	163.2	136.3
1993	—	—	—	60.3	165.7	144.9

资料来源：《国际统计年鉴（1995）》。

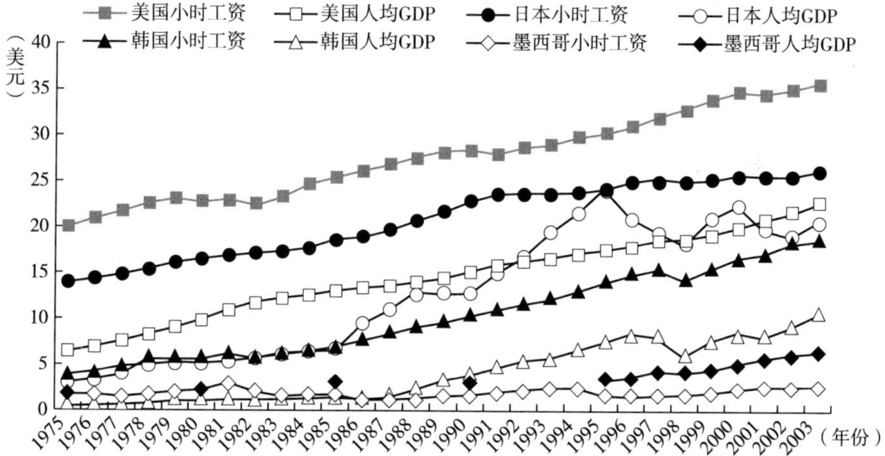

图 6－5　部分国家人均 GDP 和小时工资数的长期变动

资料来源：小时工资数据来自 *International Comparisons of Hourly Compensation Costs for Production Workers in Manufacturing, 1975－2003*, U. S. Department of Labor Bureau of Labor Statistics Office of Productivity and Technology, November, 2004；人均 GDP 数据来自 *Comparative Real Gross Domestic Product Per Capita and Per Employed Person Fourteen Countries, 1960 － 2003*, Prepared by U. S. Department of Labor Bureau of Labor Statistics Office of Productivity and Technology, http://www.bls.gov/fls/, July 26, 2004，其中，墨西哥数据不全，2001 年、2002 年、2003 年数据为人均 GNI 数据。

2. 东亚国家和地区的工资稳定增长

东亚国家和地区的工资变动既有利于发展能发挥自身优势的劳动密集型产业，使劳动者分享到经济高速增长所创造的成果，又有利于产业的换代升级。其工资在经济开始高速增长的早期比较低，有利于吸引劳动密集型企业的投资，而在经济高速增长的过程中，工资率在平稳提高。表 6－17 反映了亚洲“四小龙”工业部门日均工资的初始状态和之后的稳定增长。这一水平不仅远远低于西方发达国家，而且低于其他发展中国家。以半导体工业为例，1970 年，美国工资是中国香港的 10.3 倍，是韩国的 10.2 倍，是新加坡的 11.6 倍。即使是同为发展中国家的墨西哥，其半导体工业年工资水平也要高出中国香港、新加坡和韩国等的 0.8～1.2 倍，其民用电子工业的年工资水平则是后者的 2.0～18 倍。另外，从劳动力的质量上看，1960 年，亚洲“四小龙”的成人识字率已达到 70%；小学入学率中国香港为 87%，韩国为 94%，中国台湾为 95.4%，新加坡则高达 99.9%，中学入学率分别为 20%、27%、51.2% 和 32%，而同期发展中国家平均中学入学率只有 15%。显然，劳动力成本低和劳动力质量高构成了亚洲“四小龙”比较优势的基础。

表 6－17　亚洲“四小龙”工业部门日均工资国际比较（含津贴）

单位：美元，%

国家和地区	1964 年	1967 年	1968 年	1969 年	1964～1969 年平均增长率
韩　　国	0.48	0.80	1.00	1.24	20.8
中国台湾	1.10	1.44	1.61	1.67	8.7
中国香港	1.72	2.19	2.17	2.39	6.8
新 加 坡	2.48	2.56	2.53	2.53	0.4

资料来源：赵自勇《从进口替代到出口导向——独立之初新加坡新工业化战略的确立》，《东南亚研究》1998 年第 3 期；Kunio Yoshihara（1978）. *Japanese Investment in Southeast Asia*, Honolulu: The University Press of Hawaii, p. 28。

按照斯托尔珀－萨缪尔森定理，富国和穷国开展国际贸易，富国将出口技术密集型产品（因为它在熟练劳动者方面有相对优势）、进口劳动密集型产品，结果将导致富国生产的产品从劳动密集型产品转向技术密集型产品，这种转移提高了对熟练劳动者的需求，并减少了对非熟练劳动者的需求，若工资随着对不同劳动者的需求变化自由升降，则熟练劳动者的实际工资将提高，而非熟练劳动者的工资则会下降；在穷国则会发生与此相反的现象。对东亚来说，就意味着工人的工资上升，因为东亚出口的商品大多属于劳动密集型商品，即随着贸易自由化进程的推进，东亚工人的工资水平将增加。这可以从韩国工资水平的变化中得到证实。

1965～1979年是韩国经济发展较快的时期。在这一时期，其GNP年平均增长率超过8%；人均GNP由105美元增至1647美元；出口额由5480万美元增至150.6亿美元；产业结构也因此产生了较大变化，制造业所占GNP比重从1965年的18%提高到了1979年的29%，第一产业所占比重从40%下降到20%。[①]

这一时期，韩国工人工资收入有了较大幅度的提高，年平均增长率达24%。其中尤以1967～1969年和1976～1978年两次大幅度的提高为甚。1961～1966年，韩国制造业工人的年实际平均工资水平基本保持在240美元。1967年之后，由于制造业发展较快，外向型经济初见成效，雇佣工人显著增加，工资增速加快。1967年、1968年和1969年制造业工人的实际工资增长率分别达12.0%、15.8%和22.3%，大大超过了相应年份9.3%、6.5%和6.9%的劳动生产率。到1970年，韩国年平均工资达500美元，四年翻了一番多。

20世纪70年代初，由于劳动密集型产品出口受到发展中国家廉价产品的冲击，竞争加剧，经济下滑，韩国工人工资的增长速度一度降低，1971年和1972年制造业工人工资的实际增长率分别为2.9%和2.2%。1975年，韩国制造业工人年均工资水平为950美元。需要注意的是，尽管这一时期工资水平在不断提高，但制造业对剩余劳动力的吸纳是主要的。1975年，韩国国内劳动力开始出现短缺，劳动力丰富的比较优势下降，这使得韩国政府改变了其工业化发展战略，加大了对重工业和化学工业的投资比重，以发展资本密集型产业。由于劳动力短缺，加上劳动力素质有了普遍提高，从1976年开始，韩国工人实际工资水平再一次大幅度提高。1976年、1977年和1978年三年的工资增长率分别达34.7%、33.8%和34.3%，扣除物价上涨因素，实际增长20.1%、21.8%和20.6%，大大超过了同期4.4%、4.2%和5.4%的劳动生产率。1979年，韩国制造业工人年平均工资达到2860美元，是1970年的5.72倍。

20世纪80～90年代，韩国资本密集型产业快速发展，劳动力要素价格与资本要素价格相比更高，工资水平上升的速度较快。这一时期，韩国工人的工资第三次大幅度上涨，1988年、1989年和1990年的制造业工人

① 袁世升：《韩国国民生产总值和人均工资收入》，《全球科技经济瞭望》1998年第5期。

工资增长率分别达到19.6%、25.1%和20.2%，扣除物价上涨因素后实际增长12.4%、19.3%和11.6%。1990年，制造业工人年平均工资突破1万美元，到1996年，全行业工人年平均工资达2.04万美元。同一时期，韩国经济保持高速增长，经济高速增长支持着工资水平的上升。

1973～1978年，新加坡基本上实行有节制的工资政策，制定的加薪幅度较小且平稳，工资出现有节制而又缓慢的增长，这个时期的全国名义工资年均增长率为9.7%，实际增长率仅为1.7%。1979～1985年，新加坡政府实行"纠正性工资政策"，连续几年大幅度提高工资，希望通过高工资政策提高劳动成本，促使劳动密集型产业向资本－技术密集型产业过渡。在1979～1981年三年内，新加坡名义工资年均增长率为11.9%，1982～1984年为11.2%，实际工资增长率高达8.3%。1985年，新加坡经济出现严重衰退，为促使经济好转，1986～1987年，新加坡政府实行严厉的节制工资政策，以防工资过快增长。1988年，新加坡经济又出现强劲增长，加上劳工短缺，劳动力供不应求，工资增长幅度较大。

由上我们可知，东亚工资水平变化具有如下特点：一是工资水平与生产结构之间具有协调性。如在以劳动密集型制造业为主的20世纪70年代，东亚工资水平较低，随着资本密集型产业的发展，生产高技术含量的产品所要求的劳动力素质逐步提高，工资水平也跟着上涨，所以随着产业结构的变化，工资水平也逐渐趋于合理。二是以工资为收入的人数较多。采取外向型经济发展战略，使企业对劳动力的需求，包括对妇女劳动力的需求维持在较高的水平上。其结果是，就业机会得到扩大，工资水平也得到提高。三是在整个经济发展过程中，工资水平是不断上升的，工资的增长率基本上与GDP的增长率同步。四是工资是由劳动市场自发决定的。这个由劳动力市场决定的工资水平将围绕社会经济这根轴心的发展而调整。

四　政府税收政策对收入分配的影响

1. 东亚的税收政策分析：以韩国为例

税收政策在形成收入分配格局和调整收入分配结构方面发挥着重要作用。东亚地区很多国家和地区的税收政策有利于收入差距扩大问题的缓解。以韩国为例，韩国1960年的税收改革包括了很多激励储蓄和投资的政策，包括取消资本收益税，减免50%的公司用于再投资的分配利润税，降低个人和公司所得税税率，减免30%来自出口的收入税，减免20%来自其他国外交易的收入税；同时，提高了酒类、酒店以及入场税的消费税税率，调高了一倍汽油和其他石油产品的税率，增设或提高了进口和国内生产奢侈品的商品税（特许权税）。

1967年的主要税收改革内容是降低低收入人群和小企业的所得税税率，而提高高收入人群和大公司的所得税税率；进一步提高对工资和薪金收入的税收豁免；重新设立资本所得税，但仅限于不动产；但是，酒类税税率进一步提高，商品税的对象数量提高了一倍，石油类产品的税率提得更高，电话税开始征收。

概括来说，韩国税收结构的总体特征是所得税属于中等程度累进，对所得税进行补充的是对奢侈品征收重税的商品税体系，对不同来源、同等数量收入的人征收同样的税收。

因为韩国的所得税仅仅是中等程度的累进，与税收相关的收入分配的改进主要来自对商品的税收。在韩国，商品税覆盖了80个进口和国内生产加工的商品种类。税率从纸张的2%，到博彩、体育活动、半加工羊毛、进口纺线的70%不等。

如果按照食品消费占收入的比例将韩国人口分为低收入者、中等收入者和高收入者，则低收入者食品消费占总收入的比例超过70%，中等收入者的比例为50%～70%，高收入者的比例低于50%。据此可知，高收入者消费的商品多属于高税收种类，韩国商品税对收入分配的净影响是累进的。①

2. 拉美的税收政策分析：以巴西为例

1964年以前，巴西的所得税体制还是比较原始的，有很多减免项，管理比较松散，税收扣缴没有广泛展开。结果，联邦和州政府都被迫高度利用在消费上的累退税，这极大地扭曲了私人的生产和消费模式。② 1965年，巴西税收体制开始改革，税收制度的改革产生了一定的积极效应：联邦间接税开始在“必需品”的基础上有所变动（奢侈品征收较高税率）；政府第一次开始对富人进行有效的税收注册；政府在一定程度上开始将投资资

① P. D. Ojha, George Lent (1969). *Sales Taxes in Countries of the Far East*, International Monetary Fund Staff Papers, pp. 576 - 579.

② Carl S. Shoup (1965). *The Tax System of Brazil*, Rio de Janeiro: Fundacao Getulio Vargas.

金从富裕的地区转移到较贫穷的地区。

这些积极效应被所得税的法律结构和税率大打折扣，分红、利息、高额收入、城市房地产公司的税收按照国际标准来看，制定得比较低，为了刺激投资而采取的很多措施（如免税期等）也使税收更有利于企业家阶层。这些税收激励的很多措施是针对巴西收入较低的东北地区，但是这些企业家一般住在南部地区。[①] 表 6－18 列出的巴西税收负担表明税收结构仅仅是成比例的，它在再分配中所起的作用很小。

表 6－18　巴西：按收入段估计的有效税率

单位：%

收入段（单位：1000 旧克鲁赛罗*）	≤99	100～149	150～249	250～349	350～499	500～799	800～1199	1200～2499	≥2500
1961～1962 年									
全国	5.2	7.8	10.6	10.5	14.3	17.0	18.7	15.3	14.8
农村	3.6	4.4	4.6	4.1	4.1	4.6	5.3	6.4	6.5
城市	16.2	19.8	21.6	22.5	23.3	24.1	23.3	19.9	18.0
1962～1963 年									
农村	3.6	4.4	4.6	4.2	4.1	4.7	5.4	6.4	6.3
城市	16.0	19.5	21.3	23.1	23.4	23.2	24.2	19.7	18.3

注：*1 新克鲁赛罗相当于 1000 旧克鲁赛罗。

资料来源：1961～1962 年的数据来自 Henry Aaron（1968）. *Estimates of the Distributional Impact of Brazillian Taxes and Expenditures*, Mimeographed, Council for International Program in Management, Inc., July－August 1968；Giant Sahota（1968）. *The Distribution of Tax Burden in Brazil*, Mimeographed, Sao Paulo。

五　教育对收入分配的影响

1. 东亚的高水平教育投资

东亚国家和地区一直比较重视教育。韩国的识字率是非常高的，孩子

① David Goodman (1972). "Industrial Development in the Brazilian Northeast: An Interim Assessment of the Tax Credit Scheme of Article 34/18," In Riordan Roett, ed., *Brazil in the sixties.* Nashville: Vanderbilt University Press.

的教育在韩国家庭中排在优先的位置。九年义务教育发展很快，中学和更高层次的教育发展更加迅速。1945～1965 年，韩国大学生人数增长了 18 倍，初中和高中人数增长了 14 倍。[①]

除了九年义务教育外，更高等次的教育为大量的学生提供了更多接受教育的机会。很多好的中学和大学是公立的，学费和其他费用都不是很高。另外，私立学校也很快发展起来。

韩国教育的回报率比较奇怪，学校的层次越高，其回报率越低（见表 6－19）。大学教育较低的回报率对收入分配的影响类似于西欧和北美。例如，像很多发达国家一样，各个教育水平的回报率低于物质投资的回报率（20%），[②] 说明相对来说太多的投资投入了教育。高水平教育高速发展的明显好处是经济可以快速扩张，因为大量的储备人才可以满足现代部门的迅速扩张。发展最快国家（包括韩国）的教育水平高于相同收入水平国家的平均教育水平。发达的教育不仅与高生产力相联系，而且与收入分配的不断改善相联系。

表 6－19　韩国教育的回报率

单位：%

教育类型	回报率
初　　中	12
高　　中	9
学院和大学	5

资料来源：Kim Kwang Suk（1968）. *Rates of Return on Education in Korea*, Mimeographed, Seoul, p. 10。

2. 拉美的教育结构

拉美许多国家的教育在 20 世纪五六十年代仍然比较落后。例如，对巴西 1953～1967 年入学率的一个检查显示，只有 40% 的一年级学生升到二年级，29% 的二年级学生升到三年级，18% 的三年级学生升到四年级。这种结构的结果非常清楚：不超过 10% 的跨入小学校门的学生能够进入中学。只有 5% 的入学学生能够完成中学前四年的学习，只有 3% 的学生能够

① 韩国教育部编历年《教育统计年鉴》。

② Kim Kwang Suk（1968）. *Rates of Return on Education in Korea*, Mimeographed, Seoul, p. 10.

完成中学后三年的学习。[①] 这样的教育体系造成了高辍学率。这引起两个相关的问题：非技术劳动力的过剩和受过培训的合格工人的缺乏。

非技术劳动力的过剩在城市达到了惊人的比例，其原因主要有以下几个方面：①农村居民为了寻求更好的生活和就业条件移居到城市中心。②在劳动力队伍中大多数是年轻人。③无规划的工业发展吸引手工业者和家庭作坊中工人的速度超过了其吸收这些劳动力的速度。④城市化的速度超过了工业化的速度。⑤第三产业（如商业、银行业、保险业及公共管理领域）就业需要更高的教育水平，所以其吸收失业的工业劳动力比较困难。⑥在一些产业，生产率的提高减少了其对劳动力的需求。

这样的教育结构和有关政策对拉美地区的收入分配产生了很大的负面影响。在巴西，控制着传统（农村）部门进入现代（城市）部门机会的教育系统使收入差距持久化。得到过正规教育的个人可以获得进入工业所需要的技术，比没有进过学校的人有更多机会进入现代部门，后者更多地留在传统部门，只有较低的收入和较少的提高机会。在巴西，教育的回报率不但很高，而且随着更多的培训上升很快。例如，1962 年，假设入学的直接成本是零，对于教育的私人回报率，小学教育是 11%，中学的前四年是 22%，中学的后三年是 20%，更高的教育是 38%，相应的社会回报率分别是 10%、17%、17%、14.5%。[②]

更高教育的高回报率反映了巴西工业增长非常快。这种增长需要的大量专业技术人才远远超过可能的供给。尽管教育系统发展非常快，但是考虑到其较低的发展阶段，它在推进收入分配公平方面发挥重要作用还需要一段很长的时间。

在教育方面，巴西税收结构具有非常明显的非累退性质，穷人的税收负担高于非穷人。这实际上相当于向穷人征税，为非穷人的教育提供补贴。因此，当前巴西的公共教育融资方式看起来会提高而不是降低收入分

① Americo Barbosa de Oliveria, Jos e Zacarias Sa Carvalho (1970). *A Formacao de Pessoal de Nivel Superioe eo Desenvolvimento Economic*, Rio de Janeiro: Campanha Nacional de Aperfeicoamento de Pessoal de Nivel Superior.

② Cf. M. Carnoy (1967). "Rates of Return to Schooling in Latin America," *Journal of Human Resources* (Summer 1967); S. A. Hewlett (1970). *Rate of Return Analysis: Its Role in Determining the Significance of Education in the Development of Brazil*, Mimeographed.

配不平等水平。

政府教育政策的后果体现在人口的挣钱能力和收入分配上。政府的哲学是，国家的目标应该是实现快速的经济增长，而收入分配问题应留给政治过程去解决。这种哲学为完全忽视收入分配提供了一个很好的理由。将效率和公平分割开来是极端错误的。对融合效率和公平方法的需要在分析教育问题时显得尤其重要，教育的本质功能包括了收入的产生及其分配。

六　政府农业政策与收入分配

在发展中国家，政府在各个产业的政策都会对收入分配产生不均衡的影响，但是在农业和工业部门，其影响更加显著。发展中国家穷人主要分布在农村和从事农业生产的事实得到了比较一致的认同。

1. 东亚的土地改革和农业政策

东亚较平等的收入分配在农业方面与土地改革有密切联系。20 世纪四五十年代，东亚很多国家和地区进行了农村土地改革。以韩国为例，1945 年，韩国基本上是一个农业国，3/4 的劳动力从事农业生产，超过 1/3 的农业家庭是长期佃户，其他是短期佃户。地主对佃户的剥削非常厉害，租金在收成的 50% ~90% 变动，韩国社会存在着绝对农村贫困。

韩国是世界上人口密度和人口 - 可耕地比很高的国家之一，每平方英里 800 人，人均可耕地面积少于 0.2 英亩。

韩国从日本的殖民统治下解放之后，立即进行了土地改革。其土地改革分两个阶段。第一阶段是在 1947 年，日本人控制的土地被重新分配，一年中长期佃户从占农户的 70% 降到 33% 。支付给地主的租金的最高标准为 33% 。第二阶段是在 1950 年，韩国没有任何名义补偿地重新分配了地主的土地，最终消除了佃户的存在，形成了非常小规模的所有者自己耕种的土地制度，改革规定每一个农户持有的最大耕地量不能超过 7.5 英亩，法律甚至禁止农户将其土地进行抵押，以防止佃户 - 地主关系的重新兴起。

除土地改革外，韩国的农业政策还包括农产品价格支持计划、政府收购计划和化肥控制计划。政府在收获季节收购大米，其规模一般占该时期市场量的 1/3 和整个年度的 15% ~18% 。此外，政府还收购相同比例的夏初收获的大麦和其他谷物。作为农业政策的一部分，韩国政府还要求全国农业合作社（NACF）作为国内唯一的买家按照一定的价格购买化肥，化肥的购买价格要能使政府拥有的化肥企业的资本收益率为正，使私人化肥厂有较高的利润。[①] 政府经常要求 NACF 降低购买化肥的价格，以便向遭受旱灾的农民提供救济以及激励其增加产出。

韩国农业成功的部分原因在于，农户具有均等的获得生产要素的机会，这一点与巴西不同。为了增加信贷的可获得性，政府帮助农户建立了众多的农村合作社，它们拥有上百万的小农户，在平等的基础上与现代农业进行竞争。从表 6－20 可以看出，韩国 1968～1970 年的谷物亩均产量与 1948～1950 年的相比，有了极大提高。

表 6－20　1948～1950 年与 1968～1970 年部分国家每英亩谷物产量

单位：磅/英亩

国　家	1948～1950 年	1968～1970 年	增　加
韩　国	1640	2850	1210
墨西哥	700	1265	565
巴　西	1170	1225	55
伊　朗	900	950	50

资料来源：World Crop Statistics，FAO，Rome，1966，1970。

韩国农户采取了一些措施，使农业的生产率不断提高。具体措施包括：①增加化肥的使用量；②提高耕作技术；③增加杀虫剂和小型农机具的使用；④推广灌溉技术。

土地改革和多种目的的农民合作社对农村就业和收入增长产生了显著的影响。韩国使其农户都进入了生产性活动，并最大限度地促进了农业发展。韩国这方面的发展历程和经验与日本、以色列和中国台湾地区比较接近。

在高速发展时期，韩国的工业比农业具有更快的增长速度，但是农业人口的增长速度每年只有 1.7%，因为大量的农村人口转移到城市。这种转移起因于工业具有较高的工资收入，它缓解了人口对土地的压力，并提高了农村一些人口的收入。结果，农业工人获得的日工资仅仅比制造业工

① United States Operations Mission to Korea（1967）. *Rural Development Program Evaluation Report*, Agency for International Development, Washington, p. 91.

人的工资低一点点。

历史上，农业上共同的模式——其中大规模和小规模农户面对不同的投入要素价格——都是不稳定的，大规模农户可以得到政府更多的惠顾，将逐渐把小规模农户排挤出去。在韩国，政府通过平衡土地供给和对农户的最大规模进行限制，避免了这种现象的发生。因此，韩国不仅重新分配了其土地，而且对土地规模设定了限制。最初，这仅仅被看成与平等有关，但是实际上这种规模限制演变为政府农业政策的一部分，这种政策通过平等地获得投入要素而维持了一种小农户、劳动密集型的农业结构。这使经济实现增长的同时，收入分配状况也不断改善。

这种土地、劳动、资本联系为一体的生产模式是一种土地高生产率、劳动低生产率和资本高生产率的农业结构。这样一种农业结构可以充分利用有限的土地、丰富的劳动力和相对短缺的资本。

农业合作社被用来解决小规模农户接近生产投入要素、金融系统、市场、科技知识等问题。随着农业合作社的成长，个人收入和引进的新技术也不断增多。

我们从韩国农业发展的经验中可以总结出一条主要经验：一个好的政策应该是政府要努力创造一种环境，引导大部分人自觉地采用现代的农业耕作方式，而不是强行用政府补贴式的现代农业来替代传统农业。

2. 拉美的土地集中与农业政策

在拉美，土地、金融资源和现代技术的不平等配置导致农民收入高度集中以及就业掌控在数量有限的生产者手中。过去，农村人口就业问题部分地通过城市经济快速增长而吸收农村剩余劳动力予以缓解，但是城市吸收农村剩余劳动力的速度逐渐慢了下来。

在巴西，其农业政策主要是依靠市场激励来实现工业的快速扩张和现代化，从而保证国家的持续发展。这些政策包括：对市场设施进行投资，以提高价格对农民的激励，进而增加农业产量；对投入品（主要是化肥和农机）进行补贴，降低农民的生产成本；为耕种费用增加大量的信贷；对主要农产品提供最低价格保护；对农业投资给予特别激励。每一项政策都力图通过更高的收益和更小的风险来提高产量和生产率。政府希望这些政策不仅能够增加农业产量，而且能够平抑城市消费者的食物价格。

但是政府对提高农村教育没有什么兴趣，在这些领域也没有明显的计划。结果，农村教育水平非常低，不仅农村的教育水平极端低下（1960年，不到10%的从事农业的人口完成了小学四年的教育），而且更糟糕的是，没有迹象表明其有任何改善的趋势。①

巴西政府还很少关注农业技术推广服务、农业研发或者提高土地使用权系统，而主要采取提高农业投资的激励措施。例如，政府对投资于农业的企业资金减少一半的所得税；对于从事农业的公司，给予两年的免税和另外两年的税收优惠；对于在化肥生产和销售方面的投资，给予特别激励；对于很多农业投入品和农产品出口可以给予15%～18%的增值税豁免。

巴西政府认为，只有当现有生产方式存在大量过剩劳动力时，农业改革才是有必要的，并且认为这种情况并不存在。所以，政府没有进行大的土地改革来刺激产出。1964年的土地改革没有对土地持有进行重新分配，只是对土地税收进行了改变，以激励土地的有效利用：对拥有20公顷以下土地的农民不再征税，对其他农民的征税税率随着土地规模和潜在生产用地的荒废而变动，最高税率是土地价值的2.7%。

尽管没有可以利用的有关农业失业人口的官方数据，但可以大致估算出巴西当时的失业人口数据。1965年，10～59岁的农村人口大概为2510万，对农业的有效生产来说，仅仅需要67%的农村人口进行农业生产，大概是1681.7万，两者之差（2510万－1681.7万）就是农村劳动力潜在失业量的大致衡量。

1964年，巴西大概有1000万名农业工人或者470万个家庭生活在收入和工作条件不足的状况下。

巴西工业高度集中在中南部地区，加上政府对农业部门的忽视，导致收入的地区差距非常惊人。对于东北部地区，更是这样。1966年，东北部地区的人均收入仅仅相当于圣保罗州平均收入的26%。这一数据在1947年和1957年分别是24%和20%。

拥有低于100公顷土地的农民的平均规模在1950～1965年减少了（主

---

① Herman Daly (1972). "The Political Economy of Population," in H. Jon Rosenbaum, William G. Tyler, eds., *Contemporary Brazil: Issues in Economic and Political Development*, New York: Praeger Publishers.

要是在继承过程中）。这对拥有小规模土地的农民来说尤为严重，他们的土地只能用以维持基本的生存需要。对拥有丰富土地资源的巴西来说（巴西共有 8.5 亿公顷土地），这是一个悲剧式的发展。这意味着，拥有小规模土地的农民变得更穷。实际上，拥有超过 500 公顷土地的农民的平均土地规模从 1950 年的 15115 公顷增加到 16700 公顷。因此，在巴西，农村穷人只能获得更小规模的土地。在 20 世纪 60 年代政府的政策下，有理由相信这种趋势会继续下去。

有很好的理由相信，农业部门的价格扭曲导致了很多可以观察到的就业和收入分配问题产生。在巴西，土地规模大的农民和土地规模小的农民面对着完全不同的要素相对价格。这限制了工作创造，并导致大规模土地利用的无效率。这个过程如下：大规模农场主支付的工资一般高于小规模农场主支付的工资（很多小规模农场主并不遵守巴西《最低工资法》），大规模农场主支付的利息在很多情况下低于小规模农场主支付的利息，因为前者贷款的风险比较小，程序更加简单。大规模农场主支付的土地租金也少于小规模农场主支付的，因为前者往往拥有自己的土地。这种相对价格模式使大规模农场主在资本和土地使用上相对更加便宜，劳动相对更加昂贵。结果，大规模农场主倾向于生产资本更加密集的庄稼（如灌溉的棉花），并且相当浪费地利用土地（如在天然草地放牧）。另外，相对于他们自己劳动的低隐含价格，小规模农场主面对着非常高的资本和土地价格，他们更倾向于生产劳动密集型庄稼，如谷物，并且每单位土地上有更高的收益。

换句话说，价格体系运行既影响到产出结构，又影响到两类农场主采用的生产技术——土地在小规模农场主那里被过度利用，结果造成土地侵蚀，而土地在大规模农场主那里被无效利率。结果，总产量相对于双方都面对同样要素价格的情况下，显得过低。

七　政府工业政策对收入分配的影响

新兴工业化国家的政治领导人和发展规划专家都对工业品需求停滞、就业创造等问题高度关注。他们所提的问题一般沿着这样的路径思考：需要做些什么来抑制大城市消费者对耐用消费品需求的过快增长？怎么做才能让工业留在地方？如何繁荣乡镇工业以吸收农村的失业人口，并给农村带来现代化？

很多政府官员在着手解决这些问题时采用的政策又创造出更棘手的问题。那就是，将政策重点放在能满足国内市场需要的工业，这些市场原来是由进口供给的。这些政策需要数额巨大的赤字，政府为了赤字融资，往往会产生高通货膨胀和汇率的高估；对进口实行数量控制，一般偏好于采用关税；利率低于自由市场条件下的均衡水平，信贷不得不实行配给。实际上，这些政策目的是替代竞争市场，而不是通过市场来运行。

但是，利用这些政策对进口替代工业进行投资很可能是高度无效率的，因为在实践中，工业品价格比农产品价格高，资本品价格比消费品价格低，进口品被压低价格，利率被认为降低。正是因为这些原因，尽管存在廉价和丰富的劳动力，但工业生产更可能采取资本和进口密集型的方式。这样的资源配置会降低经济增长率，因为它阻碍了资源被用于生产率最高的地方。

这些政策设计的一个方向是为企业提供额外利润，因为政策设计者假设这将激励企业在新兴工业上提高投资率，所以它们对收入分配和就业有很大的影响。

经济增长和经济社会发展并不是同义词，很多发展中国家经历过较高的经济增长，并伴随着失业、未充分就业和恶化的收入分配。在巴西，政府政策最关心的是鼓励国内市场工业化。进口政策是实现这一目标的主要手段，政策演变经历了从进口许可体系（1947～1953 年），到通过多种类的外汇拍卖系统进行数量控制（1953～1957 年），再到外汇拍卖－从价关税体系（1957～1964 年）。

1964 年，巴西政府发展了一个行动计划，极大地改变了收入分配，使之有利于购买本国耐用消费品的人群。这包括将收入集中在高收入人群，特别是最高的 5%。这个计划的目的是创造足够的需求来减少汽车、电器、住宅等领域的过剩生产能力。将收入集中在高收入阶层的主要方法是政府的工资政策。其目的是：①维持而不允许工资收入在国民收入中的比例提高。②阻止过度的工资调整，1964 年之后，巴西政府的工业化政策转向更多地依靠市场力量而不是贸易控制。政府通过给予税收激励和其他减免税收的措施激励企业特别是外资私营企业发展，防止通货膨胀加速。③纠正工资扭曲，特别是在联邦公共服务机构中。虽然工资与通货膨胀联系起来

（通过指数化建立工资调整公式），但通货膨胀往往被低估或调整滞后，工人实际工资往往被降低。

第四节 日本长期萧条的理论诠释与经验分析：基于流量与存量均衡的结构性有效需求模型

一 繁荣之后的“迷失”

1991 年 5 月，日本经济结束了持续 54 个月的繁荣，开始进入衰退期。随着经济衰退的不断加深，很多人已经意识到，“日本经济面临着非同寻常的周期性衰退”。[①] 但是，日本经济后来的发展还是超出了人们的预料。目前，萧条已经持续了十几年，除了个别年份外，GDP 增长率持续下降，失业率则一直提高（见图 6－6），而且经济前景毫无起色。衰退转变为一种长期的严重萧条，而这次萧条历时之长，一些经济指标跌幅之大，在世界经济周期史上也属罕见。

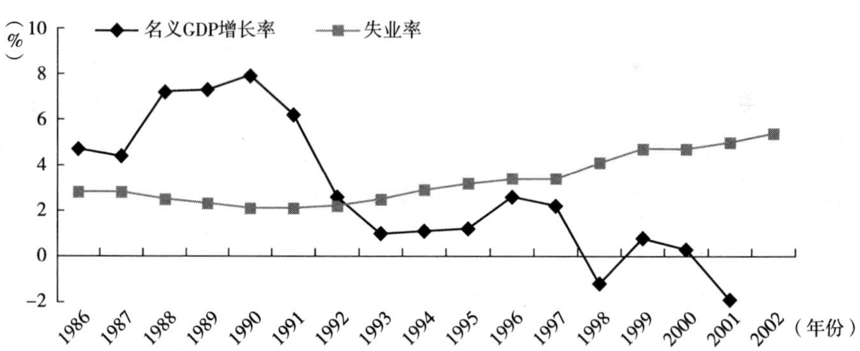

图 6－6 1986～2002 年日本名义 GDP 增长率和失业率变动情况

注：2002 年名义 GDP 增长率暂缺。

资料来源：东洋经济新报社编《统计年鉴》2002 年特刊，第 232 页。

关于日本为什么会出现萧条以及萧条持续如此之久的原因，经济学家在理论上做出了多种解释，归纳起来主要有以下五种：①最流行的解释是

① 〔日〕竹内宏：《失去国际竞争力的日本经济》，《呼声》1995 年 8 月号。

将其归罪于日本"反市场"的经济制度，认为政府的过度干预、交叉持股的连锁公司体系与企业－银行关系、劳动市场中的"终身雇佣制"和"年功序轮制"等，使日本缺少持续结构调整的灵活性，从而降低了日本的国际竞争力；① 也有很多经济学家将原因归于日本对银行不良贷款和破产企业清算不力，认为不良资产的大量存在阻碍了银行向运行良好企业的融资扩张，而"垂死"企业的存在降低了总体生产效率；② 克鲁格曼主要强调通货紧缩和流动性陷阱的影响，而又将造成这种状态的均衡低利率奇怪地联系到日本出生率降低和移民缺乏等人口统计学因素带来的悲观的长期增长预期；③ 有人将矛头指向日元升值压力，认为这降低了日本对外贸易商品的竞争力，因而减少了净出口；④ 最后一种观点将原因认定为"泡沫经济"破灭引发的资产负债调整，资产价格下跌带来的财富效应和对其他部门的连锁效应降低了消费和投资。⑤

在上述解释中，前两种观点强调了供给方面的因素（生产效率和竞争力的降低），后三种观点集中在总需求方面。但是，这些观点并不能有力地解释衰退为什么会在日本突然发生，以及为什么衰退会演变为严重的萧条。每一次经济危机的产生，必然有许多影响因素，但所有因素最终都必然归结到需求上。这里的需求并不是凯恩斯主义所说的总需求。在总需求中，消费需求是最终需求，它主要取决于工资收入，而后者又受制于生产状况；投资需求则属于引致需求，它一方面受到消费需求的限制，另一方面通过作用于存量资产而影响工资收入。只有将它们之间的关系分析清

① Ron Chernow, "Grim Reckoning in Japan—and Beyond," *New York Times*, November 17, 1997; Noguchi Yukio, Ushio Jiro, "Reforming Japan's 'War - footing' Economic System," *Japan Echo* 21, No. 2, 1994; Richard Katz, "A Crisis? Don't Tell the Japanese," *New York Times*, July 8, 1998, A21.

② Luke Gower and Dominic Wilson, "Displaced Capital and Japanese Economic Growth," *Journal of the Japanese and International Economies* 14, No. 2 (2000).

③ Paul Krugman, "It's Back: Japan's Slump and the Return of the Liquidity Trap," *Brookings Papers on Economic Activity*, No. 2 (1998).

④ Jeffrey Sachs, "The Benefits of a Weaker Yen," *Financial Times*, 18 April, 2001; Ronald McKinnon and Kenichi Ohno, "The Foreign Exchange Origins of Japan's Economic Slump and Low Interest Liquidity Trap," *World Economy* 24, No. 3 (2001).

⑤ Richard C. Koo, "The Japanese Economy in Balance Sheet Recession," *Business Economics* (Proquest Online Version) 36, No. 2 (2001).

楚，才能真正理解经济危机的本质，也才能寻找出危机长期化为萧条的原因。所以，与危机相关的需求是结构性的有效需求，解决危机的有效途径也必然从有效需求结构调整着手。

二　存量与流量的均衡与失衡：经济稳定状态增长的维持与背离

从古典经济学、新古典主义、凯恩斯主义到货币主义直至理性预期学派，研究宏观经济的传统是只重视流量的分析，而很少联系到资本存量。所以，以往人们研究宏观经济现象时都是以变量之间纵向的变动比率关系为主，而很少联系变量之间横向的结构比例关系。[①] 但是，在经济的变化过程中，经济变量纵向变动速度的变化必然导致经济变量横向比例结构发生变化，经济变量横向比例结构的变化又制约着经济纵向变动的速度。下面，我们在企业生产结构的层面上研究经济变量纵向和横向变动之间的互动关系。

1. 经济稳定状态增长的条件

根据马克思的再生产理论，企业是生产商品形成供给和生成收入形成需求的联结点。所以，讨论宏观经济问题应该以企业的成本－收益计算为理论起点。我们以企业为中心修改主流经济学的收入－支出模型（柳欣，1999，2002），[②] 将收入（对企业来说是成本）一方改为企业的成本－收益计算。在不考虑政府的封闭模型中，有

$$W + D + R + \pi = C + I$$

其中，W 为工资；D 为折旧，取决于折旧率（d）和资本存量价值（K），即 $D = dK$；R 为利息，如果把股息视为按照贷款利率（i）支付的利息，则 $r = iK$；π 为企业利润。所以，上式又可以写成：

$$W + (d + i)K + \pi = C + I$$

企业的成本－收益计算反映了经济活动中各个变量之间的动态关系。在这些关系中，工资起着关键作用。工资作为成本因素影响着供给，又作

---

① 哈耶克也许是个例外，他的信用周期理论说明了资本品部门和消费品部门之间的比例变动如何引起经济的波动，但他没有脱离仅仅研究流量的传统，而未能联系到流量和存量之间的比例关系。

② 此处的模型是根据柳欣教授的相关思想建立的。

为收入要素影响着需求，它是供给和需求的一个联结点。所以，工资在成本和收入中同其他变量的比例关系，即工资成本在总成本中的比重和工资收入在总收入中的比重，决定了经济体系均衡的存在性和稳定性。在消费倾向和利率不变的情况下，只有不变的工资对财产收入和经营性收入的比率 $W/(R+\pi)$ 和产品成本中工资成本对折旧和利息成本的比率 $W/(D+R)$ 能保证均衡解的唯一性，因为唯此才能保证工人购买全部消费品，而非工资收入者得到稳定的利润或利息率。

利润在所有经济变量中是最活跃的因素，它推动着整个经济体系的运行。企业产量和投资等决策取决于利润量，当利润为正时，企业将增加产出、扩张投资；当利润为负时，企业将减少产出、收缩投资；当利润为零时，经济处于均衡状态，在均衡状态下，经济增长率不变，经济各变量之间的比例关系将保持不变。

2. 稳定状态的偏离与恢复

经济处于稳定状态仅仅是一种理想情况，利润的变化会导致经济偏离稳定状态。从短期看，资本存量是给定的，这决定了企业的固定成本不变，如果工资在契约中已经规定下来，则利润完全取决于总支出。如果某种外在因素导致投资的增长率超过稳定状态的增长率，则利润将为正，会引发更多投资，从而带来更多利润，进而引发更多投资，凯恩斯的“寡妇的坛子”出现了。但投资不可能无限地扩展下去，投资流量和收入的比例在这里起着关键作用，它构成了经济稳定性的内在机制。因为本期的投资流量将转化为下一期的资本存量，本期投资的增加将引起下一期资本存量的增加，从而使折旧和利息成本增加。投资流量的变动和进而引起的资本存量的变动会导致成本结构和收入结构的变动。

在收入结构中，短期内的折旧、利息和工资由于存在以前的契约，可以看成给定的，这样利润一般和经济增长率呈正相关，在经济周期上升阶段，利润在收入中的比重是提高的。利息在收入中的比例也会由于经济高涨阶段资本存量价值对收入流量的比重增加而有所提高。工资在经济高涨和企业利润增加时也会相应提高，但其上涨幅度不会大于利润。所以，当经济增长速度加快、投资以累进的比率增加时，工资在收入中的比重将下降，即工资收入相对于利息和利润的份额 $W/(R+\pi)$ 降低。如果工资收入的消费倾向大于非工资收入的消费倾向，则收入分配结构的改变将降低

消费倾向、提高储蓄率。

在成本结构中，随着投资的增加、资本存量对收入流量比率的提高，在折旧率和利率不变时，企业成本构成中的工资成本对非工资成本比重下降，即 $W/(D+R)$ 下降。这样，随着经济的扩张，一方面是消费需求减少，另一方面是产品成本上升，到了一定阶段，必然形成工人的工资支付不了按现行成本生产和定价的产品，而如果企业降低产量，就会引致亏损。在这种情况下，投资的增加虽然可以暂时弥补消费不足，但投资的增加将会导致资本存量对收入流量的比重进一步提高，从而使收入结构和成本结构更加扭曲。

当收入结构与成本结构扭曲特别严重，工资收入不足以支付由固定成本和工资成本所等价的消费品时，消费品就会大量积压。面对着严重的产品积压，企业将被迫降低价格，这意味着企业会亏损。对单个企业来讲，它的理智选择只有两条路：减少投资和降低工资。减少投资会导致利润下降，而降低工资虽然可以降低成本，但也会引起消费的减少，可能会进一步增加亏损或使利润下降。利润的下降反过来又对投资的减少起到推波助澜的作用。消费、投资、利润的这种连锁反应最终导致了企业的破产和合并。企业破产和合并的资本存量价值是按照清算价格计算的，会大大低于原来的账面价值。接管这些资产的企业在计算成本的时候是按照接管时的清算价格进行计算的，所以固定成本就会大大降低。资本存量价值的收缩并不影响生产的正常进行，原来的资本存量被新企业接收后，生产就可以恢复，失业的工人又可以回到原来的工作岗位上。和原来不同的是，通过价值的收缩，资本存量恢复了它与收入流量和投资流量的均衡比例关系，从而使成本结构和收入结构也调整到均衡的比例，按照现在成本制定价格的产品刚好可以用工资购买，经济又恢复稳定状态。

3. 凯恩斯主义经济政策的后果

经济变量之间的相互作用形成了自我恢复均衡的内部机制。但凯恩斯主义经济政策的干涉会破坏这种自我调节机制。随着存量和流量比例失衡与成本结构和收入结构扭曲加剧，结构性有效需求不足将引起产量和失业的增加。对此，凯恩斯主义者的诊断是总需求不足，为了应付这种状况，他们开出的药方是实施积极的财政政策，并配以宽松的货币政策，刺激总需求。这种经济政策的后果是什么呢？让我们结合着图 6－7

来进行说明。

积极的财政政策和宽松的货币政策确实可以暂时增加需求。在图6-7中，当经济处于E_2时，经济中出现了产量减少和失业增加的现象，凯恩斯主义经济政策的结果是使总需求曲线向外移动到AD_3的位置。不考虑经济政策的挤出效应，短期内企业生产的成本不会增加，所以总供给曲线仍然在AS_2的位置，从而使产量暂时恢复到均衡时的水平（Q_1）。但是，企业的资本存量价值被保持了下来，由于固定成本占了产品价格的很大一部分，工资增加的余地就比较小了，所以总需求虽然增加了，但经济变量之间的比例失调问题并没有得到解决。随着总需求的增加，增加的投资会使下一期的资本存量价值继续提高，这进一步加剧了流量和存量之间的比例失衡问题，而且会使固定成本继续上升。这时，经济处于E_3的位置，产量不但没有增加，反而进一步下降，就业形式更加恶化，并同时导致更高的价格水平。凯恩斯主义经济政策的后果是萧条的严重化和长期化。

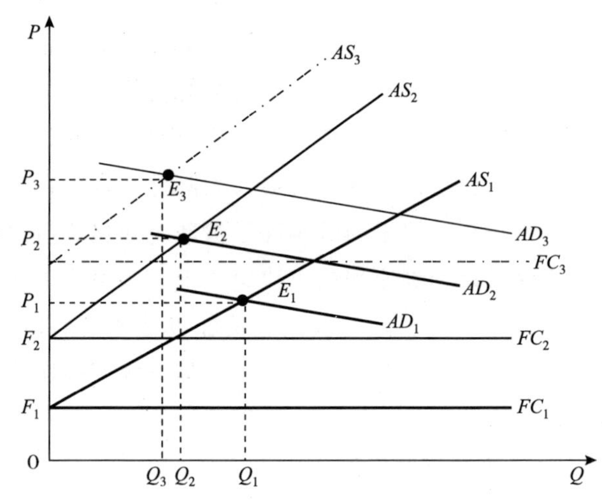

图6-7 凯恩斯主义经济政策的后果

三　日本“平成景气”与经济变量内部结构的失衡

1986～1991年，日本经历了连续54个月的经济繁荣时期，日本经济界称该阶段的高涨局面为“平成景气”。虽然在20世纪80年代后期，主要工业发达国家均经历了一次经济高涨阶段，但日本高于同期其他工业发达国家的经济实际增长水平（见表6－21）。正是由于推动日本如此高速经济增长的因素和由此带来的经济变量的结构比例失调，导致了只在日本出现的史无前例的经济萧条。

表6－21　1986～1991年主要工业发达国家经济实际增长率的比较

单位：%

年　份	日　本	美　国	英　国	联邦德国	法　国	意大利
1986	2.8	2.9	4.1	2.2	2.5	2.9
1987	4.6	3.1	4.8	1.4	2.4	3.1
1988	5.9	3.9	5.0	3.4	4.2	4.1
1989	4.2	2.5	2.2	3.6	4.4	2.9
1990	5.3	1.2	0.4	5.7	2.7	2.1
1991	3.5	－0.7	－2.2	4.5	0.8	1.3
平　均	4.4	2.4	2.4	3.5	2.8	2.7

资料来源：东洋经济日报社《经济统计年鉴（1994）》，第464～471页。

1. 经济高涨的原动力：充足的货币供给

货币经济学把货币供给增加影响经济的渠道归结为财富效应、替代效应、资金供给效应和信贷配给减缓效应。其实，货币对经济影响最大的方式应该是利润和投资的互动效应。货币供给量的增加，会带来收入增加和利润率的上升，从而刺激投资的增加，投资增加会进一步引起利润和收入的增长，由此形成一定期间内一个自我增强的趋势。出现“平成景气”的推动力就来自经济中货币的大量增加。

货币供给量增加在金融领域反映在金融资产的积累速度超过了实物资产的积累速度（见表6－22）；（*M*2＋*CD*）/*GDP* 维持在高位，并在经

表6－22　日本金融资产与实物资产净额年增长率

单位：%

指　标	1978年	1979年	1980年	1981年	1982年	1983年	1984年
金融资产	13.10	11.77	9.56	10.49	9.18	9.24	9.21
实物资产	5.10	5.63	5.62	5.27	4.86	4.23	4.31

资料来源：引自日本经济企划厅编《经济白皮书（1986）》附录，第561页。

济增长时期有了较快的增长，为保持经济的高增长提供了融资上的支持（见表6－23）。

表6－23　*M2＋CD*与（*M2＋CD*）/*GDP*

单位：10亿日元

指　标	1986年	1987年	1988年	1989年	1990年	1991年
M2＋CD	—	354036	393661	432671	483119	500682
M2＋CD/GDP	100.86	107.03	110.00	114.75	114.27	110.04

资料来源：*M2＋CD*数据见日本公务省统计局《日本统计月报》，2002，No.498；（*M2＋CD*）/*GDP*数据见《东亚经济展望》2002年第13期。

货币增加的另一个重要途径是贸易盈余。从1981年开始，日本贸易盈余有了巨额增长，并一直维持在较高的水平上，为货币供给量的大量增长开辟了另一个渠道（见表6－24）。

表6－24　日本贸易盈余

单位：亿日元

指　　标	1985年	1986年	1987年	1988年	1989年	1990年
贸易盈余	129517	151249	132319	118144	110412	100529

资料来源：日本经济企划厅编《经济白皮书（1998）》。

另外，20世纪80年代日本金融自由化的发展，使其在80年代后半期出现了大规模的金融缓和，为货币增加创造了制度方面的条件。同时，日本政府在金融和财政方面的政策也为货币供给起到了推波助澜的作用。1986～1987年，日本银行连续5次下调利率，1987年利率最低为2.5%，这在当时工业化国家中是最低的，也是日本银行有史以来最低的。1986年，日本实施了综合经济对策，1987年又推出了公共投资总额为6万亿日元的“紧急经济对策”。1988年，日本政府总的公共项目预算比1987年增长了20%。

2. 经济变量内部结构的失衡

货币供给量的增加和政府宏观经济政策的激励引起了日本投资的大幅度提高（见表6－25）。1987～1990年，日本设备投资平均增长率为12.7%，相当于同期实际增长率（4.7%）的2.7倍。[①] 所以，“平成景气”

① 日本银行编《国际比较统计（1991）》。

又被称为投资型主导经济。

表 6－25　日本制造业和非制造业设备投资占 GDP 的比率

单位：%

产　　业	1986 年	1987 年	1988 年	1989 年	1990 年
全 产 业	16.38	16.74	18.09	19.97	21.53
制 造 业	5.06	5.34	5.98	6.98	7.65
非制造业	10.15	10.70	11.38	12.20	13.16

资料来源：日本经济企划厅编《经济白皮书（1991）》，第 422 页。

投资的增加使企业利润大幅度增加。据统计，1989 年第二、第三季度，日本全产业法人企业的经常收益率高达 11%。企业收益的增加，进一步刺激了投资的提高。投资的增加累计为资本存量价值的增加，表现为股票和土地价格的剧烈上涨（见表 6－26）。从表中可以看出，日经平均股票价格在 1985～1989 年增加了 1.7 倍，平均每年增长 28.3%。而从实际 GDP 看，1985 年为 3429503 亿日元，1989 年为 4091835 亿日元，平均每年增长 4.5%。所以，资本存量与收入流量的比率大幅度提高。

表 6－26　日本股票价格和地价变动

单位：日元，%

指　　标	1985 年	1986 年	1987 年	1988 年	1989 年	1990 年	1991 年
日经平均股票价格	12565.62	16401.83	23248.06	27038.57	34058.81	29437.17	24295.57
地价平均变动率	2.6	2.6	7.7	21.7	8.3	16.6	11.3

资料来源：东洋经济新报社编《经济统计年鉴（2002）》，第 232 页。

资本存量与收入流量比率的大幅提高，导致了收入结构和成本结构的失调。1987～1991 年，日本全产业的工资上涨率分别为 2.0%、3.5%、4.1%、4.7%、3.5%，[①] 低于同期日本名义 GDP 增长率 4.4%、7.2%、7.3%、7.9%、6.2%，[②] 更远远低于资本存量的增长率。所以，工资成本在总成本中的比重大幅度下降，同时，工资收入在总收入中的比重也趋于下降。一方面是资本存量的增加带来了固定成本的快速攀升，另一方面是

① 东洋经济新报社：《经济统计年鉴（1994）》，第 117 页。

② 东洋经济新报社：《经济统计年鉴（2002）》，第 232 页。

消费倾向较高的工资收入在总收入中的比重下降，结构性有效需求不足问题逐渐凸显。虽然投资的增加可以暂时弥补消费的不足，但持续累加增长的投资是不能保证的。当货币供给减少、利润率开始下降时，投资将因为资金约束和刺激消失而逐渐减少。

日本实际经济也是按照这种方式发展的，“平成景气”后期，存量和流量的比例严重失调，结构性有效需求不足问题导致居民消费支出减少，并很快转为负增长。当银行受股市拖累而收缩贷款时，投资开始逐渐萎缩，并最终转变为负投资（见表6-27）。按照存量和流量以及收入结构和成本结构的自动调节机制，在固定成本增加和需求减少的共同作用下，企业产品将会严重积压，企业被迫降低价格，从而导致亏损。为了避免损失扩大而减少投资和裁员，对单个企业来说是理性选择，但对整个经济来说只会导致需求进一步减少、亏损进一步加大。许多企业破产清算或被收购、兼并，从而使过高的资本存量价值降下来。这样，存量和流量之间、成本结构和收入结构的失调就可以得到纠正，经济恢复稳定状态。但什么阻止了这种自动调节机制发挥作用，使日本经济长期陷入萧条的深渊而不能复苏呢？下面我们就讨论这个问题。

表6-27　日本居民最终消费支出和民间企业设备投资变动率（与上年比）

单位：%

年　份	1988	1989	1990	1991	1992	1993	1994	1995	1996	1997	1998	1999	2000
居民最终消费支出	5.1	4.7	4.4	2.7	-2.6	-1.8	-2.6	1.4	2.4	0.8	-0.1	1.2	0.6
民间企业设备投资	15.5	15.0	11.5	4.4	7.3	11.6	6.5	2.4	4.2	-13.2	-2.3	4.2	-10.4

资料来源：东洋经济新报社编《经济统计年鉴（2002）》，第232页。

四　什么阻止了日本经济变量内部结构均衡的恢复

从前面的数据和分析可以看出，日本经济衰退的根源在于前期“平成景气”中经济内部比例失调。投资的过快增长传递给资本存量，引起资本存量和收入流量的结构失衡。衰退来源于资本存量与收入流量的比率过高，而衰退转化为长期萧条的原因也在于过高的资本存量和收入流量比率不能得到调整，使经济中的成本结构和收入结构不能恢复均衡状态。经济中，长期较低的工资收入抑制了消费需求，并进而影响到投资需求。1993～2001年，日本年平均私人消费增长率与1983～1992年相比缩减了2/3，而实际固定资产总投资平均为零（见表6－28）。

表6－28　日本实际固定资产总投资与私人消费增长率

单位：%

年　份	1983～1992*	1993～2001*	1993	1994	1995	1996	1997	1998	1999	2000	2001**
固定资产总投资	5.1	0.0	－3.1	－1.3	0.1	7.3	0.8	－4.2	－0.7	3.2	－1.7
私人消费	3.6	1.2	2.0	2.6	1.3	2.3	0.9	0.2	1.1	0.3	0.5

注：* 期间年度平均数。** 初步估计数。

资料来源：IMF, *World Economic Outlook*, various issues。

阻碍日本经济均衡状态恢复的主要因素有三个：一是日本政府奉行凯恩斯主义宏观经济政策；二是不良资产长期得不到清理，难以降低资本存量价值总额；三是货币供给的正常渠道被扰乱。

1. 刺激景气的凯恩斯主义经济政策

许多经济学家和政府官员对这次萧条的诊断是总需求不足，所以采用凯恩斯主义增加总需求的宏观经济政策也就成了理所当然的事情。日本政府也是按照这个处方抓的药。在20世纪90年代，日本政府总共推出了9次利用财政手段刺激景气的经济对策，总额达129.1万亿日元（见表6－29）。政府支出的扩张与税收收入的减少使日本政府赤字和债务总额与GDP的比例迅速增加（见表6－30），日本债务余额2000年底实际达到了

表6－29　20世纪90年代日本政府实施的财政刺激政策

单位：万亿日元，%

年　份	1992	1993	1993	1994	1995	1998（4月）	1998（11月）	1999	2000	总计
金额	10.7	13.2	6.2	15.3	14.2	16.7	23.8	18.0	11.0	129.1
与GDP之比	2.3	2.8	1.3	3.2	3.0	3.3	4.7	3.4	2.1	24.3

表 6－30　日本政府收支余额、债务占 GDP 的比例与政府投资增长率

单位：%

年　份	1990	1991	1992	1993	1994	1995	1996	1997	1998	1999	2000	2001*
中央政府收支余额占 GDP 比例	—	—	—	-2.6	-3.5	-4.1	-4.4	-4.0	-9.0	-8.0	-7.6	-6.3
全体政府收支余额占 GDP 的比例	2.9	2.9	1.5	-1.6	-2.8	-4.3	-4.9	-3.7	-5.6	-7.6	-8.5	-8.5
全体政府债务占 GDP 的比例	61.4	58.2	59.8	63.0	69.4	76.0	80.6	84.7	97.3	105.4*	114.1*	122.1*
政府投资增长率	—	—	14.5	15.7	3.6	-0.3	9.3	-10.4	-2.6	6.1	-7.3	-4.1

注：＊为最初估计值。

资料来源：第一、第二行来自 IMF，*World Economic Outlook*，various issues；第三行来自 Economic Planning Agency，Government of Japan，*The Japanese Economy：Recent Trends and Outlook*（February 2000），30；第四行来自 IMF，*Staff Country Reports*。

666万亿日元，大大超过了原来的预测。政府投资最终不得不大幅度减少，说明财政政策已经走到了尽头。

与积极的财政政策配合的是宽松的货币政策，日本银行数次下调官方利率，使利率从1990年的6.00%，下降到1991年的4.50%、1992年的3.25%、1993年的1.75%和1995年的0.50%，直至2002年的0.10%，官方利率几乎下降为零。

但是力度如此大且代价如此高的经济政策效果并不明显，日本经济增长除了1996年、1997年稍有反弹外，其他时间都毫无起色，并有恶化的趋势。究其原因，在于萧条并不是总需求不足造成的，而是由存量资产价值太高带来的有效需求不足引起的。积极的财政政策虽然可以临时缓解症状，但不能从根本上解决问题。政府投资的增加反而会进一步增加资本存量的价值，使资本存量与收入流量的比率继续提高，导致收入成本结构和收入结构更加扭曲。针对总需求不足的凯恩斯主义经济政策不但不能使日本经济走出萧条，反而使萧条更加严重。

2. 长期虚值存在的巨额不良资产

有效需求不足意味着企业亏损，而刺激经济的宏观政策又阻止了企业破产的发生，所以亏损逐渐累积起来，形成了庞大的不良资产。1992年3月，日本大藏省公布的城市银行、长期信用银行和信托银行的延滞债权额为8万亿日元。1993年3月，城市银行、长期信用银行和信托银行公布的破产者债权和延滞债权合计为12.76万亿日元。1995年9月，根据银行自身推算，全国银行当时的不良债权合计为31.03亿日元（见表6－31）。

表6－31 日本银行不良债权公布额

单位：万亿日元

银 行	1993年3月		1994年3月		1995年3月		1995年9月		
	A	B	A	B	A	B	A	B	C
城市银行	1.38	7.06	1.65	7.03	1.77	6.34	2.07	6.01	5.04
长期信用银行	0.28	1.57	0.28	1.61	0.41	1.51	0.56	1.56	1.85
信托银行	—	2.47	0.36	1.35	0.44	2.06	0.77	2.02	3.50
地方银行	0.57	—	0.67	—	0.75	—	0.90	2.30	1.66

续表

银　行	1993年3月		1994年3月		1995年3月		1995年9月		
	A	B	A	B	A	B	A	B	C
第二地方银行	—	–	0.51	—	0.57	—	0.55	1.66	0.58
合　计	2.23	11.10	3.47	9.99	3.94	9.91	4.85	13.55	12.63

注：A为破产者债权，B为延滞债权，C为利率减免或暂缓债权。

资料来源：日本《经济学家》1996年3月4日号，第59页。

尽管1992～1997年日本金融业累计处理了45.71万亿日元的坏账，但处理了旧的坏账，新的坏账又产生出来。1996年底，日本大藏省公布所有经办存款业务的金融机构的不良债权为26.9万亿日元。1997年9月底，这一数字已经上升到28.078万亿日元。[①] 1998年1月，日本大藏省根据新的统计标准[②]公布的日本146家银行自查的不良债权总额为76.708万亿日元，占贷款总额的12.28%。据日本金融厅（Financial Service Agency）公布的数据，截至2001年3月，日本的不良资产总额达150万亿日元，占贷款总额的22%，占GDP的1/3，其中日本各大银行的不良债权总额达到33.5798万亿日元，比2000年同期增加了4%。按照日本政府2001年9月出台的按市值计算资产价值的规定，以市值重新计量金融机构的贷款数量，不良资产的实际水平会更高。依据高盛公司的预测，日本的不良资产总额达到237万亿日元，约占日本年度GDP的一半。

不良资产长期得不到有力清理，主要归因于两个方面：一是日本企业的组织模式与内部治理结构有问题；二是日本政府对不良资产持有者进行救助。

由于沿袭历史传统，也是出于稳定性考虑，日本企业间形成了相互渗透和结合的组织形式。企业通过纵向的资本系列结合形成“企业集团”，有些通过横向的相互联结形成“企业组合群”。其中，企业集团在日本经济中发挥着举足轻重的作用。它们试图越过不同的行业，加强集团性的协调机制，通过经理会的设立、股票的互持、高级职员的相互派遣、系列贷

① 胡坚、陶涛：《日本金融：危机与变革》，经济科学出版社，1999，第25页。

② 1998年1月，日本实行新的债权分类法，新方法根据借款信用程度和债权担保情况双重标准，将债权分为正常债权、不能确保回收的债权、很可能不能回收的债权、不能回收债权四类，不良债权包括第二、第三、第四类债权。

款、集团内交易、作为集团整体向新事业领域的扩展、共同的商标管理、标记符号的展示等方式，形成关系错综复杂的联合体。集团内部各成员既有相互的利益，又相互制衡。由于企业集团间存在密切联系，当同一企业集团内的企业形成不良资产时，银行一般不会要求该企业破产清算，而是继续向其提供贷款，以帮助其渡过难关。这种企业组织模式和内部治理结构阻碍了不良资产的及时清理。

为了保持低利率，日本政府通过日本发展银行和财政投资与贷款系统向陷入困境的企业提供补贴性贷款，并通过存款保险机构或直接注资方式向金融机构提供援助。1992 年 4 月至 1997 年 11 月，存款保险机构为解决破产银行问题，共拨款 2.1 万亿日元，贷款 80 亿日元，购买破产银行不良资产 1174 亿日元。1998 年 3 月，日本政府对东京三菱银行等 21 家大型银行注入 1.8 万亿日元的公共资金，1999 年 3 月又对上述 21 家银行中的 15 家注入超过 7 万亿日元的公共资金。日本政府的救助延缓了不良资产的处理。

不良资产在清算前，仍是按原值在财务账上计为企业的存量资产。只要不良资产按虚值存于账面，资本存量与收入流量的比率就不可能降下来，按这些存量资产账面价值计算固定成本所制定的产品价格与收入结构就不能匹配，产品积压和亏损的累计就会生成更多的不良资产。所以，在这种情况下，不良资产是产生不良资产的根源。刺激总需求的宏观经济政策阻碍了不良资产的清理，使产生不良资产的根源并没有得以根除，一部分不良资产处理了，更多的不良资产又会生成。用这种办法治疗萧条无异于“饮鸩止渴”。

3. 货币供给渠道受到破坏

经济危机是向新的均衡调整的过程，当相对过高的存量资产价值在危机中被折价清算，并被运行良好的企业所接收，存量与流量之间的正常关系就得以恢复，有效需求也会跟着增加。只要货币供给渠道在危机中没有受到破坏，随着需求形势的好转，货币供给会适应需求的提高而增加。受到货币利润增加的刺激，企业会扩展投资，进而工资收入得到提高，投资、收入、消费之间的相互影响逐渐加强，整个经济就会走出危机的阴霾。但是，如果金融机构在危机中受到冲击而大量破产，或者银行的货币供给机制被扰乱，经济就失去了恢复稳定状态的条件。即使结构性有效需求恢复到正常状态，由于没有足够的货币供应，企业也不能进行正常的经营活动，企业的货币利润也难以实现，投资必然受挫，并进而影响工资收入的增加和有效需求的提高，从而导致危机长期化。历史上每一次衰退向严重萧条的转化，都必然是因为金融机构的大量破产而导致货币不能有效增加。

在“平成景气”中，日本众多金融机构大量投资于股票和房地产，“泡沫经济”的破灭使这些金融机构损失惨重。美林证券估计，按当时市值计算，日本主要银行的潜在投资亏损仅股票一项就约 4.5 万亿日元。而危机期间，坏账的大量增加更加重了金融机构的财务问题。这些因素导致很多金融机构破产（见表 6－32）。大量金融机构破产必然会导致货币供给量大幅缩减，特别是在日本的“主银行制”下，破产银行的关系企业会在信用获得性方面受到更大影响。

表 6－32　日本 1991～1999 年破产的金融机构

时　间	事　件
1991 年 3 月	三和信用金库破产
1992 年 4 月	东洋信用金库、东邦相互银行破产
1993 年 5 月	釜石信用金库破产
1993 年 9 月	宇宙证券公司破产
1993 年 11 月	大阪府民信用组合破产
1994 年 12 月	东京协和信用组合、安全信用组合破产
1995 年 7 月	宇宙信用组合破产
1995 年 8 月	木津信用组合、兵库银行破产
1996 年 3 月	太平洋银行破产
1996 年 11 月	阪和银行、三福信用组合被清算
1997 年 1 月	皇冠租赁、综合金融公司、日本信用公司破产
1997 年 4 月	日产生命相互保险公司破产
1997 年 6 月	小川证券公司自主停业
1997 年 10 月	京都共荣银行被合并，越后证券公司破产
1997 年 11 月	三洋证券公司、北海道拓殖银行、山一证券公司、德阳城市银行破产
1997 年 12 月	丸庄证券公司破产
1998 年 9 月	资本租赁公司破产

续表

时　间	事　件
1998 年 10 月	日本长期信用银行破产（暂时国有化）
1998 年 12 月	日本债券信用银行破产（暂时国有化）
1999 年 4 月	国民银行破产
1999 年 5 月	幸福银行破产
1999 年 6 月	东京相和银行破产

资料来源：日本《经济学家》2000 年 1 月 11 日号，第 105 页。

对于没有破产的银行，由于受到大量不良债权的牵制，其贷款数量也大大减少，银行的货币供给机制受到很大扰乱。1991～1995 年，日本企业从金融机构获得的贷款总额为 9.3 万亿日元；而 1996～1997 年，银行向企业发放的贷款总额为 -7.5 万亿日元，[①] 意味着银行向企业收回了相当于过去 5 年的大部分贷款。另外，根据日本银行统计，1998 年 3 月，城市银行、长期信用银行、信托银行的贷款金额比 1997 年同期分别减少了 3.4%、7.5%和 6.1%；1998 年 4 月，日本银行业的贷款总额比 1997 年同期下降了 2.5%。

从上面的分析中可以看出，三种因素并不是孤立存在的，而是相互联系、相互影响的。三种因素纠结在一起，严重阻碍了日本经济走出萧条。

① 《经济日报》1999 年 9 月 1 日。

第七章　我国收入结构影响因素的实证分析

经济增长与收入分配之间动态关系的理论分析和经验考察揭示，经济增长影响收入结构，收入结构决定的收入分配又决定着经济增长的发展路径。是否能有效避免收入分配差距过大，缓解经济增长过程中造成的收入结构扭曲，是经济增长能否保持稳定增长的关键。

本章对我国收入结构影响的因素进行了分析，研究了工资收入占国民收入的比重受哪些变量的影响，通过实证的方法找出了决定我国收入分配的关键因素。这对调解我国的收入分配、改善收入结构具有非常重要的意义。

第一节　工业部门内部收入结构影响因素的实证分析

由于工业增加值占全国 GDP 比重大（平均为 45.6%），该产业内工资收入份额的变动对全国工资收入份额具有非常大的影响。考虑到工业部门在第二产业中的增加值比重平均占 88%，并且自我雇用者大多分布于第三产业和建筑业领域，统计口径的变动对工业部门的影响比较小，工业部门劳动报酬的时间序列数据可比性更强。因此，本节以 1998 ~2007 年的工业企业年度报表数据库资料为基础，对工业内 39 个子行业的工资收入份额及其影响因素进行了分析。

一　变量设定与数据的统计性描述

1. 变量设定

本节按行业（共 39 个）将全部企业的绝对量指标进行合计，得到各个行业的总量指标，再根据这些总量指标计算出每个行业的变量数值（见

表 7-1）。

表 7-1　二位数行业的相关指标及计算方法

指标名称	记号	计算方法	引入目的
工资收入份额	*ls*	（全年应付工资总额 + 应付福利费总额）/工业增加值	被解释变量
资本-产出比	*ky*	固定资产净值/增加值	控制要素相对价格变动的影响
劳均资本	*kl*	固定资产净值/全部职工人数	控制资本密集度的影响
劳均产出	*yl*	增加值/全部职工人数	控制劳动生产率的影响
国有股份比重	*rsoe*	国家资本/实收资本	控制国有企业改制的影响
外资股份比重	*rfor*	（港澳台资本 + 外商资本）/实收资本	控制外资对工资收入份额的影响
产品出口率	*rexp*	出口交货值/工业总产值现价	控制行业开放程度的影响
前十位增加值比例	*r10av*	前十位企业增加值/该行业增加值总和	控制垄断程度的影响

2. 工资收入份额的统计性描述

根据变量的设定，考虑到对统计口径变化进行了必要调整，可以计算出 1998~2007 年各个行业的工资收入份额，它们的统计性特征指标见表 7-2。

表 7-2　1998~2007 年各行业工资收入份额的描述性统计量

单位：%

年　份	1998	1999	2000	2001	2002	2003	2004	2005	2006	2007
最大值	53.61	50.18	50.12	45.08	52.68	42.83	36.12	36.23	35.91	36.87
最小值	9.17	8.96	10.33	10.05	8.48	8.02	9.66	8.15	7.52	7.07
均值	27.54	26.96	26.87	25.51	24.92	23.75	23	21.58	21.65	21.7
极差	44.44	41.22	39.79	35.03	44.20	34.81	26.46	28.08	28.39	29.80
标准差系数	0.3069	0.2572	0.3217	0.264	0.3324	0.296	0.2718	0.2944	0.2997	0.3129
工业部门工资收入份额	25.81	25.55	24.71	24.26	21.95	21.51	21.46	20.86	21.22	21.15

资料来源：根据历年《中国统计年鉴》计算。

就我国工业部门整体而言，工资收入份额是逐年降低的，从 1998 年的 25.81% 下降到 2007 年的 21.15%，降幅为 4.66 个百分点。但 2005 年以来，工资份额下降的趋势有所缓和（见图 7-1）。

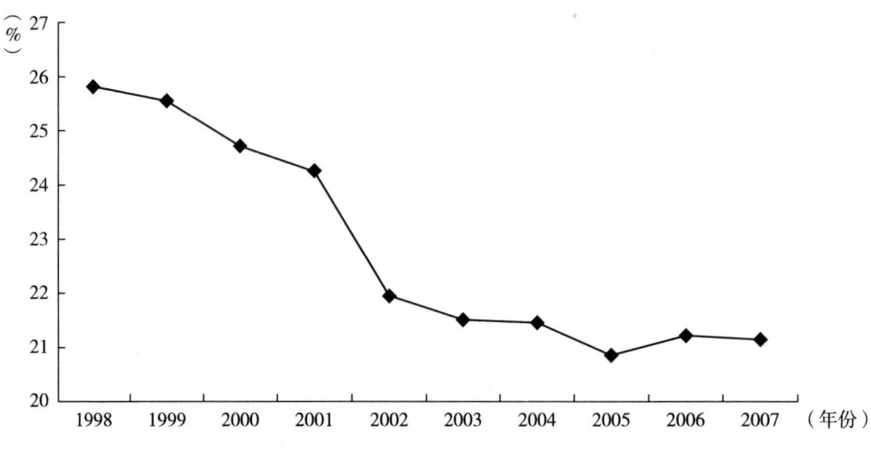

图 7-1　1998～2007 年我国工业部门整体工资收入份额变动趋势

资料来源：根据历年《中国统计年鉴》计算。

从行业角度看，我国工业部门的 39 个子行业的相关统计性描述见表 7-3。

表 7-3　各工业子行业 1998～2007 年工资收入份额的描述性统计量

行　业	行业代码	最大值（%）	最小值（%）	行业均值（%）	2007 与 1998 年相比变动幅度（%）	标准差系数	按工资收入份额均值的行业排序
煤炭开采和洗选业	6	50.18	33	42.13	-17.02	0.1653	1
石油和天然气开采业	7	25	8.48	14.86	-1.91	0.343	37
黑色金属矿采选业	8	36.65	17.09	27.81	-19.56	0.2731	11
有色金属矿采选业	9	33.34	17.57	26.44	-13.6	0.2325	15
非金属矿采选业	10	34.15	22.14	28.67	-12.01	0.1538	8
其他采矿业	11	45.72	8.86	22.91	-3.29	0.5232	24
农副食品加工业	13	19.26	15.55	17.04	-2.57	0.0738	35
食品制造业	14	22.57	17.62	20.37	-3.29	0.0731	31
饮料制造业	15	17.42	15.21	15.96	-1.93	0.0453	36
烟草制品业	16	10.49	7.07	8.76	-2.1	0.1267	39
纺织业	17	31.12	23.36	26.65	-7.76	0.1059	14
纺织、服装、鞋、帽制造业	18	33.36	30.17	31.6	2.23	0.0329	5
皮革、羽绒制品业	19	35.99	27.7	31.08	6.87	0.0822	6
木材及竹制品业	20	22.78	20.66	21.54	-1.4	0.0364	28

续表

行　业	行业代码	最大值（%）	最小值（%）	行业均值（%）	2007与1998年相比变动幅度（%）	标准差系数	按工资收入份额均值的行业排序
家具制造业	21	32.09	24.86	27.51	6.19	0.0756	12
造纸业	22	25.51	17.53	20.37	-6.93	0.1302	32
印刷业	23	28.34	25.2	26.24	-2.77	0.0424	16
文教体育用品业	24	36.87	31.72	34.1	5.15	0.0483	2
石油加工及炼焦业	25	18.74	11.03	14.26	-5.33	0.1991	38
化学原料及制品业	26	26.17	18.11	21.55	-7.42	0.1476	27
医药制造业	27	24.32	18.84	20.93	-4.96	0.0835	30
化纤制造业	28	21.7	15.2	18.28	-6.5	0.1234	33
橡胶制品业	29	27.15	20.81	22.94	-5.91	0.112	23
塑料制品业	30	24.92	22.95	24	0.22	0.0251	21
非金属矿物制品业	31	30.13	20.88	24.81	-8.74	0.1371	17
黑色金属压延加工业	32	29.46	13.62	21.29	-15.84	0.2984	29
有色金属冶炼加工业	33	29.48	14.58	22.55	-13.28	0.2537	25
金属制品业	34	26.45	23.28	24.61	-2.49	0.0436	18
通用设备制造业	35	32.46	22.28	27.17	-10.13	0.1504	13
专用设备制造业	36	32.65	23.77	27.9	-8.88	0.1051	9
交通运输设备制造业	37	29.92	19.63	24.45	-10.29	0.1215	19
电气、机械及器材制造业	39	53.61	20.17	32.9	-31.64	0.4548	3
通信电子设备制造业	40	26.59	19.2	22.1	2.54	0.0999	26
仪器、仪表、办公机械制造业	41	27.02	19.83	23.23	7.04	0.1265	22
工艺品制造业	42	34.1	28.31	30.29	-4.21	0.069	7
废旧材料回收加工业	43	30	18.89	24.38	-8.46	0.1763	20
电力、热力生产业	44	19.7	16.6	18.22	-0.39	0.059	34
燃气生产供应业	45	34.71	20.82	27.83	-13.89	0.1524	10
水的生产供应业	46	34.53	30.1	32.63	-3.65	0.0443	4

资料来源：中经网数据库。

由表7-3可见：①2007年与1998年相比，39个子工业行业中有7个的工资收入份额有所上升，上升幅度最大的是仪器、仪表、办公机械制造业，上升了7.04个百分点；有32个行业的工资收入份额下降，降幅最大的是电气、机械及器材制造业，下降了31.64个百分点，其次是黑色金属矿采选业及煤炭开采和洗选业，下降幅度分别为19.56个及17.02个百分点。②如果对各工业子行业按照1998～2007年工资收入份额均值排序，最高的是煤炭开采和洗选业，为42.13%，最低的为烟草制品业，为8.76%，相差达33.37个百分点。

根据我国工业基层报表数据库，计算出39个工业子行业各年的工资收入份额与解释变量之间的相关系数，如表7－4所示。

表7－4　1998～2007年工资收入份额与其他变量的相关系数（截面数据）

年份	资本－产出比	劳均资本	劳均产出	国有股份比重	外资股份比重	产品出口率	价格加成率	前十位企业增加值比重
1998	0.319	－0.315	－0.702	0.329	－0.207	－0.089	－0.064	0.067
1999	0.179	－0.405	－0.711	0.315	－0.285	0.041	－0.039	0.105
2000	0.206	－0.508	－0.719	0.122	－0.265	0.145	－0.058	0.101
2001	0.148	－0.459	－0.690	0.252	－0.192	0.150	－0.069	－0.165
2002	0.264	－0.469	－0.637	0.114	－0.156	0.163	－0.210	－0.342
2003	0.171	－0.427	－0.693	0.009	0.049	0.343	－0.326	－0.224
2004	0.079	－0.359	－0.621	－0.136	0.259	0.517	－0.259	－0.269
2005	0.087	－0.362	－0.610	－0.204	0.332	0.595	－0.364	－0.597
2006	0.083	－0.283	－0.630	－0.051	0.472	0.587	－0.267	－0.523
2007	0.015	－0.348	－0.633	－0.244	0.594	0.708	－0.339	－0.571

资料来源：根据历年《中国统计年鉴》计算。

由表7－4可见：①资本－产出比与工资收入份额在各年均为正相关，表明两要素之间的替代弹性小于1，资本与劳动之间可能是互补的，而非相互替代的。②各子行业的劳均产出与工资收入份额呈负相关，劳动生产率的提高快于工资水平的提高，初步表明我国的技术进步路径可能是资本增强型的。③国有股份比重与工资收入份额从正相关逐步转变为负相关。这反映了国有工业对工资收入份额的影响不是一成不变的，而是随着国有企业改革和发展的进程而发生变化。国有企业改革是一个持续推进的过程。2000年之前，国有企业可能承担了部分社会功能，存在过度就业现象，这使得国有股份比重较高的行业工资收入份额也较高。随着国企改革的深入，国企的预算约束逐渐硬化，大量职工下岗分流，减少了劳动市场的扭曲程度，其工资收入份额与其他经济类型企业差距缩小。同时，在抓大放小的改制策略下，国有资本退出竞争性领域，保留并加强了国有资本在基础工业领域和原材料领域的控制力和行政垄断，而这些领域一般是资本密集度比较高的。因此，就整体而言，国有企业的资本密集度会提高，并且远高于其他经济类型的企业，这可能使得国有企业的工资收入份额比其他经济类型的企业低。国有股份比重高的行业反而表现为工资收入份额低，两者之间的相关系数逐步由正转负。④行业的产品出口率与工资收入份额基本呈正相关，这基本支持了国际贸易理论的要素价格均等化原理，产品出口率的提高有利于充分利用我国丰富的劳动力资源，有助于提高该行业内的工资收入份额。⑤外资股份比重与工资收入份额的相关系数自2003年起由负转正，这是个需要进一步解释的现象。区位优势理论认为外商直接投资（FDI）会通过密集使用资本流入国内的丰裕要素而提高资本流入国的收入分配份额，但为什么2003年之前吸引FDI越多的行业，工资收入份额反而越低呢？这一变动很可能与我国吸引FDI的政策变化有关：我国早期吸引外资的重要目的是学习他国的先进技术和管理经验，引入外资较多的行业大多是资金和技术密集度高的行业，这些行业的工资收入份额比较低。随着时间推移，为了解决就业问题，我国鼓励外资投向劳动密集型行业，以充分利用我国丰裕的劳动力要素，这更符合国际贸易中的比较优势原理。所以，我国吸引外资政策的变动可能是外资股份比重与工资收入份额的相关系数逐渐由负转正的原因。⑥前十位企业增加值比重反映了行业的垄断程度，它与工资收入份额呈负相关。这表明垄断程度较高的行业所带来的垄断利润大部分被资方占有，这些行业的工资收入份额将会比较低。

二　工业部门中工资收入份额的影响因素研究综述

1998～2007年，我国工业部门出现了许多新的现象，比如，国有企业比重大幅度下降、重化工业比重迅速提高等。这些因素都可能对工业部门的工资收入份额产生显著影响，下文将对这些因素展开分析，考察它们对工资收入份额的影响。

1. 现有的结论

白重恩等（2008）认为："对一个行业或部门而言，要素收入份额的变化由技术变化、产品市场的竞争程度变化，以及要素市场的扭曲变化导致（例如法律法规或者劳资双方谈判能力的变化）。其他因素，如国际化、经济危机等，无非是通过上面三个因素间接地影响要素收入份额。"据此，白重恩等（2008）建立了一个"适用于中国工业部门的要素分配份额决定模型"。在该模型中，影响要素分配份额的因素被概括为六个：资本－产出比、资本增强型技术进步系数、要素替代弹性、行业生产函数中的分配系数、代表产品间竞争程度的（产品间）替代弹性、反映企业规模偏好的指标。白重恩等（2008）建立了线性模型，对我国工业部门 1998～2005 年的资本收入份额进行计量分析，分别以年份哑变量代表资本增强型技术进步系数，以工业子行业哑变量来控制分配系数在行业间的差异，以价格加成比代表企业的垄断程度，以企业的股权结构或控股权状况代表企业的经营目标偏好。通过计量发现：所有制变化，即国有企业改制因素，是 1998～2005 年要素分配格局变动的最主要因素，它导致工资收入份额下降 4.7 个百分点，贡献率为 51%；市场垄断程度的提高使工资收入份额下降 2.1 个百分点，贡献率为 23%；但资本－产出比和资本增强型技术进步对资本收入份额的影响不显著，表明工业部门要素替代弹性接近 1。因此白重恩等（2008）建议对工业部门选用 C－D 函数进行研究。在白重恩等（2008）的研究中，直接以年份哑变量代表资本增强型技术进步，以行业哑变量代表该行业的资本产出弹性，显得过于粗糙，因为年份哑变量和行业哑变量中包含了太多的信息。

黄先海、徐圣（2009）对 1989～2006 年我国制造业的工资收入份额进行了研究，他们把制造业中的 29 个子行业分为劳动密集型和资本密集型两类，把工资收入份额分解为下式：

$$\alpha_l = (\delta_{LL} - S_K)\left[\frac{\Delta(K/L)}{(K/L)}\right] + (A_L - A_N)$$

其中，$\delta_{LL} - S_K$ 被称为乘数，δ_{LL} 表示劳动的边际产出对劳动 L 的弹性的绝对值，S_K 表示资本的收入份额；$\frac{\Delta(K/L)}{(K/L)}$ 为劳均资本的增长速度，被称为资本深化；$A_L - A_N$ 代表资本增强型技术进步，其中 A_L 为劳动的边际产出增长率，A_N 为产出的增长率。

他们发现，工业子行业的工资收入份额受三个方面的影响：一是乘数效应；二是资本深化的速度；三是劳动节约型技术进步的大小。1989～2006年，两类部门的乘数均大于0，表明资本深化有助于提高工资收入份额，但乘数又小于1，表明它缩小了资本深化对工资收入份额的正向影响。从横向看，劳动密集型部门的乘数均大于资本密集型部门的乘数；从纵向看，除个别年份外（1994年、1995年），两部门的乘数逐年减小。

资本增强型技术进步（$A_L - A_N$）对工资收入份额的负向影响大于资本深化的正向影响。其中，劳动密集型部门中技术进步平均贡献率为－66.02%，资本深化的平均贡献率为33.98%；资本密集型部门中技术进步平均贡献率为－70.59%，资本深化的贡献率为29.41%。而且，劳动收入比重的变化具有自我增强机制：工资收入份额下降，导致乘数减小，缩小了资本深化对工资收入份额的正向拉动作用，这又将进一步降低工资收入份额。

但黄先海、徐圣（2009）的模型有一个明显的缺陷：乘数中包含资本收入份额，用它来解释工资收入份额，相当于以自身解释自身，这可能是他们得出劳动收入比重的变化具有“自我增强机制”的原因。但该模型得到的“劳动节约型技术进步是两类部门工资收入份额下降的最主要原因”的观点很具启发性。

2. 垄断程度对工资收入份额的影响分析

在制度经济学看来，企业的本质是以企业家为中心的一系列契约的有机组合，要素所有者之间的诸多短期契约被企业家与其他要素所有者之间的长期契约代替，从而节约了交易费用。在企业作为一个团队的生产过程中，企业的所有者享有剩余控制权和剩余索取权。由于垄断带来的高额利润一般具有准租金性质，它不可能被契约明确规定为某种要素的收入，而是按照契约进行分配之后的剩余部分，因此，它的大部分归资方所占有。一般来说，垄断程度的提高有利于提高资本收入份额，而不利于提高工资收入份额。

郑玉歆、李玉红（2007）利用企业层次的微观数据，从不同角度对我国1998～2005年工业企业的新增利润来源进行了分析。他们的研究结果表明，工业利润的增长是结构性的，重工业对工业利润增长贡献了70%以上；采掘业和原材料工业利润率提高的主要原因是产品价格的大幅度上涨，这些行业的劳动生产率反而是下降的，而机械工业和轻工业收益率的提高主要来自劳动生产率水平的提高；工业部门平均工资水平增速小于GDP增速，大部分（75%）劳动者的工资增速较慢，利润的高速增长很大程度上是以工资的缓慢增长为代价的。另外，值得注意的是，工资增长较快的行业全部是垄断行业或重工业，但其吸纳就业的容量比较低，而且就业比重愈来愈低。工资增速超过GDP增速的9个子行业的就业人数占工业就业总数的比重在2000年为31.0%，2005年下降到24.9%。

与郑玉歆、李玉华（2007）的研究成果相呼应，翁杰、周礼（2009）也认为，我国工业行业2002～2007年利益分配格局变动的原因是工业品出厂价格的结构性变动——主要是采掘业和原材料行业产品价格大幅度上涨引起的。他们选择了工业中主要的36个子行业，把它们分为两大类：第一类包括采掘业的5个行业、原材料行业的4个行业，以及电力、燃气及水的生产和供应业的3个行业，共计12个行业；第二类包括其余的24个行业，主要是制造业中的下游行业，并分别考察这两类行业中的新增利润来源，结果如表7-5所示。

表7-5　2002～2007年工业新增利润占全部工业利润的比重

单位:%

年份	以上年为基期		以2001年为基期	
	第一类行业加总	第二类行业加总	第一类行业加总	第二类行业加总
2002	29.8	68.7	29.8	68.7
2003	46.7	53.3	41.7	57.9
2004	64.9	34.8	52.2	47.4
2005	57.3	41.5	54.0	45.4
2006	48.9	50.3	48.3	56.5
2007	40.3	55.0	38.1	51.0

资料来源：翁杰、周礼《中国工业企业利益分配格局快速变动的原因分析：1997～2007》，《中国工业经济》2009年第9期。

2002～2004年，工业新增利润中第一类行业所占比重由29.8%上升到64.9%，而第二类行业所占比重则由68.7%下降为34.8%。这主要是工业品价格的结构性上涨所致，即第一类行业的产品价格上涨幅度远高于第二类行业的产品价格上涨幅度，工业新增利润迅速向第一类行业转移。

工资决定的租金分享理论认为，劳动者的工资水平由市场保留工资和企业租金两部分构成。在我国工业部门中，第一类行业产品价格大幅度上涨，使企业租金快速增加，但利润的增加通常并非生产率提高所致，所以该类行业的工资水平虽然也可能有所提高，但企业租金的大部分被资方获得，工资收入份额相应降低。在一些企业缺乏工会组织、劳动力处于弱势地位的情况下尤其如此。资金密集度高、垄断程度高是第一类工业行业的突出特点，这些行业所容纳就业的比重越来越低，工资总额占其增加值的比重处于下降趋势，这必然影响到整个工业部门，进而使全国整体的工资收入份额出现下降。第二类行业多为下游的制造业，为了消化上游原材料产品价格上涨的压力，通常会提高劳动生产率，尽力压低劳动力成本，这些措施又必然使第二类工业行业内的工资收入份额下降，导致工业部门整体的工资收入份额降低。总之，上游企业垄断程度的提高使得上、下游企业的工资收入份额都呈下降走势。

3. 国有企业改制因素对工资收入份额的影响

从 20 世纪 90 年代开始，我国的国有企业改制大规模地铺开，通过“三年脱困计划”实现了减员增效，并释放出大量富余劳动力。同时，在“抓大放小”政策下，国有企业大量减少，民营企业比重提高。1999 年的《中共中央关于国有企业改革和发展若干重大问题的决定》指出：“在社会主义市场经济条件下，国有经济在国民经济中的主导作用主要体现在控制力上……只要坚持公有制为主体，国家控制国民经济命脉，国有经济的控制力和竞争力得到增强，国有经济比重的减少不会影响我国的社会主义性质。”因此，国有企业比重虽然趋于下降，但它在部分行业中的垄断力和控制力在增强，实现利润总额和利润集中度都迅速上升。翁杰、周礼（2009）研究发现：2000 年与 1997 年相比，国有企业职工数量减少了 48.1%，利润则增加了 4.6 倍，同期非国有企业的利益分配格局并无大的变动。

关于国有工业企业的利润集中度，韩朝华、周晓艳（2009）对我国工业行业按照所有制进行分类，考察了我国 2000 ~ 2007 年工业利润增量的来源，发现国有工业的利润在各行业间分布的标准差最大，呈现两极分化趋势（见表 7 - 6）。

表7-6　不同工业经济类型中利润额占本类型总利润的比重居前五位的行业

单位：%

序号	国有工业		外资企业		私营企业	
	行业（1999～2007年）	占比	行业（1999～2007年）	占比	行业（2005～2007年）	占比
1	石油和天然气开采业	36.5	通信电子设备制造业	18.1	非金属矿物制品业	8.3
2	电力、热力生产业	15.6	交通运输设备制造业	12.9	纺织业	7.5
3	黑色金属冶炼业	9.3	化学原料及制品业	7.5	普通机械制造业	7.5
4	交通运输设备制造业	7.6	电力、热力生产业	6.8	化学原料及制品业	7.4
5	烟草制品业	6.4	电气、机械及器材制造业	6.2	食品制造业	6.9
前五位行业比重合计		75.4	前五位行业比重合计	51.5	前五位行业比重合计	37.6

资料来源：转引自韩朝华、周晓艳《国有企业利润的主要来源及其社会福利含义》，《中国工业经济》2009年第6期。

韩朝华、周晓艳（2009）以行业购销价格比、行业劳均资本额等为解释变量，分别反映行业中厂商的定价权势和资金密集度，对因变量行业利润总额进行回归分析，发现厂商的定价权势与国有企业的利润呈显著正相关，而与外资企业的利润额呈显著负相关；行业劳均资本额与国有企业利润呈显著正相关，因为国有企业的利润来源偏重于基础产业领域，资金密集度高是这类行业的突出特点。显然，国有企业改制后的新增利润主要来自——定价权势，即垄断程度的提高，对整个社会反而带来效率和福利的损失。

总之，国有企业在改制过程中逐渐退出竞争性领域，集中分布于资源和基础工业领域，垄断程度和利润集中度得到提高。这可能导致国有企业比重越高的行业，工资收入份额越低，即两者呈负相关。

4. 资本密集度对工资收入份额的影响分析

改革开放以来，我国重工业的比重发生过比较大的波动。1978～1998年，中国的工业结构中重化工业的比重是基本稳定并有微弱下降的（从56.9%下降到50.7%），而1998～2008年重化工业比重迅速上升（从50.7%提高到71.1%）。这是我国工业化发展进程中的必然阶段。“国际经济发展的经验表明，在人均GDP超过3000美元之后，工业结构重心将由轻纺工业逐渐向重化工业转移。我国已经开始步入这一发展阶段，即以资金、技术密集型产业为主导的深加工、重型化发展的新阶段。"①。中国1978～2008年工业结构中重化工业比例的变化，与工业内工资收入份额的先提高后降低的变化节奏在一定程度上是相反的。因此，本文把工业行业资本密集度的变化作为工资收入份额的影响因素之一。

表7－7 1998～2008年我国规模以上工业企业主要指标

年份	资本－产出比	劳均产出（万元/人）	单位工资产出	劳均资本（万元/人）	劳均利税（万元/人）	单位资本利税	单位资本产出	单位工资利税	固定资产净值/工资总额(倍)	人均工资（万元）
1998	2.27	3.14	5.50	7.12	0.89	0.13	0.44	1.56	12.50	0.57
1999	2.19	3.72	6.03	8.15	1.15	0.14	0.46	1.87	13.22	0.62
2000	2.04	4.57	6.79	9.32	1.71	0.18	0.49	2.54	13.85	0.67
2001	1.96	5.21	7.20	10.19	1.89	0.19	0.51	2.62	14.10	0.72
2002	1.80	5.98	7.71	10.78	2.18	0.20	0.56	2.81	13.90	0.78
2003	1.57	7.30	8.70	11.49	2.76	0.24	0.64	3.29	13.69	0.84
2004	1.46	8.28	9.81	12.04	3.24	0.27	0.69	3.84	14.27	0.84
2005	1.24	10.47	10.98	12.97	3.82	0.29	0.81	4.00	13.61	0.95
2006	1.16	12.38	11.59	14.38	4.62	0.32	0.86	4.32	13.46	1.07
2007	1.06	14.86	12.44	15.68	5.79	0.37	0.95	4.84	13.12	1.20
2008	1.06	16.17	12.84	17.16	6.17	0.36	0.94	4.90	13.63	1.26
年均增速（%）	-7.33	17.83	8.85	9.19	21.35	11.13	7.91	12.10	0.87	0.08

资料来源：《中国统计年鉴（2009）》。

由表7－7的数据可以看出，1998～2008年，劳均资本的年均增长速度为9.19%（第4列），比人均工资的年均增速0.08%高，这显示我国工业中的资本密集度在提高。固定资产净值与工资总额的比值也从1998年的12.50倍上升到2008年的13.63倍，表明工业企业的扩张路径具有资本偏向特征：在扩大再生产中，企业更多地增加资本投入，而不是增加劳动要素的投入，使得工业中不变资本与可变资本之间的有机构成比例不断提

① 周维富：《如何面对重化工业时代的来临》，《中国经贸导刊》2005年第2期。

高。这可能是导致工资收入份额下降的原因之一。

从产出角度看，单位资本产出年均增长7.91%，而单位工资产出年均增长8.85%；从赢利能力看，单位资本利税年均提高11.13%，单位工资利税年均增长12.1%。可见，随着资本的深化，在边际报酬递减规律的作用下，资本要素的边际报酬提高的速度比较慢，但其在分配格局中所占的份额得到提高，劳动要素在收入分配中日益处于不利地位。

5. 技术进步路径对工资收入份额的影响分析

资本增强型技术进步是指技术进步使得资本的生产效率得到较大提高，因此，厂商将会增加资本投入，引起劳均资本提高。Acemoglu（2006）认为，从长期来看，经济运行在均衡增长路径（balanced growing path）上，出现的总是劳动增强型技术进步，所以工资收入份额在均衡增长路径上保持不变；但如果从短期看，当经济运行在转型路径（transition path）上，则会发生资本增强型技术进步，此时工资收入份额将随技术进步而下降。这说明技术进步的类型对要素收入分配格局会产生明显的影响，因而在分析我国工资收入份额变化的原因时，需要考虑如何控制这方面因素的影响。那么，1998～2007年，我国工业技术进步的主导性特征或基本路径是什么呢?

在判断技术进步的方向上，杨俊、邵汉华（2009）以全要素生产率（TEP）代表技术进步，如果TFP与工资收入份额之间的回归系数显著为负，则可以判断技术进步是资本增强型的。

Guscina（2007）认为，如果劳动生产率与工资收入份额之间呈正相关，便可以认为劳动生产率的增长主要源于劳动者能力的提升，劳动者应该从中获得更多回报，则技术进步属于劳动扩张型的；反之，如果劳动生产率与工资收入份额呈负相关，可以认为劳动生产率的增长主要源于物质资本投资，资本应该从劳动生产率提高中获得更多回报，则技术进步属于资本扩张型的。黄先海和徐圣（2009）、张车伟等（2010）在研究中都采用了这一思路，张车伟认为：“1997年以前，中国的技术进步以劳动扩张型技术进步为主，而1998年之后，中国技术进步则逐渐以资本扩张型技术进步为主。一个明显的例证就是中国出口贸易中资本品比重迅速提高。改革开放以来，资本品出口占总出口的比重持续增长，从1980年的4.7%增长到2007年的47.4%，增长了9倍多，资本品出口迅速增长必然要求大量投资，新机器和新设备等物质资本投资成为劳动生产率提升的主要源泉，进而导致劳动者从劳动生产率提高中获得的回报相对减少。”

1998～2007 年，我国工业部门的劳动生产率从 1998 年的 3.14 万元/人，增加到 2008 年的 16.17 万元/人，年均增长速度约为 17.83%，与呈下降走势的工资收入份额之间显然是负相关的。这表明我国工业行业 1998～2007 年出现了资本增强型技术进步。

三　我国工业部门收入结构影响因素的计量分析

1. 计量模型的设定

为正确设定计量模型，考察变量进入模型的具体形式，本文特做因变量对各个解释变量的散点图，详见图 7－2。由图 7－2 可见，劳均产出与工资收入份额呈幂函数关系，它表明我国 1998 年以来的技术进步是资本增强型的。因此，本文的计量模型拟引入劳均产出的对数项。

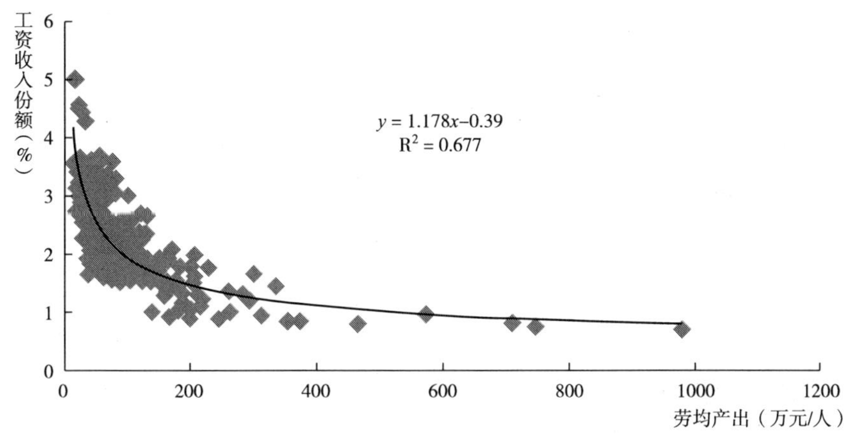

图 7－2　劳均产出与工资收入份额关系

由图 7－3 可见，产品出口率代表行业的开放程度，它与其工资收入份额呈线性正相关，所以在本文中，产品出口率将以线性形式进入模型。

为了进一步考察各个变量对工资收入份额的相关程度和解释能力，并确定工资收入份额对各个解释变量的具体回归形式，本文把因变量对各个自变量分别进行回归，结果见表 7－8。

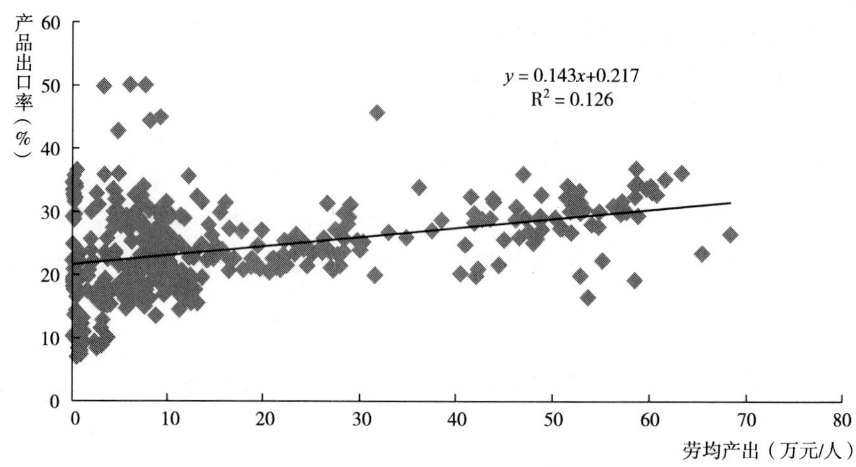

图 7－3　产品出口率与工资收入份额关系

表 7－8　工资收入份额对各变量的单独回归（按照 R^2 由大到小顺序排列）

序号	变量	单独回归方程	序号	变量	单独回归方程
1	劳均产出（*yl*） ln（*ls*）＝0.164－0.3929ln（*yl*）	－0.3929 （0.000） （0.677）	5	资本－产出比（*ky*） ln（*ls*）＝－1.555＋0.0517＊ky	0.0517 （0.0003） （0.0318）
2	劳均资本（*kl*） ln（*ls*）＝－0.405－0.2377 ln（*kl*）	－0.2377 （0.0000） （0.3315）	6	外资股份比重（*rfor*） ln（*ls*）＝－1.546＋0.338*rfor*	0.338 （0.0008） （0.0269）
3	前 10 位企业增加值比重（*r10av*） ln（*ls*）＝－1.328－0.577 *r10av*	－0.577 （0.000） （0.134）	7	国有股份比重（*rsoe*） ln（*ls*）＝－1.512－0.0256 ln（*rsoe*）	－0.0256 （0.0783） （0.0056）
4	产品出口率（*rexp*） ln（*ls*）＝－1.588＋0.697 *rexp*	0.697 （0.0000） （0.1423）			

注：括号内为 t 检验的 p 值和调整后的 R^2 值。

通过考察工资收入份额与每个解释变量之间的关系，我们发现劳均产出可能是最重要的解释变量，其次是劳均资本，这两个变量以对数形式进入模型；前 10 位企业增加值比重、产品出口率则以线性形式进入模型；资本－产出比和所有制结构与工资收入份额的相关程度相对较弱。

2. 混合效应模型的回归结果及其经济含义

根据以上的讨论，本文设定如下计量模型：

$$\ln(ls) = \beta_0 + \beta_1 \ln(yl) + \beta_2 \ln(kl) + \beta_3 r10av + \beta_4 rexp + \beta_5 \ln(rsoe) + \beta_6 rfor + \beta_7 ky + \varepsilon$$

采用面板最小二乘法，构建混合效应模型。ln（*ls*）对各变量的回归模型估计结果见表7-9。

表7-9　工资收入份额的对数项ln（*ls*）对各解释变量的回归结果

变　量	回归一	回归二	回归三	回归四
常数项c	-0.1430（0.0531）	-0.1140（0.1233）	-0.1956（0.0072）	-0.2268（0.0022）
劳均产出对数项ln（*yl*）	-0.2130（0.0000）	-0.1722（0.0000）	-0.3234（0.0000）	-0.3390（0.0000）
劳均资本对数项ln（*kl*）	-0.1391（0.0034）	-0.1822（0.0001）	—	—
前10位企业增加值比重*r10av*	-0.1887（0.0002）	-0.1715（0.0007）	-0.1795（0.0005）	-0.0922（0.0543）
产品出口率*rexp*	0.4533（0.0000）	0.4504（0.0000）	0.6162（0.0000）	0.3499（0.0000）
国有股份比重对数项ln（*rsoe*）	-0.0378（0.0032）	—	—	-0.0183（0.1013）
外资股份比重*rfor*	-0.4449（0.0000）	-0.2871（0.0012）	-0.3368（0.0002）	—
资本-产出比*ky*	0.1153（0.0000）	0.1251（0.0000）	0.0522（0.0000）	0.0608（0.0000）
样本容量	380	380	380	380
Adjusted R^2	0.7458	0.7405	0.7300	0.7217
F-statistic	159.87	181.28	205.95	197.54
Prob（F）	0.00000	0.00000	0.00000	0.00000

注：括号内为t检验的p值。

首先，把ln（*ls*）对所有解释变量进行回归，得到的参数值放在回归一中。我们发现，所有的变量对工资收入份额的影响都在1%的水平下显著。但外资股份比重与工资收入份额之间的回归系数为负，与预期相反。经过进一步计算，发现国有股份比重对数项与外资股份比重之间高度共线，相关系数为 -0.7836，因此，我们暂时把国有股份比重对数项变量从模型中剔除，得到回归二。

在回归二中，我们发现剔除国有股份比重对数项后，其他变量的符号和回归系数数值、显著程度等几乎没有什么变化，所有解释变量均在 1% 的水平下显著。另经计算，变量 ln（*kl*）与 ln（*yl*）和 *rexp* 之间的相关系数也比较高，分别为 0.6963、0.6620，为了避免高度共线性，把 ln（*kl*）从模型中剔除，得到回归三。

在回归三中，我们以国有股份比重对数项替换外资股份比重，得到回归四，发现国有股份比重对数项与工资收入份额之间的回归系数依然为负，但并不显著。说明国有企业改制的因素影响并不重要。在四个回归方程中，所有的解释变量与工资收入份额之间回归系数的符号都是一致的，这一点显示了模型设定的稳健性。以下重点对回归三进行讨论。

第一，代表劳动生产率的变量——劳均产出（*yl*）的对数项与工资收入份额呈显著负相关。这意味着劳动生产率的提高主要来自资本效率的提升，表明我国工业部门的技术进步特征是资本增强型的，这是 1998 年以来我国工业中工资收入份额下降的最主要解释因素。本文的研究支持了黄先海和徐圣（2009）的观点：1989 年～2006 年，（除 1994 年、1995 年外）我国工业部门均发生了劳动节约型技术进步，并且它对工资收入份额的负向拉动作用为 70% 左右，远大于其他因素的影响。

第二，代表垄断程度的变量——前 10 位企业增加值比重（*r10av*）与工资收入份额呈显著负相关。这证明了假设 2 基本是合理的：1998～2007 年，主要由于采掘业、原材料业和基础工业部门产品价格大幅度上涨，下游行业为了消化价格上涨因素，必须进一步压低劳动力成本，提高劳动生产率，导致我国工业部门的增加值、利润的集中度，即垄断程度逐渐提高，并且垄断利润大部分以资本租金的形式被资方占有，收入分配格局迅速向资方倾斜。所以，垄断程度越高的行业，工资收入份额越低。

第三，产品出口率（*rexp*）在四个回归模型中都与工资收入份额呈正相关。这支持了国际贸易理论中的要素价格均等化定理对要素收入份额变动的解释。我国毕竟是一个发展中国家，尽管出口产品中工业制成品的比例有所上升，但劳动密集型产品的出口依然占据重要地位。另外，产品出口率高的行业一般来说竞争程度也比较充分。这两方面的原因使得产品出口率与相关行业的工资收入份额呈正相关。

第四，外资股份比重（*rfor*）与工资收入份额呈显著负相关。这与根据区位优势理论提出的假说5相反。其原因可能是，我国的FDI并非完全遵循利润最大化导向自由流入的，而是体现了国家吸引外资政策的引导取向和阶段性特征。

在现有文献中，研究者通常注意到外资股份比重与工资收入份额呈负相关。这一现象无法用区位优势理论来解释。对于这一现象，目前文献主要从以下两个角度进行了解释。Decreuse和Maarek（2008）研究了欠发达国家的FDI对东道国的影响，认为尽管外资企业的工资水平高于本土企业，但由于外资企业拥有先进技术和较强融资能力、管理能力，其生产效率高于本土企业的幅度更大，所以它的工资收入份额反而低于本土企业。罗长远、张军（2009）则以“谈判力量”（bargaining power）模型解释这一现象：地方政府把廉价劳动力和低水平的劳动保护作为招揽投资的必要手段，使资本的谈判能力上升、劳动的谈判地位弱化，从而使工资收入份额降低。

本文与大部分研究成果得到的结论相同，即外资股份比重与我国的工资收入份额呈负相关，但我们给予了不同的解释。应注意到，Dunning（1998）的区位优势理论前提是完全竞争、不存在要素价格扭曲、国际资本自由流动，但我国的FDI并非完全遵循利润最大化导向而自由流入的，而是体现了国家吸引外资的强烈政策引导取向和阶段性特征。20世纪90年代，我国吸引外资的重要目的是学习外国先进技术和管理经验，“以市场换技术”。引入外资较多的行业大多是资金和技术密集度高的行业（1998年外资企业、国有企业、民营企业的劳均资本分别为11.05万元/人、6.28万元/人、3.31万元/人），这些行业的工资收入份额比较低，外资股份比重与工资收入份额1998～2009年大多表现出负相关（见表7－10）。

表 7-10 1998~2009 年我国私营、国有、外资企业与工业整体劳均资本的变动

单位：万元/人

年份	劳均资本				外资企业与工业整体劳均资本的差距
	私营企业	国有企业	外资企业	工业整体	
1998	3.314	6.283	11.051	6.970	4.081
1999	3.533	10.527	11.689	10.373	1.316
2000	3.656	12.566	11.660	11.646	0.014
2001	3.816	14.799	12.016	12.739	-0.723
2002	4.077	16.819	11.577	13.289	-1.712
2003	4.571	20.189	11.031	13.991	-2.960
2004	5.037	24.147	10.874	14.182	-3.308
2005	5.757	27.363	11.681	15.226	-3.545
2006	6.507	32.995	12.544	16.785	-4.241
2007	7.260	39.053	13.561	18.324	-4.763
2008	8.593	44.642	14.734	19.706	-4.972
2009	10.104	50.38	16.504	22.323	-5.819
年均	10.665	20.835	3.714	11.162	—

资料来源：根据《中国统计年鉴（2010）》整理。

从表 7-10 可以看到，在 2000 年之前，我国外资企业资本密集度较高，远高于民营和国有企业。随着时间的推移，内资企业的资金密集度提高更快：1998~2009 年，国企、私营、外资企业的年均增长速度分别为 20.835%、10.665% 和 3.714%，到 2001 年，外资企业整体的资金密集度已经低于全国工业的平均水平。表 7-4 显示，2002 年以后，外资股份比重与工资收入份额之间由负相关转为正相关，因为此时外资企业更多地分布于资金、技术密集度较低的行业，这些行业的工资收入份额比较高。因此，本文的回归结果发现 FDI 与工资收入份额呈显著负相关，这可能捕捉了我国吸引外资政策的阶段性特征。

第五，国有股份比重对数项与工资收入份额之间的回归系数为负，但并不显著（见回归四）。表 7-4 显示，2004 年之后，国有股份比重与工资收入份额之间的相关系数由正转负。国有企业改制后逐步退出竞争性领域，集中分布于资本、技术密集度高的行业，并且垄断程度有所提高，这

些因素都可能使得行业的国有企业比重与工资收入份额呈负相关。从1998～2007年整个时期来看，国有股份比重与工资收入份额之间虽然回归系数为负，但影响并不显著。随着时间的推移，我们预计两者之间负相关程度会逐渐提高。

第六，资本－产出比与工资收入份额呈显著正相关。这表明要素替代弹性小于1，劳动与资本是互补的，资本深化有助于提高工资收入份额。但1998～2007年，我国显然发生了资本浅化，即资本－产出比的下降是引起工资收入份额下降的原因之一。

当控制了资本增强型技术进步因素的影响之后，要素相对价格的变化仍然会带来要素投入比例的变化，这种变化对工资收入份额的影响方向取决于要素替代弹性。当要素替代弹性小于1时，SK曲线斜率为正。资本的相对价格出现下降，会导致厂商更多地投入资本要素，资本投入的增速比劳动更快，劳均资本得到提高。这时可能出现两种情况：如果产出的增速比资本投入的增速快，那么资本－产出比会下降（资本浅化），这会导致工资收入份额降低；如果产出的增速比资本投入的增速慢，资本－产出比会提高（资本深化），这将有利于工资收入份额的提高。也就是说，当要素替代弹性小于1时，资本－产出比与工资收入份额变动方向一致，从这个意义上说，资本与劳动要素是互补的，资本深化，即资本－产出比的提高有利于提高工资收入份额。我国工业部门在1998～2007年所经历情况是，随着资本投入的快速增长，劳均资本得到提高，但产出的增速比资本投入的增速快，资本－产出比下降了（发生了资本浅化），在要素替代弹性小于1的情况下，工资收入份额降低。

3. 个体和时期固定效应模型

为了确定应该使用固定效应模型还是随机效应模型，本文进行了Hausman检验。得到的F统计量小于临界值，表明工资收入份额在不同个体与不同年份之间存在显著差异。因此，本文建立了个体和时期固定效应模型（见表7－11）。

在回归一中放入了所有的变量，发现国有股份比重对数项与工资收入份额的回归系数依然为负，并且不显著。另外，劳均资本对数项和前10位企业增加值比重两个变量的符号发生了改变，很可能是因为这两个变量在不同行业和不同年份之间存在显著差异，它们的影响已经被包含在行业哑

表 7-11 个体和时期固定效应模型回归报告

序号	变量	回归一	回归二
1	常数项 c	0.4214（0.0001）	-0.4638（0.0000）
2	劳均产出对数项 ln（*yl*）	-0.5865（0.0000）	-0.5014（0.0000）
3	劳均资本对数项 ln（*kl*）	0.0886（0.0187）	—
4	前 10 位企业增加值比重 *r10av*	0.2706（0.0000）	—
5	产品出口率 *rexp*	0.2940（0.0001）	0.1412（0.0528）
6	国有股份比重对数项 ln（*rsoe*）	-0.0126（0.1283）	—
7	外资股份比重 *rfor*	-0.3256（0.0021）	-0.1979（0.0515）
8	资本-产出比 *ky*	0.0532（0.0101）	0.1039（0.0000）
9	行业哑变量	是	是
10	年份哑变量	是	是
11	样本容量	380	380
12	Hausman	0.0000	0.0000
13	DW	1.849	1.7061
14	Adjusted R^2	0.9545	0.9508
15	F-statistic	150.85	147.43
16	Prob（F）	0.00000	0.00000

注：括号内为 t 检验的 p 值。

变量和年份哑变量之中了。个体差异和年份差异包含了很多信息，当引入了个体固定效应和时期固定效应之后，有些变量的影响不再显著，在逐步剔除了不显著的解释变量之后，得到回归二。

在回归二中，我们发现，即使考虑了个体差异和时间趋势之后，劳均产出对数项、产品出口率、外资股份比重、资本-产出比四个变量依然对工资收入份额有显著影响。这表明，资本增强型技术进步、经济全球化、要素相对价格对工资收入份额的影响无法用个体差异和时间趋势来解释。这四个因素与个体差异和时间趋势共同解释了工资收入份额变动的 95.08%。

第二节　区域经济维度的收入结构影响因素的实证分析

当仅仅对某一行业内部工资收入份额的影响因素进行分析时，行业内的企业显然同质性较强，三次产业结构的调整对工资收入份额的影响未被考虑。当从区域经济视角研究工资收入份额变动的影响因素时，人均收入水平、三次产业结构之间的演进、城市化水平、人力资本的影响等新的因素就会进入我们的视野，哪些是显著的影响因素需要重新测度。因此，只有纵向的研究视角应该与横向的相结合，才能对工资收入份额的影响因素进行更全面的衡量。本节基于省际面板数据，对我国各省份工资收入份额的差异进行初步分析和解释，以揭示我国当前工资收入份额变化的主要原因。

一　工资收入份额的统计性描述

除西藏及港澳台地区以外的我国30个省份的工资收入份额描述性指标见表7－12。

表7－12　1978～2007年我国各省份工资收入份额的描述性统计量

单位：%，个百分点

年份	均值	最小值	最大值	极差	标准差系数
1978	52.35	22.74	65.93	43.19	0.2150
1979	53.49	23.79	66.13	42.34	0.2095
1980	53.47	23.88	66.04	42.16	0.2151
1981	54.71	24.32	67.48	43.16	0.2127
1982	55.32	25.22	68.72	43.50	0.2040
1983	55.11	25.68	67.67	41.99	0.2012
1984	55.10	27.83	68.04	40.21	0.1891
1985	53.94	26.99	65.42	38.43	0.1944
1986	53.98	28.92	65.39	36.47	0.1853
1987	53.14	30.04	64.56	34.52	0.1860

续表

年份	均值	最小值	最大值	极差	标准差系数
1988	52.41	30.49	63.99	33.50	0.1782
1989	52.20	31.23	64.85	33.62	0.1718
1990	54.36	32.26	68.11	35.85	0.1511
1991	53.23	33.89	65.55	31.66	0.1410
1992	51.06	35.69	62.67	26.98	0.1375
1993	50.82	37.10	64.02	26.92	0.1437
1994	51.61	34.78	64.74	29.96	0.1505
1995	52.71	36.08	66.49	30.41	0.1456
1996	52.96	36.04	64.21	28.17	0.1422
1997	52.84	34.77	65.06	30.29	0.1449
1998	52.49	35.29	65.73	30.44	0.1404
1999	51.72	36.25	65.07	28.82	0.1333
2000	50.26	36.14	61.20	25.06	0.1345
2001	49.83	37.13	66.22	29.09	0.1362
2002	49.21	38.42	65.06	26.65	0.1321
2003	47.67	34.61	65.06	30.46	0.1388
2004	43.31	33.76	51.31	17.55	0.1094
2005	42.91	31.50	49.53	18.03	0.1150
2006	42.19	31.73	47.74	16.01	0.1013
2007	41.05	31.45	47.82	16.37	0.1087

资料来源：根据历年《中国统计年鉴》计算。

表 7－12 中反映出来的 1978～2007 年我国各省份工资收入份额的趋势可在图 7－4 中表现得更加清楚直观。

从横向比较看，经济发展水平与工资收入份额呈现明显的负相关。表 7－13 对 1978～2007 年我国各省份工资收入份额的平均值进行了排序，很明显，经济比较落后的中西部地区工资收入份额一般来说较高，而三个直辖市和其他比较发达的东部地区工资收入份额比较低，排序靠后。这表明在我国目前发展阶段，经济发展水平与工资收入份额呈负相关。

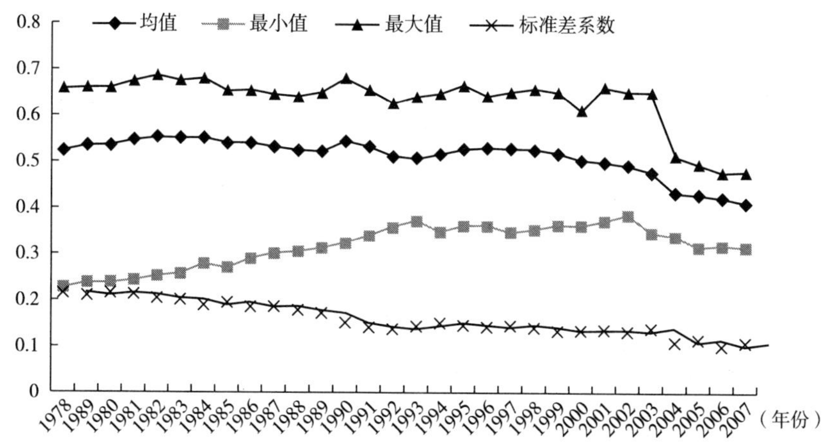

图 7-4　1978~2007 年我国各省份工资收入份额变动

表 7-13　1978~2007 年我国各省份工资收入份额平均值排序

单位:%，个百分点

省　份	工资收入份额均值	2007 年与 2008 年相差	省　份	工资收入份额均值	2007 年与 2008 年相差
江　西	60.29	-21.38	四　川	55.74	-13.78
广　西	60.18	-14.85	河　南	54.55	-15.01
湖　南	59.90	-15.55	陕　西	54.22	-19.44
贵　州	58.16	-8.95	内蒙古	52.03	-21.01
青　海	56.76	-15.85	甘　肃	52.01	-11.11
安　徽	56.74	-18.57	广　东	51.86	-19.34
吉　林	56.14	-14.68	云　南	51.76	-17.79
福　建	56.07	-21.15	宁　夏	51.66	-7.29
湖　北	56.03	-16.04	海　南	50.58	-26.19
新　疆	55.87	-12.48	河　北	50.50	-13.02
重　庆	49.31	-1.67	山　东	48.14	-13.01
浙　江	47.38	-15.49	江　苏	46.51	-9.57
黑龙江	46.31	-9.38	山　西	45.12	-15.61
辽　宁	41.70	7.43	天　津	37.30	-0.37
北　京	37.18	17.17	上　海	32.12	12.23

资料来源：根据历年《中国统计年鉴》计算。

从各省份工资收入份额在 1978~2007 年的变化看，只有北京、上海、辽宁是上升的，上升幅度分别为 17.17 个、12.23 个和 7.43 个百分点；天津的工资收入份额下降较少，下降了 0.37 个百分点；其余大部分省份的工资收入份额均有明显下降，降幅一般超过 10 个百分点，其中，海南、福建、江西、内蒙古的下降幅度超过 20 个百分点。发达省份的工资收入份额绝对水平低，但变化趋势是上升的，或者下降的幅度比较小。

二　解释变量的选取及其统计性描述

1. 影响区域经济工资收入份额的因素

Bentolina 和 Saint Paul（2003）将资本 - 产出比 k 与工资收入份额 α_l 之间的函数关系称为 SK 曲线。他们进一步证明：在完全竞争和规模报酬不变时，要素按照其边际产出获得报酬，资本 - 产出比的变化对工资收入份额的影响只是使分配点在既定的 SK 曲线上移动，而其他任何影响产品市场和要素市场、导致其不完全竞争的因素，都会使要素报酬偏离其边际产出，以至于 SK 曲线失效。

罗长远、张军（2009）在基于 1987 ~ 2004 年省际面板数据研究我国工资收入份额时，把影响工资收入份额的因素分为三类：①资本 - 产出比，它的变动使工资收入份额沿既定的 SK 曲线滑动（move along）；②技术水平的变动，它使整条 SK 曲线发生平移（shift）；③其他因素，它们使分配点脱离 SK 曲线（move off），他们认为经济发展水平、全球化、民营化、财政支出和政府消费占 GDP 的比重、非正规就业机会、人力资本积累水平等属于这类因素。

白重恩等（2009）基于 1997 ~ 2003 年的省际面板数据，对我国的资本收入份额变动进行了研究，他们选择了资本 - 产出比、外商直接投资与 GDP 之比、进出口总额与 GDP 比值、国有经济比重、银行存贷款之和占 GDP 比重、人均 GDP 的对数值、财政支出中文教支出占 GDP 比重、财政支出占 GDP 比重等作为解释变量。他们的研究结论表明：对我国资本收入份额影响最明显的是经济发展水平——人均 GDP 的对数值；代表产品市场竞争程度的变量外商直接投资与 GDP 之比和进出口总额与 GDP 之比对我国资本收入份额影响并不显著；“各年份哑变量基本都不显著，表明我国技术进步速度非常低”；用来控制要素市场扭曲程度的变量国有经济比重和银行存贷款之和与 GDP 之比影响也不显著。据此，他们认为："自 1997 年以来，我国资本收入份额的增加主要来自经济结构转型，而不是来自技术和市场扭曲的变化。"

结合已有文献，本文从两个方面把握区域经济中工资收入份额的影响因素：一是基于新古典主义视角，从要素相对价格变化、技术进步、市场不完全竞争方面考虑，侧重于反映产业内因素的影响；二是从制度分析框架出发，考虑我国经济转型因素对工资收入份额的影响，侧重于反映产业间因素的影响。

从理论角度分析，我们认为财政支出占 GDP 比重、财政支出中文教支出占 GDP 比重等变量一般说来无法影响工资收入份额。因为在市场经济条件下，这些变量只能影响再分配中的居民可支配收入，难以影响通过市场机制获得的劳动报酬，因此，把它们作为解释变量可能导致理论解释上的困难。

2. 各变量的计算方法及描述性统计指标

工资收入份额及各解释变量的界定见表 7－14。

表 7－14　各变量的计算方法

指标	指标名称	计算方法	备注
ls	工资收入份额	劳动者报酬/收入法 GDP	被解释变量
argdp	第一产业比重	第一产业增加值/地区 GDP	控制产业结构转型的影响
gdppc	人均实际 GDP（万元）	人均实际 GDP/10000	控制经济发展水平的影响
fdirgdp	实际利用外资占 GDP 比重	实际利用外商投资额（百万美元）/地区 GDP（亿元）	控制所有制结构的影响
iexgdp	进出口总额占 GDP 比重	外贸进出口总额（百万美元）/地区 GDP（亿元）	控制经济开放度的影响
kppc	劳均资本	固定资本存量（亿元）/社会就业人数（万人）	控制经济中的资本密集度
ky	资本产出比	固定资本存量/地区 GDP	控制资本深化的影响
yl	劳均产出	地区 GDP/社会就业人数（万人）	控制资本增强型技术进步
deprgdp	储蓄存款余额占 GDP 比重	城乡居民储蓄存款余额（万元）/地区 GDP（亿元）	控制资本深化的影响
rsoe	国有经济比重	国有经济投资额/全社会投资总额	控制所有制结构的影响
noemr	城镇就业比重	城镇就业人数/社会就业人员数	控制城镇化水平的影响
unpp	每万人在校大学生人数	在校大学生人数/年末总人口数（万人）	控制人力资本的影响

各变量的数据来源及处理：被解释变量是各省份的工资收入份额，1978～1992年数据来自《中国国内生产总值核算历史资料（1952～1995)》，1993～2004年数据来自《中国国内生产总值核算历史资料(1952～2004)》，2005～2007年数据来自相应年份的《中国统计年鉴》。其余数据均来自中国统计数据应用支持系统（Support System for China Statistics Application)，[①] 以及CNKI中国经济社会发展统计数据库。[②]

对解释变量的计算方法做如下说明。

人均实际GDP（*gdppc*)：名义人均GDP数据来自相应省份的统计年鉴，根据人均GDP指数缩减为1978年不变价格的人均实际GDP。劳均产出是以1978年不变价格核算的各年GDP除以各年的社会就业人数得到的。由于社会就业人数包括城镇和农村就业人口，这使得劳均产出与人均实际GDP两个指标不仅经济含义相近，而且相关度极高，经计算为0.9907。所以本文也把两个指标的经济含义同等看待。

劳均资本（*kppc*)：它是固定资本存量除以社会就业总人数得到的。各省份的固定资本存量是用永续盘存法得到的，并且采用张军等人的研究成果，[③] 按照固定资产投资价格指数，缩减为1952年不变价格的固定资本存量数据。

资本－产出比（*ky*)：它是以1952年不变价格固定资本存量除以不变价格GDP得到的。

国有股份比重（*rsoe*)：以各省份每年的国有经济固定资产投资总额与除以社会固定资产投资总额得到的。

本文的数据覆盖了1978～2007年我国28个省份（西藏、海南、重庆，及港澳台地区除外)。每年的工资收入份额与其他解释变量之间的相关系数见表7－15。

由表7－15可见：①人均实际GDP、劳均资本在各年均与工资收入份额呈负相关，第一产业比重则与工资收入份额呈高度正相关，表明经济发

---

① 中国统计数据应用支持系统，http：//gov. acmr. cn/index. aspx。

② CNKI中国经济社会发展统计数据库，http：//tongji. cnki. net/。

③ 张军、吴桂英、张吉鹏：《中国省际物质资本存量估算：1952～2000》，《经济研究》2004年第10期。

表 7－15　我国各省份工资收入份额与解释变量的线性相关系数（截面数据）

年份	*gdppc*	*kppc*	*deprgdp*	*iexgdp*	*fdirgdp*	*argdp*	*urem*	*unpp*	*rsoe*	*yl*	*ky*
1978	-0.835	-0.659	0.041	-0.632	0	0.870	-0.755	-0.793	0.136	-0.882	0.126
1979	-0.838	-0.703	-0.082	-0.666	0.116	0.883	-0.811	-0.837	0.105	-0.897	0.081
1980	-0.834	-0.718	0.052	-0.676	0.109	0.886	-0.793	-0.767	0.178	-0.881	0.111
1981	-0.849	-0.764	0.077	-0.608	0.092	0.922	-0.782	-0.822	-0.084	-0.880	0.061
1982	-0.841	-0.794	0.082	-0.609	0.045	0.914	-0.786	-0.815	-0.300	-0.874	-0.004
1983	-0.857	-0.801	0.105	-0.516	0.178	0.899	-0.755	-0.812	-0.239	-0.872	0.005
1984	-0.861	-0.811	0.118	-0.542	0.078	0.903	-0.735	-0.805	-0.336	-0.871	-0.061
1985	-0.841	-0.805	0.125	-0.451	-0.076	0.900	-0.755	-0.795	-0.348	-0.855	-0.122
1986	-0.828	-0.792	0.048	-0.441	-0.156	0.907	-0.727	-0.776	-0.389	-0.840	-0.190
1987	-0.807	-0.775	-0.008	-0.493	-0.256	0.896	-0.702	-0.746	-0.335	-0.816	-0.247
1988	-0.806	-0.793	-0.052	-0.495	-0.394	0.872	-0.700	-0.734	-0.328	-0.814	-0.341
1989	-0.780	-0.758	-0.198	-0.508	-0.330	0.869	-0.672	-0.693	-0.333	-0.783	-0.363
1990	-0.823	-0.775	-0.286	-0.480	-0.243	0.865	-0.694	-0.687	-0.401	-0.827	-0.438
1991	-0.813	-0.758	-0.139	-0.452	-0.023	0.808	-0.705	-0.668	-0.285	-0.817	-0.386
1992	-0.719	-0.681	-0.171	-0.370	-0.135	0.836	-0.677	-0.625	-0.200	-0.728	-0.315
1993	-0.614	-0.501	-0.157	-0.249	-0.171	0.835	-0.507	-0.519	0.076	-0.615	-0.188
1994	-0.644	-0.529	-0.152	-0.300	-0.352	0.835	-0.504	-0.555	-0.068	-0.655	-0.193
1995	-0.677	-0.567	-0.300	-0.428	-0.361	0.875	-0.519	-0.535	-0.046	-0.674	-0.281
1996	-0.680	-0.578	-0.379	-0.493	-0.422	0.867	0.416	0.412	0.084	-0.685	-0.325
1997	-0.667	-0.574	-0.367	-0.480	-0.346	0.852	-0.420	-0.397	-0.050	-0.669	-0.343
1998	-0.644	-0.542	-0.318	-0.432	-0.233	0.822	-0.373	-0.381	0.088	-0.629	-0.313
1999	-0.650	-0.543	-0.333	-0.488	-0.336	0.815	-0.424	-0.392	0.135	-0.636	-0.304
2000	-0.652	-0.540	-0.167	-0.595	-0.488	0.769	-0.533	-0.387	0.306	-0.667	-0.247
2001	-0.617	-0.513	-0.071	-0.625	-0.503	0.753	-0.452	-0.383	0.383	-0.615	-0.226
2002	-0.582	-0.495	-0.151	-0.580	-0.454	0.742	-0.390	-0.365	0.353	-0.584	-0.225
2003	-0.571	-0.448	-0.184	-0.550	-0.333	0.759	-0.325	-0.276	0.297	-0.562	-0.167
2004	-0.603	-0.376	-0.088	-0.518	-0.456	0.737	-0.375	-0.313	0.368	-0.610	0.037
2005	-0.512	-0.301	-0.034	-0.389	-0.341	0.629	-0.309	-0.226	0.078	-0.531	-0.010
2006	-0.521	-0.295	0.070	-0.388	-0.359	0.608	-0.418	-0.228	0.356	-0.538	0.046
2007	-0.539	-0.342	0.007	-0.364	-0.431	0.654	-0.433	-0.236	0.187	-0.564	-0.033

资料来源：根据 CNKI 中国经济社会发展统计数据库、中经大客户专网数据计算。

展水平对工资收入份额的影响非常显著；②进出口总额占 GDP 比重各年均与工资收入份额呈负相关；实际利用外资占 GDP 比重在 30 年中有 6 年与工资收入份额呈正相关，其余年份则呈负相关；③城市化水平（*urem*）和每万人在校大学生人数（*unpp*）在各年均与工资收入份额呈负相关；④国有股份比重在 30 年中有 15 年与工资收入份额呈正相关，有 15 年呈负相关；⑤储蓄存款余额占 GDP 比重在 30 年中有 20 年与工资收入份额呈负相关。

因此，我们预期经济发展水平和产业结构转型可能与工资收入份额的相关程度较高，是主要解释变量；城市化水平和人力资本因素与工资收入份额呈负相关；国有股份比重、金融深化等对工资收入份额的解释能力较弱。

三 模型的设定

为了正确设定模型，需要考察因变量与每个自变量的相关形式。工资收入份额与部分解释变量的散点图见图 7－5 和图 7－6。

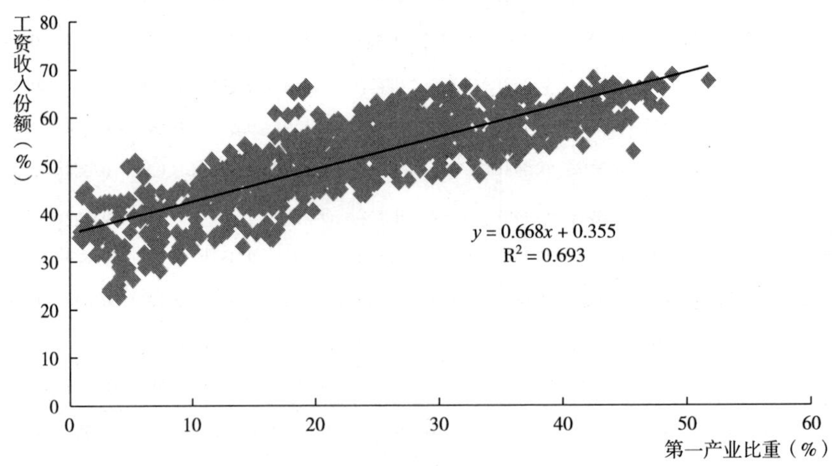

图 7－5 工资收入份额与第一产业比重之间的散点分布

由图 7－5 和图 7－6 可见，作为经济发展水平的标志，第一产业比重和人均实际 GDP 与工资收入份额相关程度较高。所以本文在回归模型中引入第一产业比重（*argdp*）的一次项和人均实际 GDP（*gdppc*）的对数项。根据上述讨论及散点图，本文设定如下的参数线性模型。

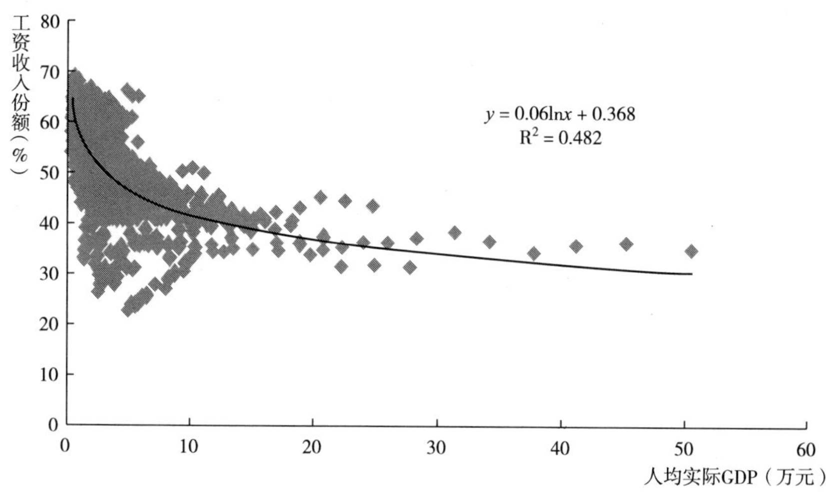

图 7-6　人均实际 GDP 与工资收入份额之间的散点分布

$$\ln(ls) = \beta_0 + \beta_1\ln(gdppc) + \beta_2 argdp + \beta_3\ln(iexgdp) + \beta_4\ln(unpp) + \beta_5\ln(urem) + \beta_6\ln(rsoe) + \beta_7 fdirgdp + \beta_8\ln(deprgdp) + \beta_9\ln(ky) + \varepsilon$$

表 7-16 显示，劳均资本的对数项、每万人在校大学生人数的对数项可能与代表经济发展水平的变量（人均实际 GDP 的对数项、第一产业比重）之间存在高度共线性。

表 7-16　各变量之间的相关系数矩阵

指　标	ln(gdppc)	argdp	ln(kppc)	ln(iexgdp)	ln(unpp)	ln(urem)	ln(rsoe)	fdirgdp	ln(deprgdp)	ln(ky)	ln(ls)
ln(gdppc)	1.000										
argdp	-0.880	1.000									
ln(kppc)	0.897	-0.833	1.000								
ln(iexgdp)	0.480	-0.489	0.393	1.000							
ln(unpp)	0.901	-0.827	0.857	0.452	1.000						
ln(urem)	0.543	-0.633	0.601	0.507	0.595	1.000					
ln(rsoe)	-0.600	0.347	-0.448	-0.202	-0.516	0.102	1.000				
fdirgdp	0.569	-0.474	0.472	0.533	0.444	0.318	-0.333	1.000			
ln(deprgdp)	0.725	-0.589	0.688	0.112	0.630	0.210	-0.485	0.410	1.000		
ln(ky)	0.269	-0.330	0.655	0.034	0.337	0.296	0.002	0.045	0.296	1.000	
ln(ls)	-0.670	0.812	-0.598	-0.525	-0.658	-0.571	0.220	-0.229	-0.210	-0.183	1.000

四　模型的计量结果

考虑到我国工资收入份额变动过程具有明显的阶段性，本文按照几个关键时点分段考察各个解释变量对工资收入份额的影响：1978～1984 年，农村推行改革；1998 年，国有企业改制开始全面推进；2004 年，因变量工资收入份额的统计口径发生了变化，为了避免这一影响，把 2004 年也作为一个分界点。估计方法：面板最小二乘法，混合效应模型。得到因变量 ln（*ls*）对各变量的回归见表 7－17。

表 7－17　工资收入份额对数项 ln（*ls*）对各变量的回归结果

指　标	1978～1984 年	1978～1998 年	1998～2003 年	2004～2007 年	1978～2007 年
工资收入份额实际波动	0.523～0.551	0.523～0.525	0.525～0.477	0.433～0.411	0.523～0.411
解释变量	回归一	回归二	回归三	回归四	回归五
常数项 c	－1.3419 (0.0000)	－1.144 (0.0000)	－1.2614 (0.0000)	－1.1167 (0.0000)	－1.054 (0.0000)
人均实际 GDP 的对数项 ln（*gdppc*）	－0.2297 (0.0000)	－0.1142 (0.0000)	－0.0847 (0.0179)	－0.0583 (0.1017)	－0.082 (0.0000)
第一产业比重 *argdp*	0.9153 (0.0000)	1.3309 (0.0000)	1.8655 (0.0000)	1.7737 (0.0000)	1.4453 (0.0000)
进出口总额占 GDP 比重 ln（*iexgdp*）	－0.0190 (0.0026)	－0.0332 (0.0000)	－0.0325 (0.0145)	0.0371 (0.0221)	－0.029 (0.0000)
每万人在校大学生人数的对数项 ln（*unpp*）	0.0009 (0.9630)	0.0032 (0.7526)	0.0455 (0.0012)	－0.0231 (0.3549)	－0.007 (0.3561)
城市化水平的对数项 ln（*urem*）	0.0034 (0.8913)	0.0301 (0.0269)	0.0782 (0.0022)	－0.0280 (0.4644)	0.0387 (0.0007)
国有股份比重的对数项 ln（*rsoe*）	0.0073 (0.8223)	－0.0432 (0.0308)	－0.0438 (0.2909)	0.0025 (0.9395)	－0.040 (0.0114)
实际利用外资占 GDP 比重 *fdirgdp*	0.1948 (0.0002)	0.1438 (0.0000)	0.1278 (0.0000)	0.1566 (0.0018)	0.1357 (0.0000)
储蓄存款余额占 GDP 比重的对数项 ln（*deprgdp*）	0.1239 (0.0000)	0.1087 (0.0000)	0.0561 (0.1618)	0.2123 (0.0001)	0.1087 (0.0000)

续表

指　标	1978 ~ 1984 年	1978 ~ 1998 年	1998 ~ 2003 年	2004 ~ 2007 年	1978 ~ 2007 年
工资收入份额实际波动	0. 523 ~ 0. 551	0. 523 ~ 0. 525	0. 525 ~ 0. 477	0. 433 ~ 0. 411	0. 523 ~ 0. 411
解释变量	回归一	回归二	回归三	回归四	回归五
资本 – 产出比的对数项 ln（*ky*）	–0. 0203 (0. 1833)	0. 0109 (0. 1810)	0. 0203 (0. 1693)	0. 0632 (0. 0014)	0. 0207 (0. 0029)
样本容量	196	588	168	728	840
Adjusted R^2	0. 9036	0. 8470	0. 7427	0. 8306	0. 8199
F – statistic	204. 07	362. 14	54. 56	357. 42	425. 43
Prob（F）	0. 00000	0. 00000	0. 00000	0. 00000	0. 00000

注：括号中的数值为 t 检验时的 p 值。

从计量模型的回归结果可获知如下信息。

①在控制住其他变量之后，经济发展水平（人均实际 GDP）的对数项与工资收入份额之间的回归系数一直为负，这说明改革开放以来，我国的技术进步一直以资本增强型技术进步为主。这种现象可能是长期以来我国以高投资拉动经济增长的发展模式造成的，它偏离了我国的要素禀赋结构，没有发挥劳动力资源丰富的比较优势。

②第一产业比重在各个时段均与工资收入份额呈显著正相关。这表明随着我国由农业国向工业化国家转型，三次产业结构转变是工资收入份额变动的最主要解释因素。当然，由于我国统计部门把第一产业的混合收入全部计入劳动报酬，这导致农业中的工资收入份额畸高。因此，第一产业比重的下降无疑会夸大全国整体工资收入份额的下降幅度，这使得产业结构与工资收入份额之间表现为高度相关。

③1978 ~2007 年，资本 – 产出比的对数项与工资收入份额呈显著正相关，从而可以判断要素的替代弹性小于 1，与白重恩等（2009）根据省际面板数据研究我国资本收入份额时得到的结论一致。但我们同时看到，在大部分时段内，资本 – 产出比与工资收入份额的相关程度并不显著，这可能意味着要素替代弹性已经相当接近 1 了，这时采用 C – D 生产函数和 CES 生产函数得到的结果很接近，要素分配份额受资本深化的影响不大，

工资收入份额趋近其产出弹性系数。

④从1978~2007年整个时期看，城市化水平的对数项对工资收入份额有显著的正向影响；国有股份比重的对数项对工资收入份额有显著的负向影响；而人力资本积累每万人在校大学生人数的对数项对工资收入份额的影响并不显著。但对于这三个变量的影响，需要谨慎对待，因为在大部分时段内它们的影响并不显著，并且回归系数的符号也不一致。一个可能的原因是它们对工资收入份额的影响已经被其他变量所概括，存在高度共线性。

⑤金融深化（储蓄存款余额占GDP比重）的对数项与工资收入份额呈正相关，这意味着资本配置效率的提高也有利于提高劳动的效率。通过降低要素市场的价格扭曲程度，促进充分竞争的市场环境发育，有利于提高工资收入份额。

考虑到不同省份和不同年份之间可能存在相当大的差异，本文建立个体和时期固定效应模型（仍然按照相应的分界点，分段回归），具体如表7-18所示。

表7-18　工资收入份额的对数项对各变量的回归结果（个体和时期固定效应模型）

指　标	1978~1984年	1978~1998年	1998~2003年	2004~2007年	1978~2007年
工资收入份额实际波动	0.523~0.551	0.523~0.525	0.525~0.477	0.433~0.411	0.523~0.411
解释变量	回归一	回归二	回归三	回归四	回归五
常数项c	-0.9462 (0.0002)	-1.612 (0.0000)	-1.0313 (0.0053)	-1.5507 (0.0018)	-0.7567 (0.0000)
人均实际GDP的对数项ln（*gdppc*）	-0.1023 (0.1225)	-0.2343 (0.0000)	-0.2652 (0.1458)	-0.1646 (0.4228)	-0.1178 (0.0000)
第一产业比重*argdp*	0.6330 (0.0000)	1.1392 (0.0000)	0.9613 (0.0071)	1.9451 (0.0184)	1.3929 (0.0000)
进出口总额占GDP比重ln（*iexgdp*）	-0.0032 (0.6190)	-0.0188 (0.0023)	0.0332 (0.2303)	-0.0092 (0.7976)	-0.0153 (0.0089)
每万人在校大学生人数的对数项ln（*unpp*）	0.0146 (0.6847)	0.0775 (0.0125)	-0.0462 (0.3544)	0.0681 (0.3731)	-0.1015 (0.0000)

续表

指　标	1978～1984年	1978～1998年	1998～2003年	2004～2007年	1978～2007年
工资收入份额实际波动	0.523～0.551	0.523～0.525	0.525～0.477	0.433～0.411	0.523～0.411
解释变量	回归一	回归二	回归三	回归四	回归五
城市化水平的对数项 ln（*urem*）	0.1273 (0.1859)	0.1088 (0.0091)	0.0838 (0.0470)	-0.0316 (0.7593)	0.1102 (0.0000)
国有股份比重的对数项 ln（*rsoe*）	0.0305 (0.1513)	-0.0456 (0.0509)	-0.0519 (0.2609)	0.0412 (0.3676)	-0.0597 (0.0017)
实际利用外资占 GDP 比重 *fdirgdp*	-0.0034 (0.9208)	0.1022 (0.0000)	0.0654 (0.0250)	-0.0772 (0.2499)	0.0814 (0.0000)
储蓄存款余额占 GDP 比重的对数项 ln（*deprgdp*）	0.0420 (0.1583)	0.0726 (0.0001)	0.1558 (0.0366)	0.3088 (0.0090)	0.1218 (0.0000)
资本－产出比的对数项 ln（*ky*）	0.0700 (0.0581)	0.1556 (0.0000)	0.1230 (0.2707)	0.0538 (0.5636)	0.1469 (0.0000)
Hausman 检验	0.0000	0.0000	0.0000	0.0000	0.0000
省份哑变量	是	是	是	是	是
年份哑变量	是	是	是	是	是
样本容量	168	588	168	112	840
Adjusted R^2	0.9831	0.9166	0.9259	0.9057	0.8920
F－statistic	271.04	116.19	51.89	28.34	107.64
Prob（F）	0.00000	0.00000	0.00000	0.00000	0.00000

由回归一至回归五可以看到：在每个时段上影响方向都相同而且显著的变量只有第一产业比重，这清晰地表明了我国转型经济的特点。在每个时段上对工资收入份额的对数项影响方向都一致（未必都显著）的变量有三个：人均实际 GDP 的对数项（负相关）、储蓄存款余额占 GDP 比重的对数项（正相关）、资本－产出比的对数项（正相关）。其余解释变量对工资收入份额对数项的影响要么是阶段性显著的，要么与因变量的相关方向随时间发生变动，因而不可过分看重它们的经济分析意义。

①第一产业比重与工资收入份额对数面之间的回归系数在各个时段内均显著为负。这表明产业间效应的影响是长期和持续的，体现了我国经济

转型阶段中三次产业结构调整对整体工资收入份额的影响。第一产业中的工资收入份额最高，所以它的比重下降对全国工资收入份额的影响非常显著，因而它成为最重要的解释变量。

②代表经济发展水平的变量——人均实际GDP的对数项与工资收入份额在各时段内回归系数均为负。这表明在各个时期我国都是以资本增强型技术进步为主的，并且工资收入份额依然处于下降通道。

③资本－产出比对数项与工资收入份额对数项在各个时段内均呈正相关。由此可以判断，我国的要素替代弹性小于1。但由于两者之间的相关程度并不显著，表明要素替代弹性已经相当接近1了，资本深化，即资本－产出比的提高，有利于提高工资收入份额，但余地已经很小了。

④金融深化（储蓄存款余额占GDP比重）的对数项对我国工资收入份额的影响也一直是正向的。金融深化提高了资源配置效率——既提高了资本配置效率，又相应提高了劳动效率，降低了要素市场的价格扭曲程度，有助于形成充分竞争的市场环境，这些对提高工资收入份额是有益的。

⑤在控制住了三次产业结构转型的因素和生产中的资本增强型技术进步特征之后，人力资本的积累、城市化水平、经济的开放程度、所有制结构的变动对工资收入份额对数项的影响可能只是阶段性显著的，因此本章未详细讨论。人力资本的积累、城市化水平等之所以对工资收入份额对数项的影响并不显著，一个可能的原因是它们对工资收入份额对数项的影响已经被其他变量所概括，或者体现在个体差异和时间趋势之中，也很可能是因为在本章所考察的时间范围内，中国依然处于典型的“二元经济”状态下，农村剩余劳动力的供给具有无限弹性，人力资本的积累、城镇就业比重的提高都无法有力地影响工资水平。

蔡昉（2007）认为，经过长期的计划生育政策之后，我国目前的总和生育率已经下降到1.7，到2013年劳动年龄人口不再增长，劳动力长期供给大于需求的格局将逆转。我国2007年前后出现了“民工荒”，2008年农民工工资水平即使在扣除了通货膨胀因素之后，涨幅依然高达19%，说明简单劳动力的工资水平开始提高。蔡昉（2009）研究认为，这些现象不是暂时性的，而是“刘易斯转折点”到来的征兆。在农村剩余劳动力转移过程即将结束的时候，这些因素才可能有效提高工资水平，带来工资收入份额的上升。

第八章　产业结构、行业结构与收入结构的动态关系

随着经济的不断增长，产业结构和行业结构会不断调整，收入水平、收入结构和由收入结构决定的收入分配也随之改变。收入水平、收入结构和收入分配的变动又会成为影响未来经济增长和经济发展的重要因素。

1978 年改革开放以来，我国产业结构发生了令人瞩目的变化：一是三次产业结构的变化，第一产业增加值比重逐年降低，第三产业增加值比重逐年提高；二是工业中的重工业产值比重大幅度攀升；三是工业内部行业结构发生了变化，资金和技术密集型行业产值比重上升。由于各产业与各行业内劳动、资本、技术的密集度不同，工资收入份额也相差较大，产业结构的转变对整体工资收入份额必然带来明显的影响。各产业在 GDP 中的占比随着时间推移发生了变化，同时各产业内部的工资收入份额也随着技术的发展而发生着变化，这两方面的因素都会对全国总工资收入份额的变化产生影响。前一种影响可称为“产业间效应”；后一种影响可称为“产业内效应”。本章主要研究经济增长过程中产业结构、行业结构与收入结构的动态关系。

第一节　产业结构与收入结构的动态关系

一　改革开放以来我国三次产业产值结构与就业结构的变化

改革开放以来，我国三次产业在 GDP 中的比重发生了比较大的变化（见图 8－1）。我国的经济体制改革首先在农村推行，以家庭联产承包责任

制为主要形式的改革措施大大解放了农业生产力。第一产业占 GDP 的比重迅速上升，从 1978 年的 28.19% 提高到 1982 年的 33.39%，提高了 5.20 个百分点，同时，第二、第三产业的比重分别下降了 3.11 个和 2.09 个百分点。从 1983 年开始，我国第一产业的比重开始逐年降低，到 2009 年，第一产业占 GDP 的比重已经降低到 10.35%。第二产业占 GDP 的比重在 1978 ~2009 年波动幅度不大，为 41.34% ~48.22%。第三产业占 GDP 的比重从 1978 年的 23.94% 上升到 2009 年的 43.36%，上升了 19.42 个百分点。

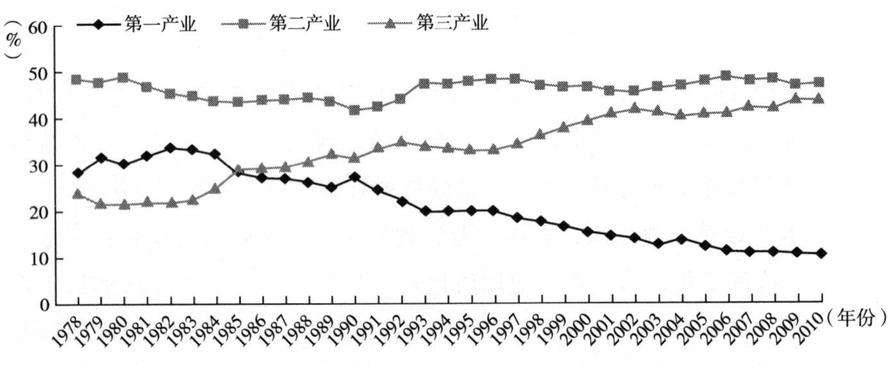

图 8－1　我国三次产业比重

资料来源：根据历年《中国统计年鉴》计算。

随着三次产业结构的改变，三次产业就业人数构成比例也发生了比较大的变化：第一产业就业人数呈现持续下降趋势，2010 年的就业人数约为 1978 年的一半；第二产业就业人数平稳上升；第三产业就业人数也呈现持续上升的趋势（见图 8－2）。随着我国经济的快速发展，商品批发和零售、金融、房地产、旅游等产业迅速兴起，成为接纳城市和农村剩余劳动力的主要产业，第三产业就业比重从 1985 年的 16.8% 上升到 1992 年的 19.8%，1994 年达到了 23%，开始超过第二产业。此后，第三产业就业人数的增长速度明显大于第二产业，到 2010 年，我国三次产业的就业人数基本相同，都在 30% ~40% 这个区间。

二　产业结构变动对收入结构的影响

把总体工资收入份额的变动分解为产业内效应和产业间效应，这一分析方法最早被 Solow（1958）采用。Young（2006）也从行业层面对工资

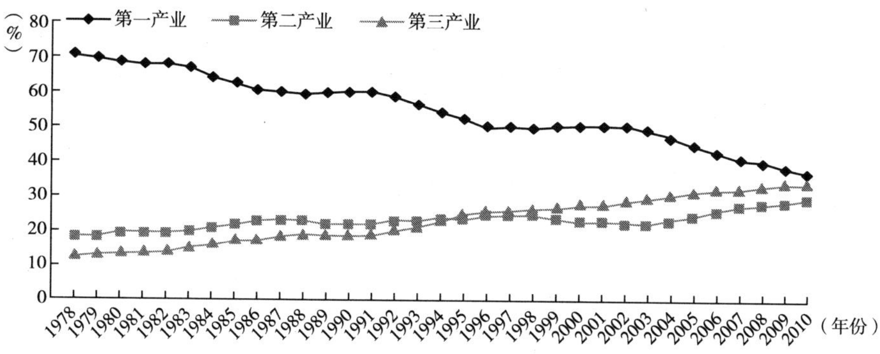

图 8－2　我国三次产业就业人数构成比例

资料来源：根据历年《中国统计年鉴》计算。

收入份额的变化进行了分解，根据他的分析，总量水平的工资收入份额等于各部门工资收入份额的加权平均，如式（1）所示。

$$ls = \sum (w_i \cdot ls_i) \tag{1}$$

其中，ls 表示整体的工资收入份额；w_i 表示第 i 个部门的增加值比例；ls_i 表示第 i 个部门的工资收入份额。可以根据该式进一步推导出工资收入份额波动幅度的分解式，如式（2）所示。

$$ls_1 - ls_0 = \sum w_0(ls_1 - ls_0) + \sum ls_0(w_1 - w_0) + \sum (w_1 - w_0)(ls_1 - ls_0) \tag{2}$$

因此，总体工资收入份额的变化可分解成三部分：第一部分为产业内效应，即当权重（产业结构）保持基期值不变时，产业或部门内部工资收入份额变动对总体工资收入份额带来的影响；第二部分为产业间效应，即产业或部门内部工资收入份额保持基期值不变时，权重（产业结构）变化对总体工资收入份额的影响；第三部分为协方差效应，指结构效应和产业效应同时变化（co－movement）对总体工资收入份额带来的影响。Young（2006）利用这种分解技术对美国行业数据的分析表明，在总体工资收入份额的波动中，产业或部门内变化占主导，产业或部门间变化影响不大。他还指出，若外部冲击引起各产业或部门工资收入份额发生同方向变化，将放大总体工资收入份额的波动幅度。因此，总体工资收入份额的波动不一定比产业或部门工资收入份额的波动幅度小。

由于第三部分数值一般非常小，可以忽略不计，所以式（2）可以写成式（3）。

$$ls_1 - ls_0 = \sum ls_0(w_1 - w_0) + \sum w_1(ls_1 - ls_0) \quad (3)$$

等式右边的第一项为结构效应（结构影响指数），即行业内部工资收入份额保持基期值不变时，行业结构变动对总体工资收入份额的影响；第二项为收入效应（固定构成指数），即行业结构保持报告期数值不变时，行业内部工资收入份额变动对总体工资收入份额带来的影响。本节首先估计产业结构调整对总体工资收入份额的影响。

各产业内的工资收入份额和各产业增加值占 GDP 的比重见表 8－1。

表 8－1　各产业内调整后的工资收入份额与增加值占 GDP 比重

单位：%

年份	各产业内调整后的工资收入份额			各产业增加值占 GDP 比重			实际工资收入份额
	第一产业	第二产业	第三产业	第一产业	第二产业	第三产业	
1978	62.51	31.07	44.07	28.19	47.88	23.94	43.04
1980	62.79	32.06	45.04	30.17	48.22	21.60	44.14
1985	63.06	34.78	42.2	28.44	42.89	28.67	44.95
1990	62.47	38.59	41.81	27.12	41.34	31.55	46.08
1991	62.48	38.73	40.76	24.53	41.79	33.69	45.24
1992	62.54	37.2	40.28	21.79	43.44	34.76	43.79
1993	62.59	38.8	39.54	19.71	46.57	33.72	43.74
1994	62.68	38.89	40.91	19.76	46.57	33.57	44.23
1995	62.69	40.63	40.03	19.86	47.18	32.86	44.77
1996	62.63	40.42	39.47	19.69	47.54	32.77	44.48
1997	62.53	41	39.58	18.29	47.54	34.17	44.45
1998	62.61	41.27	39.3	17.56	46.21	36.23	44.3
1999	62.62	40.7	39.49	16.47	45.76	37.67	43.81
2000	62.36	39.67	40.6	15.06	45.92	39.02	43.45
2001	62.32	39.41	40.94	14.39	45.05	40.46	43.29
2002	61.84	39.05	41.45	13.74	44.79	41.47	43.18
2003	61.7	37.94	40.51	12.8	45.97	41.23	42.04
2004	62.87	34.8	42.03	13.39	46.23	40.38	41.48

资料来源：各产业内调整后的工资收入份额来自本书第三章调整结果；各产业增加值占 GDP 比重来自《中国统计年鉴（2010）》。

根据表 8－1 中的数据及本章式（3）计算的对总体工资收入份额的产业间效应结果，如表 8－2 所示。

表 8－2　产业结构变动对总体工资收入份额的影响（产业间效应）

单位：%

时间	结构影响指数			结构影响总和	各产业结构影响占比			各产业占 GDP 比重变化
	第一产业	第二产业	第三产业		第一产业	第二产业	第三产业	
1978～1980 年	1.24	0.11	－1.03	0.36	386.64	33.47	－320.11	第一产业升、第三产业降
1978～1990 年	－0.67	－2.03	3.36	0.66	－102.03	－309.06	511.09	第二产业降、第三产业升
1978～1998 年	－6.65	－0.52	5.42	－1.74	－381.23	－29.66	310.89	第一产业降、第三产业升
1998～2004 年	－2.61	0.01	1.63	－0.97	－268.69	0.56	168.13	第一产业降、第三产业升
1978～2004 年	－9.25	－0.51	7.25	－2.51	－368.11	－20.42	288.53	第一产业降、第三产业升

资料来源：根据历年《中国统计年鉴》计算。

从理论上分析，我国各产业内工资收入份额最高的是第一产业，其次是第三产业，而第二产业由于固定资产值较大，工资收入份额最低。随着产业结构的演化，第一产业占 GDP 比重明显下降，第二产业占 GDP 比重基本稳定，第三产业占 GDP 比重有明显上升，即使各产业内部的工资收入份额保持不变，产业结构本身的变动也必然使总体工资收入份额下降。由表 8－2 可以观察到我国产业结构变动的结构阶段，具体如下。

①1978～1980 年，我国第一产业占 GDP 比重提高了 1.98 个百分点，第三产业比重下降了 2.34 个百分点，这分别使总体工资收入份额上升了 1.24 个百分点和下降了 1.03 个百分点。

②1978～1990 年，第二产业占 GDP 比重下降了 6.54 个百分点，第三产业占 GDP 比重则上升了 7.61 个百分点，这分别使得总体工资收入份额下降了 2.03 个百分点和上升了 3.36 个百分点；

③1978～2004 年，第一产业占 GDP 比重下降了 14.8 个百分点，第三

产业占 GDP 比重上升了 16.44 个百分点，前者使总体工资收入份额下降了 9.25 个百分点，后者使总体工资收入份额提高了 7.25 个百分点。第二产业占 GDP 比重变化不大，对总体工资收入份额也影响微弱。

按照库兹涅茨三次产业演变的规律（见表 8－3），第一产业比重随着经济发展必然会继续降低。从产业间效应看，收入结构中工资收入份额将继续下降，规模性收入分配差距将继续扩大。如果要改善收入结构，缓解收入分配差距，更多地需要在第二产业和第三产业内部结构上下功夫。

表 8－3　库兹涅茨三次产业演变

主要部门	1958 年 GDP 基准水平				
	70 美元	150 美元	300 美元	500 美元	1000 美元
A 部门（农业）	80.5	63.3	46.1	31.4	17.0
I 部门（工业）	9.6	17.0	26.8	26.8	45.6
S 部门（服务业）	9.9	19.7	27.1	32.6	37.4

资料来源：〔美〕西蒙·库兹涅茨《各国的经济增长》，商务印书馆，1999。

第二节　工业结构与收入结构的动态因果关系

工业可以大致分为轻工业和重工业。轻工业指提供生活消费品或制作手工工具的工业。按其所使用的原料不同，可分为两大类：①以农产品为原料的轻工业，是指直接或间接以农产品为基本原料的轻工业，主要包括食品制造、烟草加工、纺织、缝纫、饮料制造、皮革和毛皮制作、造纸以及印刷等行业；②以工业品为原料的轻工业，主要包括合成纤维制造、文教体育用品、日用玻璃制品、化学药品制造、日用化学制品、日用金属制品、医疗器械制造、手工工具制造、文化和办公用机械制造等行业。重工业是指为国民经济各部门提供生产资料的行业。按其生产性质和产品用途，重工业可以分为三类：①采掘（伐）工业，是指对自然资源的开采，包括煤炭开采行业、石油开采、非金属矿和金属矿的开采、木材采伐等行业；②原材料工业，指为国民经济各部门提供动力和燃料、基本原材料的行业，包括炼焦及焦炭、金属冶炼及加工、化学、化工原料、人造板、电力、水泥、煤炭和石油加工等行业；③加工工业，是指对工业原材料进行再加工的工业，包括机械设备制造、水泥制品制造、金属结构制造等行业，以及为农业提供生产资料（如农药、化肥等）的行业。

这种分类与霍夫曼的分类有某些相似之处。霍夫曼选择了有代表性的8类产品进行观察分析，这8类产品分为消费品和资本品两大类。消费品包括：①食品、饮料、烟草；②布匹、鞋；③皮革制品；④家具。资本品包括：⑤生铁、有色金属；⑥机械；⑦车辆；⑧化工。

随着经济增长和收入水平的提高，工业结构会发生显著的带有规律性的变化。

一　重工业与轻工业比重的演变路径

1978～1985年，为了扭转“重工业过重”局面、改善居民的衣食住行条件，我国采取了扶持轻工业发展的“六优先”政策，[①] 尤其是纺织工业被放在了优先发展的位置。1978～1990年，轻工业增加值占工业增加值比重从43.1%上升到49.4%。此后一直到2000年，轻重工业之间基本保持了平衡发展的局面，轻工业占工业增加值的比重在46.3%～49.4%。发达国家的历史发展经验表明：工业化进入中后期，重化工业（或资本品工业）比重将会逐渐上升。21世纪以来，中国家庭消费支出的重点从一般家用电器转向汽车、住房、旅游等方面，由此导致以能源、建材、通信、交通等基础设施为代表的重化工业进入高速发展时期，重工业在工业增加值中的占比明显提高。重工业增加值占工业增加值比重从1999年的50.8%上升到2008年的71.1%，升幅达20.3个百分点。表8－4描述了改革开放以来我国三次产业变化背景下重工业与轻工业比重的演变路径。显然，重工业的迅速增长意味着生产要素的投入比例发生了变化，它会影响要素的分配份额，成为国民收入分配格局中工资收入份额下降的原因之一。

---

① “六优先”是指：原材料、燃料、电力供应优先，挖潜、改造、革新措施优先，基本建设优先，银行贷款优先，外汇和引用新技术优先，交通运输优先。

表 8-4　1978~2009 年三次产业增加值在 GDP 中的比重

单位:%

年份	第一产业	第二产业	工业占 GDP 比重	重工业占工业比重	第三产业
1978	28. 19	47. 88	44. 09	56. 9	23. 94
1979	31. 27	47. 10	43. 56	56. 3	21. 63
1980	30. 17	48. 22	43. 92	52. 8	21. 60
1981	31. 88	46. 11	41. 88	48. 5	22. 01
1982	33. 39	44. 77	40. 62	49. 8	21. 85
1983	33. 18	44. 38	39. 85	51. 5	22. 44
1984	32. 13	43. 09	38. 69	52. 6	24. 78
1985	28. 44	42. 89	38. 25	52. 6	28. 67
1986	27. 15	43. 72	38. 61	52. 4	29. 14
1987	26. 81	43. 55	38. 03	51. 8	29. 64
1988	25. 70	43. 79	38. 41	50. 7	30. 51
1989	25. 11	42. 83	38. 16	51. 1	32. 06
1990	27. 12	41. 34	36. 74	50. 6	31. 55
1991	24. 53	41. 79	37. 13	51. 6	33. 69
1992	21. 79	43. 44	38. 20	53. 4	34. 76
1993	19. 71	46. 57	40. 15	53. 5	33. 72
1994	19. 76	46. 57	40. 42	53. 7	33. 57
1995	19. 86	47. 18	41. 04	52. 7	32. 86
1996	19. 69	47. 54	41. 37	51. 9	32. 77
1997	18. 29	47. 54	41. 69	51. 0	34. 17
1998	17. 56	46. 21	40. 31	50. 7	36. 23
1999	16. 47	45. 76	39. 99	50. 8	37. 67
2000	15. 06	45. 92	40. 35	60. 2	39. 02
2001	14. 39	45. 05	39. 74	60. 6	40. 46
2002	13. 74	44. 79	39. 42	60. 9	41. 47
2003	12. 80	45. 97	40. 45	64. 5	41. 23
2004	13. 39	46. 23	40. 79	68. 4	40. 38
2005	12. 12	47. 37	41. 76	68. 9	40. 51
2006	11. 11	47. 95	42. 21	70. 0	40. 94
2007	10. 77	47. 34	41. 58	70. 5	41. 89

续表

年份	第一产业	第二产业	工业占 GDP 比重	重工业占工业比重	第三产业
2008	10.73	47.45	41.48	71.1	41.82
2009	10.35	46.30	39.72	—	43.36

注：本表中的增加值及相应的比重按当年价格计算。

资料来源：《中国统计年鉴（2010）》。

二　改革开放以来工业内部行业结构的演变特征

根据生产要素密集度的特点，可以将工业行业划分为劳动密集型、资本密集型和技术密集型三大类。其行业特征如表 8－5 所示。

表 8－5　中国工业行业按要素密集程度的分类

类型	技术密集型行业	资本密集型行业	劳动密集型行业
行业	电子及通信设备制造业	石油加工及炼焦业	食品加工业
	化学纤维制造业	石油和天然气开采业	食品制造业
	烟草加工业	电力、蒸汽、热水生产业	纺织业
	化学原料及化学制品业	有色金属冶炼及压延业	皮革、毛皮及其制品业
	黑色金属冶炼及压延业	饮料制造业	木材加工制品业
	医药制造业	造纸及纸制品业	家具制造业
	通用设备制造业	煤气生产及供应业	文教体育用品制造业
	专用设备制造业	自来水生产及供应业	煤炭开采和洗选业
	交通运输设备制造业		黑色金属矿采选业
	电气、机械及器材制造业		有色金属矿采选业
	仪器及办公机械制造业		非金属矿采选业
	塑料制品业		橡胶制品业
	印刷及记录媒介复制业		非金属矿物制品业
			金属制品业

资料来源：王岳平《开放条件下的工业结构升级》，经济管理出版社，2004。

从工业的行业结构角度看，中国一般加工制造业比重比较稳定或略有下降，以电力、石油、能源为主的能源工业比例优势明显加强，电子及通信设备制造业等技术密集型产业和高新技术产业的比重快速提高（见表 8－6）。目前，中国工业正跨入以加工组装工业为中心的高加工度化阶段，其类型正在从劳动密集型向技术密集型和资本密集型转变。

表 8－6　1990～2006 年工业内部主要行业产值年均增速及结构变化

单位：%

行　业	年均增长速度		占工业总产值比重		
	1990～1999 年	2000～2006 年	1990 年	2000 年	2006 年
煤炭开采和洗选业	12.69	29.85	2.45	1.49	2.28
黑色金属矿采选业	17.97	40.08	0.20	0.19	0.44
有色金属矿采选业	16.42	25.56	0.55	0.47	0.53
非金属矿采选业	21.95	17.56	0.48	0.42	0.33
专用设备制造业	29.40	22.37	1.83	2.56	2.51
交通运输设备制造业	25.09	23.65	3.82	6.26	6.44
电气、机械及器材制造业	20.37	24.35	4.26	5.64	5.74
电子及通信设备制造业	29.53	28.32	3.13	8.81	10.45
仪器及办公机械制造业	25.49	26.51	0.59	1.01	1.12
石油加工及炼焦业	11.65	29.43	3.64	5.17	4.79
石油和天然气开采业	—	—	2.30	3.65	3.08
化学原料及化学制品业	14.65	22.89	7.98	6.71	6.46
黑色金属冶炼及压延业	16.44	30.86	6.95	5.52	8.02
有色金属冶炼及压延业	15.45	34.20	2.73	2.54	4.09
电力、蒸汽、热水供应业	—	—	3.6	5.38	6.70
金属制品业	18.83	21.51	2.80	2.96	2.69
食品加工业	5.02	20.88	6.77	1.68	1.49
饮料制造业	18.17	13.22	2.06	2.05	1.23
烟草制造业	12.03	12.81	2.74	1.69	1.02
纺织业	8.76	19.22	12.26	6.01	4.84
皮革、毛皮及其制品业	24.02	19.53	1.07	1.57	1.31
木材加工制品业	23.06	23.74	0.55	0.77	0.77
家具制造业	17.34	29.38	0.44	0.43	0.59
造纸及纸制品业	15.12	21.11	2.08	1.86	1.59
印刷及记录媒介复制业	14.96	16.82	0.93	0.72	0.54
文教体育用品制造业	23.11	18.03	0.48	0.72	0.56
医药制造业	17.55	18.89	1.91	2.08	1.59
化学纤维制造业	15.96	20.01	1.46	1.45	1.01

续表

行　业	年均增长速度		占工业总产值比重		
	1990～1999 年	2000～2006 年	1990 年	2000 年	2006 年
橡胶制品业	12.17	19.97	1.52	0.95	0.86
非金属矿物制品业	17.95	19.67	4.77	4.31	3.80

资料来源：根据中国经济信息网综合年度库数据计算，转引自孔宪丽《转型期的中国工业增长及其结构特征》，2008 年博士学位论文。

总体来看，2006 年我国的食品加工业、纺织业、橡胶制品业三个行业的比重与 1990 年相比明显下降；石油加工及炼焦业，黑色金属冶炼及压延业，交通运输设备制造业，电子及通信设备制造业，以及电力、蒸汽、热水供应业五个行业的比重明显增加。

从表 8－6 可以看出 20 世纪 90 年代以来我国工业部门内部结构的发展趋势：技术密集型行业生产总值所占比重较高，且呈逐年递增态势，到 2003 年，其所占比重已由 1990 年的 40% 左右上升至 50% 左右，近几年虽有所回落，但回落幅度不大；资本密集型行业生产总值所占比重也基本呈现震荡上升态势，2006 年，其生产总值已达到工业总产值的 31.5%，相对于 1990 年增长了 5.4 个百分点；劳动密集型行业生产总值所占比重则呈逐年快速递减态势，由 1990 年的 34.3% 降为 2006 年的 20.4%，下降了近 14 个百分点。

可见，20 世纪 90 年代以后，特别是 2000 年以后，电子及通信设备制造业等技术密集型行业和石油加工及炼焦业等资本密集型行业的快速增长，最终导致了工业总产值中技术密集型和资本密集型行业所占比重逐步提高，进而使得我国工业结构中重化工业比重明显上升。1990～1999 年，电子及通信设备制造业生产总值的平均增速为 29.5%，2000～2006 年虽略有回落，但仍保持较高水平，平均增速为 28.3%；1990～1999 年，石油加工及炼焦业生产总值的平均增速为 11.7%，并且在 2000 后生产总值迅速提高，2000～2006 年的平均增速为 29.4%，较 1990～1999 年的平无增速提高了近 20 个百分点。

劳动密集型行业增加值比重的降低，以及资本和技术密集型行业比重的上升，可能是影响国民收入分配格局的重要原因之一。

三 行业结构的变化对收入结构的影响

根据本章第一节所利用的方法和数据，可以计算出各行业内结构工资收入份额的变化对总体收入结构的影响，结果见表8-7。

表8-7 各产业内工资收入份额的变化对总体工资收入份额的影响

时间	固定构成指数			产业内影响总和	各产业影响程度			产业内工资收入份额变动
	第一产业	第二产业	第三产业		第一产业	第二产业	第三产业	
1978~1980年	0.0009	0.0048	0.0021	0.0078	0.1114	0.6180	0.2705	—
1978~1990年	-0.0001	0.0311	-0.0072	0.0238	-0.0036	1.3035	-0.2999	第二产业内上升
1978~1998年	0.0002	0.0472	-0.0173	0.0301	0.0060	1.5697	-0.5757	第二产业内上升
1998~2004年	0.0004	-0.0299	0.0110	-0.0185	0.0192	-1.6126	0.5934	第二产业内下降
1978~2004年	0.0005	0.0173	-0.0083	0.0095	0.0521	1.8197	-0.8718	—

从理论上分析，某产业内工资收入份额下降一定会影响总体工资收入份额，使其有下降的趋势。我国各产业内的工资收入份额变动有两个明显的阶段：1998年之前，第二产业内的工资收入份额明显上升，而第三产业则有所下降；1998年之后，第二产业内的工资收入份额发生快速逆转，第三产业则有轻微提高，使总体劳动收入占比呈现明显下降趋势。第一产业内的工资收入份额一直比较稳定，对总体工资收入份额的变动没有大的影响。

①1978~1998年，第二产业内的工资收入份额是上升的，由31.07%上升到41.27%，上升幅度为10.2个百分点，这将使总体工资收入份额上升4.72个百分点；同时，第三产业内的工资收入份额由44.07%下降到39.30%，下降了4.77个百分点，这将使总体工资收入份额下降1.73个百分点。

②1998 年以来，第二产业内的工资收入份额开始呈现下降走势，由 41.27% 降为 34.80%，下降了 6.47 个百分点，使总体工资收入份额下降 2.99 个百分点；第三产业内的工资收入份额则由 39.30% 上升到 42.03%，上升了 2.73 个百分点，这将使总体工资收入份额上升 1.10 个百分点。

四　工业内部行业结构的变化：2006 年与 1998 年的对比

从上面的分析结果可知，1998 年是第二产业内的工资收入份额发生快速逆转的分水岭。为了进一步弄清楚这其中的原因，本部分研究将 2006 年与 1998 年第二产业内部的行业结构进行对比，以揭示第二产业内部产业结构变动的特征。

从表 8 - 8 可以看出，在工业总产值占比超过 4% 的 11 个行业中，仅有 2 个行业属于劳动密集型行业，分别是纺织业和农副食品加工业。产值占比出现下降的仅有 3 个行业，其中就包括了这两个劳动密集型行业。从具体的每个行业的产值占比变化可以清楚地发现，几乎所有劳动密集型行业的比例下降了，仅有木材加工和家具制造两个行业有所上升，而这两个行业各自的产值占比远低于 1%。非常明显，我国劳动密集型行业在工业中的地位在下降，而高技术、高资本密集度的行业地位在显著上升。

表 8 - 8　全国工业总产值的行业构成变化

单位：亿元，%

行　业	2006 年		1998 年	
	产值	占比	产值	占比
全国总计	316588.96	100.00	67737.141	100
通信设备	33077.58	10.45	4893.56	7.22
黑金冶炼	25403.79	8.02	3883.19	5.73
电力热力	21549.32	6.81	3616.81	5.34
化学制品	20448.69	6.46	4627.83	6.83
交通设备	20382.92	6.44	4212.01	6.22
电气机械	18165.52	5.74	3628.58	5.36
纺　织	15315.50	4.84	4376.27	6.46
石油加工	15149.04	4.79	2329.44	3.44
通用设备	13734.76	4.34	2579.80	3.81

续表

行　业	2006 年		1998 年	
	产值	占比	产值	占比
农副食品	12973.49	4.10	3516.00	5.19
有色冶炼	12936.48	4.09	1628.73	2.4
非金制品	11721.52	3.70	3204.48	4.73
金属制品	8529.47	2.69	2150.68	3.18
专用设备	7953.31	2.51	1920.27	2.83
石油开采	7718.80	2.44	1796.32	2.65
煤炭开采	7207.61	2.28	1299.65	1.92
塑料制品	6381.01	2.02	1497.83	2.21
纺织服装	6159.40	1.95	2018.07	2.98
造　　纸	5034.92	1.59	1243.97	1.84
医药制造	5018.94	1.59	1372.73	2.03
食品制造	4714.25	1.49	1213.97	1.79
皮革毛皮	4150.04	1.31	1191.93	1.76
饮料制造	3899.21	1.23	1579.86	2.33
仪器仪表	3539.27	1.12	692.75	1.02
烟草制品	3214.08	1.02	1374.73	2.03
化学纤维	3205.63	1.01	826.52	1.22
橡胶制品	2731.85	0.86	765.58	1.13
木材加工	2429.03	0.77	492.13	0.73
家具制造	1883.09	0.59	294.71	0.44
文体用品	1759.01	0.56	552.47	0.82
印　　刷	1706.58	0.54	544.19	0.8
有色开采	1671.73	0.53	339.02	0.5
黑金开采	1388.28	0.44	150.89	0.22
非金开采	1029.44	0.33	328.26	0.48
燃气生产	732.09	0.23	103.25	0.15
水的生产	714.82	0.23	269.69	0.4

资料来源：根据相应年份《中国统计年鉴》整理。表 8－9 至表 8－11 同此。

表 8－9 进一步印证了这一结论。从表 8－9 能更清楚地看到，增长迅速的行业几乎全部是矿产资源能源行业和机械设备制造行业；发展速度相

对缓慢的行业，除了专用设备、医药制造、水的生产等行业外，几乎全部是劳动密集型行业。

表 8－9　2006 年较 1998 年全国工业各行业总产值增长率

单位：%

行　业	增长率	行　业	增长率
全国总计	367.38	专用设备	314.18
黑金开采	820.06	造　纸	304.75
有色冶炼	694.27	金属制品	296.59
燃气生产	609.05	食品制造	288.33
通信设备	575.94	化学纤维	287.85
黑金冶炼	554.20	农副食品	268.98
石油加工	550.33	非金制品	265.79
家具制造	538.96	医药制造	265.62
电力热力	495.81	橡胶制品	256.83
煤炭开采	454.58	纺　织	249.97
通用设备	432.40	皮革毛皮	248.18
仪器仪表	410.90	文体用品	218.39
电气机械	400.62	非金开采	213.61
木材加工	393.57	印　刷	213.60
有色开采	393.11	纺织服装	205.21
交通设备	383.92	水的生产	165.05
化学制品	341.86	饮料制造	146.81
石油开采	329.70	烟草制品	133.80
塑料制品	326.02		

我们将表 8－9 稍做调整，将资本、技术密集偏向型行业和劳动密集偏向型行业。计算一下两大类行业在工业总产值中的占比，发行资本、技术密集偏向型行业的占比从 1998 年的 58.08% 提高到 2006 年的 68.48%，劳动密集偏向型行业的占比则从 40.11% 降到 30.59%。这又一次清楚地表明了我国的工业结构正在向资本、技术密集偏向型产业方向发展，传统的劳动密集偏向型产业正在走向衰退。

从表8－10可见，2006年与1998年相比，各行业增加值占比没有发生太大的变化。从表8－11可见，非增加值增长率前4位的行业分别是燃气生产、黑金开采、有色冶炼、黑金冶炼，全都是资源型行业。

表8－10　全国工业增加值的行业构成变化

单位：亿元,%

行　业	2006年		1998年	
	增加值	占比	增加值	占比
全国总计	91075.73	100	19421.93	100
通信设备	7084.30	7.78	1120.96	5.77
黑金冶炼	7004.45	7.69	982.66	5.06
电力热力	6912.46	7.59	1875.19	9.66
石油开采	5986.66	6.57	1186.41	6.11
化学制品	5398.79	5.93	1103.44	5.68
交通设备	4933.41	5.42	1080.28	5.56
电气机械	4617.96	5.07	879.57	4.53
纺　织	3962.99	4.35	1011.30	5.24
通用设备	3799.26	4.17	696.94	3.59
非金制品	3656.20	4.01	909.14	4.68
煤炭开采	3587.27	3.94	601.55	3.10
农副食品	3492.09	3.83	681.54	3.51
有色冶炼	3198.00	3.51	332.33	1.70
烟草制品	2379.74	2.61	886.16	4.56
石油加工	2314.23	2.54	528.58	2.72
专用设备	2296.35	2.52	485.40	2.50
金属制品	2225.94	2.44	504.29	2.60
纺织服装	1833.71	2.01	481.93	2.48
医药制造	1808.09	1.99	432.91	2.23
塑料制品	1668.88	1.83	354.28	1.82
食品制造	1467.25	1.61	324.95	1.67
饮料制造	1439.08	1.58	543.61	2.80
造　纸	1386.44	1.52	318.92	1.64
皮革毛皮	1172.86	1.29	273.25	1.41
仪器仪表	967.94	1.06	168.47	0.87

续表

行　业	2006 年		1998 年	
	增加值	占比	增加值	占比
橡胶制品	714.96	0.79	203.10	1.05
木材加工	685.57	0.75	112.57	0.58
有色开采	677.57	0.74	111.27	0.57
化学纤维	604.17	0.66	184.62	0.95
黑金开采	588.10	0.65	54.21	0.28
印　　刷	557.76	0.61	182.71	0.94
家具制造	501.09	0.55	76.55	0.39
文体用品	464.94	0.51	141.14	0.73
非金开采	378.12	0.42	110.74	0.57
水的生产	315.14	0.35	123.86	0.64
燃气生产	191.71	0.21	14.13	0.07

表 8－11　2006 年较 1998 年全国工业各行业增加值的增长率

单位:%

行　业	增长率	行　业	增长率	行　业	增长率
全国总计	368.93	农副食品	412.38	纺　　织	289.56
燃气生产	1256.76	石油开采	404.60	纺织服装	280.49
黑金开采	984.86	化学制品	389.27	电力热力	268.63
有色冶炼	862.30	专用设备	373.08	橡胶制品	252.02
黑金冶炼	612.81	塑料制品	371.06	非金开采	241.45
家具制造	553.65	交通设备	356.68	文体用品	229.42
通信设备	531.99	食品制造	351.53	化学纤维	227.25
木材加工	509.02	金属制品	341.40	印　　刷	205.27
有色开采	508.94	石油加工	337.82	烟草制品	168.55
煤炭开采	496.34	造　　纸	334.73	饮料制造	164.73
仪器仪表	474.55	皮革毛皮	329.23	水的生产	154.43
通用设备	445.13	医药制造	317.66		
电气机械	425.02	非金制品	302.16		

五　工业内部合理行业结构演变的国际经验

德国经济学家霍夫曼对工业化问题（实际上是重工业化）进行了开创性研究，他提出的工业化阶段理论揭示了工业化过程中工业部门结构演变的一般趋势，被称为“工业化经验法则”。为了便于分析，霍夫曼提出了一个指标——霍夫曼比率，即消费品工业净产值与资本品工业净产值之比。

$$霍夫曼比率 = \frac{消费品工业净产值}{资本品工业净产值}$$

霍夫曼按照霍夫曼比率观察了20多个国家8类消费品工业和资本品工业的比重变化情况，发现各国工业化虽然进行的时间早晚不同，且发展水平各异，但都表现出一个共同趋势，即资本品工业净产值在整个工业净产值中所占份额稳定上升，并呈现大体相同的阶段性质。霍夫曼根据上述情况，将工业化过程分为四个阶段，具体见表8－12。

表8－12　霍夫曼工业化四个阶段

阶　段	霍夫曼比率	阶　段	霍夫曼比率
第一阶段	5（+1）	第三阶段	1（+0.5）
第二阶段	2.5（+1）	第四阶段	1以下

霍夫曼根据大量调查和实证研究，认为任何国家的工业化过程都要经历四个阶段：第一阶段，消费品工业占主要地位；第二阶段，资本品工业增长快于消费品工业，达到消费品工业净产值的50%左右；第三阶段，资本品工业继续快速增长，并已达到和消费品工业相平衡的状态；第四阶段，资本品工业占主要地位，认为这个阶段实现了工业化。国际上，发达国家的产业和行业调整基本按照这样的模式演进。以韩国为例，从20世纪50年代开始，韩国的产业结构经历了三次大的调整。

首先是20世纪五六十年代轻纺工业的发展与工业化的起步。朝鲜战争结束以后，韩国为了满足国内极其匮乏的生活用品需要，积极推进以纺织、食品为中心的消费品工业进口替代。到20世纪60年代初，韩国消费品工业产品已经能够满足国内需求，由于国内市场狭小，消费品工业的发展使得国内市场出现了假性饱和。60年代中期，韩国采取了出口导向型发展战略，依靠廉价劳动力优势，大力发展食品制造、纺织、皮革制鞋等劳动密集型产业，这些产业逐渐成为拉动出口的龙头产业。到70年代，这些行业的产品已经占据韩国出口总额的60%以上，使制成品在总出口中的比重由27%（1962年）提高到了87.9%（1970年）。

其次是20世纪70年代重化学工业的发展和工业内部结构升级。为了推进工业结构的高度化，1973年韩国政府发布了《重化工业化宣言》，确定把钢铁、石油化工、有色金属、造船、汽车制造等部门作为重点发展的出口战略产业，并通过优惠贷款、税收减免等一系列倾斜政策扶持重化学工业的发展。这使得70年代韩国对重化工业的投资占工业总投资的80%以上。80年代初，电子、钢铁、船舶、汽车、塑料等重化工业成为韩国的主要出口行业。1972年，在韩国制成品出口中，轻重工业产品比重分别为74.5%和25.5%，而1982年变为47.2%和52.8%；在工业产值中，1971年轻重工业产值比重为61.9%∶38.1%，而1980年则变为48.8%∶51.2%。

最后是20世纪80年代中期以后高科技产业的发展和工业竞争力的提高。20世纪80年代中后期，由于国内生产要素价格上升，以及发展中国家廉价商品的冲击，韩国轻工业的竞争力减弱；由于受石油危机中油价上涨的冲击，韩国重化工业的发展受到了影响。这些情况迫使韩国政府进行经济调整，在产业发展上把开发和投资技术密集型产业、再次进行产业结构升级、实现“技术立国”作为基本战略目标。韩国一方面把失去了比较优势的一部分劳动密集型产业向海外转移；另一方面把包括计算机、电子、精密机械、精密材料、信息技术、生物技术等高新技术产业加以重点培育。经过第三次产业结构调整，韩国实现了产业结构进一步高度化的目标。1992年，在制造业产值中，重化工业占65.8%，轻工业占34.2%。1994年，出口总额中，工业品占96.1%，其中重化工业品占68.8%，轻工业品占31.2%。[①]

六　工业内部行业结构变动的政策含义

工业内部行业结构的变动可造成我国收入结构中工资收入份额的下

① 张蕴岭著《韩国市场经济模式——发展、政策与体制》，经济管理出版社，1997，第41页。

降，造成收入分配差距逐渐变大，以至于影响未来我国经济的持续平稳增长。因此，需要对相关政策进行重新思考。

生产要素价格和产品价格不能反映正确的供给关系，往往会造成资源配置的错误和行业、产业结构的扭曲，我国产业、行业结构演变过程中出现的一些问题可能与此有关。在政策取向上，将工业品价业处相对于农产品价格高，将资本品价格定得相对于消费品价格定低。正是因为这些原因，尽管存在廉价和丰富的劳动力，工业生产更可能采取资本和进口密集型的方式。这样的资源配置导致经济难以形成与资源禀赋相一致的产业、行业结构。

从我国第二产业的产值结构与就业结构的不匹配状况可以看出，我国第二产业吸收就业的水平和能力还比较低。这根源于我国资本密集型与技术密集型行业的规模和增长速度远远超过劳动密集型行业。在我国，劳动力廉价优势还存在，农村尚有大量剩余劳动力没有转移到城市，非正规就业还大量存在，而劳动密集型产业的产值占比在下降，增长率低于经济增长率和资本、技术密集型产业的增长率。因此，需要对我国产业政策和生产要素定价制度进行改变，制定出“亲就业”的政策措施和制度，这也是最重要的“结构性富民政策”之一。

第二产业吸收就业能力低，工资增长慢，是工资收入份额降低的一个重要原因，而这根源于我国高加工度产业发展不足。如表 8 - 13 所示，从轻纺工业中的服装与纺织的增加值之比来看，中国 2000 年仅为 0.47，不但低于美、日、德、英、法五个发达国家 1992 年的平均水平（0.64），而且低于韩国（1991 年为 0.44）和巴西（1989 年为 0.58）；重工业的加工程度差距更大，以机械类与初金属增加值之比来看，中国 2000 年仅为 3.32，不但大大低于五国 1992 年 9.28 的平均水平，而且低于韩国 1991 年的 4.69。

表 8 - 13　部分国家几个制造业高加工度行业增加值之比

国家	年份	服装/纺织	印刷/造纸	机械类/初金属*
韩国	1971	0.24	1.34	3.20
	1979	0.32	1.08	2.92
	1991	0.44	0.98	4.69

续表

国家	年份	服装/纺织	印刷/造纸	机械类/初金属*
日本	1953	0.11	1.11	1.96
	1965	0.16	1.27	3.82
	1992	0.47	2.27	7.26
五国**平均	1983	0.61	1.65	6.98
	1992	0.64	1.97	9.28
巴西	1974	0.48	0.86	1.53
	1989	0.58	0.66	2.75
印度	1986	0.05	1.00	2.41
	1990	0.10	0.59	2.19
中国	1993	0.34	0.82	2.07
	1994	0.32	0.65	2.29
	2000	0.47	0.49	3.32

注：*机械类包括机械、电气、电子、运输设备和精密仪器，初金属包括钢铁和有色金属。
**五国为美、日、德、英、法。
资料来源：根据《联合国工业统计年鉴》与《中国工业统计年鉴》数据计算。

我国工业行业结构不合理的另一个表现是原材料工业比重过大，高于一般国家重化工化高潮时期的水平。表 8 - 14 的数据表明，与国际相比，中国原材料工业在制造业中的占比已经非常高，不但大大高于发达国家目前的水平，而且高于重化工化高潮时期（与中国目前所处阶段相近）日本和韩国的水平。如中国 1993 年原材料工业（化工、石油加工及煤炭制品、橡胶制品、塑料制品、非金属矿物制品、有色金属和钢铁等工业）增加值在制造业中所占比重高达 35.6%，2000 年仍为 31.6%，而日本重化工化高潮时期的 1953 年和 1965 年原材料工业在制造业中所占比重分别为 32.0% 和 26.6%。1971 ~ 1979 年是韩国向重化工业高度倾斜时期，1971 年和 1979 年其原材料工业增加值占制造业增加值比重分别为 29.1% 和 24.1%，到 80 年代以后则开始下降，1988 年下降到 17.9%。

表 8－14 部分国家原材料工业增加值占制造业比重

单位：%

国 家	比 重		
五国平均*	17.9（1989）	—	—
美国	13.7（1990）	21.0（1980）	28.8（1965）
日本	16.7（1989）	26.6（1965）	32.0（1953）
韩国	17.9（1988）	24.1（1979）	29.1（1971）
印度	27.2（1986）	29.6（1963）	—
巴西	31.5（1989）	34.5（1974）	39.0（1961）
中国	31.6（2000）	35.6（1993）	—

注：＊五国为美、日、德、英、法五个发达国家。

资料来源：根据国家统计局《世界工业统计汇编（1988）》《中国统计年鉴（2001）》《中国工业统计年鉴（1994）》，以及联合国《工业统计年鉴》数据计算。

第三节 服务业结构与收入结构的相互影响

服务业的发展与收入分配差距之间的关系比较复杂。服务业的发展可以吸收更多的人就业，在二元经济结构下可以在一定程度上减小收入分配差距，但是服务业中传统服务业与现代服务业之间的工资差距比较大，这又会加大收入分配差距。

随着经济的增长，服务业产值和增加值占比的增加需要仔细考察。从产业结构调整的一般规律看，随着国民收入的提高，收入弹性比较大的服务业在经济中的比重会逐渐增大。但如果收入差距比较大、经济结构不合理、正规经济部门吸收就业的能力较低，很多在正规经济部门找不到工作的劳动力就会被迫在非正规经济部门工作。而非正规经济部门多属于服务业，这导致服务业的过度“被”增长。

一 我国服务业的发展和结构演变

1. 服务业增加值与比重的变动

改革开放以来，中国经济飞速发展，国内生产总值（GDP）从1978年的3645.2亿元上升到2009年的340506.9亿元，增长了92倍多，年均增长15.76%。与此同时，服务业也取得了长足发展，1978～2009年，其增加值从872.5亿元上升到147642.1亿元，增长了168倍；服务业增加值占GDP的比重从23.94%上升到43.36%。在服务业内部，1978～2009年，现代服务业增加值①从403.6亿元上升到94481.73亿元，增长了233倍，现代服务业增加值占服务业增加值的比重从46.26%上升到63.99%。由此可以看出，改革开放以来，中国服务业增加值的增长速度远远快于GDP的增长速度，而在服务业内部，现代服务业增加值的增长速度又快于服务业增加值的增长速度。这在一定程度上反映了现代服务业具有高附加值、高增长的特性和服务业结构的优化升级。

图8－3和图8－4分别显示了1978～2009年中国三次产业增加值、三次产业增加值占GDP比重的变动情况。从中可以看出，中国三次产业增加值整体处于上升态势，其中，服务业（第三产业）增加值的增长速度最快，占GDP的比重从1978年的23.94%迅速上升到2009年的43.36%，仅比工业（第二产业）增加值占GDP的比重低3个百分点。

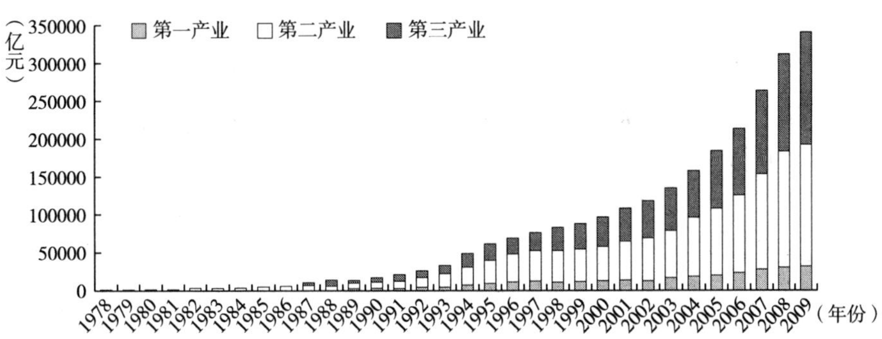

图8－3　中国GDP与三次产业增加值变动情况

资料来源：根据历年《中国统计年鉴》数据整理。

2. 服务业增加值及其占比的变动

从服务业内部结构来看，现代服务业的发展快于传统服务业的发展，

① 对现代服务业增加值的统计在2004年及之前的年份采用除交通运输、仓储及邮电通信业，批发和零售业，以及信宿和餐饮业外的第三产业增加值，在2005年及之后年份采用除交通运输、仓储及邮电通信业，批发和零售业，住宿和餐饮业之外的第三产业增加值。

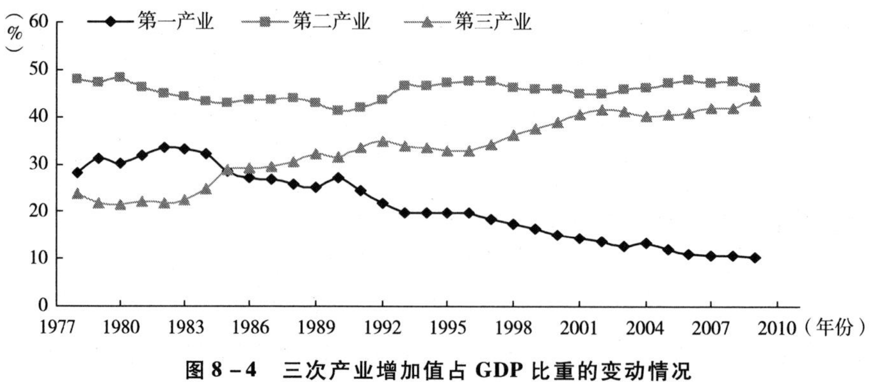

图 8－4　三次产业增加值占 GDP 比重的变动情况

资料来源：根据历年《中国统计年鉴》数据整理。

表现出优化升级的趋势。图 8－5 和图 8－6 分别显示了 1978～2009 年中国服务业增加值和传统服务业增加值、现代服务业增加值及其占服务业增加值比重的变动情况。从图 8－5 可以看出，在服务业内部，1978～2009 年传统服务业和现代服务业增加值均处于上升态势，同时，现代服务业增加值的增速要大于传统服务业增加值的增速。从图 8－6 可以看出，1978～1992 年，现代服务业的发展表现出了一定的波动性，从 1993 年以后现代服务业的发展快于传统服务业，其增加值占服务业增加值的比重不断上升，且一直保持在 50% 以上，而传统服务业增加值占服务业增加值的比重不断下降。2009 年现代服务业增加值占服务业增加值的比重达到 63.99%，中国服务业结构不断优化。

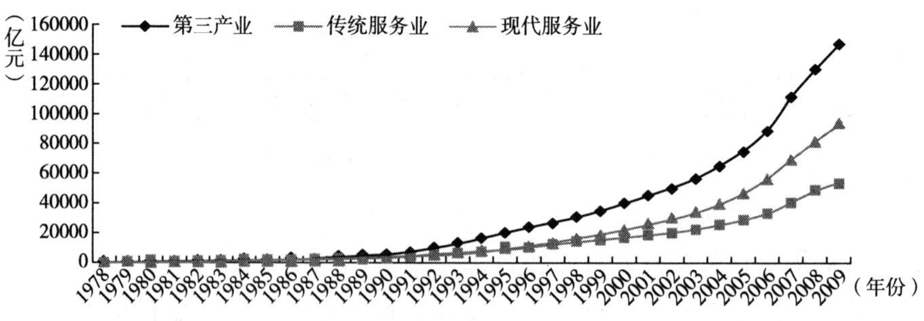

图 8－5　中国服务业增加值变动情况

资料来源：根据历年《中国统计年鉴》数据整理。

从图 8－7 和图 8－8 可以看出，1990 年，现代服务业中金融、保险业所占比重最大，为 39%；其次为国家机关、政党机关和社会团体，所占比

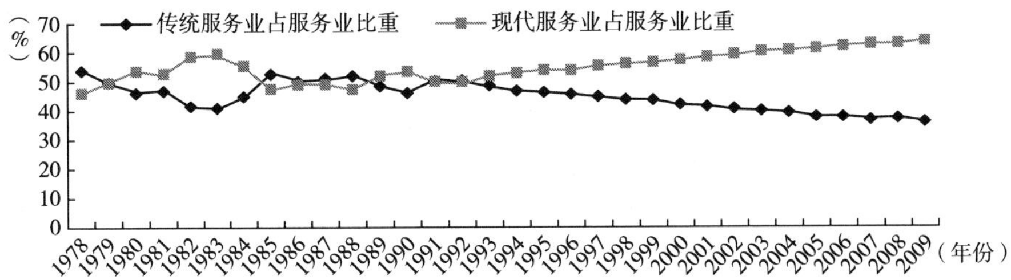

图 8－6　传统服务业和现代服务业增加值占服务业比重的变动情况

资料来源：根据历年《中国统计年鉴》数据整理。

重为 17%；接下来依次是教育、文化艺术和广播电影电视业，房地产业，以及社会服务业，所占比重分别为 12%、10% 和 10%；卫生、体育和社会福利业占比为 5%，科学研究和综合技术服务业占比为 3%，地质勘查、水利管理业所占比重最小，为 2%。2008 年，现代服务业中所占比重最高的是金融业、房地产业及公共管理和社会组织，所占比重均为 17%（若进行细致比较，则仍以金融业所占比例最大，但与 1990 年相比下降了 22 个百分点）；其余依次是教育业（占比为 11%），信息传输、计算机服务和软件业（占比为 10%），租赁与商务服务业（占比为 7%），居民服务和其他服务业（占比为 6%），卫生、社会保障和社会福利业（占比为 6%），科学研究、技术服务和地质勘查业（占比为 5%）；水利、环境和公共设施管理业与文化、体育和娱乐业最低，均为 2%。

3. 服务业与就业增长

服务业在一国（或地区）经济增长中发挥着重要作用，作为就业蓄水池，在吸纳就业方面同样影响巨大。图 8－9 显示了 1978～2009 年中国劳动力就业人数在三次产业分布的情况。从中可以看出，1978～2009 年，中国劳动力就业总数从 40152 万人上升到 77995 万人，增长了 0.9 倍，而服务业（第三产业）就业人数从 4890 万人上升到 26603 万人，增长了 4.4 倍；服务业就业人数占总就业人数的比重从 12.18% 上升到了 34.11%，提高了近 22 个百分点。1978 年劳动力就业人数在三次产业中的比例为 70.53∶17.3∶12.18，服务业就业人数在三次产业中的比重最小；到 2009 年这一比例变为 38.09∶27.8∶34.11，服务业就业人数比重超过了工业（第二产业）6.31 个百分点。由此可以看出，随着经济社会的发展，服务业显示了较强的就业吸纳能力。

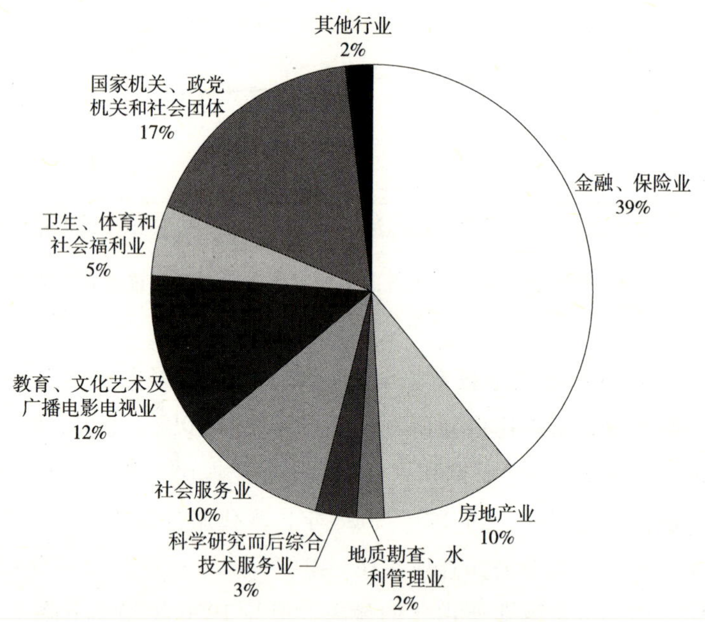

图 8-7 1990 年现代服务业内部增加值结构

资料来源：根据《中国统计年鉴》相关数据整理。

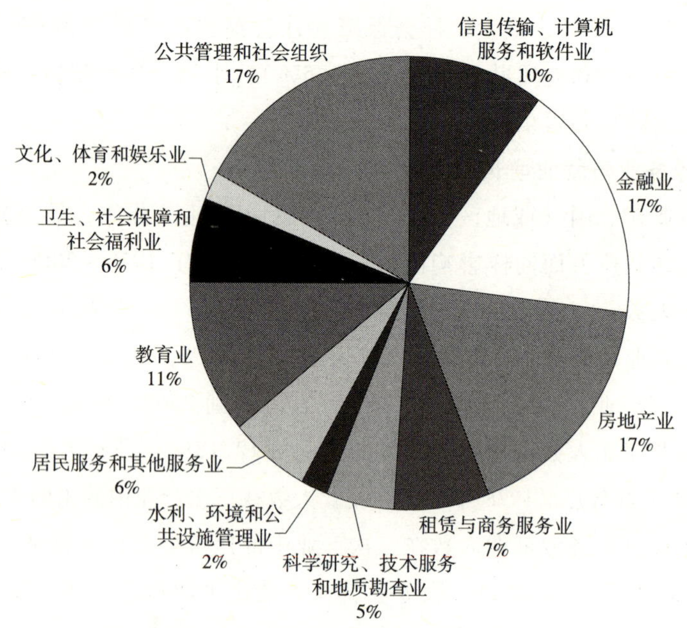

图 8-8 2008 年现代服务业内部增加值结构

资料来源：根据《中国统计年鉴》相关数据整理。

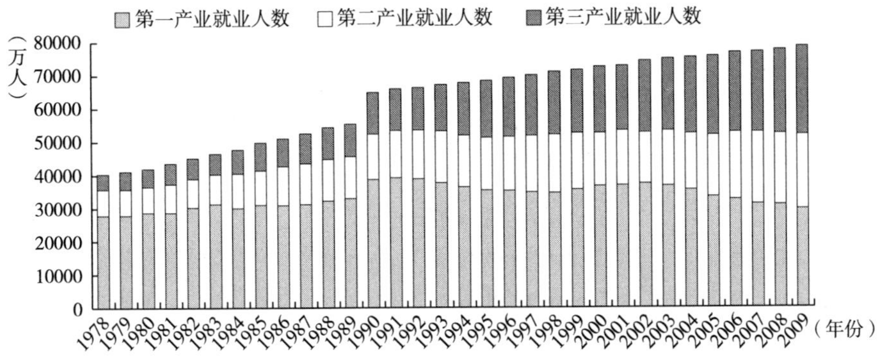

图 8-9　中国劳动力就业人数在三次产业分布的变动情况

资料来源：根据历年《中国统计年鉴》相关数据整理。

1978~2009 年，中国的产业结构与就业结构出现了配第－克拉克定理描述的情形：第一产业增加值占 GDP 的比重不断减小（由 1978 年的 28.19% 下降到 2009 年的 10.35%），就业比重也在不断减小（由 1978 年的 70.53% 下降到 2009 年的 38.09%）；第二产业增加值占 GDP 的比重不断增大（虽然由 1978 年的 47.88% 稍微下降到 2009 年的 46.30%，但是仍然在国民经济中占主导地位），就业比重也在增大（由 1978 年的 17.3% 上升到 2009 年的 27.8%）；第三产业增加值占 GDP 的比重不断增大（由 1978 年的 23.94% 上升到 2009 年的 43.36%），就业比重也迅速提高（由 1978 年的 12.18% 上升到 2009 年的 34.11%）（见图 8-10）。这说明，与第一、第二产业相比，第三产业对经济增长和劳动力就业的贡献最大，中国产业结构不断优化。

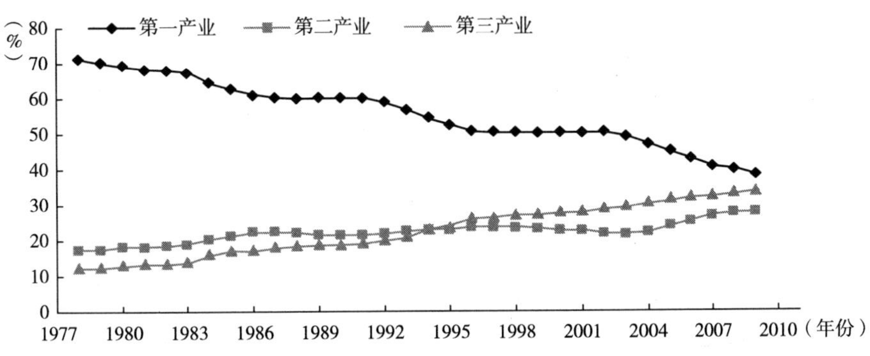

图 8-10　中国劳动力就业比重在三次产业分布的变动情况

资料来源：根据历年《中国统计年鉴》相关数据整理。

4. 服务业就业结构的变化

1978～2002年，传统服务业和现代服务业的就业情况如图8－11所示。从服务业内部来看，传统服务业就业人数增长缓慢，由1978年的1890万人增长到2002年的7053万人，增长了2.7倍；而现代服务业就业人数由1978年的3000万人迅速增长到2002年的14037万人，增长了3.7倍。现代服务业不仅在就业人数绝对值增长方面快于传统服务业，而且在就业人数占服务业就业人数的比重方面一直高于传统服务业，现代服务业就业比重由1978年的61.35%上升到了2009年的66.56%，分别比同期传统服务业就业比重高22.7个、33.4个百分点。

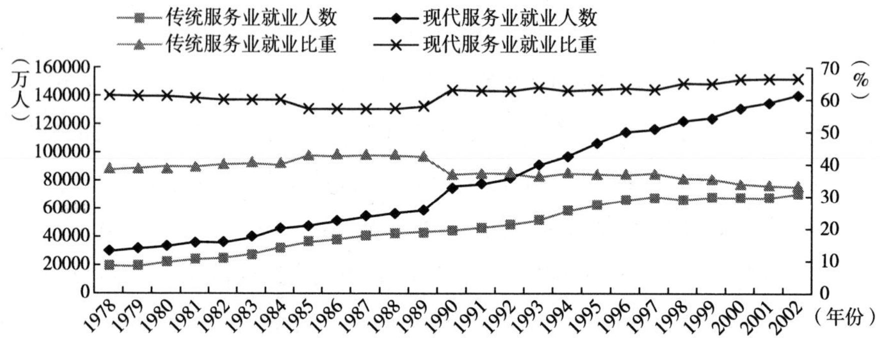

图8－11　传统服务业与现代服务业就业人数及其比重的变动情况

资料来源：根据历年《中国统计年鉴》整理。

2003～2009年，传统服务业和现代服务业城镇单位就业人数及其占比情况如图8－13所示。从服务业内部就业情况来看，传统服务业城镇单位就业人数略微下降，由2003年的1436.78万人减少为2009年的1357.33万人，占服务业城镇单位就业人数的比重也由2003年的24.41%下降到2009年的20.35%，下降了4.06个百分点；现代服务业城镇单位就业人数由2003年的4448.35万人增长到2009年的5311.28万人，占服务业城镇单位就业人数的比重由2003年的75.59%上升到2009年的79.65%，上升了4.06个百分点。

可见，在服务业促进就业的贡献中，现代服务业发挥了主导作用。传统服务业吸收就业的相对能力在下降，而现代服务业吸收就业的相对能力和绝对能力都在不断上升，为促进就业增长做出了巨大贡献。

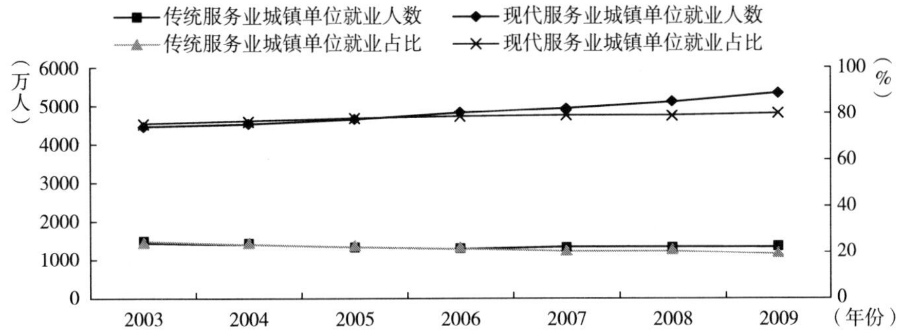

图 8－12　现代服务业与传统服务业城镇单位就业人数及其占的变动情况

资料来源：根据历年《中国统计年鉴》相关数据整理。

二　我国服务业发展水平的国际比较

尽管改革开放以来我国服务业有了较快发展，但与世界其他国家相比，我国服务业发展仍然显得有些滞后。从横向看，中国服务业比重依然偏低。据世界银行统计，2008 年服务业增加值占 GDP 的比重，高收入国家为 72.5%，中等收入国家为 53%，低收入国家为 47.5%。而中国 2010 年服务业比重只有 43%，与高收入国家相差近 30 个百分点。与发展速度比较相似的其他金砖国家比较，我国服务业也相对落后。从表 8－15 可以看出，2010 年我国服务业占比低于俄罗斯 16 个百分点，低于南非 23 个百分点，低于巴西 24 个百分点，甚至还低于人均 GDP 远低于我国的印度 12 个百分点。表 8－16 给出了几个与我国人均 GDP 最接近的发展中国家的服务业比重和几个人均 GDP 与我国相近时期发达国家的服务业比重，很多国家的服务业比重超过中国。

表 8－15　金砖国家人均 GDP、工业与服务业比重

单位：美元，%

国　家	2010 年人均 GDP	工业占比		服务业占比	
		2006 年	2010 年	2006 年	2010 年
中　国	4428	48	47	41	43
印　度	1475	29	26	53	55
南　非	7275	31	31（2009 年）	66	66（2009 年）
巴　西	10710	29	27	66	67
俄罗斯	10440	37	37	58	59

资料来源：根据世界银行网站数据整理汇编，http：//data. worldbank. org. cn/indicator。

表 8－16 工业化相似国家的人均 GDP、工业与服务业占比

美元，%

国　家	2010 年人均 GDP	工业占比		服务业占比	
		2006 年	2010 年	2006 年	2010 年
中国	4428	48	47	41	43
越南	1224	42	41	38	38
印度尼西亚	2946	47	47	40	38
斯威士兰	3073	49	50	44	42
泰国	4608	44	45	45	43
马来西亚	8373	50	44	42	45
智利	12431	49	43	47	54
白俄罗斯	5765	42	44	48	47
哈萨克斯坦	9136	42	42	52	53
博茨瓦纳	7403	54	45	44	52
南非	3073（1981 年）	—	46（1981 年）	—	48（1981 年）
韩国	2307（1984 年）	—	40（1984 年）	—	47（1984 年）
日本	10062（1981 年）	—	41（1981 年）	—	56（1981）
巴西	1636（1985 年）	—	45（1985 年）	—	43（1985）
德国	9878（1981 年）	—	40（1981 年）	—	58（1981）

资料来源：根据世界银行网站数据整理汇编，http：//data. worldbank. org. cn/indicator。

对工业化水平相似国家的人均 GDP 与服务业占比进行简单回归，结果见图 8－13，将我国人均 GDP4428 美元代入回归结果，可得出我国服务业占比估计值，为 45.2%，而实际值为 43.4%，可以粗略知晓我国服务业占比与相同发展阶段国家相比偏低。

从收入分配角度看，服务业劳动力密集程度高，就业弹性大，服务业仍然是吸纳就业的主力军。通过大力发展服务业，既有利于优化产业结构，促进经济发展，又有利于缓解日益严重的就业压力。同时，改变投资结构，引导固定资产投资进入劳动力吸纳能力强的行业，也能相应地增加就业需求，提高就业弹性。

三　服务业比例中的深层次问题

服务业的产值和就业比重变化基本上与农业变动方向相反。但我们不

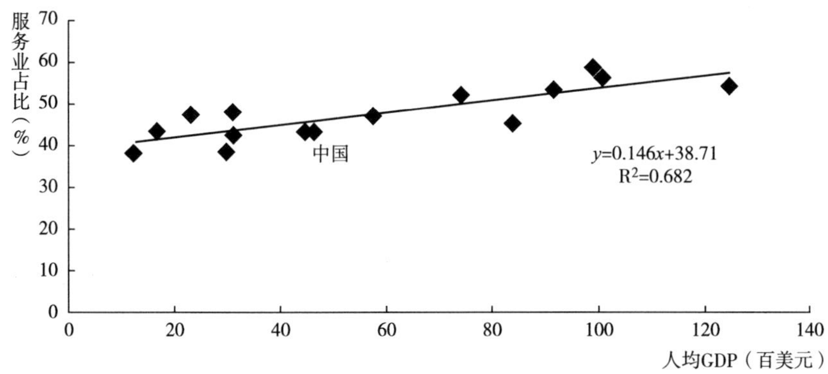

图 8－13　工业化相似国家的人均 GDP 与服务业占比的简单回归

能把服务业作为一个部门来分析，因为服务业中的劳动服务业工资率是除农业外最低的，而就业人数占服务业的绝大部分；服务业中的金融保险业、科学研究和综合技术服务业、教育事业、文化艺术及广播电影电视业、广告业和邮电通信业的工资率在我国都是最高的，而这些行业就业人数在服务业中的比重很低，从服务业增加值构成来看，1997～2002 年这些行业产值的增长率极高。因此，需要把服务业中的劳动服务业分离出来，除劳动服务业外的部分归类于高档消费品部门。这样，我们就可以对统计数据重新解释，服务业产值的增长主要来自高档消费品部门，而就业的增加则主要来自劳动服务业部门。当我们把劳动服务业从服务业中分离出来，就会发现虽然我国服务业的比重与发达国家相比并不高，但劳动服务业的就业比重很高，如果考虑到劳动服务业全部集中在城市，即只是为 40% 的城市人口服务的，则这个比重就太高了。

第四节　产业结构、收入结构与经济增长的困境

为了应对两次金融危机，1998 年之后和 2008 年之后，我国政府采取了相似的自救措施。政府财政投资的带动使生产资料部门的比重上升，收入结构失衡和收入分配差距拉大导致了高档消费品部门的急剧发展。同时，高收入阶层消费的增加带动了劳动服务业部门的发展和就业的增加，而基本消费品部门则在萎缩。反过来，这种产业结构的变动又可以解释收

入结构和收入分配的变动，占就业量80%以上的农业部门、劳动服务业部门和基本消费品部门产值在GDP中的比重持续下降，人均产值远远低于高档消费品部门和生产资料部门。这种严重的结构失衡产生于1998年以来收入分配和产业结构的恶性循环，资产值越来越高，收入分配越来越向高收入阶层倾斜，而且这种恶性循环近年来有所加剧。

从上述对收入结构和产业结构变动的分析中，我们可以更好地解释就业弹性的下降。一方面，就业弹性的下降产生于工资总量在GDP中的比重下降，这是因为1998年以来资本密集型的高档消费品部门和生产资料部门快速增长；另一方面，在工资总量下降的同时，快速增长的高档消费品部门的工资率急剧上升，能够大量吸收劳动力的基本消费品部门持续萎缩。劳动服务业部门实际上起到了接收失业职工的作用，否则失业率会大幅度上升。但是，劳动服务业部门就业的增长是以工资总量的下降为代价的，劳动服务业中为高收入阶层服务部分的发展必须以收入分配差距的扩大为前提。因此，劳动服务业就业的增加在长期将会进一步增加失业，这是一种恶性循环。

从上述分析可以得出，目前我国产业结构的调整方向应该是扩大基本消费品部门和生产资料部门，以吸收农业部门的剩余劳动力。这就需要把生产资料部门过高的资产值减下来以吸收更多的劳动力。高档消费品部门当然是应该发展的部门，但目前必须使其资本－劳动比和工资率下降，使其逐渐变成基本消费品部门。劳动服务业部门的发展只是没有办法的办法，绝不能因为它能够增加就业就作为发展的方向。

然而，上述产业结构的调整恰恰与市场需求的方向完全相背离，由收入分配结构和产业结构相互作用形成的恶性循环已经形成巨大的惯性，这正是当前我国结构失衡中的最严重问题。

这种恶性循环结果的严重性是不得不提到的。我们前面的推论只是表明这种恶性循环会使收入分配向富人倾斜，会使产业结构中劳动服务业的比例扩大，或者说，我国农村劳动力向城市转移只能到劳动服务业。如统计数据所表明的，1992年以来，第一产业转移出来的劳动力数量等于第三产业增加的劳动力数量，但我们没有说明这种劳动力转移的性质。我们前面对市场经济分析时曾反复论证，在一个完善的市场经济条件下，资本家是不可能提高消费的，这一点是非常重要的，因为资本家的消费或高收入阶层的消费将改变市场经济作为一种游戏的性质，即市场经济将变成只是少数人的游戏。然而，在我国目前存在大量农村人口的条件下，高收入阶层是可以扩大消费的，这种富人消费的扩大将使非生产性的劳动服务业的就业随之增加，市场经济将变成马尔萨斯的地主和仆人的模型，而不是资本家和工人的模型。我们前面表明的我国城镇居民收入是农村居民收入的3倍意味着什么？意味着每个城市家庭都可以雇得起保姆，显然，最高收入的20%人口占有50%的收入与最低收入的20%人口占有不到5%的收入意味着，如果高收入阶层消费，这20%的农村人口将只能被转移到城市的劳动服务业就业。正如我们前面所表明的，目前那些主要由受过高等教育的人构成的“中产阶级”或城市精英根本就不考虑投资，更没有人进行实业投资，而是贷款消费，他们消费越高，收入就越高。美国中产阶级的收入是低收入阶层的2倍，日本大企业高管人员的收入是工人收入的8倍，而目前我国有人提出，要通过人大立法把国有企业高管人员的收入限制在工人收入的12倍，显然目前要远超过12倍。目前，我国收入分配和产业结构状况再也不能任其发展下去了。

这种严重的结构问题也使当前我国的经济政策面临着严重的两难选择，提高名义GDP增长率可能只会使产业结构和收入分配结构的扭曲更为严重，却不会增加就业。2002～2008年，我国名义GDP增长率很高，但带来的是房地产、汽车等高档消费品部门和生产资料部门投资的大幅度增长，在GDP增长率大幅度提高的条件下，城镇登记的失业率反而上升了。2005年，我国通过紧缩政策使GDP增长率回落到10%左右，但从各个部门增长率的变动看，增长最快的依然是高档消费品部门和生产资料部门，这显然会进一步降低就业增长率。因此，我们必须寻找解决问题的出路。

第九章　就业弹性、工资结构性增长与收入结构

内需的扩大包括投资需求的增长和消费需求的提高，而投资需求的增长最终取决于最终消费需求的提高，而消费需求能够提高则取决于居民收入水平的提高和收入结构的协调。就业的增加和工资结构性增长是居民收入水平提高和收入结构调整的关键。

第一节　我国就业弹性的变动趋势与原因分析

一段时间以来，中国高速经济增长过程中就业数量没有大量增加，中国劳动力就业的增长与经济的增长存在着不一致，经济增长吸收就业的能力在逐渐降低。根据奥肯定律，GDP 实际增长率每高出潜在增长率 1 个百分点，失业率便会降低 2 个百分点；反之，GDP 实际增长率每低于潜在增长率 2 个百分点，失业率便会上升 1 个百分点。发达国家的历史经验表明，就业弹性在经济发展的初期随经济增长而增大，当经济发展到一定阶段时，经济增长的就业弹性趋于下降，但这一趋势是在经济趋向成熟后才出现的。我国就业弹性出现的结构性变动的原因是什么，怎样应对这样的变动，是需要我们深入思考的问题。

一　学者对我国就业弹性的认识

经济增长对就业的拉动作用越来越受到学者的关注。齐建国（2000）分时间段对中国 1953 ~ 1998 年的就业弹性进行了估算，研究结果显示，就业总体弹性呈逐渐下降的趋势，尤其是 1996 年以来就业弹性急剧下降，就

业压力陡增，并且工业就业弹性的下降是造成总体就业弹性下降的首因；同时，预言只有当经济增长速度超过9%时，就业压力才有可能缓解。张车伟、蔡昉（2002）的研究也支持了上述观点，通过时间序列和横向对比分析，他们发现20世纪80年代每单位GDP的增长所带来的就业增长远远大于20世纪90年代，而三次产业就业弹性的差异，再次验证了发展第三产业对促进就业的必要性和可行性。

然而，由于农业的“蓄水池”作用，以及统计口径的偏误，我国未对单位渠道之外的就业状况做统计，导致中国整体就业弹性存在低估的情况，通过单独测算城镇就业与经济增长之间的关系，蔡昉、都阳、高文书（2004）发现城镇就业弹性高于城乡整体就业弹性，而且20世纪90年代以来一直处于上升之中，直到21世纪初才轻微下降。田贵生（2005）分城乡对中国1991~2003年的就业弹性进行了测算，得出此阶段中国城镇就业弹性的均值为0.27，而同期的农村就业弹性均值为-0.01。这一反差在1998~2003年更加明显，1998~2003年城镇就业弹性均值为0.42，农村就业弹性除2001年为0.048之外，其余年份均为负数，均值更是跌至-0.05。虽然城镇就业弹性不低而且在波动中上升，但城镇就业人口仅占全部就业人口的30%~40%，所创造的经济价值却占总量的70%左右，致使整体就业弹性还是不高。

很大一部分学者将眼光集中于产业结构角度，他们分别从全国总体的产业结构与就业结构，分省区的比较，以及东、中、西部对比分析角度，得出了中国产业结构与就业结构的非均衡发展。就业结构与产业结构存在不一致，其中，第一产业就业弹性持续走低，甚至为负数，而第三产业就业弹性较高，只有大力发展第三产业才能缓解中国的就业压力（宋长青，1998；张车伟、蔡昉，2002；周可可，2007；等等）。唐代剑、李莉（2005）更是指出第三产业内部就业弹性也存在较大差异，他们通过对浙江省的实证分析，得出第三产业中的旅游业的就业弹性为0.499896，高于整个产业的均值0.284067，因此，发展旅游业有利于促进就业。然而，向运华、朱娜（2005）对湖北省几年来的三次产业就业弹性进行估计，发现1999年以来湖北省就业弹性趋于上升，而这一趋势的主要贡献者却是第一产业，并非普遍认为的第三产业。面对“高增长、低就业”的诸多表现，学者们从不同角度探讨了可能的原因，进而为政策的制定提供了一些参考。就业弹性持续走低的因素归纳起来，主要有以下几点：

第一，由于统计上的不易，隐性就业（包含城镇单位中冗员人员、农村剩余劳动力，以及非正规就业人员）被排除在就业统计数据之外，造成名义就业弹性低于实际就业弹性（李连根，2003；蔡昉、都阳、高文书，2004；李慧，2005；田贵生，2005；等等）。

第二，国家的产业支持政策也在一定程度上造成了中国“高增长、低就业”的局面。蔡昉、都阳、高文书（2004）的研究认为国家投资的方向集中在基础设施相关产业、支柱产业等技术或资金密集型产业，而这些产业的就业吸纳能力比较低。李慧（2005）的研究也支持了这一观点。

第三，技术进步成为就业增长缓慢、就业弹性下降的一个重要原因。技术进步对就业的冲击既体现在劳动生产率提高而对劳动力需求减少上，又体现在技术的发展要求一些低技能劳动者从原有就业岗位上下来，退出劳动力市场。当然，技术进步也促进了新兴行业的发展、就业机会的增加，因此，技术进步引起的挤出效应和规模效应孰大孰小难以准确区分，精确衡量技术进步对就业弹性的真实影响也就并不容易了（齐建国，2000；田贵生，2005）。

第四，制度因素。肖灵机、徐文华、熊桂生（2005）从制度层面探寻我国经济增长与就业增长非一致性的原因，他们认为影响我国就业弹性提高的制度因素主要有 GDP“挂帅”的政绩考核制度、差距不断拉大的收入分配制度、模糊的产权制度和不完善的人力资本制度等。唐鏞、刘勇军（2003）通过分析发现，学者们对中国就业弹性的大小、发展趋势、产业与区域表现、计算方法等方面的研究都存在很大差异。对此，他们指出对经济增长与就业增长之间的关系研究，必须建立在对企业劳动力需求行为的深入研究基础上。

二　改革开放以来我国就业弹性变动趋势

无论是从经济增长核算理论，还是从奥肯定律中，我们都可以得出经济增长与就业之间正的互动机制。但是在我国，两者变动的速率在很多时期存在差异，所以就业弹性经常会发生变化。

图 9－1 反映了我国 GDP 和就业量的变动情况。我国在 20 世纪 90 年代以前，无论是 GDP 还是就业量的变动趋势，都较为平缓。我们推测，这

个时期的就业弹性可能比较大。但 20 世纪 90 年代之后，GDP 的增长幅度要明显大于就业增长的幅度，两者之间的斜率差异表现得十分明显，从直观上判断，这个时期的就业弹性会逐渐下降。

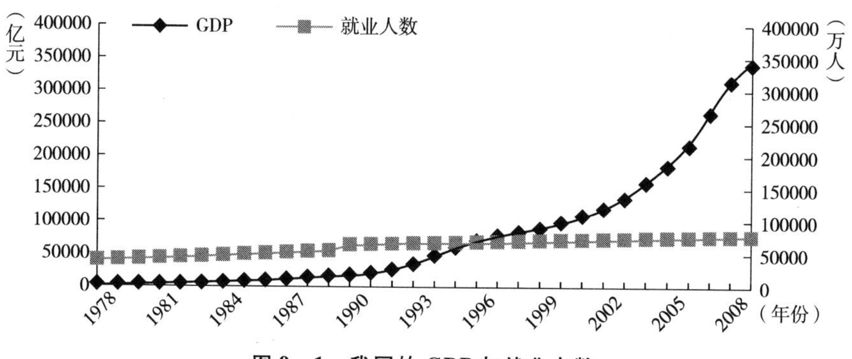

图 9－1　我国的 GDP 与就业人数

资料来源：历年《中国统计年鉴》。

为了验证改革开放以来我国就业弹性变化趋势的直观判断结果，我们需要计算出这段时期就业弹性的值。按照就业弹性的定义，就业弹性 = 就业增长率/GDP 增长率。分别计算 1978 ~2009 年的就业增长率与 GDP 增长率，然后据此计算每年的就业弹性，结果见表 9－1。

从表 9－1 中可以看出，改革开放以来我国 GDP 增长率、就业人数和就业弹性变化的情况。20 世纪 70 年代末 80 年代初，就业弹性逐年上升，并保持在较高水平。从 80 年代中期开始，就业弹性开始下降，除了 1990 年由于城镇人口统计口径变动造成就业弹性值异常之外，我国的就业弹性开始大幅度下降，最低时仅仅为 0.026641033。虽然在 1998 年东南亚金融危机前后，经济增长速度下降造成就业弹性短期升高，但这主要是经济增长率太低造成的，随后就业弹性又降到很低的水平。这种变动趋势与前面直观感受的结果大致相符。

表 9－1　1978 ~2009 年的我国就业弹性的计算

年份	GDP（亿元）	GDP 增长率（%）	就业人数（万人）	就业人数增长率（%）	就业弹性
1978	3645.2	13.84	40152	1.97	0.142341040
1979	4062.6	11.45	41024	2.17	0.189519651

续表

年份	GDP（亿元）	GDP 增长率（%）	就业人数（万人）	就业人数增长率（%）	就业弹性
1980	4545.6	11.89	42361	3.26	0.274179983
1981	4891.6	7.61	43725	3.22	0.423127464
1982	5323.4	8.83	45295	3.59	0.406568516
1983	5962.7	12.01	46436	2.52	0.209825146
1984	7208.1	20.89	48197	3.79	0.181426520
1985	9016.0	25.08	49873	3.48	0.138755981
1986	10275.2	13.97	51282	2.83	0.202576951
1987	12058.6	17.36	52783	2.93	0.168778802
1988	15042.8	24.75	54334	2.94	0.118787879
1989	16992.3	12.96	55329	1.83	0.141203704
1990	18667.8	9.86	64749	17.03	1.727180527
1991	21781.5	16.68	65491	1.15	0.068944844
1992	26923.5	23.61	66152	1.01	0.042778484
1993	35333.9	31.24	66808	0.99	0.031690141
1994	48197.9	36.41	67455	0.97	0.026641033
1995	60793.7	26.13	68065	0.90	0.034443169
1996	71176.6	17.08	68950	1.30	0.076112412
1997	78973.0	10.95	69820	1.26	0.115068493
1998	84402.3	6.87	70637	1.17	0.170305677
1999	89677.1	6.25	71394	1.07	0.171200000
2000	99214.6	10.64	72085	0.97	0.091165414
2001	109655.2	10.52	73025	1.30	0.123574144
2002	120332.7	9.74	73740	0.98	0.100616016
2003	135822.8	12.87	74432	0.94	0.073038073
2004	159878.3	17.71	75200	1.03	0.058159232
2005	184937.4	15.67	75825	0.83	0.052967454
2006	216314.4	16.97	76400	0.76	0.044784915
2007	265810.3	22.88	76990	0.77	0.033653846
2008	314045.4	18.15	77480	0.64	0.035261708
2009	340506.9	8.43	77995	0.66	0.078291815

资料来源：GDP 与就业人数来自历年《中国统计年鉴》；各增长率与就业弹性均为计算得出。

图 9－2 更直观地反映了我国名义 GDP 增长率和就业增长率的对比，可以看出，名义 GDP 增长率比较高，波动性比较大，就业增长率较低。

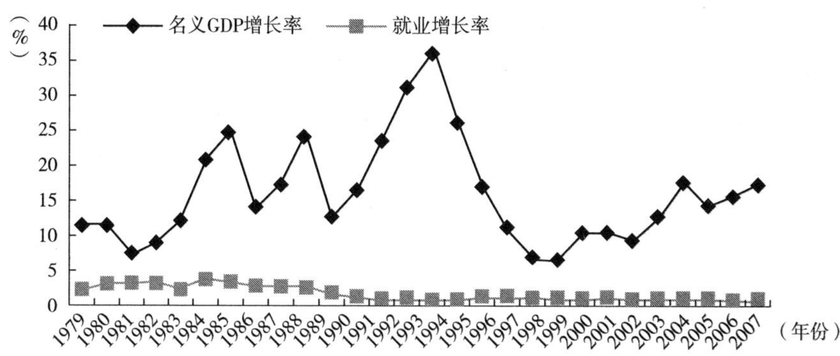

图 9－2　我国名义 GDP 增长率和就业增长率

资料来源：根据历年《中国统计年鉴》计算。

图 9－3 描述了以 1978 年不变价格计算的 GDP 增长率与就业增长率的对比，除了 GDP 增长率波动性有所缓和，其他变动特征与图 9－3 很相似。

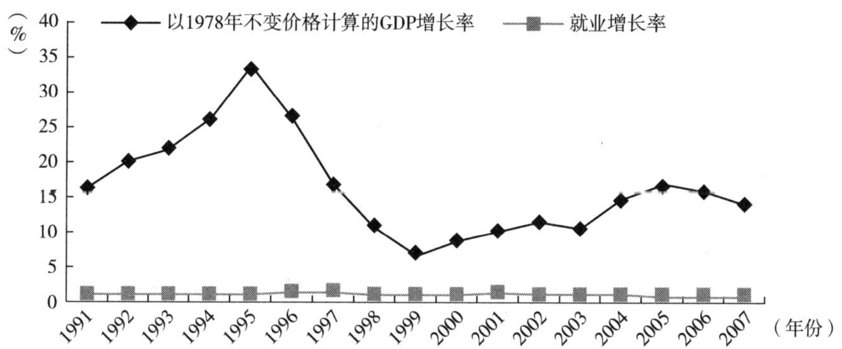

图 9－3　以 1978 年不变价格计算的 GDP 增长率与就业增长率

资料来源：根据历年《中国统计年鉴》计算。

表 9－2 列出了按 GDP 当年价格和 1978 年不变价格计算的就业弹性。1979～2007 年，经济增长的平均速度为 15.9%，劳动增长率均值为 1.8%。按名义 GDP 计算的就业弹性在 1979～1983 年出现了一个小幅度的增长，其值分别为 0.190、0.274、0.423、0.407；之后，开始逐渐下降，1989 年降到 0.141；1991～1996 年，就业弹性急剧波动，这期间的就业弹性均值仅为 0.047，而这一时期正是我国经济高速增长阶段，就业增长率

基本处在1%，可能的一个原因是该阶段我国正处于国有企业改革时期，很多的下岗工人拉低了就业增长率；1997~2002年，就业弹性出现了小幅升高，这主要归因于经济增长速度受东南亚金融危机的影响而放缓，并非源于就业量的增加，剔除价格因素影响后，我国就业弹性有所增加。

表9-2 按GDP当年价格和1978年不变价格计算的就业弹性

年份	名义GDP增长率（%）	实际GDP增长率（%）	劳动增长率（%）	按照名义GDP计算的就业弹性	按照实际GDP计算的就业弹性
1979	11.5	7.6	2.2	0.190	0.286
1980	11.9	7.8	3.3	0.274	0.417
1981	7.6	5.2	3.2	0.423	0.614
1982	8.8	9.1	3.6	0.407	0.396
1983	12.0	10.9	2.5	0.210	0.232
1984	20.9	15.2	3.8	0.182	0.250
1985	25.1	13.5	3.5	0.139	0.258
1986	14.0	8.8	2.8	0.202	0.319
1987	17.4	11.6	2.9	0.169	0.253
1988	24.7	11.3	2.9	0.119	0.260
1989	13.0	4.1	1.8	0.141	0.451
1991	16.7	9.2	1.1	0.069	0.125
1992	23.6	14.2	1.0	0.043	0.071
1993	31.2	14.0	1.0	0.032	0.071
1994	36.4	13.1	1.0	0.027	0.074
1995	26.1	10.9	0.9	0.035	0.083
1996	17.1	10.0	1.3	0.076	0.130
1997	11.0	9.3	1.3	0.115	0.136
1998	6.9	7.8	1.2	0.170	0.149
1999	6.2	7.6	1.1	0.171	0.141
2000	10.6	8.4	1.0	0.091	0.115
2001	10.5	8.3	1.3	0.124	0.157
2002	9.7	9.1	1.0	0.101	0.108
2003	12.9	10.0	0.9	0.073	0.094

续表

年份	名义 GDP 增长率（%）	实际 GDP 增长率（%）	劳动增长率（%）	按照名义 GDP 计算的就业弹性	按照实际 GDP 计算的就业弹性
2004	17.7	10.1	1.0	0.058	0.102
2005	14.5	10.4	0.8	0.057	0.080
2006	15.8	11.6	0.8	0.048	0.065
2007	17.7	11.9	0.8	0.044	0.065
均值	15.9	9.8	1.8	0.135	0.196

资料来源：根据历年《中国统计年鉴》计算。

三 各产业就业弹性的比较

为了反映三次产业的经济增长对就业增长的拉动情况，可以分产业计算我国三次产业的就业弹性，结果见表 9－3。

表 9－3 三次产业就业弹性变动情况

时 期	整体就业弹性	第一产业就业弹性	第二产业就业弹性	第三产业就业弹性
1981～1985 年	0.272	0.107	0.678	0.467
1986～1989 年	0.158	0.130	0.192	0.243
1991～1995 年	0.041	－0.069	0.080	0.258
1996～2000 年	0.125	－0.514	0.030	0.224
2001～2007 年	0.072	－0.204	0.177	0.239
1979～2007 年	0.135	－0.108	0.224	0.295

资料来源：根据历年《中国统计年鉴》计算。

表 9－3 表明，我国三次产业的就业弹性都具有下降的趋势。第一产业就业弹性 1979～2007 年的均值为－0.108，弹性系数低且波动大，20 世纪 90 年代急剧下降，并持续为负值。这说明农村存在大量剩余劳动力，农业机械的使用使农业在产值增加的同时，所需要的劳动力逐渐减少。第二产业就业弹性在“六五”期间（1981～1985 年）为 0.678，此时经济增长对就业的拉动作用还比较强；“七五”期间（1986～1989 年）就业弹性降到了 0.192，而“八五”与“九五”期间（1991～1995 年，1996～2000

年)，第二产业就业弹性分别为0.080与0.030，经济增长对就业增长的作用几乎为零。这一方面是因为国有企业中隐性失业变成了显性失业，另一方面说明第二产业资产值不断增加，导致资本密集度提高。第三产业就业弹性在1979～2007年的均值为0.295，总体也在逐渐下降，但下降速度和幅度都小于第一、第二产业，说明第三产业吸收就业的能力大于第一产业和第二产业。

总的来说，从我国经济数据的实证分析可以看出，我国总的就业弹性存在不断下降的趋势，第一产业不断释放隐性失业的就业人口，表现为其弹性不断下降，并且其数值为负。第二产业逐渐替代第一产业，成为吸纳社会劳动力的主导力量，但是随着第二产业向资金密集型及技术密集型的产业发展，资本有机构成的提高必然会带来劳动力的供给严重超过对劳动力的需求，表现为第二产业就业弹性的下降。而提高我国就业弹性的拉动力就要靠第三产业，尽管在现阶段我国第三产业的发展还不太成熟，其就业弹性相对水平要低，但是第三产业在我国仍有不断发展的空间，并且其就业弹性在现阶段显示了微小的增长，这意味着我国的就业弹性仍然有不断上升的空间。

四　影响我国就业弹性的因素分析

为了检验影响我国就业弹性的因素，我们建立了就业弹性影响因素的综合评价模型，具体如下。

$$e = \alpha_0 + \alpha_1 agdp + \alpha_2 wage + \alpha_3 M + \alpha_4 I + \varepsilon$$

其中，e为我国就业弹性；$agdp$为人均GDP，代表经济增长；$wage$为职工平均工资，代表劳动力要素的价格；M代表劳动力市场化程度，用非国有经济就业人数占城镇就业总人数比重来表示；K代表全社会固定资产投资总额。表9－4列出了各解释变量在1991～2008年的值。

表9－4　模型解释变量的值

年　份	*e*	*agdp*	*wage*	*M*	*I*
1991	0.069	1892.8	2340	0.3894	5594.5
1992	0.043	2311.1	2711	0.3903	8080.1

续表

年　份	*e*	*agdp*	*wage*	*M*	*I*
1993	0.032	2998.4	3371	0.4020	13072.3
1994	0.027	4044.0	4538	0.3988	17042.1
1995	0.035	5045.7	5500	0.4086	20019.3
1996	0.076	5845.9	6210	0.4356	22913.5
1997	0.115	6420.2	6470	0.4686	24941.1
1998	0.170	6796.0	7479	0.5810	28406.2
1999	0.171	7158.5	8346	0.6175	29854.7
2000	0.091	7857.7	9371	0.6500	32917.7
2001	0.124	8621.7	10870	0.6809	37213.5
2002	0.101	9398.1	12422	0.7109	43499.9
2003	0.073	10542.0	14040	0.7318	55566.6
2004	0.058	12335.6	16024	0.7466	70477.4
2005	0.057	14053.0	18364	0.7626	88773.6
2006	0.048	16165.0	21001	0.7729	109998.2
2007	0.044	18934.0	24932	0.7811	137323.9
2008	0.049	22698.0	29229	0.7866	172828.4

资料来源：根据历年《中国统计年鉴》计算。

对我国就业弹性的影响因素进行回归分析，估计结果见表9-5。

表9-5　就业弹性影响因素分析结果

变量	回归系数	标准差	t统计量	P值
wage	-7.51E-05	1.83E-05	-4.070226	0.0013
M	0.735481	0.210130	3.500119	0.0039
agdp	5.92E-05	1.53E-05	3.874430	0.0019
K	2.95E-06	1.90E-06	1.547631	0.1457
c	-0.199628	0.060068	-3.323381	0.0055
R^2 = 0.741222		$\overline{R}^2$ = 0.661598		
P(F) = 0.000889		DW = 1.871896		

回归结果显示，R^2 为 0.741222，调整后的残差平方和（$\overline{R}^2$）值为 0.661598，说明解释变量对被解释变量的解释能力为 66.1598%，同时方程显著性 F 检验和 DW 值表明模型的设定合理。

根据 t 统计量的伴随概率 P 值，我们发现固定资产投资（*I*）的伴随概率为 0.1457，未通过变量显著性检验，意味着就业弹性与固定资产投资之间不存在显著的相关关系。一个可能的解释是固定资产投资会增加资产值，压缩了工资总额，对劳动力具有替代效应，对就业产生排挤作用；另外，固定资产投资的扩大、新兴行业的产生，对劳动力产生了新的需求，此时资本对劳动力产生了规模效应。替代效应和规模效应两个相反效应的综合结果，使最终效应很难明确。变量 *wage* 的 t 统计量值为 -4.070226，相应的伴随概率 P 为 0.0013，回归系数为 -7.51E-05，说明职工工资水平与就业弹性在统计意义上呈显著负相关，但是从经济意义上看，-7.51E-05 的系数又说明职工工资水平，即劳动力要素价格对就业弹性的影响很弱。*M* 变量的 t 统计量值为 3.500119，相应的伴随概率 P 为 0.0039，回归系数为 0.735481，意味着非国有经济就业人数占城镇总就业人数的比重在 1% 的显著性水平上通过了 t 检验，非国有经济就业人数占城镇总就业人数的比重对就业弹性有明显的提高作用，而且 0.735481 说明这种促进作用是非常大的，非国有经济就业人数占城镇总就业人数的比重每提高 1%，就业弹性就提高 0.735481%。经济体制改革，以及市场化程度的加深，促进了就业弹性的提高。*agdp* 变量的 t 统计量值为 3.874430，相应的伴随概率 P 为 0.0019，回归系数为 5.92E-05。虽然变量以 1% 的显著性水平通过了统计检验，说明人均 GDP 与就业弹性之间是正相关的，但是系数很小，人均 GDP 对就业弹性的作用很小。

第二节　经济增长率、就业弹性与农村劳动力转移

一　从就业结构偏离度看农村劳动力转移的必要性

我国三次产业的产值结构和就业结构不一致，反映各产业产值结构和就业结构不匹配程度可以用就业结构偏离度来表示，我们将它定义为各产

业就业比重与产值比重的比值。表 9－6 计算了各产业的就业结构偏离度。

表 9－6　各产业就业结构偏离度

年　份	第一产业	第二产业	第三产业	年　份	第一产业	第二产业	第三产业
1978	2.501	0.361	0.510	1993	2.862	0.481	0.629
1979	2.232	0.374	0.582	1994	2.748	0.487	0.685
1980	2.277	0.377	0.606	1995	2.628	0.488	0.755
1981	2.136	0.397	0.618	1996	2.565	0.494	0.793
1982	2.040	0.411	0.618	1997	2.729	0.499	0.773
1983	2.022	0.421	0.633	1998	2.837	0.509	0.737
1984	1.992	0.462	0.650	1999	3.042	0.503	0.714
1985	2.194	0.485	0.586	2000	3.319	0.490	0.705
1986	2.243	0.501	0.590	2001	3.474	0.495	0.685
1987	2.238	0.510	0.601	2002	3.638	0.478	0.690
1988	2.308	0.512	0.600	2003	3.837	0.470	0.711
1989	2.394	0.504	0.571	2004	3.502	0.487	0.758
1990	2.216	0.518	0.586	2005	3.672	0.499	0.783
1991	2.434	0.512	0.561	2006	3.770	0.517	0.805
1992	2.685	0.499	0.570	2007	3.611	0.551	0.808

资料来源：根据历年《中国统计年鉴》计算。

由表 9－6 可知，我国第一产业的就业偏离度较高，均值为 2.7382，且具有上升的趋势，说明我国农村还存在大量剩余劳动力。第二产业结构偏离度长期稳定在 0.5 左右，说明第二产业吸收就业能力较弱，原因可能如第八章说明的，资本密集型和技术密集型行业占主导。第三产业就业人数的比重一直在提高，从 1978 年的 12.2% 提高到超过 30%，而产值比重也从 20% 左右提高到超过 40%，所以就业结构偏离度从 1978 年的 0.510 上升到了 2007 年的 0.808。我国“三农”问题和城乡收入分配差距的症结正在于农村大量剩余劳动力的存在，要解决“三农”问题，缓解城乡收入分配差距拉大的问题，必须将大量农村剩余劳动力转移到城市。

二　农村剩余劳动力转移与经济增长率

GDP 增长率与就业增长率之间的关系如下所示。

就业增长率 = 名义 GDP 增长率 × 工资份额/工资率

假设工资总量在 GDP 中的比重不变，工资率不变，则就业增长率取决于名义 GDP 的增长率，这种名义 GDP 增长率与就业增长率的关系，对发展中国家货币化过程中农村劳动力的转移是极为重要的。我国目前仍然是一个存在着二元经济结构的发展中国家，有 50% 左右的人口生活在农村，目前我国第一产业就业的比重接近 35%，高于发达国家处于人均 6000 美元时所占的比重。

我们借助日本和亚洲其他国家与地区高速增长时期的经验数据来说明这一问题。日本是发达国家中农业劳动力转移速度最快的国家。1950 ~ 1975 年是日本农业劳动力转移最快的时期。在这一时期，日本农业劳动力的比重从 46.98% 降为 13.83%，下降了 33.15 个百分点。与这种劳动力的大规模转移密切联系的名义 GDP 增长率为，1950 ~ 1975 年，日本的国民生产总值从 3.94 万亿日元增加到 148 万亿日元，增长了约 37 倍，最高一年的增长率达到 40.31%。韩国是二战后世界上农业劳动力转移速度较快的国家之一，1965 ~ 1980 年是其历史上农业劳动力转移最快的一段时期。其间，韩国的经济一直保持着较快增长，名义 GDP 从 7980 亿韩元增长到 380000 亿韩元，增长了 46.6 倍，年均增长约 29.3%，增长速度最快的一年几乎达到了 40%。正是这种高经济增长速度，使韩国的农业剩余劳力在这一期间得以迅速转移，第一产业就业比重从 1965 年的 58.46% 下降到 1980 年的 34.01%。中国台湾地区在其劳动力转移最快的 1966 ~ 1980 年，第一产业的就业比重从 43.44% 下降到 19.50%，15 年下降了近 24 个百分点，名义 GDP 增长率平均高达 17.83%。这些数据表明，就业量的增长或农村劳动力的转移与名义 GDP 的增长呈正相关。

图 9 - 4 揭示了 1984 ~ 2011 年我国名义 GDP 增长率与第一产业就业比重下降速度之间的变动关系，它也表明了两者的相关性在我国是非常明显的。1992 ~ 1996 年是我国经济的高增长时期，平均年增长率达到 25.88%，在这段时间内农业人口的转移的速度也较快，年均转移劳动力 1428 万人，第一产业就业比重年均下降 1.84%；在 1997 ~ 2002 年名义 GDP 增长率受东南亚金融危机影响而下降期间，从第一产业转移出来的劳动力数量大幅度减少；2002 ~ 2007 年，随着名义 GDP 增长率的再次提高，第一产业就

业比重下降速度又开始提高，之后随着名义 GDP 增长率受国际金融危机的影响而下降，劳动力转移速度大大减慢。

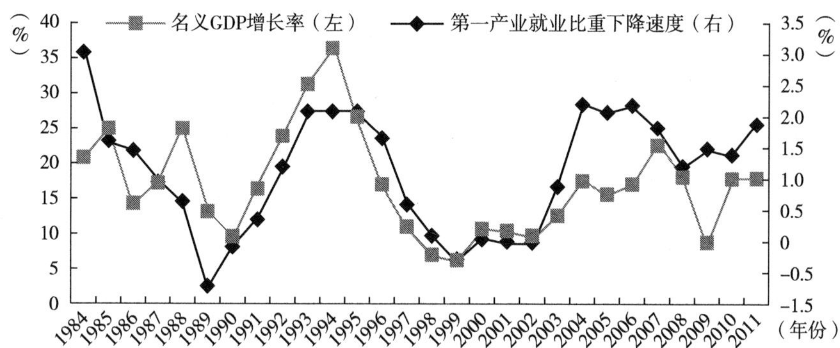

图 9－4　1984～2010 年我国名义 GDP 增长率与第一产业就业比重下降速度

资料来源：根据历年《中国统计年鉴》计算。

1980 年至今，我国第一产业就业比重平均每年下降 0.93%，而日本、韩国和中国台湾地区在工业化的高速增长时期，第一产业就业比重平均每年下降 1.7% 左右，与我国 1992～1996 年农业劳动力转移最快的时期大体相当。根据我们的测算，目前我国农业劳动力转移速度如果达到这些国家和地区每年下降 1.7% 的速度，名义 GDP 增长率必须超过 17%。

就目前我国所达到的技术水平来讲，加快工业化和城市化的速度是完全没有问题的，我国当前的首要任务就是通过进一步的货币化来加速农村的工业化和城市化。我们列举上面的数据，一方面表明了名义 GDP 增长率和农村劳动力转移的关系；另一方面表明了在我国目前的技术水平已经远远超过日本和韩国工业化初期的技术水平条件下，农村劳动力转移的速度完全可能达到和超过日本与韩国的水平，如达到 1992～1996 年我国农村劳动力的转移速度。

就当前我国经济出现的问题来讲，所有的问题都联系到这种二元经济的货币化过程。在我国目前农村人口依然为 50% 左右水平的情况下，名义 GDP 增长率的下降将大大减慢我国的货币化和城市化进程。名义 GDP 的增长率直接联系到特定的货币金融体系及其稳定状态，例如，8% 的 GDP 增长率与 15% 的 GDP 增长率所要求的货币金融体系是完全不同的。如果低于 8% 的 GDP 增长率长期维持下去，将对以后恢复高速增长带来很大的困难。另外，我国的货币金融体系正在建立过程中，这种货币金融体系的完善也必须以我国经济的货币化和农村的城市化为目标。

就当前我国经济的货币化和城市化进程来讲，名义 GDP 的增长率必须提高，因为我们必须加快农村剩余劳动力转移和城市化速度。如果按照 8% 的增长率测算，到 2020 年我国依然要有 40% 的农村人口。这种情况会对经济社会发展带来很大问题。在农村存在几亿剩余劳动力的条件下，无论采取怎样的政策，工资率都很难上升，而且不能建立统一的劳动力市场，GDP 增长率的提高只能造成城乡差别的继续扩大，农村人口不可能不涌入城市，这不仅会造成农业生产的萎缩，而且使城市能为农村劳动力提供的就业机会只是低层次的劳动服务业。这既会使我国的产业结构无法调整，又必将造成严重的社会问题。怎么可以想象到 2020 年我国农村还存在几亿过剩的劳动力，在城市的收入水平成倍提高的条件下，他们还可以在农村安心生活，农业生产、农村的教育和医疗问题如何解决？亚洲国家和地区的发展经验证明，只有加速农村劳动力的转移和提高城市化水平，才能保持社会的稳定。拉美国家所产生的问题就在于不能保持持续的高速增长和工业化进程，使农村人口大量流入城市，造成严重的社会问题。

就解决当前我国经济中存在的问题而言，显然，扩大货币供应量和提高名义 GDP 的增长率比紧缩政策要更容易，它们不仅易于调节利益矛盾，而且更有利于货币金融体系的改革，更重要的是，与我国的货币化进程相一致。反过来讲，在低于 8% 名义 GDP 增长率的条件下，当前我国经济中的这些问题是难以解决的，其留给政策调节的空间太小了。

三　工资的行业结构、行业就业弹性差异与农村劳动力转移

与总量问题相比，当前我国经济中存在的结构问题是更为严重的。高速增长时期积累的存量资产值没能在经济调整时得到充分、有效的调整，造成目前我国的产业结构和收入分配存在着严重扭曲，其导致的严重后果是就业弹性大幅度下降。按照前面提及的“货币量值的生产函数”，当名义 GDP 增长率不变时，就业量取决于工资在国民收入中的比重和工资率，而我国自 1997 年以来，在工资占 GDP 比重下降的同时，许多行业的工资率大幅度上升。

就业弹性的下降产生于工资总量在 GDP 中的比重下降，这是因为

1998年以来资本密集型的高档消费品部门和生产资料部门快速增长，此外，在工资总量下降的同时，快速增长的高档消费品部门的工资率急剧上升，而能够大量吸收劳动力的基本消费品部门的工资率持续萎缩。劳动服务业部门实际上起到了接收失业职工的作用，否则失业率会大幅度上升，但是劳动服务业部门就业的增长是以工资总量的下降为代价的，同时，劳动服务业中为高收入阶层服务部分的发展必须以收入分配差距的扩大为前提。因此，劳动服务业就业的增加在长期将会进一步增加失业，这是一个恶性循环。

我国不同行业的平均工资增长率差异较大（见表9－7），特别是1996年之后，增值率的差异进一步加大。农、林、牧、渔业一直处在增长速度较慢的行列，而电力、燃气及水的生产和供应，金融，以及房地产等垄断行业则一直处于工资增长较快的行列。低工资的行业工资增长慢，高工资的行业工资增长快，这样就形成了我国行业之间工资差距不断扩大的现状。同时，工资率上涨不均衡还导致各行业劳动力－工资比差距拉大。我们用某一行业的就业人数除以此行业工资总额来表示该行业的劳动力－工资比，其值反映的是支付一定的工资所能雇用劳动者的数量。我国近年来工资率较低且增长较慢的行业所能解决的就业人数要远远多于工资率较高且增长较快的行业。同时，工资率较低且增长较慢的行业往往是基本消费品部门，而工资率较高且增长较快的行业则是高档消费品部门。

表9－7　1991～2006年中国主要行业平均工资增长率

单位:%

年份	农、林、牧、渔业	采矿业	制造业	电力、燃气及水的生产和供应业	建筑业	交通、运输、仓储和邮电通信业	金融业	房地产业
1991	7.2	8.2	10.4	10.0	11.1	10.7	7.5	11.8
1992	10.7	9.1	15.1	16.1	15.7	15.9	25.5	23.9
1993	11.7	15.6	27.1	27.3	23.3	37.2	32.2	39.1
1994	38.1	26.1	27.9	42.5	29.5	33.2	79.5	45.6
1995	24.9	23.0	20.7	27.4	18.2	22.1	9.9	16.6
1996	15.0	12.6	9.2	12.4	8.0	13.3	14.0	13.7
1997	6.4	5.4	5.2	9.4	6.5	9.3	15.8	10.2

续表

年份	农、林、牧、渔业	采矿业	制造业	电力、燃气及水的生产和供应业	建筑业	交通、运输、仓储和邮电通信业	金融业	房地产业
1998	5.0	6.0	19.1	8.6	12.0	14.0	9.2	12.1
1999	6.7	3.9	10.3	9.9	7.1	12.1	13.3	11.7
2000	7.3	10.9	12.3	11.4	9.4	12.1	11.9	9.7
2001	10.7	14.9	11.7	13.7	8.6	15.0	20.8	11.7
2002	11.4	14.9	12.6	12.7	8.4	13.2	17.6	10.0
2003	8.9	24.2	13.6	14.1	11.7	-0.4	17.4	10.8
2004	9.2	23.3	12.3	16.3	11.3	15.1	20.1	8.9
2005	9.2	22.2	12.3	15.0	12.3	16.2	19.4	10.0
2006	13.5	18.0	14.0	14.7	14.4	15.3	21.9	9.7

资料来源：根据历年《中国统计年鉴》数据计算。由于2003年前后《中国统计年鉴》对我国行业的划分有区别，为了统计口径的统一，这里选用没有差别的8个行业的平均工资进行计算。

收入结构的扭曲使收入分配的差距持续扩大，这导致了就业增长率的大幅度下降。自1997年经济衰退以来，在名义GDP增长率下降的同时，我国的就业弹性呈下降趋势，我国城镇登记失业率一直呈上升的趋势。重述以前的数字，1997～2003年，虽然我国GDP的平均增长速度超过了8%，但是，第一产业就业人口的比重只下降了0.8%，这远低于1992～1996年农村劳动力转移的速度。2004年我国总体就业弹性仅为0.08，现在下降到0.04，按这个弹性计算，GDP增长1个百分点只能带动0.04个百分点的就业增长，大约是300万人。按照这样的就业弹性，即使名义GDP增长率达到15%，也只能吸纳900万人左右就业，这个数字只相当于城镇新增的劳动力人数，这显然与加快农村劳动力转移的目标不相适应。

从总体就业弹性看，农村劳动力转移实际上并没有完全揭示农村剩余劳动力转移的困难。在我国，劳动力市场是一个分割的市场，按照皮奥利的二元劳动力市场的分类，我国存在着一级市场和二级市场的分割：一级劳动力市场，也被称为主要劳动力市场，具有工资高、管理过程规范、升迁机会多、工作条件好、就业稳定、安全性好等特征；二级劳动力市场则在薪酬、工作环境、就业稳定性、管理的人性化、职业发展机会等方面，都无法与一级劳动力市场相提并论，并且人员流动在这两个相互隔离的劳动力市场之间比较小。这造成转移出来的农村剩余劳动力与城镇就业人员获得工作岗位存在偏异。显然，从农村转移出来的剩余劳动力就业人员集中到了二级劳动力市场，他们主要就业的行业为大农业（农、林、牧、渔业）、制造业、建筑业、住宿和餐饮业、批发和零售业等；而城镇就业人员主要进入党政机关、事业单位、科研机构，以及教育、文化、卫生及公共服务业，电力、燃气及水的生产和供应业，金融业，以及房地产业等行业。

按照劳动力市场的这种划分，我们按照这两类就业人员更偏向于从事工作的行业汇总 GDP，可得到城镇就业人员所在主要行业的 GDP（记为 GDP_u），以及从农村转移出来的剩余劳动力就业人员所在主要行业的 GDP（记为 GDP_r）。记城镇地区生产总值增长率为 $GGDP_u$，农村地区生产总值增长率为 $GGDP_r$，同期城镇和农村地区就业增长率分别为 GL_u、GL_r。分别计算 GDP_u、GDP_r 在 1979～2006 年就业弹性 e_u 和 e_r，结果见表 9－8。

表 9－8　1979～2006 年城镇和农村 GDP 增长率、就业增长率、就业弹性比较

年份	$GGDP_u$	$GGDP_r$	GL_u	GL_r	e_u	e_r
1979	0.097	0.141	0.051	0.013	0.523	0.089
1980	0.138	0.090	0.053	0.026	0.380	0.291
1981	0.110	0.136	0.050	0.026	0.455	0.194
1982	0.090	0.086	0.034	0.037	0.377	0.426
1983	0.114	0.129	0.028	0.024	0.245	0.188
1984	0.195	0.228	0.041	0.037	0.211	0.162
1985	0.238	0.269	0.047	0.037	0.199	0.113
1986	0.167	0.103	0.038	0.025	0.226	0.243
1987	0.163	0.188	0.037	0.027	0.226	0.141
1988	0.250	0.224	0.035	0.027	0.141	0.112
1989	0.171	0.072	0.009	0.022	0.051	0.303
1991	0.178	0.150	0.025	0.007	0.140	0.044
1992	0.268	0.186	0.023	0.006	0.085	0.030
1993	0.354	0.241	0.022	0.005	0.063	0.022

续表

年份	$GGDP_u$	$GGDP_r$	GL_u	GL_r	e_u	e_r
1994	0. 367	0. 358	0. 021	0. 005	0. 058	0. 015
1995	0. 259	0. 265	0. 021	0. 005	0. 080	0. 017
1996	0. 176	0. 162	0. 046	0. 000	0. 264	0. 000
1997	0. 134	0. 063	0. 043	0. 000	0. 321	0. 004
1998	0. 075	0. 057	0. 040	0. 000	0. 538	-0. 006
1999	0. 079	0. 030	0. 037	-0. 001	0. 469	-0. 027
2000	0. 134	0. 048	0. 033	-0. 001	0. 247	-0. 021
2001	0. 116	0. 079	0. 034	0. 003	0. 293	0. 039
2002	0. 107	0. 075	0. 035	-0. 003	0. 329	-0. 034
2003	0. 141	0. 098	0. 035	-0. 003	0. 245	-0. 035
2004	0. 176	0. 180	0. 033	-0. 001	0. 186	-0. 008
2005	0. 186	0. 041	0. 032	-0. 005	0. 174	-0. 115
2006	0. 178	0. 099	0. 037	-0. 009	0. 206	-0. 089

资料来源：根据历年《中国统计年鉴》计算。

表9-8的结果清晰地表明，农村剩余劳动力转移出来的就业人员与城镇就业人员所偏向行业的就业增长和经济增长之间显现了非常不一致的趋势。e_u 在1979~1981年分别为0.523、0.380、0.455、0.377，这一水平与一般发达国家的就业弹性差不多。而后就业弹性在波动中下降，但在1998年、1999年重新上升到了0.538、0.469。1979~2006年该类就业弹性的均值为0.249，e_r 的均值仅仅为0.078，低于全国总体就业弹性的均值0.139，更远远低于 e_u。特别是近年来，e_r 的值降到负值，也就意味着这些行业的经济增长不但不能吸收就业，而且会从这些行业中“漏出”劳动力。农村剩余劳动力转移到这些劳动力二级市场对应行业的难度越来越大，速度越来越慢，更不要说劳动力一级市场对应的行业。其重要原因是高增长形成的严重结构问题，即产业结构和与之相联系的收入分配结构，两者相互作用导致了严重的结构扭曲。

第三节　工资水平和差异与收入分配结构

一个国家或地区经济发展中产业结构的变动取决于商品需求结构的变动，产业结构的变动、调整总是受商品需求结构所驱动，且产业结构的均衡与非均衡主要就是商品供给（成本结构）、需求（收入结构）之间的均衡与非均衡。消费需求是可支配收入的函数，消费需求结构取决于收入分配结构。工资收入是可支配收入的核心构成，需求结构的变动很大程度上取决于工资水平和结构的变动。所以，工资水平及其差异、商品需求结构、产业结构之间存在着一种相互传导和影响的内在关系链。工资水平及其差异通过对商品需求结构的作用，使商品的供给结构发生变动，进而影响经济结构的均衡与非均衡。

一　我国收入分配结构的国际比较

2007 年我国收入分配结构与世界其他国家相比，劳动报酬占 GDP 的比重偏低。图 9－5 显示，2007 年我国劳动报酬占 GDP 的比重为 39.7%，而同期美国劳动报酬占比为 56.1%，英国为 53.2%，瑞士为 62.4%，德国为 48.6%，南非为 68.3%，韩国为 46.1%，俄罗斯为 44.6%，巴西为 40.9%，低于所有发达国家的水平，高于印度的比重（28.1%）。

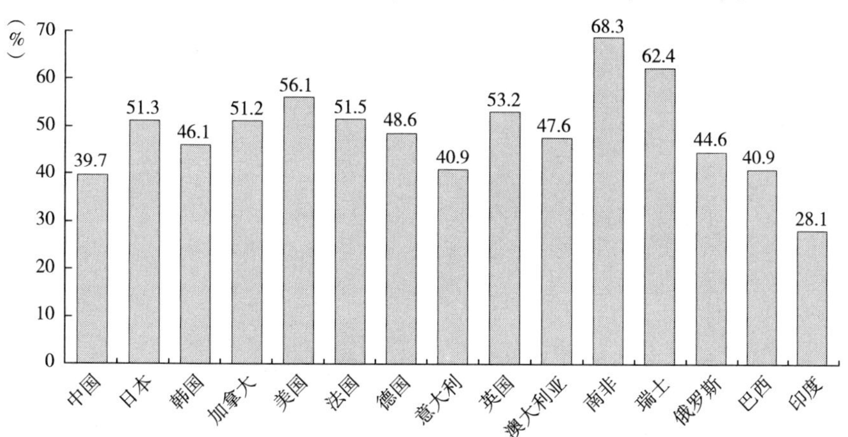

图 9－5　2007 年世界主要国家劳动报酬占 GDP 的比重

资料来源：http：/devdata. worldbank. org/dataonline/。

为了判断我国收入分配结构是否合理，需要有一定的参照系。结合中国经济增长的阶段和特点，这里选择两类国家作为参照系：一类是工业化和城市化与中国处于相似阶段的发达国家；另一类是新兴工业化国家。

在第一类参照系中，我们选取了1850～1920年的英国，1850～1925年的美国，1900～1980年的日本，1920～1980年的加拿大，这些国家在不同时间段的产业结构与城市化水平变动与我国1978～2007年的变化比较接近（见表9－10），具有一定的可比性。例如，1850年，美国三次产业占GDP的比重分别为44.6%、24.2%和31.3%，1925年下降为11.2%、41.3%和47.5%，与中国2007年的经济结构比较接近；1860年美国城镇化率为20%，到1920年升为51.2%，其变化也类似于中国1978～2007年的情况。

表9－9　部分发达国家三次产业比重与城市化率的历史变动*

单位：%

国　家	英　国	美　国	日　本	加拿大	中　国
时　　间	1850～1920年	1850～1925年	1900～1980年	1920～1980年	1978～2007年
第一产业	19.3～4.2	44.6～11.2	39.0～11.9	24.5～9.7	28.1～11.3
第二产业	36.4～53.2	24.2～41.3	61.0** ～45.3	42.4～54.6	48.2～48.6
第三产业	44.3～42.6	31.2～47.5	61.0** ～42.8	33.1～35.7	23.7～40.1
城 市 化	50～77	20～51	18～77	45～83	20～45

注：＊数据时间与表中的时间有细微出入。＊＊为第二、第三产业合计。

资料来源：http：/devdata. worldbank. org/dataonline/。

我国劳动报酬占GDP的比重（工资收入份额）1990年为53.4%，1995年为52.8%，2000年为51.4%，2006年为40.6%，2007年为39.7%。1997～2007年我国工资收入份额从53.4%下降到39.7%，下降了13.7个百分点。而政府和企业的收入占比则分别从17.1%和13.6%上升到24.1%和18.4%，分别上升了7个和4.8个百分点。这种状况可能与收入分配的“三方面倾斜”（向非劳动者倾斜、向政府部门倾斜、向垄断性行业倾斜）有关，正是这种收入分配政策，造成了当前初次分配中“强资本、弱劳动”趋势不断强化，以及劳动在各种生产要素中的地位不断下降。

与处于相似发展阶段的发达国家相比，我国工资收入份额远远低于发达国家在指定阶段的工资收入份额（见表 9－10）。如 1925 年，美国工资收入份额高达 73.9%，是中国 2007 年的近两倍。在工业化、城镇化的过程中，发达国家的工资收入份额维持在较高水平，如 1850～1950 年的美国、1850～1900 年的英国，特别是美国的平均工资收入份额高达 73%；有些国家的工资收入份额处于逐步上升的状态，如 1930～1980 年的日本（个别时间有所下降）。从中外工资收入份额之差的波动情况看，工资收入份额之差也相对稳定。平均而言，中国工资收入份额是美国的 55%、日本的 68%、英国的 73%、加拿大的 85%。

表 9－10　中国与相似发展阶段发达国家的工资收入份额的比较

单位：%

国　家	时间 1	时间 2	时间 3	时间 4	时间 5	时间 6	时间 7
美　国	78.1	78.7	76.5	75.5	77.7	76.0	73.9
英　国	57.8	55.6	53.3	58.7	58.4	56.0	66.6
日　本	68.2	67.3	55.0	57.6	58.0	67.1	65.0
加拿大	45.9	48.0	47.8	48.9	51.5	52.7	55.3
中　国	40.1	41.3	41.4	43.5	45.6	44.4	40.2
中美之差	－38.0	－37.4	－35.1	－32.0	－32.1	－31.6	－33.7
中英之差	－17.7	－14.3	－11.9	－15.2	－12.8	－11.6	－26.4
中日之差	－28.1	－26.0	－13.6	－14.1	－12.4	－22.7	－24.8
中加之差	－5.8	－6.7	－6.4	－5.4	－5.9	－8.3	－15.1

注：美国数据的时间分别为 1860 年、1870 年、1880 年、1890 年、1900 年、1910 年、1920 年，英国分别为 1856 年、1860 年、1973 年、1890 年、1900 年、1913 年、1924 年，日本分别为 1900 年、1910 年、1920 年、1930 年、1950 年、1955 年、1960 年，加拿大分别为 1926 年、1935 年、1950 年、1955 年、1960 年、1965 年、1970 年，中国分别为 1978 年、1980 年、1985 年、1990 年、1995 年、2000 年、2005 年。

从第二类参照系来看，我国工资收入份额也远远低于新兴工业化国家雇员的工资收入份额（见表 9－11）。1983 年，我国雇员的工资收入份额为 20%，西班牙为 50%，韩国为 40%，分别是中国的 2.5 倍和 2 倍。从变动趋势来看，随着经济和社会的发展，工业和服务业逐渐兴起，1983～1993 年，我国雇员的工资收入份额上升明显，之后则处于稳定状态，围绕在 34% 波动。而新兴工业化国家的工资收入份额或者呈现缓慢上升态势，或者保持在较高水平，导致中国与新兴国家的工资收入份额存在长期、明显的差距。到2004年，虽然中国的工资收入份额约为36%，但与新兴工业化国家的差距仍然普遍超过10个百分点。

表9-11　中国与新兴工业化国家雇员工资收入份额的比较

单位:%

时　间	巴　西	俄罗斯	西班牙*	韩　国*	中　国*
1990	—	48.76	51.32	39.60	20.10
1991	—	43.67	45.76	39.54	22.20
1992	49.38	36.72	46.30	45.82	24.40
1994	45.30	49.28	46.25	47.47	28.40
1996	43.20	51.77	44.85	46.33	34.10
1998	43.30	52.87	46.25	47.92	35.10
2000	42.48	44.96	49.53	42.83	35.80
2002	46.23	51.89	48.79	46.78	36.70
2003	45.68	52.51	48.51	47.59	34.50
2004	45.81	51.66	48.00	44.30	35.60
均值	44.70	48.42	47.46	45.61	31.36

注：*各国数据时间存在细微差异。西班牙和韩国为1980年、1985年、1990~1997年和2000~2004年的数据，中国为1983~1997年及1998~2004年的数据。

二　我国工资收入份额低的原因

我国工资收入份额偏低的原因有很多，除了前面章节提高的经济高速增长中逐渐积累的过高资产值、产业结构资本技术密集倾向等原因外，从劳动力市场看，主要根源于以下几个方面。

1. 工资基数低，增长缓慢

与世界其他国家相比，我国的工资水平比较低。以2006年制造业的年平均工资水平为例，我国的平均工资水平为2300美元，只相当于英国的1/17。过低的工资水平，造成工资数额占GDP的比重一直较低。2006年，我国GDP为210871亿元，工资总额为23266亿元，工资总额仅占GDP的11%，而西方发达国家工资收入占GDP的50%~60%。

表 9-12　部分国家制造业雇员年平均工资及指数

单位：美元

国　家	加拿大（2006年）	韩国（2006年）	新加坡（2006年）	美国（2002年）	德国（2006年）	日本（2003年）	英国（2003年）	中国（2006年）
年平均工资	34113	29158	25265	29376	35237	33221	39188	2300
指数（中国=1）	15	13	11	13	15	14	17	1

注：各国工资按当年汇率折算成美元计算。年工资 = 小时工资 ×8 小时 ×5 天 ×4 周 ×12 个月。

资料来源：根据国家统计局国际统计数据计算整理。

我国工资不仅基数低，而且增长速度缓慢。从表 9-13 与图 9-6 中的比较可以看出，我国工资总额的增长速度从 1996 年开始，就远远落后于财政收入总额的增长速度，工人没有同步分享到经济增长的成果。2008 年、2009 年受国际金融危机影响，工资总额增长率略高于财政收入总额增长率，但主要是因为经济衰退降低了财政收入增长率，而不是工资总额增速加快，可以看出，这两年工资总额增长率出现了下降。

表 9-13　1990～2011 年我国工资总额与财政收入总额及其增长率

单位：亿元，%

年　份	工资总额	工资总额增长率	财政收入总额	财政收入总额增长率
1990	2951.1	12.70	2937.1	10.21
1991	3323.9	12.63	3149.48	7.23
1992	3939.2	18.51	3483.37	10.60
1993	4916.2	24.80	4348.95	24.85
1994	6656.4	35.40	5218.10	19.99
1995	8055.8	21.02	6242.20	19.63
1996	8964.4	11.28	7407.99	18.68
1997	9602.4	7.12	8651.14	16.78
1998	9540.2	-0.65	9875.95	14.16
1999	10155.9	6.45	11444.08	15.88
2000	10954.7	7.87	13395.23	17.05
2001	12205.4	11.42	16386.04	22.33
2002	13638.1	11.74	18903.64	15.36

续表

年份	工资总额	工资总额增长率	财政收入总额	财政收入总额增长率
2003	15329.6	12.40	21715.25	14.87
2004	17615	14.91	26396.47	21.56
2005	20627.1	17.10	31649.29	19.90
2006	24262.3	17.62	38760.20	22.47
2007	29471.5	21.47	51321.78	32.41
2008	35289.5	19.74	61330.35	19.50
2009	40288.2	14.16	68518.30	11.72
2010	47269.9	17.33	83101.51	21.28
2011	59954.7	26.83	103874.40	25.00

资料来源：根据历年《中国统计年鉴》计算。

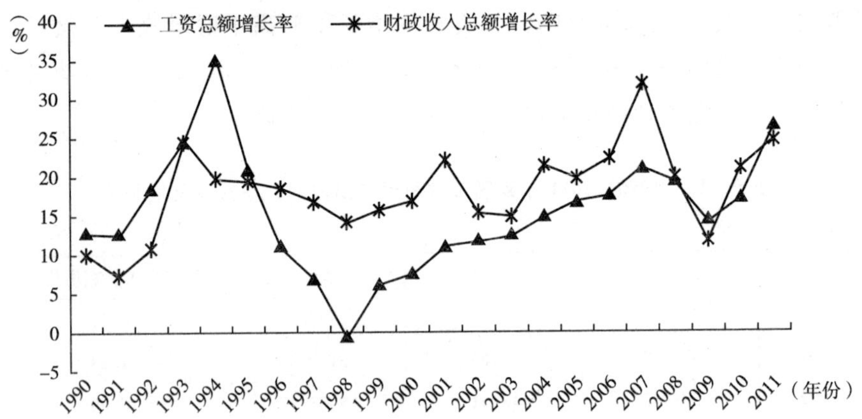

图 9-6　1990~2011 年我国工资总额增长率与财政收入总额增长率的对比

资料来源：根据历年《中国统计年鉴》计算。

图 9-7 描绘了我国工资总额增长率与名义 GDP 增长率之间变动的比较，1991~1998 年，我国工资总额增长率落后于名义 GDP 增长率，东南亚金融危机到 2008 年国际金融危机的这段时间，工资总额增长率曲线与名义 GDP 增长率曲线相互交错。之后，经济增长速度降低，工资总额增长率超过了名义 GDP 增长率。2008 年之后的这种情况是趋势的改变还是仅仅受经济衰退影响的暂时现象，尚有待进一步确认。

2. 不同产业和行业工资收入份额差异的结构化影响

不同产业和行业结构性的工资收入份额差异是造成工资收入份额整体

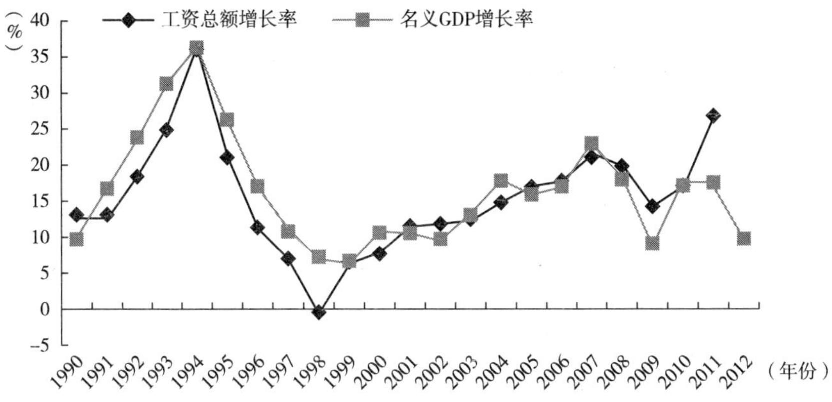

图 9-7　1990~2012 年我国工资总额增长率与名义 GDP 增长率

资料来源：根据历年《中国统计年鉴》计算。

差异的原因之一。表 9-13 对我国和美国相似发展阶段分产业和行业的工资收入份额进行了比较。通过中美产业和行业工资收入份额的比较，我们可以具体剖析中美工资收入份额差异的来源。表 9-13 说明，不同产业在中美工资收入份额的差异中起着不同的作用，农业有助于缩小差异，建筑业与公共事业则起到中性作用，制造业和零售业明显扩大了差异。中美工资收入份额较接近的部门都是产值比重较小的部门，如农业、建筑业和公共事业在美国与中国的比重之和都是 21%；而那些工资收入份额差异较大的部门的产值比例都较高，如制造业、零售业、运输业的比例总和在美国和中国均超过 70%。因此，中美工资收入份额差异较人产业的高产值比重是导致中美工资收入份额差异的主要原因。

表 9-14　中国和美国相似发展阶段分产业和行业的工资收入份额比较

单位:%，个百分点

国家	年份	农业	建筑业	制造业	零售业	运输业	公共事业
美国	1929	17	67	74	70	73	54
美国	1935	13	71	83	73	80	54
美国	1941	16	73	69	62	72	54
美国	1947	17	73	76	63	84	70
美国	1953	21	77	71	67	82	60
均　值		17	72	75	67	78	58
中国	1978	54	63	27	45	32	59
中国	1987	53	69	31	44	37	59

续表

项目	年份	农业	建筑业	制造业	零售业	运输业	公共事业
中国	1995	55	62	39	53	48	60
中国	2000	57	63	41	51	45	58
中国	2004	55	61	33	3	31	58
均　值		55	64	34	45	39	59
中美工资收入份额之差		38	-8	-41	-22	-39	1
产值比重	美国（1929）	11	6	44	23	8	4
	中国（2004）	13	5	41	19	14	3

资料来源：根据历年《中国统计年鉴》计算。

3. 非正规就业数量的增加

一方面，由于就业弹性逐渐降低，我国城镇正规就业部门吸收劳动力的能力逐渐降低，个别行业甚至出现了劳动力的“输出”；另一方面，农村大量剩余劳动力向城市转移，越来越多的劳动力在非正规就业部门工作，特别是1990年中期以后，尤其是1998年国有企业改革步伐加快后，中国经历了恐怕是迄今为止世界上规模最大的裁员。1998～2002年，国有单位就业量净减少4051万人，集体单位就业量净减少2163万人，在短短5年左右的时间内，城镇部门就有大约6000万人丢掉了工作。中国的劳动力市场改革使大批正规就业岗位被摧毁，新增就业一般说来缺乏最基本的劳动力市场保护，劳动力市场出现非正规化趋势。因此，随着城镇就业人数的增加，在正规部门就业的人数比例逐渐降低（见图9-8）。非正规部门的工资水平一般低于正规部门的工资水平，这是工资收入份额降低的另一个原因。

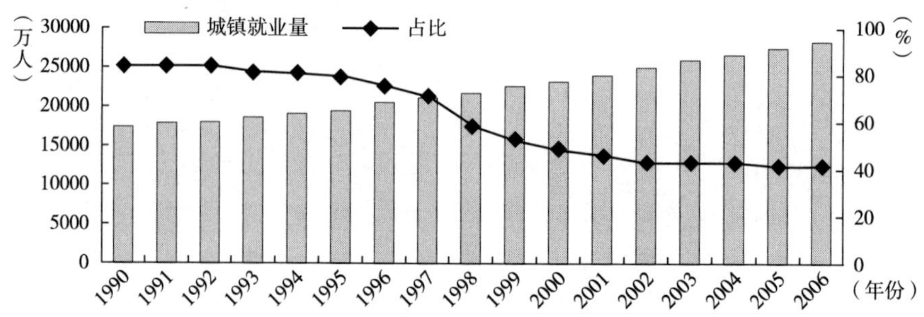

图9-8　我国城镇就业量及其占比变化

资料来源：根据历年《中国统计年鉴》计算。

三　劳动生产率、实际工资增长速度与收入结构和成本结构

当劳动生产率和实际工资增长速度保持一致时，收入结构和成本结构会维持在均衡状态，经济能够保持稳定均衡的增长。如果实际工资增长速度慢于劳动生产率的增长速度，收入结构和成本结构会随着经济增长而逐渐失衡，最终由经济衰退对相关结构进行调整。

图 9－9 反映了 1978～2007 年非农产业劳动生产率和职工平均实际工资的变化情况，图 9－10 和图 9－11 分别显示了第二产业和第三产业劳动生产率和职工平均实际工资的变化情况。从三个图中的变动路径可以看出，非农产业劳动生产率的增长速度远远快于职工实际工资的增长速度。

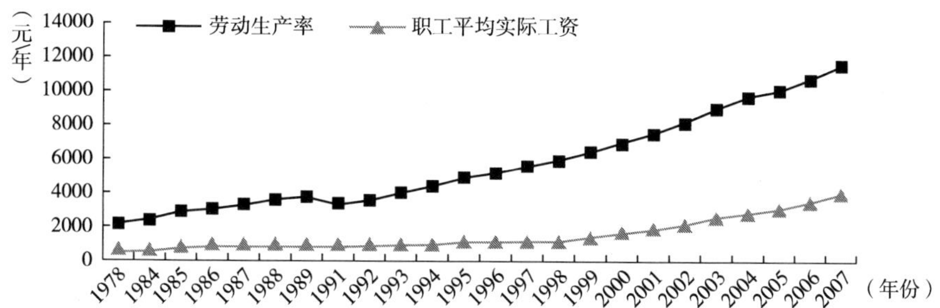

图 9－9　1978～2007 年非农产业劳动生产率和职工平均实际工资的变化

注：以 1978 年价格为基准。

资料来源：根据历年《中国统计年鉴》计算。

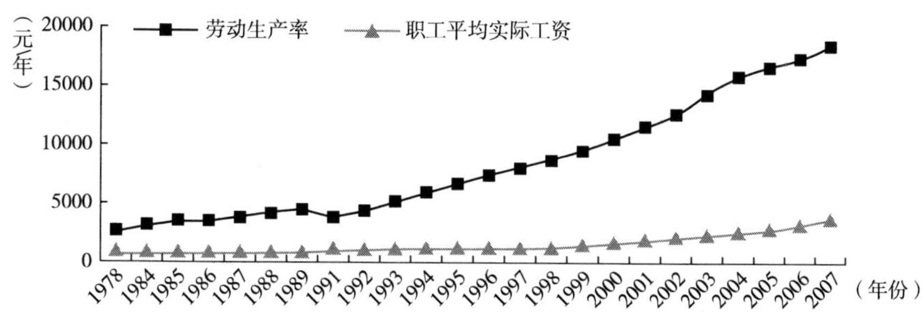

图 9－10　1978～2007 年第二产业劳动生产率和职工平均实际工资的变化

注：以 1978 年价格为基准。

资料来源：根据历年《中国统计年鉴》计算。

职工平均实际工资和劳动生产率变动不一致反映在单位劳动成本的变动上。单位劳动成本是指工资率和劳动生产率的比值，它是一个衡量劳动

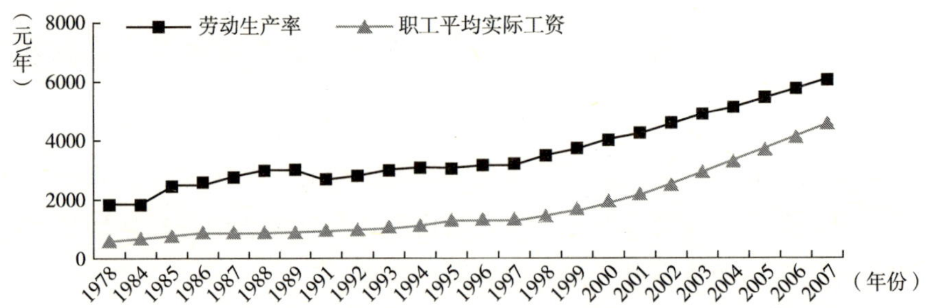

图 9－11　1978～2007 年第三产业劳动生产率和职工平均实际工资的变化

注：以 1978 年价格为基准。

资料来源：根据历年《中国统计年鉴》计算。

实际成本的指标。该指标的变动直接影响到企业的成本结构和居民的收入结构。

图 9－12 反映了第二产业单位劳动成本的变动。从图 9－12 中可以看出，在 1991～1998 年经济高度增长这段时间，第二产业单位劳动成本变动一直在下降，从 1991 年的 0.25 下降到 1998 年的 0.15，下降了 10 个点，之后稳定下来，并有小幅度增长。

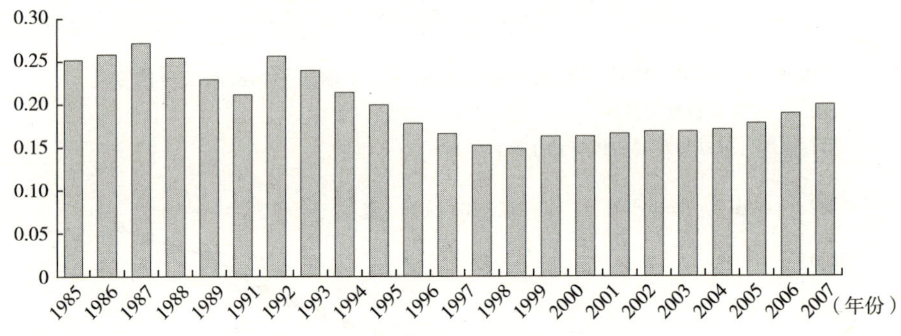

图 9－12　第二产业单位劳动成本变动

注：以 1978 年价格为基准。

资料来源：根据历年《中国统计年鉴》计算。

图 9－13 给出了我国全部国有及规模以上非国有工业企业的劳动生产率与工资对比，企业层面的数据与产业层面的情况基本相同，全部国有及规模以上非国有工业企业的劳动生产率增长远远高于工资的增长，从而造成这些企业单位劳动成本不断下降。从图 9－14 可以看出，全部国有及规模以上非国有工业企业的单位劳动成本变动基本上处于下降之中。

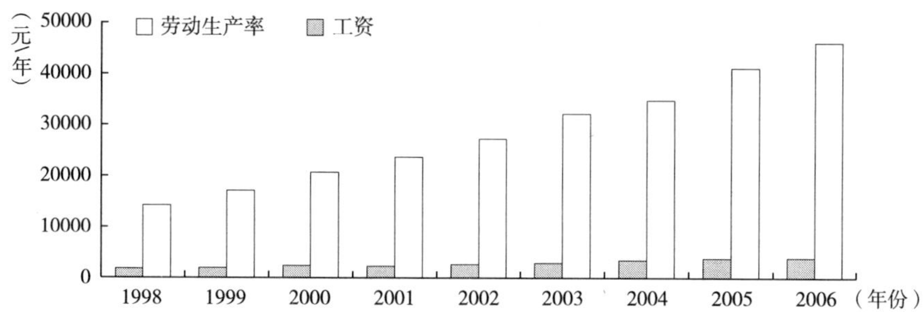

图 9－13　我国全部国有及规模以上非国有工业企业的劳动生产率与工资对比

注：以 1978 年价格为基准。这里的工资为全国工业企业职工实际平均工资，劳动生产率是全部国有及规模以上非国有工业企业的劳动生产率。

资料来源：根据历年《中国统计年鉴》计算。

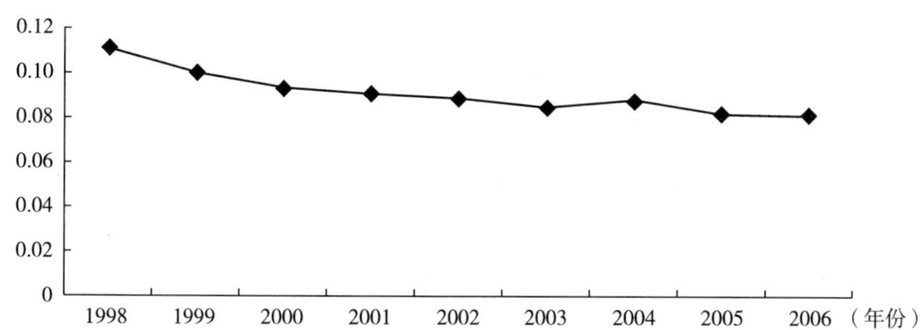

图 9－14　全部国有及规模以上非国有工业企业单位劳动成本变动趋势

资料来源：根据历年《中国统计年鉴》计算。

成本结构的变动直接反映在收入结构的变动，单位劳动成本下降必然带来工资收入份额的下降、利润份额的上升。从图 9－15 可以看出，全部国有及规模以上非国有工业企业利润增长的速度一般情况下大于利润增加值增长的速度，这种状况必然带来收入结构中利润份额的增加和工资份额的减少。

表 9－15 列出了部分国家和地区不同时间段的制造业工人平均劳动成本、制造业工人平均增加值和单位劳动成本。与这些国家（或地区）相比，我国的单位劳动成本很低。这一点从图 9－16 可看得更加清楚、直观。正是我国过低的单位劳动成本，造成了我国较低的工资收入份额和较大的收入分配差距。

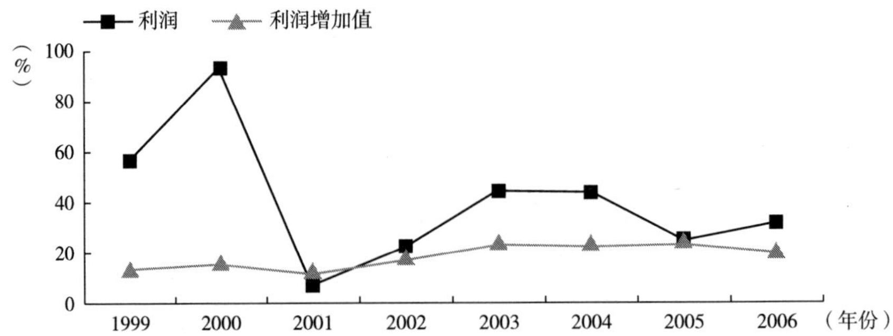

图 9－15　全部国有及规模以上非国有工业企业利润增加值和利润的增长速度

资料来源：根据历年《中国统计年鉴》计算。

表 9－15　部分国家和地区单位劳动成本的变动

国家和地区	制造业工人平均劳动成本（美元/年）		制造业工人平均增加值（美元/年）		单位劳动成本	
	1980～1984 年	1995～1999 年	1980～1984 年	1995～1999 年	1980～1984 年	1995～1999 年
澳大利亚	14749	26087	27801	57857	0.53	0.45
加拿大	17710	28424	36903	60712	0.48	0.47
中国香港	4127	13539	7886	19533	0.52	0.69
德国	15708	33226	34945	79616	0.45	0.42
印度	1035	1192	2108	3118	0.49	0.38
日本	12306	31687	34456	92582	0.36	0.34
韩国	3153	10743	11617	40916	0.27	0.26
新加坡	4856	5576	21534	16442	0.23	0.34
英国	11406	23843	24716	55060	0.46	0.43
美国	19103	28907	47276	81353	0.40	0.36

资料来源：Theworld Bank，*2000 World Development Indicators*。

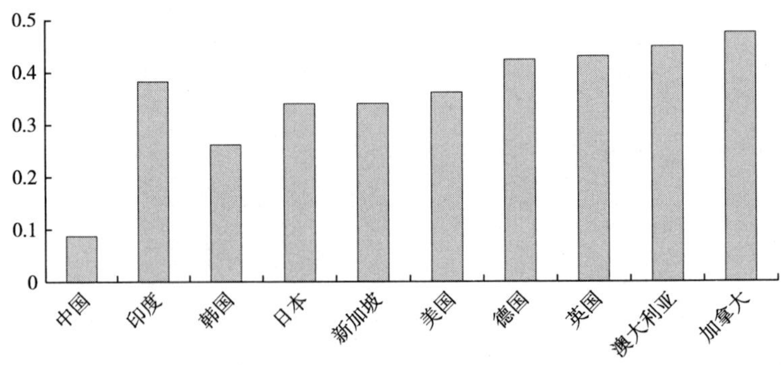

图 9－16　部分国家平均单位劳动成本

第四节　提高工资收入份额的结构性政策

按照存量、流量均衡的结构性有效需求模型，经济增长过程中收入分配结构的失衡是阻碍经济持续增长的罪魁祸首。收入分配结构保持在适当的状态是经济能够稳态增长的必要条件。所以，为了维持中国经济的持续、快速增长，提高工人实际工资水平，调节失衡的收入分配结构是必需的。职工实际工资水平的提高，可以通过消费需求和投资需求的增加扩大中国总需求，使中国依靠国外需求转变为国内需求；使职工有能力进行再教育或再培训，以提升自身素质，从而改变中国低水平劳动力供大于求、高水平劳动力供小于求的不均衡状态——高工资可以激发人们工作的积极性，进而提高生产效率和管理效率。而目前中国职工实际工资水平相对偏低，已经抑制了经济的持续增长。这主要是因为我国劳动力市场不完全，劳动力供求失衡；我国工会组织并未起到应有的宏观分配协调功能；此外，我国社会保障机制还很不完善，这必然限制着我国劳动力市场的形成，制约着我国劳动力市场功能的发挥。因此，完善劳动力市场，促进就业，健全社会保障体系，扩大国内需求；加大对劳动力的素质教育和培训力度，优化中国劳动力就业结构，这些能够提高工资收入份额的政策是结构性政策的范畴。

一　建立保证工资增长的制度安排

二元经济结构中大量剩余劳动力的存在决定了我国劳动力市场“强势资本、弱势劳工”的基本格局，使劳动者在国民收入初次分配中居于不利地位。因此，我国劳动力市场主要存在负向扭曲，即由于劳动力市场不完善或信息不对称，劳动者相对于企业处于弱势地位，收入分配不利于劳动者，劳动者的实际工资收入水平低于劳动的边际生产力所确定的均衡工资水平。由于我国社会保障体系还不健全，市场的激烈竞争使得劳动者未来的收入很不稳定，消费需求具有较大的不确定性，从而导致我国宏观经济运行不稳定，工资对宏观经济运行的调节有效性大打折扣。而要解决我国宏观经济失衡的结构性矛盾，关键在于完善我国劳动力市场和社会保障体系，改变我国当前“强势资本、弱势劳工”的局面，保护处于弱势地位的劳动者，使劳动者的收入能够随着经济的增长而相应增长，扩大国内需求，促进经济持续增长。

1. 规范劳动力市场服务体系的制度

目前，我国各级政府和有关部门已建立了一些职业指导机构和职业信息网络，但还不够规范。因此，完善劳动力市场服务体系的制度规范是维护正常劳动力市场秩序、保障劳动力自由流动及工资正常发挥其调节机制的重要任务。首先，必须进一步建立和完善劳动力市场的信息系统，逐步实现各地区、各层次乃至全国劳动力市场信息网络调控。其次，完善和规范职业培训机制、职业技能鉴定机构的设立许可制度、职业培训机构以及职业技能鉴定的评估制度、职业培训合同制度，统一职业技能鉴定标准，并加强对未经许可擅自从事职业培训和职业技能鉴定的监管和惩处，维护正常的劳动力市场秩序。最后，完善国际人才交流和劳务输出制度。一是要加强国际上专业技术人员的互认制度；二是要鼓励外国专家来华工作，规范对外国专家的聘用管理活动；三是要进一步规范国家统一规划下的劳动力输出机构，建立国内外劳动力供求信息网络，及时向劳动力输出组织传递国际劳动力的供需信息，拓宽我国劳动力的国际市场。

2. 完善保护劳动者权益的制度

劳动力市场信息不对称所产生的逆向选择、机会主义和道德风险等问题，是可以通过劳资双方的不断博弈得到解决的。但这必须具备一些前提条件，比如要有公正的法律、法规和执法体系，劳资双方地位对称，等等。缺乏这些前提条件，单纯依靠双方的博弈实现利益的均衡，需要很长的时间。而在这一长的时期内，处于弱势地位的一方要付出比较大的代价，最终还有可能损害强势一方的合法利益，并使整个社会的福利受到损失。事实上，我国已经制定了一些调整劳资关系、规范劳动力市场秩序的法律法规，但是其效果不尽如人意。因此，当前要做的工作是：第一，修改《工会法》，强制企业允许工人组建自己的工会，允许工人通过工会组织，利用合法途径（包括罢工和集会）维护自身权益，这有利于改善劳资关系，不断提高社会和谐程度。当然，从政治角度出发，可以在法律中明确将工会的功能和活动限定在一定范围内。第二，建立系统的严格规范劳动环境和工作条件的法律法规，使劳动环境和工作条件符合起码的健康标准和人道主义标准。多年来，我国由于这方面法律法规不足或执行措施不力，许多企业以牺牲工人的身心健康为代价维持生产。这对那些不能有效识别有害劳动环境和工作条件的工人来说，其受损害的程度会更严重。

3. 创造劳动力市场自我完善的机制

政府尽最大能力运用市场手段调节劳动力市场，只有在特定情况下，政府才对市场进行必要的干预。政府对劳动力市场的干预只是为了营造市场调节的外部环境，或是为了避免市场失灵，并不是为了取消市场调节机制。这就要求建立和完善国家对劳动力市场的宏观调控机制。首先，国家应当确立我国劳动力素质和流向与经济发展、产业结构调整和东西部协调发展的宏观劳动力配置总体政策。其次，应当通过立法来规范我国劳动力市场的模式、规模以及劳动力市场交换场所的规则和制度，以保证我国劳动力市场的健康发展。最后，应当进一步理顺劳动力市场的管理体制，减少部门之间的摩擦，促进我国市场经济体制下统一、有序的劳动力市场形成。

二　建立健全避免收入意外波动的就业和社会保障体系

在我国经济发展过程中，促进健全的社会保障体系和就业体系建设是两个深远的重要目标，两者之间有着紧密的内在联系。社会保障既是社会发展的重要目标，又是我国全面建设小康社会的重要内容。健全的社会保障体系能有效保证社会公平，减缓社会动荡，是现代社会必不可少的安全网。在我国就业压力长期持续存在的情况下，健全社会保障体系，促进劳动力就业，推动经济发展，具有十分重要的现实意义。

一是社会保障的范围要扩大。目前，我国逐步地把农村居民纳入社会保障体系，但是其中仍然存在一系列问题要解决。首先，将城镇所有就业人员逐步纳入社会保险，使基本养老保险覆盖城镇所有从业人员，基本医疗保险和医疗救助覆盖城镇所有从业人员和居民，工伤保险和失业保险覆盖所有企事业单位的从业人员，最低生活保障制度覆盖城镇所有居民。其次，要适应城镇化和农村剩余劳动力转移的大趋势，尽快研究失地农民、农民工、乡镇企业职工参保问题，为该群体提供基本的生活保障。最后，探索建立农村社会保障体系，逐步为农民提供适宜的生活、人身保障。

二是社会保障水平要与经济发展相适应。社会保障标准的确定，要同现阶段的经济发展水平相适应，既要保证居民基本生活的需要，又要有利于促进居民就业和再就业。社会保障水平过高既会加重企业缴费负担，加速资本对劳动的替代过程，不利于扩大就业、鼓励用人，又不利于调动低收入劳动者工作的积极性，使社会保障制度存在明显的道德风险。当前，我国经济发展水平仍然比较低，社会积累的物质资源有限，人口老龄化速度加快，特别是贫困群体、弱势群体的规模有不断扩大的趋势。因此，现阶段基本社会保障应当维持在较低水平，只能解决基本保障，切不可超越实际给制度的未来运行留下隐患。

三是探索有效的筹资机制，社会保险资金来源多元化。明确企业和职工缴纳社会保险费的责任，促进企业和职工个人积极参加社会保险、按时足额缴纳社会保险费，减少国家承担社会保险资金的负担，积极稳妥地探索社会保障基金运营和监督管理机制，实现社会保障基金的保值增值。

四是加快社会劳动保障立法步伐。建立“有法可依、有法必依、执法必严、违法必究”的劳动保障工作法制运行机制，进一步规范和协调社会保障各参与主体之间的法律关系。切实增强劳动者依法维护自身劳动保障权益的意识和能力，推进劳动保障普法工作制度化。

五是完善参保人员社会保险关系转移、衔接的政策措施。研究解决城镇各类群体之间以及人员流动时社会保险政策衔接中存在的问题。建立健全社会化管理服务体系，整合社会服务资源，规范社会服务流程，推进社会保险经办机构服务规范化、信息化、专业化建设。

三　加大教育投资，形成劳动收入自我增强的能力

对大多数人来说，教育是获得人力资本最主要的一种途径。通过教育、培训获得技术、知识的人力资源可以提高劳动生产效率，进而使产出增加，而产出的增加为新技术的获得、新商业和财富的产生大大地提供资源，最终促进经济增长。所以，教育是一种“公共产品”，既能增加个人收益，又能增加社会收益，它溢出的社会效应往往大于个人效应。个人所受的教育程度越高，吸收新信息、获得新技能和熟悉新技术的能力就越强，通过教育增加人力资本，可以增加劳动者的劳动产出，促进经济发展。但中国对人力资本的投资低于世界平均水平，甚至低于一些发展中国

家的水平，这造成了劳动力的低水平就业，劳动力就业结构低层次化。因此，加大教育投资，提高人力资本水平，提升劳动力就业结构层次，可提高劳动力工资水平。

1. 加大教育投入力度

当前，国家财政首先应着手采取加大人力资本投资力度的政策，以起重要的示范和引导作用。同时，还要广泛吸纳企业、民间、国外等多渠道来源的资金，鼓励社会力量办学，国家控制和审查社会办学条件和质量，给予严格把关，对于符合要求的，要给予土地划拨、登记注册等方面的支持和税费上的优惠。要实施合理的教育收费制度，鼓励家庭加大教育投入。鼓励企业和学校联合办学，相互合作培养人才，共同培养既有文化素质，又有实际操作技能的技能型人才。注重职业技术教育，积极兴办社会需要的各种职业技术学校，针对我国劳动力资源丰富的特点，加强以劳动密集型专业为主的职业技能培养和教育。教育要注重人的社会性、创造性和适应性，全面提高人力资源的素质。

2. 调整教育投资方向

大多数发展中国家的高等教育投资收益率低于中小学教育投资收益率，而且盲目地发展高等教育，会造成人力资源的浪费和智力资源的外流。所以，为提高高等教育的投资效率，必须在发展高等教育的同时，加快中小学尤其是乡村小学教育的步伐。由于初等教育不仅是中等和高等教育的基础，而且是自学、农村应用技术学习和交流的基础，所以，发展中国家应当把大部分的教育预算用于发展初等教育。美国著名经济学家奥肯指出，落后地区贫困的根源是缺乏教育和训练，而要打破这种“贫穷－不良教育－贫穷”的恶性循环，最有效的办法就是向贫穷人口敞开教育的大门。在走向平等的道路上，没有比提供免费的公共教育更为伟大的步骤了。

3. 重视发展非正规教育

非正规教育的范围很广，包括在职培训、农业技术推广、成人识字、广播电视教学及基本技能短期培训等，这些教育方式投资少、成效快、效益高，对低收入和因种种原因失去正规教育机会的弱势群体最为有利。根据非洲国家的经验，在农业技术推广和手工业技能训练中结合扫盲和补习基本数学知识，经济效益会更高，能够以低于办正规小学的成本增进农村居民的社会福利。此外，改革各级教育体制，使之服务于本国的经济发展，是人力资源发展的一项重要任务。要加大企事业单位从业人员的培训力度，全面提高就业人员素质，优化人才结构，促进劳动力就业结构向高层次提升，提高劳动力的工资水平。

第十章　收入结构、城市化与“三农”问题

第四章的理论推理表明，经济高速增长导致存量与流量失衡，造成成本结构与收入结构扭曲，使经济高速增长难以为继。这也是我国城市化进程落后于工业化、收入分配差距加大和“三农”问题难以解决的关键。增长中产生的问题必须依靠增长并在增长中解决，收入分配差距问题的解决最终必须依靠城市化和“三农”问题的解决。

第一节　当前的经济困境与政策选择

2008 年国际金融危机爆发以来，我国经济增长速度迅速下降；后在宽松经济政策刺激下，2009 年底和 2010 年初又很快恢复到两位数的增长速度；但随后，经济增速再次下降，2012 年下半年 GDP 增速下降到了 8% 以下（见图 10－1），而 8% 是我国经济增速的底线。这一次经济的反复与存量、流量均衡的结构性有效需求模型的分析结果相一致。2002～2008 年经济的高速增长导致的收入结构与成本结构的失衡使收入分配、产业结构和就业都遇到了严重的问题，而且它们之间相互作用形成一种恶性循环，使有效需求不足问题变得越来越严重，这使当前的政策选择变得极为困难。

按照第四章理论的逻辑结论，目前我们所采用的政策将不能解决这些严重问题，因为这些政策都没有针对有效需求问题，而只是按照凯恩斯主义的思路考虑总需求。在总量问题上，现在扩张性的政策使经济调整的方向转向资产值的提高，通过大力发展第三产业来增加就业和发展高新技术产业的政策可能导致结构扭曲，如许多省份把汽车产业作为支柱产业。

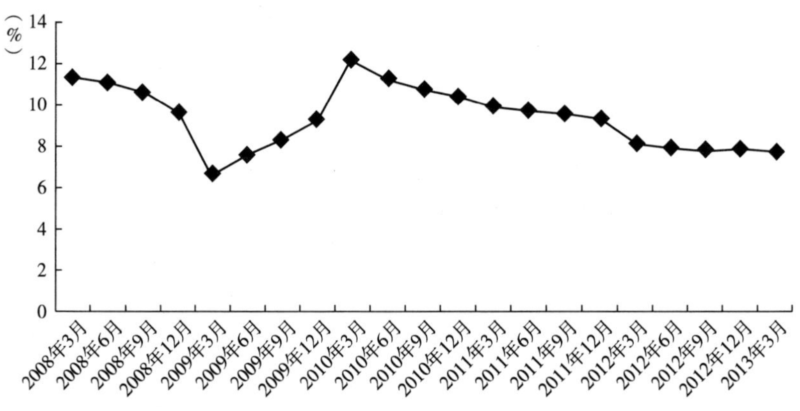

图 10-1　2008 年 3 月到 2013 年 3 月的我国 GDP 增长率

近年来，我国许多鼓励高新技术产业发展的政策与地方政府的利益争夺有关。显然，由于收入分配结构问题，高收入者青睐的高新技术应用有着巨大的市场需求和利润，难道还需要专门制定政策鼓励其发展吗？比如汽车工业，近年来市场对汽车的需求像井喷一样爆发出来，国外汽车厂商在 3~5 年就收回投资，如此之大的需求和利润难道还需要制定政策鼓励吗？当十几个省份把汽车产业（还有高科技产业）列为支柱产业时，政府面对这些由经济学家提供的经过“严格”论证的上报材料又如何决策呢？

近年来，我国虽然针对收入分配和“三农”问题制定了一系列政策，但收效不大，因为这些政策不能从根本上改变导致这些问题出现的有效需求问题。

就近年来的政策取向看，随着问题的不断增多，各种用“财政替代货币”的政策也在增加，比如：工业反补农业，采用严厉的货币政策乃至行政手段控制房地产业投资和钢铁等基础工业投资，通过出口退税刺激出口的增加，等等。这些政策都属于“规模性”政策，它们在提高总需求的同时，也迟滞了过高资产值的调整，只能在短期取得成效，但就长期来讲，则可能是与产业结构的调整不一致的。工业反补农业将提高工业的生产成本，限制工业的发展，而只有工业的发展才能转移农村过剩劳动力和真正“反补”农业。

工业反补农业问题有些类似于前面所提到的收入分配政策问题，它涉及市场本身的运行机制。例如，假设 GDP 总量或增长率不变，则政府要对失业工人进行补贴就需要对企业增税，企业的税收成本提高后只能降低工资而使更多的工人失业。政府要补贴农业，只能增加工业税收，如果这部分财政收入由吸收农村劳动力的投资支出，则工业反补农业只是暂时提高了农民收入，而农民支出的增加会进一步增加工业的收入，只要农村劳动力不转移出来，工农业的收入差距只会越来越大。

基础产业乃至房地产业是当前我国经济的工业化和城市化最需要发展的产业，问题只是在于这些产业因资产值太高而导致有效需求不足的经济波动，不过不能因此就限制这些产业的发展。外贸出口退税虽然使出口大幅度增加而有利于就业，但换来的是外汇储备的增加，当然不如用这笔财政支出增加国内的需求合算，不这样做的原因只是找不到增加国内需求的方法。

由此可见，如果说在 1997 年经济严重衰退时这些政策对稳定经济还能起到一定作用的话，那么目前继续采用这些政策则可能带来经济的不稳定。正如前面所表明的，收入分配结构和产业结构的相互作用所导致的恶性循环已经具有了极大的惯性，市场机制本身的调节方向与政策方向的初衷完全相背。因此，我们必须改变原有的政策和思考方法，针对有效需求不足问题的根源采用强有力的结构性政策扭转市场机制本身的调节方向，使其向良性循环的方向发展。

对于当前我国经济中的有效需求不足问题，特别是严重的结构问题，政策选择是困难的，特别是这方面没有国外的经验可借鉴。国外采用凯恩斯主义“财政替代货币”的政策可以说都是失败的，西方国家 20 世纪 70 年代的“滞胀”和日本 20 世纪 90 年代以来经济的长期停滞是非常典型的；在发展中国家也没有成功的经验，东南亚国家在 1997 年金融危机后，经济增速普遍放缓。里根和撒切尔所采用的经济自由主义政策是不能考虑的，这种政策只对成熟的市场经济国家有效。虽然韩国 1998 年后采用大规模破产的政策重组金融取得了良好的效果，但已经基本上完成了农业劳动力的转移；而拉美国家采用经济自由主义政策所产生的严重问题是必须防止的。在目前我国农村人口依然占很大比例的条件下，采用紧缩政策不仅起不到降低资产值和改善收入分配的结果，而且会由于失业的大量增加使收入分配急剧恶化，产生严重的社会问题。

当否定了前面两点后，我们所能采用的政策取向就只剩下一个，这就是结构性扩张政策，或者被称为结构性“积极”的财政政策和货币政策，即通过扩张性的财政政策和货币政策提高名义 GDP 增长率，乃至大幅度提高 GDP 增长率（如 20% 以上）的政策。之所以称这种政策为“积极”的，是因为在本质上它们是扩张性的，最终结果仍然是经济增长速度的提高。因为就当前我国所处的发展阶段来说，促进第二产业和第三产业快速发展，加大农村剩余劳动力转移力度，仍然是我国经济和社会发展的重中之重。图 10－2 和图 10－3 很明显地反映出，我国第二产业和第三产业吸收就业的能力与名义 GDP 增长率之间具有很强的相关性。只有经济增长速度保持在一定的水平，上述产业化和城市化进程才能顺利推进。

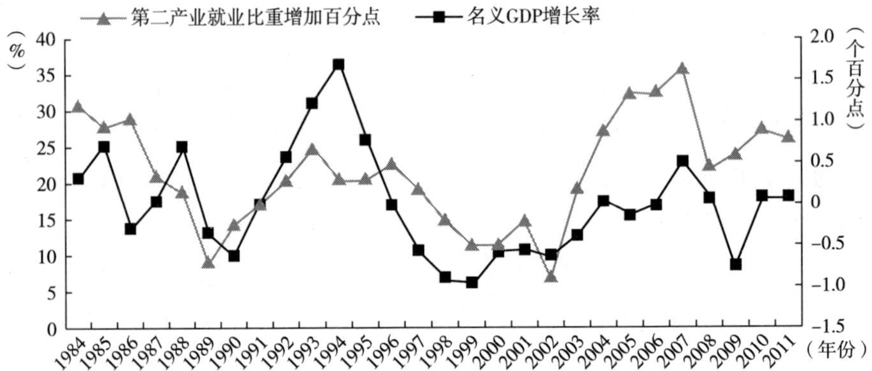

图 10－2　我国第二产业就业比重增加百分点与名义 GDP 增长率

资料来源：根据历年《中国统计年鉴》计算。

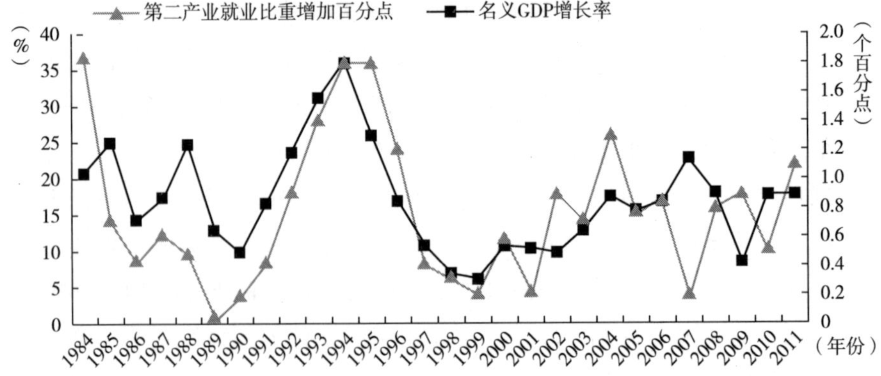

图 10－3　我国第三产业就业比重增加百分点与名义 GDP 增长率

资料来源：根据历年《中国统计年鉴》计算。

这种结构性扩张政策与以前所采用政策的本质不同在于，以前的政策实际上是向着使经济复苏相反的方向进行的，比如提高资产值和刺激消费等。

目前针对我国消费支出下降，一些经济学家又提出了刺激消费的政策建议，这显然只是按照凯恩斯主义的教条从事，难道目前我国高收入阶层的消费还不够高吗？低收入阶层的基本消费需求根本没有得到过满足，劳动密集型消费品的大量存在一方面显示了大量剩余劳动力的存在，另一方面反映了基本消费品需求得不到满足，难道仅仅通过刺激就可以提高消费支出吗？

结构性扩张政策恰恰应当与以前的政策方向完全相反，即根据前面的对收入流向的分析，把政府支出用于能够提高工资在收入中的比重和降低资产值的方向。这就不仅需要从总量上调节需求，而且特别要采用产业政策调节需求的方向，以从根本上扭转决定市场需求的收入流向。

如何扭转市场需求的流向，甚至能不能改变市场需求的流向，是个复杂的问题。比如，根据前面对产业结构和收入分配结构的分析，目前能不能让高收入阶层都不买汽车、别墅，而转向投资基本消费品部门来增加就业？这显然是不能的。我们也不能采用财政直接投资的方式来发展基本消费品部门，道理很简单，因为目前基本消费品部门生产过剩而严重亏损，谁也不会向这些部门投资。政府直接投资连投向基本消费品哪个行业都不知道，而且也不可能和乡镇企业竞争。我们需要找到整个产业结构中最关键的环节作为突破口，这就是通过城市化解决农村的“三农”问题。

这种农村的货币化和城市化是应该强调的，当前经济中所出现的主要问题都与此有关，这也是前面所表明的有效需求原理和资本初始积累所揭示的市场经济中的根本问题。如果不存在农村严重的过剩劳动力，高收入阶层是不可能过多消费的，因为他们的消费必然使工资率上升，而目前的情况是他们消费得越多，工资率越低，劳动服务业的规模越大。另外，高收入阶层的收入并不是从高科技中产生的，而是来自农业和乡镇企业低劳动成本所提供的低廉基本消费品，如果不是几千万建筑业农民工的低工资，住房的建筑成本不可能是每平方米几百元而房价却是每平方米几千元乃至上万元。国有企业从基本消费品生产领域退出的一个重要原因也是其遇到了比其工资率低1倍以上的乡镇企业的竞争。很明显，如果农村存在几亿的过剩劳动力，必将影响所有的市场取向。

如果在经济正常发展时期，这种市场取向在人们获取利润的动机下会使农村劳动力向工业和城市转移，但我国的特殊国情以及政策问题造成了我国城市化的速度过慢，当出现经济衰退时，就使这种农村劳动力转移的结构扭曲了，并造成严重的结构性矛盾。从各国或地区货币化和工业化过程的经验来看，实现农村劳动力的转移和城市化都是关键问题，韩国和中国台湾地区因为实现了城市化，受到东南亚金融危机的影响较小，而东南亚国家和拉美国家要为金融危机付出沉重的代价。资本原始积累，特别是大规模的高速货币化扩张，是一种危险的跳跃，因为其本身就存在着金融结构和产业结构的扭曲。在这个跳跃过程中，如果完成了工业化和城市化的任务，当遭遇经济衰退时，一国或地区付出的代价就小，反之就很麻烦，因为市场机制本身必然出现向下的调整而激化社会矛盾。目前的主流经济学不仅不知道导致衰退的原因和如何医治，而且给予人们一系列错误的导向。

改革开放以来，我国经历了 1985 ~ 1988 年、1991 ~ 1996 年和 2002 ~ 2008 年三次高速增长的跳跃，结果是极其成功的，虽然由于成本结构和收入结构失衡付出了 1997 年和 2008 年之后经济衰退的代价。目前采用结构性扩张的跳跃发展，一方面是解决当前我国结构性矛盾的需要；另一方面是因为目前的技术水平完全可能使我国在 2020 年实现农村城市化的目标，使所有农村居民享受到目前城市居民的生活水平。我国的城市化速度完全应该达到或超过日本、韩国和我国台湾地区 20 年前的速度，只要我们抓住农村货币化和城市化这个根本点，同时厘清市场机制运行的脉络，这种跨越式的发展并不危险。

第二节　农村剩余劳动力转移、农产品相对价格提高与“三农”问题的解决

“三农”问题与城市化问题是联系在一起的，不实现农村的城市化和工业化，就不可能解决“三农”问题。

一　“三农”问题的核心

在前面的产业结构分析中，我们讨论了三次产业产值和就业比例的变动。1992 年，第一产业的产值占 GDP 的 21.8%，就业占全部就业量的 58.5%；1997 年，产值占比为 19.1%，就业占比为 49.9%；2003 年，产值占比为 14.6%，就业占比为 49.1%。对应上述三个年份，1992 年城市居民收入是农村居民收入的 2.58 倍，1997 年这个比值下降到 2.47 倍，2003 年又上升到 3.23 倍。

实际上，城乡居民收入比可能更高。由于城市居民享受到的各种福利性补贴，如教育、住房、医疗，以及公共用品（如用电、公共交通等）上的消费无法统计，其实际收入被低估；而农村居民收入可能被高估，如果扣除农村居民收入中不可交易的实物性收入，以及农村居民收入中要用于下一年再生产的生产资料，其收入更低。据估计，城乡居民收入差距实际是 5∶1，甚至是 6∶1，这一比例远远高于其他国家，并且收入差距呈不断扩大的趋势。

对于上述统计数据，在许多文献中经常能见到这样的说法：第一产业就业多和产值比重低是因为农业部门的劳动生产率低下，城乡收入分配差距的扩大是由于工业劳动生产率的提高快于农业，从而必须增加对农业的投入，以提高农业的生产率和农民收入。如果从农民人均资本投入和近年来农业技术进步的速度看，上述分析似乎是可以被经验证实的，但这种分析值得商榷。我们列举上面的数据就是要说明农村居民的收入水平和城乡收入差距并不联系到生产率，而是联系到整个经济的收入（或货币）流转。

可以用最简单的工业和农业两个部门模型来说明这一问题。假设农村存在剩余劳动力，即劳动力流出并不改变粮食产量，同时假设人们对粮食的需求没有收入弹性，这个简单的模型对讨论“三农”问题是有用的。在这个模型中，给定粮食的初始价格，农民的收入只取决于城市人口的数量或农村人口与城市人口的比例，如果城市人口与农村人口各占 50%，农民的收入将是粮食初始价格的两倍。这样，农民收入水平的提高将完全取决于农村劳动力向城市转移的数量，而与农业的劳动生产率无关。比如，农业劳动生产率提高 1 倍，只要农村劳动力数量不变，则农民的收入水平不变，只是农村剩余劳动力增加一倍。而且，如果粮食的产量超过需求，将使价格下降，农民的收入反而会减少。由此可以推论出，要使农民收入提高，必须把农业部门的剩余劳动力转移到工业部门，农业部门收入的增长完全取决于转移的劳动力数量。

二　农产品相对价格与城乡收入差距

假设农村的劳动力不变，则粮食的价格取决于工业部门的收入和工业部门对粮食需求的收入弹性。这可以用恩格尔系数来表示工业部门对粮食需求的收入弹性。这样，我们可以把恩格尔系数作为工农业部门间收入的流动比例，给定经济增长率，它将决定农村居民和城市居民收入分配比例。例如，20 世纪 90 年代以来，随着收入水平的提高，我国恩格尔系数呈现下降趋势，1992 年农村和城镇居民的恩格尔系数分别是 0.576 和 0.530，1999 年分别下降到 0.526 和 0.421，2003 年进一步降到 0.456 和 0.371。由于城镇居民的恩格尔系数大幅度下降，城镇居民总收入中通过农产品购买转移到农民手中的比例大幅度下降，而农村居民恩格尔系数的下降则使更多的收入转移到工业部门或城镇居民手中，再加上农村居民占总人口的比重超过城镇居民，上述数据显示的农村居民恩格尔系数下降显然使农民的相对收入进一步减少。若给定恩格尔系数这种下降的趋势，则经济增长越快，农村居民与城镇居民的收入之比越小。

这样，我们可以解释由统计数据所显示的 1992～2003 年我国城乡差距扩大的原因，即农村劳动力的转移速度相对于名义 GDP 的高增长率太慢，采用以 1997 年为分期的数据更能说明这一点。1992～1997 年，由于农村劳动力向城市转移的速度加快（农业劳动力的比重下降了 8.6 个百分点），而农业产值占比只下降了 2.7 个百分点，这使农村居民收入的增加快于城市居民，收入分配的差距缩小。1997～2003 年，由于农村劳动力转移的速度大大降低，农业就业比重只下降了 0.8 个百分点，而其产值的比重则下降了 5.3 个百分点，致使城乡收入分配的差距严重扩大到 3.23 倍。根据上述分析，采用生产率变动的方式解释城乡收入分配的变动是不成立的，农业劳动生产率的提高在农村劳动力不变的条件下，并不能增加农民收入，而只会增加农村的剩余劳动力。一旦农业生产率提高使粮食的产量提高，以至于粮食产量超过需求，则粮食价格会下降，农民只能是“增产不增收”。

这种粮食（农产品）价格由于农业生产率和供求的变动而变动对农民显然是有害的，但能不能通过制定粮食收购价格来稳定粮食产量？这里的问题是能不能制定合理的价格，且这个价格能够根据市场需求变动。如果为了防止粮食价格下降而按当时的市场价格制定收购价格，农业生产率提高后将使粮食供大于求，同时，农民的收入将被稳定在制定的粮食价格上，农民也将根据这个价格决定粮食产量。显然，把价格固定住会限制粮食产量的提高和农民收入的增加。由于农产品的过剩可能是暂时的，比如气候因素造成的某一年粮食增收了，粮食收购价格只能保证当年农民把粮食卖出去，长期则可能随着农业成本的提高（如农民收入的提高）而减少粮食产量。这只要对比一下城市的收入增长率就非常明显了。制定固定的农产品收购价格将可能导致农产品供给不足，这种分析可能有助于解释我国从 1999 年制定粮食收购价格后，到 2003 年突然遇到农产品供不应求和价格上升的原因（农业劳动生产率提高太慢）。这种农业生产率的变动只能反过来解释农产品供不应求，却不能解释农业生产率的提高可以提高农民收入，原因是农民收入的提高完全受城市对农产品需求的约束。

三　农业劳动力转移与“三农”问题的解决

上述分析可以表明，造成我国农业发展缓慢和劳动生产率低下的原因，最关键的是农业劳动力向城市的转移速度相对于经济增长率和工业部门的高增长率太慢了。这致使农产品需求受到严重约束，导致农民收入增长率远低于工业部门的增长率和城市居民收入增长率，而低收入又进一步使农业投入减少和技术进步缓慢。改革开放以来，农业的劳动生产率和技术进步速度在所有产业中是最慢的，工业部门通过引进国外的技术，在消费品生产领域已经接近世界领先水平，而农业特别是粮食种植业在技术上几乎没有发展，农业机械化的速度更是严重下降。显然，在目前农村居民人均收入不到 3000 元/年的水平上，农民是不可能使生产性投入增加的。比如购买拖拉机，拖拉机厂工人的工资是农民收入的两倍以上，而目前我国企业中工资成本只占总成本的 20%，而拖拉机是用比农民人均收入高十几倍的成本生产的，农民怎么用得起拖拉机？反过来，即使农民购买了拖拉机，提高了农业生产率，却只能是“增产不增收”。拖拉机是如此，农业部门使用的化肥和其他工业生产资料投入也都是如此，而农产品的价格却不能根据投入成本的提高而提高，因为在目前的农业技术水平条件下，只要价格提高，农产品供给就会增加，使农产品价格下降，而工业生产资料投入的价格却不受限制。这使得政府经常为农用生产资料的价格上涨发愁，通过工业反补农业增加农业的投入只能不得已而为之，不可能取得预想的效果。

从上述模型中可以推论出，提高农民收入的唯一方法是加速农村劳动力向城市转移。正常的发展顺序是，随着农村劳动力的转移，社会对农产品需求的增加使农民的收入不断提高，而随着农村剩余劳动力的减少，农产品的价格不断提高，这使农业的生产技术得以改进，直到农村剩余劳动力转移完成。届时，市场将形成对农产品的正常供求状态，促使城乡形成统一的劳动市场和工资率。这种农村剩余劳动力转移和农村城市化的过程是被大多数国家的经验证实的。

这种农村剩余劳动力转移的过程在很大程度上与工业的发展速度相联系，英国、西欧其他地区和美国城市化经历的时间比较长，原因是工业的增长速度较慢，并不会带来城乡之间的严重矛盾。而许多发展中国家工业化的速度极快，比如名义 GDP 增长率持续超过 20% 乃至更高，则必须加快城市化的速度，因为按照前面的分析，所有的货币投放或投资只能首先流入工业和城市，而流向农村只能通过工业部门雇用农村劳动力和购买农产品的方式。因此，城市化的速度一旦放慢，必然导致城乡之间的差距急剧扩大，农村居民的收入水平严重下降，必然使农村人口大量流入城市。在这方面，日本、韩国和我国台湾地区在高速增长时期取得了成功的经验，而拉美国家则由于经济的严重波动而产生了大量农村人口盲目流入城市，造成严重的收入分配问题和“城市病”等其他严重社会问题。

我国自 1978 年农村改革以来，虽然农业的增长速度和技术进步缓慢，但工业投资的高速扩展和农村乡镇企业的发展极大地缓和了城乡矛盾。不过，自 1997 年经济增长率下降以来，农村劳动力转移的速度极大地放慢了，由此出现了一系列严重问题。

目前，农村居民的收入水平与城市居民的差距并不是统计数据中的 3 倍或 5 倍所能表示的，因为这些货币统计数据所表示的只是能够买得起什么产品，而不代表其实际的生活水平，农村居民目前的收入水平仍停留在温饱阶段，这种收入水平使他们与现代生活和文化发展几乎无缘，农村的教育、文化、医疗卫生、社会服务、娱乐等与城市相比可以说相差了一个时代，有近40%的农村家庭连最能与外界沟通的电视机都没有。这种与城市的巨大反差必然造成农村人口大量涌入城市，他们接受极低的工资和各种工作、生活环境，但即使如此，他们也无法在城市里长期居住和获得稳定的收入，而一旦失去工作或收入下降，就意味着必须离开城市回到农村，这是他们无法接受的。这就势必造成严重的社会问题。

我们前面在讨论政策选择时实际上已表明，在目前存在很大比例农村人口的条件下，应该说别无选择，在高速经济增长过程中，必须同时完成农村的城市化，而不能中途停顿。一旦经济增长率下降和农村剩余劳动力转移的速度放慢，就会造成巨大的城乡差别，城市中的下岗职工可以重新安排就业，但不断涌入城市的农村人口不能被疏散回去，他们必然会在城市里与下岗职工争夺工作和生存机会。这种“民工潮”是难以阻止的，目前并不是在理论上论证要不要加快城市化的问题，而是农村流动人口已经进入城市，怎样安置他们的问题。经济增长率越低和城市化速度越慢，进入城市的农村流动人口越多，问题就越难以解决，拉美、南亚以及东南亚一些发展中国家的经验已经证明了这一点。

四　乡镇企业的使命与前途

这里必须提到乡镇企业的发展。20世纪80年代以来，乡镇企业的快速发展极大地缓解了农村剩余劳动力对经济高速增长的压力，但必须认识到，乡镇企业只是城市化过程中的一个过渡阶段的产物。乡镇企业是依靠极低的工资与城市工业企业竞争的，其快速发展的原因就是城市不能吸纳过剩的农村劳动力。这与我国原有的计划管理体制和20世纪80年代初期总人口中80%是农村人口的特殊条件有关，比如，投资的集中管理以及严格的户籍制度阻止农民进城等，世界上没有第二个国家像我国这样在农村发展工业。我们并不否认乡镇企业对我国经济增长所起到的巨大作用，或者说是我们在这个阶段可选择的最好发展方式，但乡镇企业的过渡性质是必须要表明的，道理很简单，这些乡镇企业为什么不在城市里发展呢？城市里的所有条件都要比农村优越，节省耕地，交通和信息发达，科技、教育、金融以及社会服务等条件良好，都可以降低企业成本，也可以使工人享受现代的城市生活。我国乡镇企业之所以能够与城市竞争，就是因为我国的城市化速度太慢，而农民可以接受极低的工资和生活条件，还有不需要审批的极低的土地成本。依靠这种低成本，乡镇企业成功地接收了原来国有企业中生产基本消费品的部分，将其改造为具有极低工资的劳动密集型产业。

乡镇企业这种低工资成本的扩张在工业化初期可以非常有效地扩大就业，日本和韩国在高速增长时期工资率一直保持在很低的水平上，这使重化工业得以高速发展。我国乡镇企业的这种低工资发展对城市中基础工业和高科技产业的发展起到了极大的作用，乡镇企业为城市提供了廉价的基本消费品，同时增加了农村的就业，提高了农民的收入，这在我国可能是其他的发展方式难以达到的。

但是必须看到，乡镇企业的低工资发展必然会带来有效需求不足问题，特别是在当前我国还没有实现城市化的时候就遇到了严重的有效需求不足问题，这与乡镇企业的发展关系极大。关于这一点，只要分析一下乡镇企业的成本和产品需求就清楚了，乡镇企业的工资水平低到了其工人根本买不起他们所生产的产品的地步。20 世纪 90 年代以来，乡镇企业的工资相对于平均 15% 以上的 GDP 增长率来讲几乎就没有什么提高，原因是存在源源不断的农村剩余劳动力流入乡镇企业压低了工资，但他们生产的产品多由城市居民购买，农村居民靠乡镇企业获得的收入所能提供的需求太小了。乡镇企业的低工资竞争还导致了城市工人的工资增长率下降，目前所遇到的基本消费品领域的需求严重不足显然与此有关，甚至关系极大。1997 年以来，随着城市基本消费品需求萎缩，乡镇企业的发展越来越依赖于出口，近年来乡镇企业的发展主要是 20% 以上的出口增长率带动的。然而，这种依靠低汇率的出口增长是不能持续的，接近 50% 的 GDP 出口是我国产业结构严重失衡的结果，因为相比于进口的奢侈品和外汇储备，中国人更需要那些出口的基本消费品，出口的增长率下降必然造成乡镇企业产品需求严重萎缩。

乡镇企业的低工资发展所遇到的另一个障碍是农民收入水平的提高。虽然农民收入水平的提高可以增加乡镇企业产品的需求，但更会带来工资率的上升，使乡镇企业的成本提高。届时，更多的农村人口将向城市转移，而不会永远接受乡镇企业极低的工资和较差的工作、生活条件。只要我国的城市化速度加快，乡镇企业将难以维持低工资的生存条件，如在珠三角地区出现过的“民工荒”问题，原因并不是流入这一地区的农村劳动力减少，而是这一地区的城市化速度加快，使乡镇企业的工人“转业”了，即农民工更多地进入了城市的劳动服务业，虽然劳动服务业的工资率与乡镇企业差别不大，但工作条件和生活条件差别极大。乡镇企业的一个问题就是不能为工人提供安家立业的条件，那些农民工在乡镇企业就业只能是暂时的，这里的乡镇企业当然不包括“离土不离乡”的乡镇企业，而这类乡镇企业也是难以扩张的。

总之，乡镇企业的发展是以城市的不发展为基础的。目前，乡镇企业的发展在收入和产业结构的流转上似乎有成为第二个“农村”的趋势。因此，必须加速城市化的发展，以改变目前乡镇企业的发展方式。实际上，目前乡镇企业的发展已经开始向城市化的方向进展，珠三角地区和江浙一带乡镇企业的发展越来越依托由大城市辐射所形成的城市群，从而把农村逐渐变为城市。这个趋势在东部沿海地区是明显的，乡镇企业高速发展的地区越来越集中在大城市和城市群周边地带。那么，我们为什么不加快城市化的速度来更好地规范乡镇企业的发展呢？

第三节　城市化问题的本质与收入结构均衡

一　城市化问题的本质

改革开放以来，我国城镇人口比重一直在增加，乡村人口比重一直在减小（见表 10－1）。1995 年以来，乡村人口的绝对量开始下降。1980～2012 年，我国的城镇人口比重增长了 33.18 个百分点，2012 年达到了 52.57%，但乡村人口比重仍然达到 47.43%，与相同发展阶段的发达国家以及发展中国家相比，乡村人口比重偏高。从城镇人口的增长速度看，1978～1984 年，城镇人口的增长率在震荡中保持了较高的水平；1984 年以后，城镇人口增长率开始下降，到 1990 年达到最低点；之后，一直到 1995 年始终在低速徘徊；随后增速有所增加，但 1996 年以后又开始逐年下降（见图 10－4）。从经济社会整个发展历程来看，我国城市化的发展一直落后于工业化的发展，这相对于高速的经济增长来说是严重滞后的。

表 10－1　1978～2012 年我国人口的结构分布

单位：万人，%

年　份	总人口	城镇人口	城镇人口比重	乡村人口	乡村人口比重
1978	96259	17245	17. 92	79014	82. 08
1979	97542	18495	18. 96	79047	81. 04
1980	98705	19140	19. 39	79565	80. 61
1981	100072	20171	20. 16	79901	79. 84
1982	101654	21480	21. 13	80174	78. 87
1983	103008	22274	21. 62	80734	78. 38
1984	104357	24017	23. 01	80340	76. 99
1985	105851	25094	23. 71	80757	76. 29
1986	107507	26366	24. 52	81141	75. 48
1987	109300	27674	25. 32	81626	74. 68
1988	111026	28661	25. 81	82365	74. 19
1989	112704	29540	26. 21	83164	73. 79
1990	114333	30195	26. 41	84138	73. 59
1991	115823	31203	26. 94	84620	73. 06
1992	117171	32175	27. 46	84996	72. 54
1993	118517	33173	27. 99	85344	72. 01
1994	119850	34169	28. 51	85681	71. 49
1995	121121	35174	29. 04	85947	70. 96
1996	122389	37304	30. 48	85085	69. 52
1997	123626	39449	31. 91	84177	68. 09
1998	124761	41608	33. 35	83153	66. 65
1999	125786	43748	34. 78	82038	65. 22
2000	126743	45906	36. 22	80837	63. 78
2001	127627	48064	37. 66	79563	62. 34
2002	128453	50212	39. 09	78241	60. 91
2003	129227	52376	40. 53	76851	59. 47
2004	129988	54283	41. 76	75705	58. 24
2005	130756	56212	42. 99	74544	57. 01
2006	131448	58288	44. 34	73160	55. 66

续表

年　份	总人口	城镇人口	城镇人口比重	乡村人口	乡村人口比重
2007	132129	60633	45.89	71496	54.11
2008	132802	62403	46.99	70399	53.01
2009	133450	64512	48.34	68938	51.66
2010	134091	66978	49.95	67113	50.05
2011	134735	69079	51.27	65656	48.73
2012	135404	71182	52.57	64222	47.43

资本来源：根据历年《中国统计年鉴》计算。

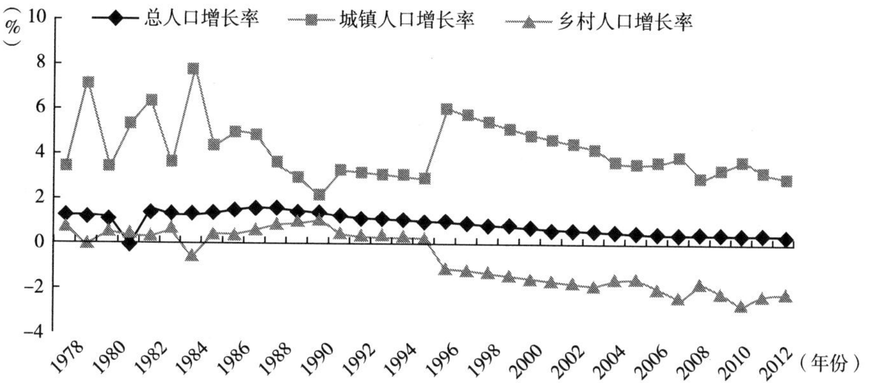

图 10-4　1978～2012 年我国总人口、城镇人口和乡村人口增长率

资料来源：根据历年《中国统计年鉴》计算。

对于目前我国的城市化水平及其国际比较的研究，一些经济学家采用人均 GDP 和第一产业就业比重来说明。如果用人均 GDP 和第一产业就业比重来衡量，我国的城市化水平与国外相比并不低，但这种比较方法有问题。例如，第一产业的就业比重与农村人口显然是成比例的，所以两者之间不可能推论出任何因果关系；人均 GDP 水平与城市化的关系与前面是一样的，对发展中国家来讲，人均 GDP 水平与城市化水平是互相关的，即完全可以说是城市化水平决定人均 GDP 水平。一些经济学家采用第二产业产值占 GDP 的比重表示工业化程度，并进行国际比较，由于我国第二产业产值比重远高于其他国家，可以推论出我国的城市化水平远远落后于工业化水平，我们虽然同意这个结论，但用第二产业的产值比重来表示工业化和城市化的程度是不确切的，比如发达国家由于第三产业的发展，第二产业的比重持续下降，但并不意味着其工业化程度下降。

这里的问题是，由货币表示的国民收入核算的名义变量并不能确切表明实际的技术关系，比如没有哪一个国家在人均 GDP 为 1000 美元时达到了我国目前的技术水平和被称为“世界工厂”的工业化水平。另外，城市化的水平并不是完全由工业化的水平决定的，如发达国家在 20 世纪初实现城市化时的技术水平显然远低于目前我国的技术水平，英国在工业革命时期城市大发展时，其工业部门只有纺织业、简单的机械制造业，以及农产品加工业，而与城市建设本身相联系的建筑业和第三产业却占有很大比重。就技术关系来讲，技术发展对城市化的制约只是表现在农业的劳动生产率上，即要为城市人口提供粮食和其他农副产品，而发达国家城市化的过程证明，农业技术的发展与工业化和城市化是相互关联的，即工业化和城市化能够极大地促进农业劳动生产率的提高和技术进步。农业与工业的相互制约关系可以通过经验研究来详细分析，但从我国目前的情况来看，在农村存在几亿剩余劳动力和农业劳动生产率的提高具有极大潜力的条件下，对城市化的发展是不存在任何限制的，也根本不存在工业发展对农村剩余劳动力转移到城市后的就业岗位限制。城市化本身就是经济发展，它与工业化和农村的现代化是一个含义。

正是从这个角度讲，我国的城市化速度太慢了，无论与发达国家、拉美国家还是其他一些新兴工业化国家和地区的城市化比率相比，都是落后的。韩国和我国台湾地区用了 20 多年的时间基本实现了城市化，而我国在经济高速增长的 1992 ~ 2012 年城市化率只提高了 25 个百分点。归根结底，我国自 1980 年以来并没有把城市化作为重要的发展目标，没有把城市化本身作为一个产业来发展。我们前面讨论有效需求时曾表明，目前我国消费品生产的技术水平完全可以在不长的时间里生产出所有中国老百姓需要的那些消费品。同样，就目前的技术水平来讲，我们完全可以在未来 15 年的时间里让中国的农村人口转移到城市来，从而使他们享受现代的科技和文化生活，这种城市化比增加某些产品的消费更重要，或更能够提高人们的生活水平和质量。实际上，现代的教育、文化以及产品的消费只有在城市里才可能实现，只有实现了城市化，才能提高人们对现代产品的需求，也只有实现了城市化，才能改善农村的教育、医疗等生活条件。因此，城市化比技术和工业产值更重要。

在目前的经济学中，城市化问题只是一个技术上的比较优势问题。比如，城市具有规模效益，交通和信息系统发达，作为商品的集散地，城市可以使商业、贸易快速发展，等等。经济学的这些道理都是对的，但从城市产生和发展的过程来看，现代城市的发展是随着市场经济的产生而发展起来的，是城市把人们聚集在一起从事竞争的游戏，共同发展文化、体育等娱乐活动，城市除了教育、科学研究和文化发展等不可替代的功能外，和城市的基础设施建设相联系的建筑业、与市场经济相联系的金融业和目前蓬勃发展的第三产业也是不可替代的。从某种角度上讲，城市化本身就是一种产业。当然，城市并不是一个产业，而是由多个产业共同构成的，但只有城市才能把这些产业紧密联系在一起。在一种自发的市场经济的城市化过程中，随着农村人口大量流入城市，城市的房地产业、商业和服务业等会出现大规模投资的机会，而城市人口的不断扩张是保证对这些产业的需求及其利润增长的重要条件。

二　城市化的动力与城市化的模式

推进城市化是另一种结构性的“积极”经济政策。在最原始、最简单的农村剩余劳动力转移模型中，可以通过结构性扩张政策雇用农村劳动力生产消费品，然后再让他们用工资性收入把这些消费品买走。但这里的问题是，必须保证投资者（或资本家）的利润，那么如何保证投资者的利润呢？如果按照现代金融贷放实践和经济发展模型的推论，投资者的利润只能或只有来自地产的升值。实际上，我国近年来的发展已经表现出这种趋势，即随着市场经济的发展，土地越来越替代“机器”而成为“资本”。按照各国的发展经验，在市场化的过程中，地产在总资本中的比重只有超过50%才会稳定（郭金兴，2005），这种地产的升值是与城市化过程紧密联系的。那么，当采用乡镇企业的发展模式或城市化过程滞后时，利润将更多地流入城市，这必然造成乡镇企业产品的需求不足和乡镇企业难以持续扩张。因此，这种采用货币扩张转移农村劳动力的方法必须与城市化结合在一起，才能不断地创造需求。

与此相联系的另一个重要方面是，以商业银行为主体的金融发展越来越依赖于地产的抵押，因为“机器”是无法作为抵押品的，只有地产的升值才能保证货币供应量的稳定增长。而地产是不可能在农村升值的，特别是在目前我国农村的土地制度下，乡镇企业是不可能用国有耕地作为抵押从商业银行获得贷款的。这种地产和金融的相互依赖发展是城市化的基础，它使在城市的投资能够获得利润。

从这种金融与地产的相互依赖中可以推论出，我国的城市化过程只能是发展大城市，或根据我国的国情发展大城市，因为中、小城市发展金融是困难的。例如，目前我国商业银行的分行都设在省一级的城市以及发达地区的地级城市，在许多地级市和县城中，只有四大国有商业银行设立的支行，很少有股份制银行设立的支行，这些支行贷款的审批权只有几百万元。而在经济发达的大城市中，如广州、深圳、苏州、宁波等地，每家银行不仅设有分行，而且都有几家甚至几十家支行，这些支行有很大的贷款审批权，这种金融发展与经济发展是相互促进的。这一点很容易从经验上得到证实，即在发达的地区都有发达的金融（GDP 和利润都是按货币计算的)。因此，商业银行的发展方向必然是在大城市和经济发达的地区，政府不可能规划商业银行的发展趋向，因为商业银行是以赢利为目的的，包括国有四大商业银行的发展也越来越趋向大城市，由金融的发展所带动的经济发展必然使人才和劳动力更多地流入大城市。

我国自 20 世纪 80 年代制定发展中小城镇的发展战略以来，一直在协调地区和城市间发展的不平衡，但结果依然是大城市，特别是东南沿海地区的大城市发展最快，如广州、深圳一带的珠三角地区、苏州、无锡、常州一带的长三角地区和浙江沿海一带的城市。未来我国城市的发展重心也必然是在东南沿海一带，特别是在乡镇企业发达的地区，这种趋势是很难改变的。

上述分析涉及目前我国的地区发展战略，如西北大开发和振兴东北老工业基地，这种地区发展战略是否可以向这些地区的大城市倾斜，如西部和东北地区省份的省会？因为区域太大无法与金融的发展相协调，从而无法带动私人投资，西北大开发所存在的一个问题就是与大规模的投资相比，其带动的需求太小。

因此，目前城市化的发展战略也应该加速发展这些地区的大城市和形成城市群，以规范乡镇企业的发展。我国最大的城市上海在世界城市的排名中也仅居第十，而上海、广州、深圳这些大城市的高速发展并没有出现太大的问题。因此，我们不必为大城市的扩张过分担忧，研究和制定大城市、城市群乃至特大城市的发展规划势在必行，因为一旦经济增长率提高，必然会有更多的人口涌入这些城市和地区。

上述分析可以从各国城市化的普遍经验中得到证实，这些经验同时表明了，在二元经济条件下，高速增长必然要求城市化的发展。这一点与我们前面所表明的理论是一致的，即提高经济增长率的目的是经济的货币化，而经济的货币化与转移农村劳动力和城市化必须同时进行。前面一再强调，我国目前所出现的问题与约 50% 的农村人口有关，与占 GDP 比重 20% 以上的乡镇企业的发展有关。由于城市化的速度过慢，我国经济的高速增长在没有实现城市化时就遇到了经济衰退，而这种二元结构使经济衰退中有效需求不足的矛盾更为突出。因此，目前必须加快城市化的步伐，在经济发展中解决有效需求不足的矛盾。

三　城市化与收入结构调整

“三农”问题和城市化问题都直接联系到当前我国经济中总量与结构的矛盾，联系到通过结构性扩张（“积极”）政策来解决这些矛盾。通过提高经济增长率来改变目前的收入流程，从而改变产业结构的着手点是城市化。城市化和“三农”问题是当前我国经济的最薄弱环节，通过大规模的城市化不仅可以使高速增长的投资有了方向，而且可以改变收入的流程。例如，大规模的城市土地开发和基础设施建设将雇用大量的农村劳动力，政府又可以把土地开发的收入用来开发廉价的商品房，安置农村劳动力进城，像珠三角、长三角和浙江一些靠近城市的乡镇企业发达地区，可以就地建立城区与大城市的联系，把大城市的区域扩大。城市建设和第三产业的发展可以提供大量的就业岗位，同时，这种大城市的扩张还可以抑制不断上升的市区房价。这种城市化的发展伴随着农村剩余劳动力的转移，这可以提高农产品的商品率，并使农产品的价格上升，从而可以全面进行农业经营方式的改革，通过农村产业化的规模经营提高生产率和采用新技术，可使农村的收入水平提高，这又可以缓解农村人口大量流出的压力。可见，城市化可以真正提高有效需求，增加低收入阶层的收入与需求，使基本消费品部门的生产得以复苏，进而带动经济的全面复苏和高涨。

目前，城市化战略必然需要对原有的土地管理制度和农村的家庭联产承包责任制进行“适当”改革，这种改革是必要的，如目前的土地管理看似严格，但土地的收益严重流失，乡镇企业以极低的成本占用耕地，实际上只能默认而损失大量的土地使用费。这种土地管理制度的改革可以参照一些地区的经验逐步进行。需要强调的是，这种土地制度和农村改革必须保证或进一步加强土地的国有权和政府对土地的管理，特别是要防止在大规模城市化过程中土地升值收益的流失。政府只有能够获得土地的收益，才能规范好城市的发展，在这方面，我国香港地区和深圳市的土地开发过程是可以借鉴的，即通过竞争的市场批租土地和从土地的收益中获得城市开发资金。

目前，我国与土地开发相联系的房地产市场存在严重的问题，房地产行业过高的利润率（有人估算要超过30%）表明这一行业已经形成了高度的垄断，规模过大的房地产企业与银行紧密联系，必然对当地城市发展产生举足轻重的影响，这就可能影响到地方政府的城市发展政策，如果不能消除这种垄断势力和抑制房地产行业过高的利润率，可以考虑国有企业通过股份制大规模进入房地产行业和城市的基础设施建设行业，防止土地升值收益的流失，控制房地产价格。

第十一章　中小企业、收入分配与制约中小企业发展因素的结构性影响

第一节　中小企业的发展与发展制约因素的理论分析

一　中小企业在就业与均衡收入结构中的作用

无论在发达国家还是发展中国家，中小企业在经济社会发展中都起着不可替代的作用。一个国家的经济发展既需要有大型企业起龙头带动作用，又需要大量中小企业来推动和促进，只有形成大中小企业相互依存、协调发展的企业组织结构，才能形成可持续发展的良好经济生态。

改革开放以来，我国中小企业取得了飞速发展。从表 11－1、表 11－2 和表 11－3 中可以看出，中小企业无论是在数量、销售收入还是利润总额上，增长都比较快，其在中国工业企业中占的相关份额也快速提高。

表 11－1　1998～2005 年中国工业企业单位数及中小企业所占比例

单位：家,%

年　份	1998	1999	2000	2001	2002	2003	2004	2005
全国总计	165080	162033	162885	171256	181557	196222	276474	271835
大型	7558	7864	7983	8589	8752	1984	2054	2290
中型	15850	14371	13741	14398	14571	21647	21813	23938
小型	141672	139798	141161	148269	158234	172591	252607	245607
小型企业所占比例	85.82	86.28	86.66	86.58	87.15	87.96	91.37	90.35

续表

年　份	1998	1999	2000	2001	2002	2003	2004	2005
中小企业所占比例	95.42	95.15	95.10	94.98	95.18	98.99	99.26	99.16

资料来源：根据《中经专网统计数据库》数据整理。

表 11-2　1998~2005 年中国工业企业销售收入及中小企业所占比例

单位：亿元，%

年　份	1998	1999	2000	2001	2002	2003	2004	2005
全国总计	64148.86	69851.73	84151.75	93733.34	109485.77	143171.53	198908.87	248544
大型	28144.5	32041.29	39755.15	46374.31	53171.8	52552.29	67675.5	88434.6
中型	8986.1	9364.28	10365.15	12106.14	13805.34	47157.78	58608.1	71648.9
小型	27018.25	28446.16	34031.45	35252.9	42508.63	43461.46	72625.27	88460.5
小型企业所占比例	42.12	40.72	40.44	37.61	38.83	30.36	36.51	35.59
中小企业所占比例	56.13	54.13	52.76	50.53	51.43	63.29	65.98	64.42

资料来源：根据《中经专网统计数据库》数据整理。

表 11-3　1998~2005 年中国工业企业利润总额及中小企业所占比例

单位：亿元，%

年　份	1998	1999	2000	2001	2002	2003	2004	2005
全国总计	1458.11	2288.24	4393.48	4733.43	5784.48	8337.24	11929.3	14802.54
大型	860.29	1440.17	2832.59	2970.27	3431.36	3835.93	5362.7	6401.2
中型	21.65	148.41	350.68	470.28	577.61	2687.05	3249.8	4044.2
小型	576.17	699.66	1210.21	1292.87	1775.51	1814.26	3316.8	4357.14
小型企业所占比例	39.51	30.58	27.55	27.31	30.69	21.76	27.80	29.44
中小企业所占比例	41.00	37.06	35.53	37.25	40.68	53.99	55.05	56.76

资料来源：根据《中经专网统计数据库》数据整理。

中小企业在我国有着重要的意义。它是我国国民经济持续、健康发展的重要基础，对经济增长起着重要的支撑作用（周天勇，2002），是我国经济改革的试验田和主战场，对我国从计划经济向市场经济的转轨起着积极的促进作用。中小企业是我国解决就业的主渠道，对城镇下岗职工再就业、转移农村大量剩余劳动力、促进社会稳定起着有力的保障作用（莫荣，2001）。从相关企业就业变动情况可以判断出，中小企业的就业增长快于大型企业的就业增长。从图 11 - 1 可以看出，国有单位的在岗人数从 1996 年以后开始逐步减少；城镇集体单位的在岗人数开始减少的时间更早，在 1992 年经济增长速度较快的时候就已经开始减少；其他单位在岗人数迅速增加，其中绝大部分企业属于中小企业，至少在刚开始时是中小企业。城镇单位按经济类型可分为十种：国有单位、集体单位、股份合作单位、联营单位、有限责任公司、股份有限公司、私营企业、港澳台商投资单位、外商投资单位以及个体。从图 11 - 2 中我们可以看到，1998 年以来，我国城镇国有单位、集体单位的从业人数都在逐年递减，据统计，1998 年我国城镇国有单位从业人员所占比例为 41.9%，集体单位从业人员所占比例为 9.08%；到了 2006 年，城镇国有单位从业人员所占比例已经下降为 22.71%，集体单位从业人员所占比例下降为 2.7%。与此相应，私营企业、个体、有限责任公司、股份有限公司、港澳台商投资单位的从业人数都有所增加，它们在一定程度上反映了中小企业就业比重的变动。

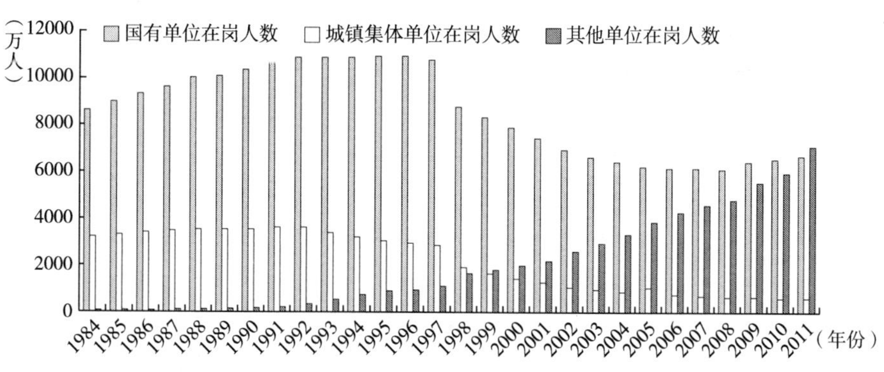

图 11 - 1　国有、城镇集体和其他单位在岗人数的变动情况

2001 ~ 2003 年这三年，我国中小企业的就业比例均在 78%，表明中小企业为我国提供了大量的就业机会，所以它对缓解我国的就业压力是起着不可替代的作用的。另外，从表 11 - 4 中不同行业年平均从业人员的数据来看，2003 年制造业的从业人数最多，达 4883.83 万人，而且其中有 81.46% 的人

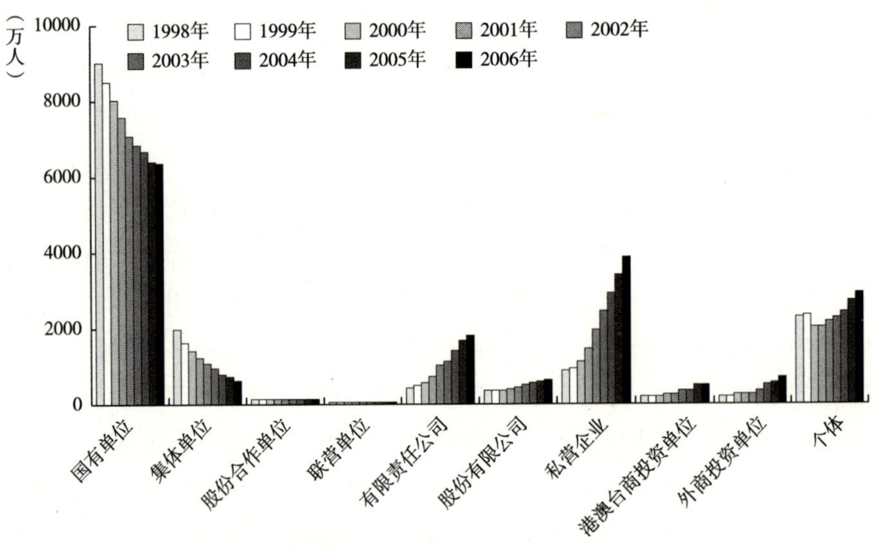

图 11－2　城镇单位按经济类型细分的就业变动情况

员集中在中小企业；其次是采矿业，年平均从业人数为 565.39 万人，其中中小企业占 43.03%；最后是电力、燃气及水的生产和供应业，年平均从业人员仅为 299.34 万人，其中中小企业所占比例为 73.63%。

表 11－4　2003 年中国不同行业不同规模企业年平均从业人员数量与中小企业占比

单位：万人，%

行业名称	全部企业	大型企业	中小企业	中小企业所占比例
制造业	4883.83	905.62	3978.21	81.46
采矿业	565.39	322.10	243.29	43.03
电力、燃气及水的生产和供应业	299.34	78.95	220.39	73.63
总　　计	5748.57	1306.68	4441.89	77.27

资料来源：根据张俊喜等编《中国中小企业发展报告 No.1》（社会科学文献出版社，2005）数据整理计算。

中小企业较强的吸收就业能力源于其在行业中的分布结构。2006 年小型工业企业在各行业的分布情况如表 11－5 所示。从表 11－4 和表 11－5 中的数据可以看出，小型工业企业仍主要分布在制造业，有 252731 家，占制造业企业总数的 90.49%；采矿业有小型工业企业 12662 家，所占比例为90.79%；电力、燃气及水的生产和供应业有小型工业企业6794家，所占比例为77.80%。另外，从图11－3中我们也可以清楚地看出，有11个行业的小型工业企业已经超过了万家，分别为纺织业、通用设备制造业、非金属矿物制品业、化学原料及化学制品制造业、农副食品加工业、电气机械及器材制造业、金属制品业、塑料制品业、纺织服装鞋帽制造业、交通运输设备制造业及专用设备制造业。这些行业的最主要特点是劳动密集，而且资本有机构成较低。正是这样的结构特征，决定了中小企业在促进就业方面起到的积极作用。

表11－5　2006年小型工业企业在不同行业的分布情况

单位：家,%

项　　目	全部企业数量	大中型企业		小型企业	
		企业数量	比例	企业数量	比例
全国总计	301961	29774	9.86	272187	90.14
采矿业	13946	1284	9.21	12662	90.79
煤炭开采和洗选业	6797	707	10.40	6090	89.60
石油和天然气开采业	175	72	41.14	103	58.86
黑色金属矿采选业	2495	171	6.85	2324	93.15
有色金属矿采选业	1862	216	11.60	1646	88.40
非金属矿采选业	2601	116	4.46	2485	95.54
其他采矿业	16	2	12.50	14	87.50
制造业	279282	26551	9.51	252731	90.49
农副食品加工业	16356	996	6.09	15360	93.91
食品制造业	6056	633	10.45	5423	89.55
饮料制造业	3914	555	14.18	3359	85.82
烟草制品业	179	108	60.34	71	39.66
纺织业	25345	2635	10.40	22710	89.60
纺织服装鞋帽制造业	13072	982	7.51	12090	92.49
皮革、毛皮、羽毛（绒）及其制品业	6859	650	9.48	6209	90.52
木材加工及木、竹、藤、棕、草制品业	6374	234	3.67	6140	96.33
家具制造业	3603	302	8.38	3301	91.62
造纸及纸制品业	7892	641	8.12	7251	91.88
印刷业和记录媒介的复制业	5029	327	6.50	4702	93.50

续表

项目	全部企业数量	大中型企业		小型企业	
		企业数量	比例	企业数量	比例
文教体育用品制造业	3633	370	10.18	3263	89.82
石油加工、炼焦及核燃料加工业	2160	408	18.89	1752	81.11
化学原料及化学制品制造业	20715	1729	8.35	18986	91.65
医药制造业	5368	795	14.81	4573	85.19
化学纤维制造业	1402	210	14.98	1192	85.02
橡胶制品业	3353	374	11.15	2979	88.85
塑料制品业	13504	810	6.00	12694	94.00
非金属矿物制品业	21936	1868	8.52	20068	91.48
黑色金属冶炼及压延加工业	6999	970	13.86	6029	86.14
有色金属冶炼及压延加工业	5863	585	9.98	5278	90.02
金属制品业	15573	912	5.86	14661	94.14
通用设备制造业	22905	1759	7.68	21146	92.32
专用设备制造业	11615	1022	8.80	10593	91.20
交通运输设备制造业	12586	1725	13.71	10861	86.29
电气机械及器材制造业	16905	1934	11.44	14971	88.56
通信设备、计算机及其他电子设备制造业	9709	2184	22.49	7525	77.51
仪器仪表及文化、办公用机械制造业	4084	443	10.85	3641	89.15
工艺品及其他制造业	5764	375	6.51	5389	93.49
废弃资源和废旧材料回收加工业	529	15	2.84	514	97.16
电力、燃气及水的生产和供应业	8733	1939	22.20	6794	77.80
电力、热力的生产和供应业	5731	1663	29.02	4068	70.98
燃气生产和供应业	526	98	18.63	428	81.37
水的生产和供应业	2476	178	7.19	2298	92.81

资料来源：根据《中国统计年鉴（2007）》数据整理计算。

更为重要的是，中小企业的成长成功地推进了经济转型，推进了经济的市场化、工业化、城市化、对外开放和政府职能转变（蒋伏心等，2005）。2008 年底，我国中小企业约有 4000 万家，占全部企业数的 99%，对 GDP 的贡献率超过 60%，对税收的贡献率超过 50%，提供了近 70% 的

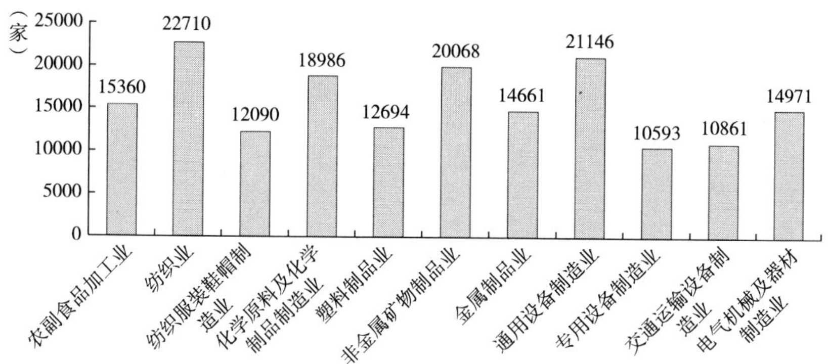

图 11－3　2006 年小型工业企业超过万家的几大行业

资料来源：《中国统计年鉴（2007）》。

进出口贸易额，创造了 80% 左右的城镇就业岗位，吸纳了 50% 以上的国有企业下岗人员、70% 以上的新增就业人员、70% 以上的农村转移劳动力。在自主创新方面，中小企业拥有 66% 的专利发明、74% 的技术创新和 82% 的新产品开发（史建平，2010）。

我国已经认识到中小企业的重要作用，政府不断出台措施支持和促进中小企业发展。1999 年以来，我国陆续设立了扶持中小企业的各类专项资金，出台了各种针对中小企业的优惠措施。2000 年 4 月，国家经贸委发布《关于培育中小企业社会化服务体系若干问题的意见》，从信用担保、筹资融资、创业辅导、技术支持、信息咨询、市场开拓、人才培训、经营管理、国际合作等领域加强构建中小企业服务体系，为中小企业营造良好的经营环境。2002 年 6 月，九届人大二十六次会议通过《中华人民共和国中小企业促进法》，以法律形式确定了国家促进中小企业发展的基本政策。2009 年 9 月，国务院发布《关于进一步促进中小企业发展的若干意见》，提出保护中小企业的权益、改善中小企业融资环境、加大财税支持力度、加快技术进步和结构调整等政策措施。但是，由于我国还处于经济转轨、社会转型的特殊历史时期，中小企业的发展面临着很多自身矛盾和问题，成长与发展环境还并不宽松，产权保护、融资、社会诚信、政府行为等方面还束缚着中小企业的发展。要不断改善中小企业发展环境、促进中小企业健康发展，就需要全面把握中小企业成长与发展中遇到的问题和面临的外部环境及其数量特征，从而为制定中小企业政策提供理论依据。

二　我国中小企业发展制约因素的现有观点

中小企业发展中面临的自身问题和外部环境约束已经成为学者关注的焦点。相对于大企业，中小企业自身存在着更多的阻碍其发展的不利因素。汤曙光等（2010）认为，中小企业在其生产经营的各个环节和各个阶段，都可能会遇到不少困难，如中小企业资源弱势使其在获得资金、人才、技术、信息等要素方面往往存在很大困难，导致其创新能力不足，产品附加值低；由于投入不足，中小企业很难像大企业那样建立起完整的生产销售网络；信息闭塞和渠道狭窄，也容易导致中小企业的市场拓展乏力。

对于中小企业面临的成长与发展环境，现有文献进行了较多的定性描述。陈恩才（2003）、刘国华（2004）、缪小星（2004）、陈连江（2004）等从法律、金融、创业、技术、信息等方面描述了国外中小企业发展的经验与方法。邓泽宏（2004）、蒋伏心（2004）等论述了非正式制度对中小企业发展的影响。

很多文献利用实证的方法分析中小企业成长与发展环境的某一方面或某些方面。林汉川等（2003）利用问卷调查数据，对东、中、西部中小企业外部环境进行评价，指出了中国小企业发展面临的主要问题。苏晓燕等（2005）对华中地区中小企业进行抽样调查，并提出转轨过程中正式制度的不完善导致中小企业适应性制度安排，即通过合作型行为克服较高的交易成本，寻求生存与发展。林汉川等（2004）在研究法制、融资环境与中小企业竞争策略选择时，对中小企业的环境特征（包括法制环境、资金环境、市场环境、信用环境、社会环境等方面）进行了量化处理。周国红等（2002）从法律和政策环境、制度和社会文化环境、融资环境、市场环境、技术环境、人力资源环境、社会化服务环境、产业环境等方面构建了科技型中小企业成长环境评价指标体系。霍治平（2006）通过分析其他国家中小企业集群发展情况和我国中小企业集群现状，指出我国中小企业存在产业集聚不明显、企业间生产要素的流动不通畅、社会化服务体系不健全等问题，并提出加强区域规划、制定产业政策、建立健全社会化服务体系、技术提升及结构调整、政府引导与市场主导相结合等建议。屠建飞

（2008）、王昕红等（2008）、林心红（2008）、王军（2009）等研究了中小企业发展中技术创新环境。林汉川等（2003）、谢振宇和梅强（2007）、刘伟章和杨振刚（2007）、李众敏（2009）分析了政府在营造中小企业发展的外部环境方面应该发挥的作用。

在中小企业面临的众多问题中，提到最多的是融资困境。林毅夫（2001，2006）指出直接融资成本太高以至于中小企业难以负担，而传统的融资渠道对中小企业来说又经常出现阻梗。张宗新（2000）认为规模较小、融资成本较高、信用担保机制缺乏，以及企业自身"存活性"差等因素，导致中小企业在有组织金融市场上融资难以有效形成，从而产生融资缺口。徐洪水（2001）认为中小企业融资缺口源于我国的金融压抑，而信息不对称使问题更加恶化。王霄、张捷等（2003）将抵押品和企业规模作为内生变量加入信贷配给模型，发现在信贷配给中被排除的主要是资产规模小于或等于银行所要求的临界抵押品价值量的中小企业。唐新贵等（2006）综述并剖析了我国中小企业融资的现状及存在的问题，认为只有融资创新才能解决中小企业的融资困境。胡小平等（2000）、罗正英（2003）把中小企业融资的制约因素归结为中小企业的财务制度不规范、抵押担保难以及所有制观念等因素。陈佳贵等（1999）把中小企业缺乏金融支持的原因归结为中小企业信誉等级低、银行出于自身经济方面的考虑、受到所有制形式的影响、缺乏中小企业担保机构等。欧阳凌、欧阳令南（2004）认为造成中小企业融资瓶颈的原因在于非对称信息条件下产权的私有属性导致的所有制歧视。邓道才（2006）、方小平等（2006）提出企业自身素质不佳、银行体系支持力度不够、直接融资渠道不畅等，是导致中小企业融资难的主要原因，指出解决问题的关键在于正确处理中小企业、银行、政府三者在解决问题中的经济关系，明确各自的地位和责任。

很多现有文献在对中小企业发展过程中的制约因素进行定性或定量研究时，把中小企业作为一个整体来研究。但是，同样的制约因素对不同规模和不同性质中小企业的影响会存在很大差异，制约因素的这种结构性影响会产生不同于传统思考方式的政策含义。本文利用新的方法对影响中小企业发展的制约因素进行定量评判，并结合其他调查数据对其结构性影响结果给予评价，并由此引申出新的政策取向。

第二节　中小企业发展制约因素经验评判的总体框架

一　数据调研方案与方法

从2007年开始，为了配合教育部经济学特色专业和经济学人才培养模式创新实验区两个国家教学质量工程项目的建设，河南大学经济学院32名本科生导师带领300多名学生参与了一项“河南社会经济发展假期系列调研”活动。对河南中小企业的调查是在2010年暑假期间进行的。我们组织了300多名学生对河南省18个地级市中选定的325家中小企业进行了长期跟踪和调研。我们将这些企业按照地域分为127个组，每一组由2~3名同学负责，每一小组由1名高年级同学带1~2名低年级同学，每一地区配1名指导教师。为了对这些企业进行长期跟踪，高年级学生毕业后，由原来的低年级学生递补，并吸收新生补齐人数。为了能够获得真实的数据，我们所选的学生与中小企业中的人员具有地缘或血缘上的关系，学院也经常为有需要的中小企业提供免费的短期培训和咨询服务。中小企业的实地调研采取结构化开放式访谈的方式。访谈提纲在访谈初期经过多次修改，结构性提纲用来指导学生访谈，获取能用于定量分析的有用数据。每3名家乡所在地较近的学生组成一个小组，按照访谈提纲给出的框架对其家乡所在地中小企业的企业家和员工进行深入交流。调研的区域遍布了河南省的每一个县市，最后收到学生提交的访谈报告296份，涉及301家中小企业，其中可以获得完整、有效数据的用于定量分析的企业有184家，样本企业的行业分布见表11-6。

表11-6　受调查企业的行业分布结构

单位：%

行业	批发和零售业	工业和制造业	商务服务业	建筑业	信息、计算机和软件业	农、林、牧、渔业	科研和技术服务业	其他
占比	30	29	6.5	5.5	4.5	5.2	1.5	17.8

本文利用实地调研中整理出的有效数据，对河南省中小企业日常经营和发展中遇到的制约因素给出了定量评判，对每一种影响因素对不同规模或不同性质企业的影响进行了逐一分类分析，并结合其他一些调查指标对其结构性影响进行了定量评价。根据得到的每一制约因素的结构性影响模式，揭示出各自的政策含义，在反思现有政策措施问题的基础上，提出相应的改进建议，以便中小企业更加良性地发展。

二　中小企业发展约束的整体评价

我们将河南省中小企业发展过程中遇到的制约因素概括为四大种类（见表 11－7）：融资约束、制度约束、要素投入约束和成本约束，每一大类又细分为若干具体项。我们要求企业家按照严重程度对每一个制约因素给予 1～5 分的打分。这种方法存在一个问题，即个人在打分时执行的标准可能不同。有些企业家打分时可能总是在 1～3 分这个范围，这样，绝对严重程度很大的制约因素从分数上看仅仅表现为中度或更低程度，而有些企业家同样情况下可能会选择 4～5 分。因为每一种制约因素绝对分数的差异在政策含义上没有实质性意义，所以我们将企业家给出的分数进行了标准化处理，使它处于 0（严重程度最小）和 1（严重程度最大）之间，然后对标准化分数进行简单算术平均。对每一个分数进行标准化、加总和平均处理，既可以表示出每一种制约因素的绝对严重程度，又可以在不同制约因素之间进行对比。表 11－7 显示了企业家对每一个制约因素的严重程度所给予的绝对和相对评判。

表 11－7　制约中小企业发展的因素（平均标准分）

制约因素		平均标准化分数
融资约束		0.92
制度约束	税费负担	0.68
	生产用地限制	0.52
	行政手续	0.32
	用工限制	0.10
	政策不确定性	0.14

续表

制约因素			平均标准化分数
要素投入约束	物质投入（能源、原材料、设备）		0.12
	技术、营销投入	技术缺乏	0.22
		熟练工人短缺	0.29
		销售渠道和客户不足	0.27
成本约束	资金成本		0.85
	原材料成本		0.58
	设备成本		0.49

注：受访者的评分被标准化在0和1之间，0表示严重程度最小，1表示严重程度最大。表中分值是受访企业的平均数。能提供完整有效数据的企业有184家。

企业家对不同制约因素影响的评判提供了重要数据，但这不是唯一的信息，在实地调研中，我们收集整理了其他相互补充的信息资料，这些补充数据将在下面的分析中给出。总体来说，不同的数据信息是可以相互印证的。需要注意的是，在这些得分中，成本约束的分数虽然较高，但其并不值得过多关注，因为这种高分并不是市场或政府失灵的信号，而可能是竞争加剧的结果，反映出企业家对利润被挤压情况下的一种情绪。如果竞争能够促使中小企业加快技术创新、提高经营效率，这反而是一件好事。

第三节　中小企业发展融资约束及其政策含义

一　中小企业发展融资约束的理论评判

在中小企业面临的众多问题中，提到最多的是融资问题。许多学者（Cressy 和 Olofsson，1997；Berger 1998；Mayer，1998；等等）的研究表明，在中小企业各种可能的外源融资渠道中，银行贷款是最主要的渠道。如 Berger 和 Udell（1998）的研究表明，在所有被调查的中小企业中，40.57%的企业是从商业银行获得贷款，这一数据远远大于从其他金融机构获得的贷款额。但由信息不对称产生的中小企业借贷中的道德风险和逆向选择，导致商业银行在贷款中实行信贷配给（Stiglitz 和 Weiss，1981），从而给中小企业获取银行贷款带来困难（Behr 和 Guttler，2007；林毅夫、李永军，2001；张捷，2002）。

中小企业的融资能力和渠道取决于其向资金供给者显示有效信息的能力（Berger 和 Udell，1998）。这种信息可以分为“硬信息”和“软信息”。“硬信息”是易于显示、传递和量化的企业相关数据；“软信息”是难以识别、辨认和传递的“意会知识”。“硬信息”可以随时在企业的各种报表中收集、查询，而“软信息”只能通过长期紧密的交易和接触逐渐累积和识别。

中小企业外源融资困难主要来自信息的不对称。许多中小企业由于企业资产规模小，以及缺乏业务记录、税务状况、财务审计和信贷历史信用等信息，获取外源融资存在困难（Berger 和 Udell，1998）。王霄、张捷（2003）用内生化抵押品和企业规模的模型推导出，当中小企业的资产规模小于银行所要求的临界抵押品价值时，中小企业很难从商业银行那里获得贷款。信息收集和传递的困难加剧了中小企业和银行之间的信息不对称，使中小企业在借款决策中容易产生逆向选择行为，导致商业银行在信贷过程中存在信贷配给现象。由于信贷配给，中小企业即使愿意高利率贷款，银行也不会批准，因为银行认为那些愿意接受出高利率贷款的中小企业会选择高风险的投资项目（Hodgman，1961；Stiglitz 和 Weiss，1981；Wette，1983；Martinell，1997；林毅夫、李永军，2001；张捷，2002）。

解决中小企业融资难题主要是要缓解信息不对称问题。根据银行贷款决策时依赖信息的不同，Berger 和 Udell（2002）将银行的贷款技术分为四类：财务报表型贷款、抵押担保型贷款、信用评分型贷款及关系型贷款。对中小企业贷款来说，担保和抵押是减少信息利用量和解决信息不对称问题的常规方法。Akedof（1970）认为，担保是减少不对称信息的有效方法之一。Stiglitz 和 Weiss（1981）也指出，担保可以视为贷款人对借款人事后道德风险问题的一种约束机制，可以降低道德风险发生的概率。有研究表明，固定资产抵押有助于解决逆向选择，并能避免银行的信贷配给（Stiglitz 和 Weiss，1981；Chan 和 Thakor，1987）。实证研究结果表明，为了降低中小企业的违约风险，银行信用贷款的比重日益降低，抵押、质押和担保贷款的比重日渐增高。Gelos 和 Wenler（2002）认为，银行在没有发展起相应评估企业项目风险的技术和适合不同企业特点的信贷管理技术之前，银行在对中小企业提供信贷时可能会形成对抵押品的过分依赖。相对于企业的整体信誉而言，金融机构更看重抵押品的价值。中国人民银行研究局（2005）的研究也表明，抵押贷款的获得主要取决于借款者所能提供的抵押品的数量和质量。

通过“软信息”的不断传递和长期积累，逐渐形成关系型借贷，是减少信息不对称的一种有效方法。Allen 和 Udell（1995）通过数据实证分析，发现银行和企业之间的关系型借贷可以在一定程度上消除信息不对称。他们的研究表明，有着较长银企关系的借款人可以支付较低的利息和凭借更少的抵押来获得贷款。Boot 和 Mibourn（2002）指出，关系型借贷是积累中小企业“软信息”的适当技术；Allen 和 Saunders（1991），Nakamura（1992），Berger 等（1999）及 Boo（2000）也提出，银企间的长期关系可以使中小企业获得资金，同时也可以使银行获得更多的企业信息。

对中小企业融资问题的研究更多的是定性地分析影响企业资金获得性的因素，对中小企业贷款获得量影响因素的定量研究以及每种因素的影响程度的分析比较少。本文利用从长期跟踪调查河南中小企业过程中获得的企业微观数据，通过多元线性回归模型，研究中小企业贷款获得量的决定因素以及各种因素的影响程度。

二　中小企业发展融资约束的理论评判

从表 11－7 可以看出，在所有中小企业发展的制约因素中，融资约束平均标准化分数最高。融资约束严重程度高的事实并不必然意味着金融市场不完善。在有些情况下，对任何金融机构来说，向一些受融资约束的企业借款都有可能是不明智的。判断较高的约束分数是否意味着严重的市场失灵，需要进一步深入分析。

表 11－8 汇总了实地调研得到的河南中小企业融资渠道的情况。与中小企业融资理论相一致，① 企业家自己的储蓄是中小企业融资的主要渠道，大部分企业（72%）在创业和企业发展过程中得到过家庭或近亲的资金支持。中小企业采用合伙制的较少，合伙者主要是亲戚。利用商业信用和民间借贷进行融资的企业数量基本相等，占企业数量的近 30%。大约有 32% 的

---

① 很多实证研究表明，中小企业的融资实践符合融资优序理论和企业金融成长周期理论的观点，在融资渠道选择上，企业总是优先选择风险和成本低的内源融资，其次选择民间的或银行的债务融资，只有当企业达到一定规模后，才会选择从资本市场进行债权或股权融资（张杰，2000）。

企业谈到，在获得正规的银行贷款之前，至少利用了其中一种非正规信贷。令我们感兴趣的是，还有一种形式的融资渠道在中小企业融资中发挥着重要作用，那就是各种协会、商会牵头组织的非营利组织和具有互助性质的合作金融，有39%的受访中小企业表示曾通过这种渠道获得过资金融通。

表11－8　受调查中小企业采用的融资渠道
（采用某种融资渠道的企业数占样本企业数的比例）

单位：%

融资渠道	自我储蓄或留存利润	家庭或近亲	合伙人	正规金融机构	非正规金融机构	商业信用	非营利组织、合作金融
占　比	98	72	2.6	45	28.9	29.2	39

注：能提供完整有效数据的企业有184家。

表11－9显示，45%以上的受调查中小企业曾经获得过正规金融机构的贷款。雇用人数小于6人或者企业年龄小于3年的受调查中小企业数量为87家，其中获得过正规金融机构贷款的只有6家，仅占该类企业的6.9%。这种模式验证了伯格（Berger）和安德尔（Udell）（1998）与张杰（2000）的发现。他们认为正规金融机构对中小企业贷款缺少积极性，因为中小企业贷款规模小，以至于平均信贷成本高；财务信息混乱、信息不对称和缺乏抵押品，容易出现道德风险；竞争激烈，风险大，贷款的违约风险高。中小企业直到拥有了成功记录才能被正规金融机构接纳。

表11－9　各类中小企业（按规模和企业年龄分类）中曾经获得过正规金融机构贷款的企业所占比例

单位：%

企业规模（雇用人数）	企业年龄			
	0～2年	3～5年	6年以上	合　计
1～5人	7.9（38）	10.0（10）	4.2（24）	6.9（72）
6～20人	6.7（15）	20.0（10）	72.4（29）	48.1（54）
大于21人	0.0（0）	100. 0（5）	87.8（53）	87.9（58）
合　计	7.6（53）	44.0（25）	64.2（106）	45.1（184）

注：括号内为该类中小企业的数量。

对于雇用人数多于5人和经营至少3年的中小企业，有79%曾经获得过正规金融机构的贷款。该类中小企业中未获得过正规金融机构贷款的20家企业与同样情况但雇用人数少于6人或者企业年龄小于3年的87家企业之间存在显著差别。前者给融资约束打的分数一般较低，表明融资困境不明显；而后者在金融约束这一项打分较高，其中有70家曾经向银行申请过贷款，但大部分没有成功。根据受访者的反映，贷款申请者需要提供不动产抵押，而租赁的厂房和集体土地上的房屋还不能作为抵押物。另外，贷款申请者还必须为项目投资提供详细的可行性报告和完整的财务报表。即使有了抵押，也准备好了可行性报告和财务报表，从申请到获得贷款也还需要很长一段时间。

三　中小企业贷款获得量影响因素的经验分析

为了对中小企业贷款获得量的影响因素有一个系统研究，我们在收集的数据中选取和设计了与中小企业的相关变量。它们包括企业收益表中的变量（流量）①：净利润（X_1）、销售总额（X_2）、折旧（X_3）；企业资产负债表中的变量（存量）②：资产总量（X_4）、负债总量（X_5）、流动资产③（X_6）、流动负债（X_7）④、固定资本（X_8）；与企业和企业家其他特质相关的变量：抵押品价值（X_9）、雇用人数（X_{10}）、管理者经验（X_{11}）⑤、企业与企业家信誉（X_{12}）⑥；此外，还有外部净财富（X_{13}）、企业所有制性质（X_{14}）、贷款总量（X_{15}）等。企业家个人的财务状况被称为外部净财富（X_{13}）。企业所有制性质（X_{14}）分为两类，一类为国有企业，另一类为其他性质的企业，如果是前者，$X_{14}=1$；否则，$X_{14}=0$。贷款总量（X_{15}）与债务总量的比值是本文中多元线性回归分析的因变量。上述变量的一些简

① 这些变量是被调查企业获得贷款之前一年时间相关流量的金额。

② 这些变量是距离获得贷款时间最近的被调查企业资产负债表中相关变量的金额。所有资产与负债都是与贷款企业业务密切相关的，企业主的企业之外的资产与财富被称为外部净财富。

③ 流动资产指现金加上应收账款减去不良应收账款。

④ 流动负债指在12个月内将要到期的债务量。

⑤ 管理者经验指管理者曾经有过的管理经历年限，并不仅仅限于在现有企业中从事管理的时间。

⑥ 企业与企业家信誉指企业和企业主的信用历史。“良好”信用是指企业和企业主两者的信用记录里小的拖欠不超过一次。如果信用是“良好”，那么$X_{12}=1$；否则，$X_{12}=0$。

单变换可以组合成新的变量，包括：企业流动性，指流动资产减去流动负债（X_6-X_7）；企业净资产，指资产总量减去负债总量（X_4-X_5）；现金流量，是净利润和折旧之和（X_1+X_3）；劳动－资本比，是雇用人数与固定资本之比（X_{10}/X_8）。为了避免回归分析中的异方差问题，货币金额表示的变量都用总资产进行调整。

上述变量的数据来自对河南省各地市中小企业的实地调查和走访。收集的信息包括中小企业的“硬信息”和“软信息”。净利润、销售总额、折旧、资产总量、负债总量、流动资产、流动负债、固定资本等“硬信息”主要通过企业财务账簿收集。但是由于很多中小企业的财务账簿不完整或不准确，需要根据企业实际经营情况或通过其他渠道得到的信息对相关数据进行调整。抵押品价值、雇用人数、管理者经验、企业与企业主信誉、外部净财富等“软信息”通过实地调查和访谈等多种方式获得。学生利用寒假和暑假时间，每年收集两次相关数据。本文所用的数据是 2011 年 3 月整理的数据。在收到的 319 份企业数据表中，数据完整、有效而可用于实证分析的有 274 份。

从理论和实践看，影响企业获得银行贷款数量的因素包括企业流动性（X_6-X_7）、企业净资产（X_4-X_5）、现金流量（X_1+X_3）、抵押品价值（X_9）、外部净财富（X_{13}）、劳动－资本比（X_{10}/X_8）、管理者经验（X_{11}）、企业与企业家信誉（X_{12}）和企业所有制性质（X_{14}）九个。

企业流动性与贷款数量之间的关系由供给和需求两个因素决定。从需求因素看，流动性好的企业对贷款（特别是短期贷款）需求的意愿较低。企业流动性与现金流量具有正的相关性，流动性好的企业更多地依靠内源性融资，外源性融资的比例较低。从供给因素看，流动性好的企业违约拖欠风险较低，正规金融机构更愿意向这些企业贷款。综合考虑，供给因素的影响可能会超过需求因素，所以企业流动性与贷款总量之间可能是正相关的。

企业净资产（X_4-X_5）与贷款数量之间的关系也取决于供给和需求两方面因素的影响。从需求方面看，企业净资产少的企业对贷款的需求意愿强，特别是在资本市场不完善而限制净投资回报率高的企业获得直接融资的情况下更是如此。这样的企业愿意花费更大的公关努力和更高的成本获得贷款。从供给方面看，企业净资产少的企业违约的成本小，还款拖欠的概率大，银行不愿意为这些企业提供资金。综合考虑，需求因素的影响可能大于供给因素，企业净资产与贷款数量之间更可能是负相关的。

现金流量（X_1+X_3）对贷款数量的影响同样表现在需求和供给两个方面。现金流量高意味着企业可以更多地依靠内部积累解决资金问题。因为内源性融资使企业不受外界的制约和影响，具有较大的自主权，也没有还本付息的压力，风险最低，融资成本也最低，因而企业在现金流量充足时更多地会考虑内源性融资。另外，因为现金流量高的企业赢利能力和债务偿还能力强，金融机构更愿意向其贷款，这些企业能获得更多的贷款。综合考虑，在企业发展时期，供给因素的影响会更大，现金流量与贷款总量之间更大的可能是正相关。

抵押品价值（X_9）与贷款数量之间应该是正相关，因为中小企业经营活动透明度差，财务信息具有非公开性，所以信息不对称问题比较严重。金融机构为了避免道德风险和逆向选择，为中小企业贷款时一般要求其有抵押品，当抵押品的价值较高时，它们就愿意提供更多的贷款。

外部净财富（X_{13}）多意味着金融机构借款的安全性可以有更多的保障。当借款人不能偿还借款时，其外部净财富可以成为金融机构追偿的对象。借款申请人这方面的信息更容易被金融机构获得和证明，所以外部净财富与贷款数量之间呈现正相关性。

劳动-资本比（X_{10}/X_8）与贷款数量可能是负相关的。劳动密集型企业以投入大量的劳动力为主，对技术要求不高，其产品附加值低，企业获利微。从资本密集型企业和劳动密集型企业所处的行业性质和资产结构考虑，金融机构一般更偏爱资本密集型企业。但是，我国已经出台了很多政策措施鼓励金融机构对劳动密集型企业进行贷款。两者相比哪一个影响更大，有待进一步检验。

管理者经验（X_{11}）是控制企业经营风险和保证企业赢利的重要因素。银行贷款给经营经验丰富的管理者的企业，收款相对来说会更有保障。管理者经验与贷款数量之间可能表现出正相关，这取决于管理者方面的“软信息”是否被金融机构重视和被观察到。

企业与企业家信誉（X_{12}）与贷款数量之间可能是正相关的。因为以前没有信用不良记录的企业和企业家不履行偿还责任的可能性比较小，银行更愿意贷款给“历史清白”的借款者。

企业所有制性质（X_{14}）可能与贷款数量呈正相关，因为按照“所有制歧视”观点，银行更愿意贷款给国有企业。

为了对影响中小企业贷款获得量的因素进行定量研究，我们建立了一个多元线性回归模型。贷款总量（X_{15}）与负债总量（X_5）的比值是因变量，上述九个变量为解释变量。为了避免回归分析中的异方差问题，货币金额表示的变量用总资产进行调整。中小企业从正规金融机构获得贷款数量的多元线性回归结果见表 11－10。解释变量之间可能具有较强的关联性，我们通过解释变量之间的简单相关矩阵，找出关联性强的变量（见表 11－11）。在去掉有关变量之后，再通过多元线性回归分析检验原来的结论是否发生实质性变化（见表 11－12）。

表 11－10　中小企业从正规金融机构获得贷款数量的多元线性回归结果

变　量	回归系数	标准差	变量均值	解释变量及变换
常数项	0.2612	0.4291	—	—
企业流动性	0.0091	0.3687	－0.117	$(X_6 - X_7)/X_4$
企业净资产	－0.1147	0.3078	0.4352	$(X_4 - X_5)/X_4$
现金流量	0.9577*	0.1311	0.6752	$(X_1 + X_3)/X_4$
抵押品价值	0.4691*	0.0874	0.913	X_9/X_4
外部净财富	0.4313*	0.0671	0.907	X_{13}/X_4
劳动－资本比	－39.5177	34.6179	0.0016	X_{10}/X_8
管理者经验	－0.0098	0.0141	6.974	X_{11}
企业与企业家信誉	0.0125	0.2571	0.872	X_{12}
企业所有制性质	0.0097	0.1795	0.085	X_{14}

注：＊5% 的水平上具有统计显著性。$R^2 = 0.482$；F＝24.24；估计标准差＝1.580；$n = 274$。

表 11－11　解释变量的简单相关矩阵

	(1)	(2)	(3)	(4)	(5)	(6)	(7)	(8)
(1) 企业流动性								
(2) 企业净资产	0.767							
(3) 现金流量	0.301	0.319						
(4) 抵押品价值	0.159	0.214	0.325					
(5) 外部净财富	0.109	0.168	0.351	0.362				

续表

	(1)	(2)	(3)	(4)	(5)	(6)	(7)	(8)
(6) 劳动-资本比	-0.201	-0.227	0.125	-0.023	0.213			
(7) 管理者经验	0.061	0.112	-0.107	-0.027	0.015	-0.053		
(8) 企业与企业家信誉	0.132	0.127	0.103	0.031	0.063	0.059	-0.009	
(9) 企业所有制性质	-0.065	0.037	-0.147	0.192	0.073	-0.174	0.207	-0.138

从回归结果看，流动性较小的企业倾向于获得较多的贷款数量，但是这种关系在统计上完全没有显著性。这种结果支持了这样的观点，即金融机构对流动性差的中小企业贷款意愿不强。企业净资产与贷款获得量呈负相关，在10%的水平上具有统计显著性。净资产较少的企业获得较多贷款的愿望更强烈，这种需求因素的影响超过了金融机构供给因素的影响。解释变量的简单相关矩阵显示，企业净资产与企业流动性之间有很强的相关性。如果将企业流动性从解释变量中去掉，重新估计之前的多元回归模型，所有解释变量的回归系数都没有发生实质性变化。企业净资产变量的标准差从0.3078下降到0.2092，企业净资产与贷款数量之间的负相关在5%的水平上具有统计显著性（见表11-12）。

表11-12　去掉企业流动性后，中小企业获得贷款数量的多元线性回归结果

变　量	回归系数	标准差
常数项	0.2597	0.3918
企业净资产	-0.1137*	0.2092
现金流量	0.9586*	0.1291
抵押品价值	0.4691*	0.0871
外部净财富	0.4313*	0.0670
劳动-资本比	-39.5172	34.6179
管理者经验	-0.0098	0.0141
企业与企业家信誉	0.0123	0.2563
企业所有制性质	0.0095	0.1746

注：*在5%的水平上具有统计显著性。$R^2=0.487$；$F=26.84$；估计标准差=1.573；$n=274$。

线性回归模型非常明确地显示，金融机构在对中小企业进行贷款决策时最关心的是现金流量和抵押品价值。现金流量和抵押品价值两个变量与贷款获得量之间具有强相关性，并在1%的水平上具有统计显著性。企业家的外部净财富具有相同的特性。

劳动－资本比变量的系数说明，金融机构在对中小企业贷款时，对资本密集型企业更偏爱一些，但是劳动－资本比与贷款数量之间的负相关性在5%水平上不具有统计显著性。

管理者经验、企业与企业家信誉与中小企业贷款数量之间的弱相关性和统计上的不显著比较出乎意料，也非常令人感兴趣。这种情况可能意味着金融机构在对中小企业进行贷款决策时，考虑更多的是这些企业短期的流动性和偿付能力，而对管理者经验、企业与企业家信誉和企业净资产等反映中小企业长期偿付能力的指标关注较少。这种回归结果也反映了金融机构更多地关注借款者财务上的“硬信息”，而对相关企业的“软信息”收集或关注不够。不同规模的金融机构在对“软信息”的关注度上是否有所不同，是我们正在研究的一个课题。

企业所有制性质与中小企业贷款数量之间的弱相关和统计上的不显著，说明“所有制歧视”的观点在这里并没有得到验证，这可能意味着在中小企业贷款获得量的影响因素中，所有制并不是一个很重要的因素。所有制因素在不同规模企业贷款中的影响大小是否存在差异，是我们准备研究的一个课题。

四　中小企业发展融资约束经验分析的政策含义

对中小企业融资约束的调查得到的结果具有很强的政策含义。在所有制约中小企业发展的因素中，融资约束的分值最高，达0.92，紧随其后的是资金成本约束，为0.85，说明中小企业在融资市场中处于天然的弱势，这并非金融市场不完善造成的，而是市场运行的必然结果。考虑到中小企业巨大的社会边际效益，市场分配给中小企业的均衡资金量低于最优水平。这意味着，需要以财政补贴为手段，通过直接向中小企业拨款、成立政策性银行金融机构、对中小企业的商业融资提供担保或贴息、资助向中小企业提供融资服务的机构或组织等方式，建立财政扶持体系，利用政府的“有形之手”修正市场“无形之手”形成的非最优均衡结果。

从调查结果看，内源性融资是中小企业最主要的资金来源，被98%的企业采用。因此，以降低中小企业税收负担为杠杆建立和完善政府扶持中小企业融资体系，提高内源融资比例，使企业获得风险最小、成本最低的资金，降低其资产负债率，对促进中小企业提高竞争力、降低经营风险非常关键。

正规金融机构仍然是中小企业获得融资的一个主要途径，而且我国大型商业银行的分支网点遍布全国，并与中小企业保持着比较紧密的联系，掌握着与关系型贷款相关的“软信息”。对我国中小企业融资情况的抽样调查研究表明，影响中小企业银行贷款的关键因素是贷款审批权而非银行规模（Yan Shen 等，2009）。因此，我国大型商业银行向中小企业贷款具有独特优势，通过将中小企业贷款业务独立出来，并将审批权下放，可以充分发挥我国大型商业银行分支机构多的优势，调动基层网点为中小企业融资服务的积极性。

我们在调查中发现，服务于中小企业的非营利组织，包括各级中小企业协会、行业协会、地方商会及非营利的互助担保机构，以及企业家之间自发组成的具有互助性质的合作金融，在中小企业资金融通中发挥着积极作用。这些非营利组织属于企业自治的性质，它们将中小企业组织起来，发挥着相互监督、相互帮助、联合对外的作用，对保护中小企业的合法权益、维护竞争秩序、促进成员内部和政府之间的沟通具有重要作用。通过立法和规范监管引导这些非营利性组织发展，可以作为解决中小企业间接融资的重要补充。

一个值得注意的现象是，民间借贷在中小企业融资中发挥着越来越重要的作用，很多企业家在访谈中都谈到了这个话题。特别是在紧缩性货币政策时期，中小企业受紧缩政策影响最大，只能转向民间融资渠道。当银行信贷资金来源减少、企业正规渠道融资难度加大时，民间借贷就变得活跃；当银行信贷资金来源增加、信贷投入力度加大时，民间借贷会在一定程度上受到抑制。民间金融可以充分利用会员之间的“软信息”优势和其他信用惩罚措施等非正式制度安排，较好地缓解信息不对称问题和道德风险，为民间资本能够有效地服务于中小企业架起了一座桥梁。我国应该为民间借贷找到一个合法的渠道，通过针对性立法，将其纳入国家监管体系，规范其行为，并通过建立相关的服务体系，为民间金融机构提供融资信息服务、管理咨询等，提高民间金融机构的管理水平，促进其逐渐向正规金融机构演变。

第四节　中小企业发展其他制约因素及其政策含义

一　制度约束及其政策含义

表 11－7 进一步将中小企业面临的制度约束细化为税费负担、生产用地限制、行政手续（包括各种证照办理以及与行政管理部门的关系）、用工限制和政策不确定性，平均标准化分数分别为 0.68、0.52、0.32、0.10 和 0.14。其中，生产用地限制的影响较大，但这涉及粮食安全和国家土地制度等复杂问题，无法在这里做过多讨论；用工限制在企业家看来对中小企业发展的影响最小，可能是因为《劳动合同法》在中小企业并没有完全执行；政策不确定性来自国家经常对税收减免等优惠政策经常出台补充规定，需要企业随时跟踪新的规定。我们最关注的是税费负担重与行政手续烦琐问题，它们对不同企业具有不同的影响。

表 11－13 把每一种制度约束的分数在不同规模和不同法律性质的中小企业间进行分解，用以观察制度约束对不同中小企业影响的系统变动。我们发现，随着企业规模的扩大，制度约束分数也在增大，这种增人在税收约束中比其他制度约束项表现得更加明显。为了解释这种系统变动，我们把中小企业的相关负担分为三类：财政负担、行政负担和门槛负担。财政负担是中小企业缴纳的税收总额。行政负担是中小企业为了应付各种烦琐的行政审批手续而需要支付的成本，特别是企业家浪费于非财富创造活动中的时间、精力等方面的机会成本，它的大小与政府行政效率呈负相关。行政负担的增加往往伴随着财政负担的加重以及部分政府垄断部门的各种不合理摊派、收费、拉赞助和政府中某些官员的寻租行为的增多。行政负担对小企业的影响最大，行政负担中很多属于固定成本，其并不会随着企业规模扩大而增加。另外，较大的企业可以派专人与行政部门打交道，而小企业需要企业家亲自处理这些事情。企业家才能与其他生产要素是互补的，行政负担减轻可以降低中小企业的可变成本和固定成本。当规模达到

一定临界值的企业承受了财政负担或行政负担时，门槛负担就会出现。门槛负担可能会导致企业有意放慢发展的速度，或者导致一些半独立企业的出现，使企业的规模控制在承担税收和行政审批所要求的门槛之内，从而带来非规模经济的效率损失。

表 11－13　各类中小企业（按规模和法律性质分类）制度约束分解的平均标准分

制约因素	企业规模（雇用人数）			
	1～5 人	6～15 人	16 人以上	所有企业
行政手续	0.07	0.04	0.85	0.32
税费负担	0.32	0.78	0.87	0.68
未注册	0.24（29）	0.40（5）	无	0.26
个体、私营或合伙	0.41（24）	0.78（44）	0.82（48）	0.72
有限责任公司	无	0.98（10）	0.96（24）	0.97
用工限制	—	—	—	—
有限责任公司	0.00	0.04	0.38	0.28
其他	0.00	0.05	0.08	0.06
企业数量	53	59	72	184

注：受访者对每项约束的评分被标准化在 0 和 1 之间，0 表示严重程度最小，1 表示严重程度最大。表中分值是受访企业标准化评分的平均值。能提供有效数据的企业有 184 家。括号内为某类企业的数量。

门槛负担可以解释表 11－13 中表现出的税费负担和用工限制约束的分值随企业规模扩大而提高的规律。行政手续约束出现同样的变动规律，主要是因为小企业逃避监管更加容易和成本较小。因此，很多小企业没有办理行政审批所要求的各种手续。

从我国税收制度看，中小企业税费负担较重。就一般中小工业企业来说，需要缴纳 17% 的增值税①、25% 的企业所得税和 5% 的营业税，同时

① 现行增值税制度对中小企业不利。增值税制度把纳税人分为一般纳税人和小规模纳税人，凡达不到销售标准（商业企业年销售额达 180 万元，工业企业年销售额在 100 万元以上）的纳税户，不管企业会计是否健全，都被界定为小规模纳税人，这种界定把很大一部分中小企业划入了小规模纳税人之列。而小规模纳税人较高的征收率（商业 4%，工业 6%）使其实际税负远高于一般纳税人（商业 2.5%，工业 4%），小规模纳税人按销售额的 6% 或 4% 征收率征收的税额相当于在实现 54.55% 或 30.77% 的增值条件下才能与一般纳税人依 17% 计算的税额相等。

在营业税额度上还要增加7%的城市建设税、3%的教育费附加、1%的印花税、2%的地方教育费附加以及其他地方特殊附加税。除此之外，还需要缴纳工会费、工商年检费、垃圾清理费、环境卫生评估费、消防许可费等各种非税费用。在调查中，不同规模和不同法律性质的很多受访者承认其实际缴纳的税费远远低于官方规定的标准。没有注册的小企业可以逃税，但为了应对有关部门的检查，需要一些“通融”费用。个体或合伙制企业需要正式注册，但不要求完整账目，不需要查账缴税，它们在申报收入和利润时都会留有余地，并且只要客户不提，能不开发票就尽量不开发票，或者通过赠送礼品避免客户要求开发票。[①] 受访者承认企业规模越大，越容易受到税务部门的严格检查。有限责任公司隐瞒收入和利润的空间就比较小，因为它们拥有规范的经过审计的账目。用工制度也存在同样的情况，有限责任公司不断增加的透明度也使它们成为用工规定的重点执行单位。但是，一些受访者也透露，规模较大的一些企业也可以通过一些会计处理来减轻税费负担。总体说来，实地调查表明，随着规模的扩大，企业对税费和其他制度规定的敏感性在增加。因此，一些企业家理性地选择控制企业的扩张规模和速度。[②]

在调查中，很多中小企业主反映，虽然有不少针对中小企业的税收优惠政策，但这些政策多散布于单个税种中，没有固定的法律条款，而且大部分是以补充规定或通知的形式发布，补充规定分散且不明确，再加上政策调整频繁，使得优惠政策缺乏系统性、规范性和稳定性，不利于中小企业经营者掌握、操作和执行，加大了企业纳税成本或者使中小企业得不到应有的税收优惠。调查中中小企业抱怨最多的是乱收费现象。对中小企业的乱收费、乱摊派、乱集资的“三乱”现象在一些地区比较严重，有“头税轻，二费重，三费四费无底洞”之说。个别中小企业上缴的税外费用甚

① 一位受访的小企业主算了一笔账，200元的定额发票，各种税费加起来差不多有20元，送一些小礼品比开发票划算多了。

② 在调查中，有一个个体工商户，她不需要完整账目，不用查账缴税，纳税定额是5000元。按照3%的定额税率，每个月只需缴纳150元的税，再加上城市建设税10.5元、教育附加费4.5元和其他一些税费，一个月的总税额大概是170元。虽然收入不错，但她并没有打算扩大规模，因为一旦注册为公司，年收入超过80万元，财务就必须规范，需要按一般纳税人缴纳17%的增值税。

至多于所缴税款。

从与中小企业相关人员的交流中可以知道，行政主管部门“门难进，脸难看，事难办”现象大有改进，政府办事效率有了很大提高。但是，中小企业管理部门多，创办中小企业审批环节多、时间长，以及注册企业成本高等问题仍然制约着中小企业的成长。一些领域前置条件和不公平竞争阻碍了中小企业的进入，不少领域对中小企业进入仍设有较高门槛。

制度约束调查信息透漏的政策含义是，功能良好的规制和税收制度的特征是行政审批环节和手续少、透明度和可预期性高、负担适中而普适性强。如果哪个地方的规制和税收制度缺少这些特征，财政负担、行政负担和门槛负担会相互作用，创造出一些制度安排减缓不合理制度带来的过度危害。例如，税费负担过高，企业就会通过各种小手段减轻实际税费负担，如果针对这种情况，政府提高税收征缴的强度和透明度，企业的税费负担就会超出中小企业的承受范围。同样，如果要降低门槛负担，提高规制和税收制度的普适性，就需要改变现有的行政负担和财政负担。

考虑到各种负担的相互作用和相互影响，规制和税收制度改革需要同时在四个方面进行。第一，政府在转变职能的基础上，理顺管理体制，减少政府部门垂直组织的层次，增加组织中要素的网络化联系，改革行政审批制度，厘清行政审批事项，简化审批程序，减少审批事项，规范审批行为，同时，用现代化服务手段实现服务创新；第二，实行普惠的减税政策，降低税率和起征点，扩大税基，减轻中小企业过重的税费负担。同时，规范和清理地方中小企业的收费制度，逐渐变费为税；第三，通过制度的建构和充分发挥社会中介组织的作用，提高政策制定和执行过程中的透明度和可预期性，减少一些权力的机会主义行为，为各类中小企业提供一个公平竞争的环境；第四，在降低财政负担和行政负担的同时，改变传统的非普惠型中小企业税收优惠和其他扶持政策，增加规制和税收制度的覆盖范围。政府制定的税收优惠和其他扶持政策会对一些中小企业起到有形的促进作用，而同时也会对另外一些中小企业的效率造成无形损失。这种通过政府强制力量而不是市场主体自发交互作用来改变的制度约束，不一定能提高中小企业整体经济的效率。政府不应该采取行政手段刻意追求中小企业的发展，而应该充分利用市场机制的力量，给予中小企业融资、税收优惠、信息、人员培训、技术等方面的支持。

二　要素投入约束及其政策含义

我们将要素投入约束细分为物资投入约束与技术、营销投入约束两类。前者指能源、原材料和设备短缺对中小企业发展的制约；后者指技术、熟练工人和销售渠道与客户缺少对中小企业发展形成的制约。

与融资约束和制度约束不同，物资投入约束更多地出现在个别行业和个别时期，如 2006 年造纸行业曾出现过造纸的原料木材短缺，用电高峰期和枯水期常出现电力和用水供应短缺，而并不会对所有中小企业造成普遍影响。0.12 的平均标准化分数意味着要素投入约束对中小企业的影响不大，说明我国生产要素市场的市场化水平有了很大提高，完全竞争格局已基本确立。而且，原材料短缺的评判里面往往还掺杂着原材料价格上涨以及购买原材料的资金短缺等因素。但是，与要素投入相关的一种约束在访谈中引起了我们特别的注意：在一些区域的个别产业中，一家处于支配地位的企业直接或间接地推行大规模的垂直一体化运营，从而形成一种对中小企业歧视的产业组织结构。垂直一体化可以充分发挥一体化内部的交易或技术效率优势，但这种联系不能扭曲。垂直一体化如果是为了人为控制市场而建立，它可能并不比独立交易更有效率（虽然有些时候确实会如此）。

在表 11－7 中，技术缺乏、熟练工人短缺、销售渠道和客户不足的分值不高。但是，受访企业在评价这些约束时，针对的是其现在所处市场，而这些约束更多地出现于其预进入市场的开拓期。即便如此，熟练工人短缺约束与过去相比增加了不少，特别是留住熟练工人的难度变得越来越大。

对技术缺乏和销售渠道及客户不足因素的评价可能会因为特定市场的价格和质量要求（市场因素方面）以及企业主的抱负及其市场知名度（企业家因素方面）的不同而改变。正如表 11－14 所表明的，对技术缺乏的评分确实随着企业规模、企业家受教育程度和市场定位不同而呈现系统性变动。

表 11－14　技术缺乏约束的平均标准分

市场定位和企业家受教育程度	企业规模（雇用人数）			
	1～5 人	6～15 人	16 人以上	所有企业
高端市场				
受教育程度高的企业家	0.14（3）	0.58（14）	0.47（43）	0.48（60）
受教育程度低的企业家	无	0.05（2）	0.08（13）	0.08（15）
低端市场				
受教育程度高的企业家	0.00（10）	0.00（5）	无	0.00（15）
受教育程度低的企业家	0.04（51）	0.18（32）	0.21（13）	0.11（94）
所有平均	0.04（64）	0.26（53）	0.35（69）	0.22（184）

注：受访者的评分被标准化在 0 和 1 之间，0 表示严重程度最小，1 表示严重程度最大。表中分值是受访企业的平均数。能提供有效数据的企业有 184 家。括号内为企业数量。

我们将企业家按照受教育年限分为“受教育程度高的企业家”和“受教育程度低的企业家”，前者受教育的年限为 13 年或更多，后者则低于 13 年。将市场定位按照销售对象和销售模式分为高端市场和低端市场。前者包括主要为政府、国外及大中型企业、大客户、高收入者提供产品或服务，产品主要在正规商场或专卖店出售的市场。后者是企业自己将产品直接销售给一般消费者的市场。

在表 11－14 中，受访中小企业明显地分为两类：雇用人数在 5 人以上的受教育程度高的企业家的企业，市场定位于高端市场，对技术缺乏制约因素评分较高；雇用人数少于 15 人的受教育程度低的企业家的企业，市场定位于低端市场，认为技术缺乏对企业发展的制约并不重要。另外，市场因素方面与企业家因素方面各自表现出一定的独立影响：在服务于高端市场的中小企业中，受教育程度高的企业家对技术缺乏制约的评分高于受教育程度低的企业家；在受教育程度高的企业家所在的中小企业中，定位于高端市场的企业对技术缺乏制约的评分高于定位于低端市场的企业。

要素投入约束调查信息所包含的政策含义取决于对约束形成原因的判断。访谈中透漏的信息，特别是有关技术缺乏、熟练工人短缺及营销渠道和客户不足的内容，说明我国针对中小企业的技术和销售支持系统，即中小企业外部的公共和营利性的市场、组织网络，还很不完善。一种可能是这些支持系统具有内生性，支持系统不完善是中小企业所处市场技术含量不高的结果，而不是形成这种低端市场的原因。如果是这样，政策的主要任务是通过政府和非营利组织对中小企业进行引导。在中小企业利用政策创造的新机会过程中，私营组织提供的技术和销售支持体系就会自然地内生出来，中小企业的生产性服务在一定的服务需求规模和市场交易效率下实现从“内部化”向“外部化”演进。但是，支持系统不完善的另外一个原因可能来自市场失灵，这就需要政府干预。市场失灵可能源于技术和市场信息的公共产品性质，导致私人供给不足。市场失灵也可能是因为技术和市场信息具有很强的外部性，合作问题降低了第一个进入者的积极性。在这种情况下，政府的作用应该是提供最初激励的催化剂。

第五节　结论和政策导向

对实地调查数据的分析显示，中小企业经营环境非常复杂，发展过程中面临着一系列的制约因素，当一个制约因素缓解了，另外一个制约因素又会凸显出来。本文的分析为了解中小企业如何评判各种非价格制约因素及其严重程度提供了一种方法。

利用这种方法我们发现，这些制约因素对不同规模和不同性质的中小企业的影响存在差异。证据明确显示，融资约束对所有类型中小企业的发展都造成很大的制约，对小规模企业的影响尤其严重。小规模企业很难获得正规金融机构的贷款，它们更多地依靠自己和近亲的资金，同时，非正规金融机构、非营利组织的资金支持和合作金融也是重要的补充。紧随融资约束的是制度约束，特别是税费负担。高税负催生了中小企业很多的避税方法，造成规模较大和透明度较高的有限责任公司的实际税负偏重。要素投入约束对中小企业的制约并不显著，但随着企业规模的扩大和市场定位的提高，技术缺乏、熟练工人短缺及营销渠道和客户不足约束会变得更加严重。

了解影响中小企业发展的制约因素仅仅是第一步，更重要的是如何建立有利于中小企业良性发展的服务支持体系。从实际调查得出的信息看，我国需要对当前一些做法的政策取向进行反思。

在建立中小企业服务支持体系过程中，政府不应当成为具体执行的主体。政府的作用应主要体现在法律与一系列专门性法规的制定与完善上，通过一系列支持配套政策的制定与实施，发挥其在中小企业扶持、发展促进中的导向作用。这些配套政策既要包括改善中小企业经营环境的金融政策、税收政策和要素投入政策等，又要包括改善中小企业结构的创业企业支援政策、产业升级政策、技术政策和信息支持政策等，更要包括保护小规模企业利益的相应对策体系。每一项支持规定不应零星地散布于单个政策中，而应该在不断规范的基础上，逐渐形成具体化、制度化和法制化的完善政策支持体系。

鉴于中小企业支持体系具有某种程度的内生性，国家政策不应片面强调大企业或中小企业的发展，而是要通过市场形成企业之间的分工协作和共同发展，引导和促进中小企业间的联合，形成中小企业与大企业的合作体系。中小企业在与大企业的分工协作关系中，可获得大企业的技术指导、资金援助、企业管理活动方面的指导与培训，以及分享其庞大的销售信息网络和产品生产信息。

政府对中小企业的支持，除了设立专门的管理机构或服务机构，构建从中央到地方的横向和纵向中小企业服务组织网络，直接或间接为中小企业提供相应服务外，应更多地发挥市场营利性中介组织、非营利组织甚至一些民间自助组织的作用。营利性市场中介组织可以为中小企业提供经营管理、市场营销、法律法规、金融投资、出口业务技术咨询等专业化服务。包括社会团体、高校和科研单位，以及行业协会、商会、手工业协会等的非营利组织和民间自助组织，可以为中小企业提供信息咨询、培训、贸易展览等服务。政府及其公共服务机构、市场营利性中介组织、非营利组织和民间自助组织之间相互影响、相互依存、相互合作，可以分别从不同层次和不同领域为中小企业提供相应的服务，共同构成中小企业服务支持体系完整的组织构架。

第十二章　基于可持续增长的结构性经济政策

第一节　当前我国经济增速下降的性质与政策取向

前面对总量与结构的分析所要表明的核心问题，是当前我国经济所面临的有效需求严重不足产生于我国经济货币化过程中高增长后的经济衰退。1998 年以来的经济衰退和 2008 年之后经济增速的下降具有一般经济周期的特征，即 1991 ~ 1996 年与 2002 ~ 2008 年的高增长所产生的资产值过高和收入分配中工资的比重下降，同时企业的资产负债率过高使商业银行紧缩信贷而产生大量不良资产。1998 年以来的宏观经济政策并没有缓解上述矛盾，而是使有效需求不足问题更为严重，这突出地表现在收入分配的两极分化产生的不合理需求导向与产业结构恶性循环，在城镇失业率提高的同时，农村劳动力的转移速度大幅度下降。2008 年以来经济增速下降的原因与上一次经济衰退是一样的，都来自成本结构和收入结构的扭曲，并且问题可能比 1998 年那一次还要严重。1998 年以前积累下来的结构失衡问题在东南亚金融危机中并没有得到很好的调整，中国经济由于宏观经济政策的介入而又一次进入高增长周期。2008 年的国际金融危机时期，中国对过高资产值和由此形成的收入与成本结构也没有来得及调整，巨大的政策刺激再一次遏制了经济衰退，但也阻挡了成本和收入结构的调整。2011 年以来经济增速的下降已经具有了“滞胀”的典型特征。对这种经济衰退和“滞胀”问题的一种解决方法是，通过企业破产降低资产值并同时改变收入分配。从世界各国的经验看，这种企业和银行破产以及重组金融的方法是医治经济衰退和“滞胀”的唯一有效的方法。

这里的问题是，为什么凯恩斯主义的宏观经济政策在经验中总是失败？原因就在于各国政府所采用的“逆经济周期”而行的总需求扩张政策完全是与调节有效需求的方向相反的，这导致了更高的资产值和更低的工资在收入分配中的比重失衡。同时，政府通过发行公债使银行不破产而不是重组金融，只能使上述导致有效需求不足的比例关系进一步恶化。经济高速增长阶段使我国经济中出现了严重的资产值上升、收入分配两极分化与产业结构相互作用的恶性循环，其中的一个重要原因是政府的规模性总需求扩张政策阻碍了市场机制通过使企业破产实现自动调节。显然，如果没有政府的政策，我国商业银行不可能在企业70%资产负债率的条件下继续增加货币供给，企业和商业银行也不可能不破产。而政府的总需求扩张政策实际上只起到了防止企业破产的作用，而不能改变那些不合理的比例关系，这使市场机制本身的调节方向必然导致上述恶性循环的“滞胀”。

但是，通过紧缩政策使企业、银行破产和重组金融的方法在我国现阶段的条件下是完全不可行的，这正是我们强调我国特殊货币化过程中的经济衰退与一般经济周期不同的原因。其一，像我们前面对各国资本初始积累时期的经验分析所表明的，这种货币化过程中产生的经济衰退往往具有严重的经济危机性质，如英国1825年的经济危机、美国20世纪30年代的大萧条，以及拉美国家的金融危机也是非常严重的。而且在市场经济建立的初期，这种严重的经济危机可能产生一系列社会问题。许多拉美国家和东南亚国家由于经济危机而产生政治动乱。另外，在市场经济不完善的条件下，依靠市场的自动调节能否使经济恢复合理的比例关系而进入复苏阶段，也是有疑问的。其二，我国现在经济增长速度的下降是在尚未最终完成城市化和建立完善的金融体系的条件下发生的，依靠紧缩政策进行调整必然会严重影响我国经济的货币化过程，对加速农村剩余劳动力的转移和建立完善的货币金融体系也是极其不利的。就当前的经济增速来讲，这已经严重限制了农村劳动力的转移和经济的货币化。

基于上述分析，我们提出了通过结构性扩张总需求和提高经济增长率的方法走出“滞胀”，具体来讲，就是按照“货币量值的生产函数”所表明的名义GDP增长率和就业的关系，根据我国农村劳动力转移和城市化的要求，并参考日本与韩国的经验，通过结构性的“积极”经济政策，在调节成本结构和收入结构的同时，将名义GDP增长率提高到较高水平，通过结构调整保证总量经济的快速增长，通过总量的经济扩张来调整结构，在高增长过程中改变那些不合理的比例关系，使经济走向高速增长的稳定状态。这种结构性扩张政策的要点是，政府通过强有力的政策手段在扩张总量的同时，改变市场机制本身的调节方向，即当前我国经济中存在的收入分配与产业结构的恶性循环。可以说，这种依靠经济扩张来医治衰退和“滞胀”的方式在世界各国是没有先例的。对发达国家来讲，由于这些国家已经实现了农村的城市化和建立了完善的货币金融体系，这种方法是完全没有必要的。比如目前的日本，只要能够把经济增长率恢复到3%左右就可以了，过高的增长率反而会引起经济波动。其他发展中国家由于经济体制的原因，也难以采用这种方法。因此，这种扩张性方法的可行性是需要充分论证的。

第一，这种高速经济增长是当前我国经济货币化过程的要求。目前，我国有效需求的严重不足一方面联系到尚未货币化的近50%的农村人口；另一方面联系到尚未建立起完善的货币金融体系。这两个方面是制约我国经济增长和经济体制运行的关键。因此，加速我国的城市化进程和建立完善的货币金融体系，可以从根本上调节导致目前有效需求不足的根源。我国经济中有效需求严重不足突出地表现在就业问题上。目前就业市场一方面出现了“民工荒”；另一方面出现了大学生就业难。其实这两种状况的同时存在源于收入结构和成本结构的失衡。收入结构决定的需求结构使我国的产业结构呈现低端化，低端的产业只能利用低技术和知识含量比较低的农村剩余劳动力，当劳动力二级市场中的工资较低时，劳动力的供给和需求状况决定了“民工荒”的产生。而这些产业对大学生来说，无论供给还是需求都不可能大量吸纳，而一些资本密集和技术密集的所谓高端产业，吸收就业的能力又很低，所以大学生就业难的问题也就随之产生。实际上，就目前我国的技术水平来讲，所有基本消费品的产量完全可以大幅度增长而不受资源的约束，城市化和农业的现代化也不受技术约束，而只受有效需求的约束。这种有效需求约束表现在资产值对工资的比例和收入分配中工资的比例上。但就我国尚有近50%的农村人口而言，提高总量的增长率是极为重要的，因为加速农村劳动力的转移和城市化的速度可以极大地改变上述比例关系。在未来的10~20年中，如果经济增长率能够稳定在15%以上，可以使我国的农村人口降低到20%~30%，从而基本实现城市化。只有这种高速经济增长和农村的城市化才能满足我国现有的消费品生产技术的国内需求，使农村人口和城市低收入阶层享受到我国目前完全可以生产的现代消费品，而城市化的发展是改善我国人民生活水平的最重要途径。这种总量的扩张可以在短期提高人们的生活水平，这对缓解我国目前由于相对收入水平下降乃至绝对收入水平下降引起的社会矛盾是非常重要的。同时，这种高速的名义 GDP 增长对引进外资和扩大进出口是重要的，唯此才能保证我国的贸易利益和尽快缩小与发达国家的差距。因此，把名义 GDP 增长率提高到 20% 左右是完全有必要的，问题只是在于如何调整结构。

第二，在市场经济中，整个国民经济的运行是由特定货币金融体系构成的货币投入产出流转，在内生的货币供给条件下，这种货币流转取决于企业的成本收益计算和居民收入的支出流向。在当前我国的经济体制条件下，政府依然牢牢控制着我国货币金融体系的运转。因此，政府的政策完全可以改变货币流转的方向。当前我国的货币金融体系正处于建立和完善的过程中，在这个阶段，依靠政府的财政和货币政策以及制度法规来建立完善的货币金融体系是极其重要的。前面对发展中国家的经验分析表明，在货币化的过程中，依靠政府政策可以在较短的时期内建立完善的货币金融体系、实现农村货币化和城市化，而依靠自发的市场势力来建立货币金融体系则是困难的，特别是对农村的货币化和城市化来说，因为在城市中发展起来的货币金融体系是把农村作为“边缘”对待的，发达国家在早期的货币化过程中不仅经历了漫长的时间，而且引发过严重的社会矛盾，拉美国家的货币化过程也伴随着严重的社会问题。如我们前面的分析所表明的，在市场机制不完善的货币化过程中，市场经济收入分配本身包含的矛盾极易产生两极分化、货币拜物教和人的异化，从而严重阻碍市场经济的货币化进程，通过政府的作用加速货币化和农村的城市化进程，对缓和这种矛盾是非常重要的。需要表明的是，依靠政府的作用来建立货币金融体系绝不意味着用财政替代货币，而是要通过政府的政策，包括财政政策，逐步建立和完善内生的货币供给体系。

如上两个方面所表明的，提高名义 GDP 增长率不仅是完全必要的，而且是完全可能的，在经济的高速增长中调整当前我国经济中的有效需求和结构矛盾是更容易实现的。

第二节　结构性扩张政策与经济的总量和结构

就目前我国的经济运行来讲，把名义 GDP 的增长率提高到 15% 乃至 20% 是不难实现的。目前我国的储蓄率已在 35% 左右，商业银行的存贷差超过 20%，按照以往的经验估算，当投资的增长率达到 30% 时，名义 GDP 增长率将超过 15%，如果使投资率达到与目前储蓄率相等的 35%，名义 GDP 增长率将超过 20%，名义 GDP 增长率达到 20% 所需要的货币供应量增长率在 25% ~30%，这只要把商业银行的存贷差降低到 15% 左右就可以了。如我国 2003 年和 2004 年的经验所显示的，当投资的增长率超过 25% 和货币供应量增长率超过 20% 时，名义 GDP 增长率就可以超过 15%。这种经验表明，我国目前的货币金融体系已经可以支撑这种高速增长了，反之，近年来要保持 8% 的名义 GDP 增长率，与目前储蓄率不相适应，需要依靠紧缩政策实现。因此，目前所要采取的政策是通过结构性的扩张政策将投资率提高到 25%，而长期则稳定在 25% ~30%，以保证 15% 左右的名义 GDP 增长率。

显然，问题的关键不在于能否提高投资率和名义 GDP 增长率，而在于能否在高速增长中调整投资方向和产业结构，防止由市场势力导致的收入分配与产业结构恶性循环带来严重不稳定因素。因此，调整投资方向和收入分配的流向以改变目前的市场取向是非常重要的。

从经济周期的一般过程看，经济衰退首先表现在资本品部门需求不足，由此导致的投资下降和工资下降传导到消费品部门，通过企业的破产使基本消费品部门的需求复苏，然后资本品部门的投资增长引发下一轮的经济高涨。但目前我国的情况是，2008 年以来资本品部门并没有萎缩，反而扩大了，资产值持续上升，这种资本品部门的扩张原因除政府的财政支持外，房地产业的极度扩张对拉动资本品部门的需求起到了很大的作用。近年来，我国的房地产业和高档消费品部门快速发展——这是收入分配差距扩大的结果。这些部门的发展又进一步加大了收入分配的两极分化，目前赢利最高的是房地产业和高档消费品部门，基础工业部门的需求和赢利状况则在很大程度上取决于房地产业的发展。与此相对照，基本消费品部门则由于需求严重不足而持续萎缩和出现亏损，需求主要靠出口拉动。

这种由收入分配与产业结构相互作用而产生的恶性循环带来的一个严重问题是，一旦启动投资，由需求决定的投资流向必然是房地产业和高档消费品部门，商业银行的贷款流向也必然是具有资产抵押的房地产业，而房地产业的发展所能带动的只是基础工业部门中与房地产业发展有关的行业，如钢材和建筑材料行业。由于这些行业属于资本密集型行业而能够增加的就业很少，难以拉动基本消费品部门的需求增长。土地价格和资本品价格上升则会导致物价全面上涨，这种由资产值的上升而导致的通货膨胀是经济结构失衡的表现形式，会加剧收入分配的两极分化，使有效需求不足更为严重。如前所述，导致当前我国有效需求不足的根源在于资产值过高和收入分配中工资的比重下降，而在目前的市场导向下，增加投资会扩大这种不合理的比例关系。这就需要通过政府政策来调整投资的方向，其基本方向是通过增加就业来带动基本消费品部门的需求增长，把产业结构的发展方向转移到基本消费品部门。这种产业结构的调整可以考虑采用以下方法。

第一，在启动投资和高速增长之前，充分利用经济增速下降的时机，通过企业的破产、兼并和重组降低资产值。对于国有企业，可以运用“模拟破产”的方法，即由财政承担破产的损失，用直接降低资产值的方法使企业从亏损转变为赢利，特别是对于基本消费品领域的国有企业，要通过财政支持的方式完成兼并、重组；对于非国有企业，则通过市场进行破产和兼并、重组。目前资产值过高的一个重要表现是房地产价格过高，要通过减少对高档住宅贷款和扩大土地供给的方法降低房地产价格，在房地产行业更要严格实施企业破产。

第二，把总需求的扩张与城市化联系起来，使城市化的发展成为增加投资的主渠道，通过城市土地开发和基础设施建设扩大投资，拉动基本消费品部门的需求增长。这种城市化过程所能带动的投资是巨大的，通过土地开发、城市基础设施建设、居民住宅和与之配套的商业与服务业设施建设，可以吸收大量投资，同时，这种城市化的投资主要是劳动密集型的，可以大量增加就业。在城市土地开发和基础设施建设中，必须保证其劳动密集型性质，把投资更多地用于雇用农村劳动力和吸收城市下岗职工。

当然，城市的土地开发会引起地价上升，这是阻碍增加就业的不利因素。因此，在城市化过程中，政府需要牢牢控制土地的增值收益，把土地的增值收益用于土地的滚动开发。为了防止土地收益外流，可以考虑组建大型国有和国有控股的城市基础建设企业和房地产企业，城市开发所需要的资金也可以通过地方财政和商业银行的合作而获得，如地方政府以财政和地产为抵押从商业银行获得贷款，以及直接财政投资增加城市建设投资。

城市化建设必然和大规模的房地产开发相联系，这对已经过热的房地产投资和房价上涨来说似乎是矛盾的，但问题的关键并不在于地价上升，而在于谁获得土地升值的收益。当前我国土地在总资本中的比重约为35%，比照发达国家超过50%的比重来讲，在今后相当长一段时期中，土地价格的上升是必然的，这种土地价格的上升和地产在总资本中的比重上升是使货币金融体系稳定的重要因素，即商业银行的房地产抵押贷款和对企业的贷款中以地产为抵押的比例必然上升，这就需要政府控制地价上升产生的收益，否则就会导致收入和财产分配的严重两极分化。地方政府通过财政进行投资和使国有企业进入房地产业，对控制土地的收益是重要的。目前，城市土地价格上升的一个重要原因是土地的供给不足，通过政府规划和投资大面积开发土地和廉价商品房是抑制房价上涨的重要手段。同时，要通过增加银行对低价商品房的按揭贷款来提高低收入阶层和外来农村人口的购房需求，避免房地产价格的大幅度上升。

第三，在产业结构的调整上，要大力发展基本消费品工业和与之配套的基础工业和重化工业，这是当前产业结构调整的方向。前面的分析表明，当前我国经济发展的要点是充分利用现有的基本消费品生产技术，在短期内使所有的人能够享受到现代技术带来的生活水平，这种技术扩散和产品复制完全可以在短时间内实现，换句话说，农村居民和城市低收入阶层想要的那些产品是完全可以由他们自己生产出来的，所遇到的问题只是有效需求问题，资源约束是次要的。因此，问题的关键是通过调整有效需求来增加就业和加速农村劳动力的转移。

目前，由于需求严重萎缩和企业亏损，对基本消费品生产的投资难以增长。加速我国城市化进程的重要意义在于增加就业和对基本消费品的需求，当然，城市化本身也是充分利用现有技术提高人们的生活水平。当把城市化作为启动需求的杠杆，与城市化紧密联系的建筑、钢材、能源和原材料等基础产业在未来的5~10年的时间里将成为我国的支柱产业，因为相对于我国农村人口城市化来讲，这些产业发展的国际比较当然要讲人均产量而不是总产量，我国与美国和日本等发达国家在人均钢铁、电力等方面的产量差距比例正是与城市化水平的差距相当的，加速城市化进程当然也要在基础产品的人均产量上接近发达国家，大力发展基础工业是目前我国实施城市化战略的重要组成部分。在基础产业的发展上，要改变原有的财政投资和国有企业控制基础产业的思路，鼓励非国有企业的投资进入基础工业部门，从而使国家的财政投资逐渐转移到城市开发上来。

这种大力发展基础产业的思路似乎与增加就业和抑制经济波动不协调，因为基础产业属于资本密集型产业而不能显著增加就业，但这种主流经济学的观点是不能成立的，基础产业资本劳动比率高只是价值上的。简单来讲，如果需要资本，只要提高货币供应量增长率和增加投资就可以了，这一点我们在前面进行了充分论述。因此，剩下的只是经济波动问题，由于基础工业的高投资会使资产值提高而影响有效需求，所以其不利于经济的稳定增长。从经济周期的一般经验看，经济的复苏总是从资本品部门开始的，因为只有通过资本品部门的扩张增加就业，才能增加消费品部门的需求，但资本品部门的扩张伴随着高投资、高利润和资产值的上升与工资在收入中的比重下降，会导致有效需求不足和经济衰退，这显然是需要特别注意的。但在我们前面设计的方案中，重要的是加速我国的城市化进程，通过大规模投资转移农村劳动力可以提高工资在收入中的比例，从而可以在一定程度上缩小不合理的比例关系和减缓经济波动。日本和韩国在高速增长时期也是以重化工业为主导的，但取得了超过15年的高速增长而没有出现严重的经济波动，其中有些年份的增长率超过30%，这种经验表明持续的高速增长是可行的。对当前我国经济来讲，这种高速增长只要能够持续15年或者更短一些，就可以完成城市化和农村劳动力的转移。因此，问题在于能否在高增长中保持稳定，这需要在保持高速稳定增长中不断调整资产值，通过企业的兼并、重组乃至破产来降低基础工业的资产值，这一点是可能做到的。

与上面相联系的是通货膨胀问题。投资的增加和经济增长率的提高，可能会产生“通货膨胀”，但对通货膨胀需要具体分析，因为物价水平的上升可能只是相对价格的调整，比如随着农村劳动力的转移，农产品的价格上涨是必然的，这是一种有利的相对价格调整；能源、钢材和其他原材料价格的上升则需要通过增加供给来解决。土地价格的上升则是需要严格控制的，因为这会带来其他产品的成本上升而产生通货膨胀，必须通过控制银行信贷和增加土地供给来抑制地价上涨。

这种高速增长会不会遇到资源约束呢？当然会，但在考虑资源约束时，需要强调两点：其一是时期性，即资源耗费的高峰期只是高速城市化时期，一旦这一过程结束，对资源的需求将下降。其二是必须考虑资源的进口，因为世界上的资源也是有限的，目前作为我国主要竞争对手之一的东南亚国家在金融危机后尚未全面复苏，这为我国的高速增长提供了大好时机，必须抓住时机大量增加原材料的进口，因为一旦东南亚国家经济复苏以及印度启动高速增长，国际原材料价格会更高，而发达国家在工业化时期都是在世界范围掠夺资源的。对我国的城市化来讲，这种“资源耗费型经济”似乎是难以避免的，而克服资源约束的有效方法就是加速经济增长和提高技术水平。就国际上的资源来讲，也必须加快经济发展的步伐，争取比其他发展中国家领先一步完成重化工业发展阶段。

第四，高科技产业是需要快速发展的，但由于目前的市场需求取向，已经不再需要政府的特殊政策进行扶持了。比如目前汽车工业和电子、通信产业都有很高的利润率，而且是在高资产值和高工资的基础上发展起来的，这种高科技产业在 GDP 中的比重过高会影响就业和收入分配，因此，目前不宜把高科技产业作为支柱产业来扶持。高科技产业的发展主要依赖于市场竞争，比如资本市场的发展和企业规模的扩大都可以有效地促进高科技产业的发展，而政府的有些政策扶持反而会削弱竞争。另外，高科技产业应当与基本消费品工业高度融合，使高科技产品更快地转化为劳动密集型的基本消费品，而防止出现由目前收入分配的两极分化造成的“断层”，即高科技产品在没有广泛扩散和规模生产的条件下就适应高收入阶层的需求而不断地升级换代。随着城市化带来的就业和对基本消费品需求的增加，这种高科技产品和基本消费品之间“断层”的矛盾会突出显示出来，因为低收入阶层买不起太贵的高科技产品，鼓励高科技企业兼并低技术的基本消费品生产企业会有效地促进这种融合。

由于城市化进程的加速发展，第三产业仍将是我国经济中发展最快的产业，尤其是由收入分配差距造成的对劳动服务业的巨大需求，会使大量的农村劳动力转移到城市的劳动服务业。如前面对劳动服务业的分析所表明的，只有提高劳动服务业的工资率，才能使这个行业成为真正的相互服务的行业，而不只是为高收入阶层服务的行业。另外，在第三产业就业的农村劳动力会成为转移到城市中的农村人口的很大部分。因此，政府通过制定城市的“最低工资法”，使劳动服务业的工资率在大量农村人口涌入城市的条件下不至于压得过低，而且应当采取必要的财政补贴，为外来人口提供低廉的住房以及教育、医疗服务。

与高科技行业和劳动服务业发展相联系的是政府的消费政策。目前，虽然消费需求不足，但鼓励高收入阶层的消费并不能改变有效需求不足的状况，因为高收入阶层的消费很大一部分又会转化为他们的收入，随着投资的增长率超过25%，目前的储蓄率是比较合适的。因此，不需要再刺激高收入阶层的消费，而要加以限制，对城市土地和建筑征收更高的税收以防止房地产投机，对石油产品、酒类、香烟和其他非必需品提高税收。比如，对高档消费品和高档住宅征税，鼓励高收入阶层投资，如果能够把高收入阶层的消费转化为投资，将极大地改变市场的需求取向。提高投资率和经济增长率（乃至通货膨胀率）是促使高收入阶层的收入转化为投资的有效方法。

第五，目前我国的农业是受有效需求问题影响最严重的部门，我国农业生产技术水平的发展远远落后于工业，我国第一产业40%多的就业比重不仅远高于发达国家10%左右的水平，而且大大超过拉美和东南亚发展中国家30%左右的水平。这种对比表明我国农村存在着大量的过剩劳动力，同时也表明我国农业劳动生产率的提高存在着巨大潜力。在加速城市化转移农村劳动力的同时，把农业部门劳动生产率的提高作为我国农业发展的重点是非常重要的。

如前面所分析的，制约我国农业发展的主要原因是农产品价格过低，我国农产品对工业品的比价与发达国家相比要低几倍，如果从成本角度进行比较，农民的工资水平不到城市工人的1/3，而且土地几乎是没有计算成本的。在上述工农业价格和成本条件下，只要农产品价格不上升，农业投资的增加和劳动生产率的提高都是非常困难的，因为任何投资的增加只会增加成本而不能提高价格，在城市居民对农产品的收入弹性很低的条件下，农业劳动生产率的提高只会降低农产品价格。要实现农业的机械化和提高劳动生产率，就必须走出这个有效需求的怪圈。

这种状况导致了农村与城市的分离和收入差距的拉大，农村居民的收入水平过低严重限制了需求，同时大量剩余劳动力的存在也阻碍了城市工人工资的提高。由于有效需求产生的农产品价格与成本的这一关系，政府对农业的补贴并不能取得很好的效果，改变这种状况的重要途径是加速农村劳动力的转移和城市化步伐，形成统一的劳动市场，使农产品的价格提高，并使农业部门的投资获得统一的利润率，通过加大对农业的投资来提高农业的劳动生产率和技术水平。

随着农村劳动力向城市的大量转移，农产品的需求将上升，从而引起农产品价格上涨，农产品价格的提高是必然趋势，只有提高农产品价格，才能使农业的投资增加并获得利润。前面的分析表明，农产品的“初始价格”对农民收入是重要的，这相当于发展经济学中的“生存工资”，因此，不要因为害怕通货膨胀上行而压低农产品价格，对于农产品价格上涨而引起的城市居民生活费用的上升或实际收入水平的下降，可以通过政府财政对城市低收入阶层的补贴来弥补（如 1992 ~ 1996 年采用的补贴政策）。这种补贴方式比直接对农产品进行补贴而压低农产品价格效果要好，因为这样可以调整价格和成本结构，农产品价格的提高和农民收入的提高会转向工业品需求的提高，更重要的是能够使农业的投资增加。

随着农村劳动力向城市的转移和农产品价格的提高，要不失时机地改变农业的生产方式，目前以家庭为基础的农业生产方式对农业的投资和生产率的提高是极为不利的。随着农村劳动力向城市转移，一家一户很难把经营的重心放在粮食生产上，而且没有能力进行投资。因此，必须加速农村的土地集中经营，使农业的规模经营和产业化成为新的投资领域，这对农村的货币化是非常重要的，只有农业实现规模经营，才能更好地发展农村金融，增加商业银行对农业的贷款。

土地的转让和集中涉及目前农村的土地政策，土地使用权有偿转让政策的制定要充分考虑农民的利益，要根据实际情况的发展制定灵活的政策。农产品价格过低而使土地价格太低，使农民在土地出让时处于很不利的地位，随着农产品价格的提高，土地的价格会逐渐上升。因此，为了保证农民的利益，比较好的方法是短期租赁或类似于农民以土地使用权为股份进行出让，而不要制定长期的土地转让合同。土地私有化和类似于土地私有化的政策是不适宜的，因为这会损害农民的利益，使政府失去对土地收益的控制（如目前乡镇企业集中土地每亩的年租金只有5000元左右），而且严重影响政府的城市化规划。在大规模城市化和农业生产方式的变革时期，加强政府对土地的控制是极为重要的。

有一种观点认为，可以采用土地私有化的方式，使农民通过出让土地在城市里购买住房，来保证农民的利益和实现城市化。在目前农村土地价格极低的情况下，这种思路显然是不现实的，因为农民靠卖地的收入是根本买不起城市住房的，而且这会形成富人的“圈地运动”，在高速经济增长时期，土地的价格会大幅度上升。因此，需要通过政府对土地的严格控制来保障农民的利益，政府所获得的土地收益也要通过城市化和对农业补贴的方式返还给农民。当然，在城市化过程中通过压低土地价格而把土地收益转让给私人开发商的做法是需要防止的。

随着农产品价格的提高，农民的收入水平和土地价格将大幅度上升，这必然使建立在低工资和土地成本基础上的乡镇企业的经营出现困难，要不失时机地转变对乡镇企业的发展政策，把靠近城市的乡镇企业发达地区纳入城市规划，而远离城市的乡镇企业不发达地区则需要转变经营方向，使乡镇企业的投资转向农业和农产品加工行业。对农业的投资和农业的产业化经营主要是依靠私人投资，因此，要充分利用目前乡镇企业的资金优势，鼓励它们向农业投资，同时鼓励企业和城市居民向农业投资，通过财政支持和银行贷款支持农业投资和产业化经营，逐步使农业成为投资的热点。

对农业的投资与农村的货币化是联系在一起的，即对农业的投资不只是农业机械化问题，而且包括雇用劳动力进行产业化经营。这涉及农业生产方式的变革问题，由于我国各地农村的情况不同，需要采用不同的经营方式，其中私人农场化的经营是可以考虑的一种方式。

就目前的技术发展来讲，即使农村人口占比降低到30%以下，保证农产品的供给也应该没有问题，关键是要通过投资提高农业的劳动生产率，尽快使农业的生产技术发生变革。而这里最重要的是农产品价格的上升和保证投资的利润率。

第六，上述政策的最终目的在于通过改变市场的收入和需求流向，在短期内使基本消费品部门的需求和生产复苏，使投资转向基本消费品部门，包括农业和城市化建设部门，然后过渡到比较平稳的高速增长。为了尽快在短期启动经济，采用扩张性的财政政策是必要的，由于目前财政收支在 GDP 中的比重并不是很高，可以考虑适当提高财政收支在 GDP 中的比重，如 25% ~30%。在财政支出中加大城市建设和农业投资的比重，减少对基础工业投资的比重，使基础工业的投资逐步转向民间投资。要特别注意通过制定土地政策和法规，把土地增值的收益转为国家财政收入。

第三节　作为经济增长发动机的货币金融体系

加速金融体制改革，建立与高速经济增长相协调的货币金融体系，是实现高速经济增长的关键。我国的货币金融体系是以国有商业银行的完全控制为基础的，虽然 20 世纪 90 年代后发展了由多种成分构成的商业银行体系以及资本市场，但到目前为止，不仅国有商业银行依然控制着 80% 左右的银行业总资产，而且其他商业银行也完全是国有控股的，资本市场和上市公司也完全在国家的控制之下，这使政府的货币政策和财政政策决定着货币金融体系的运行。如前所述，整个国民经济的运转就是货币金融体系的运转，我国 1984 年以来的经济体制改革就是在严格控制住货币金融体系的条件下，通过大规模扩张货币供应量使经济货币化，基本完成了城市的企业改革和市场化改革，而如果没有政府信誉和国有商业银行的助力，这种大规模的货币扩张是不可能的。但是，这种以政府信誉和国有商业银行为基础的货币金融体系带有两方面的弊端：其一，它不能适应市场机制的融资和竞争需要，国有商业银行的贷款具有很强的政策性，贷款更多地流向国有企业和地方政府，而非国有企业的发展主要靠国有企业的资金流出；其二，目前的货币金融体系与内生的货币供给带有很大的冲突，在商业银行具有独立自主权的条件下，政府的货币政策往往需要通过行政手段来实施（比如撤换行长），而行政手段只能在万不得已时使用，这就容易造成货币供给的大起大落和经济“一抓就死、一放就乱”的局面。因此，必须从内生的货币供给入手，建立与市场竞争相适应和能够保证政府宏观经济政策运行的货币金融体系。

这里需要提到的是，在经济的高速增长时期，货币金融体系一定是以商业银行为主体的。近年来，许多学者强调通过发展资本市场扩大融资和使储蓄转化为投资，特别是对于我国目前的企业资产负债率过高，认为应该以资本市场为主体来完善货币金融体系，降低企业的资产负债率。这种观点在理论上是不成立的，如我们前面对货币金融体系的分析所表明的，资本市场可以使储蓄转化为投资并降低企业的资产负债率，这对货币金融体系的完善是非常重要的，但是资本市场并不能增加货币供应量，把货币转入资本市场必将减少货币供应量，同时，资本市场的发展必须以货币供应量的增长为前提。从经验上看，所有发达国家在资本原始积累时期或经济的货币化时期都是以银行业的高速发展为基础的，只有完成了经济的货币化，资本市场才能快速发展。企业的债券市场对企业的融资和增加货币供应量是有用的，但这是一个商业银行与债券市场的替代问题，从各国的经验来看，商业银行的发展是先行的，只有在商业银行体系稳定的条件下，才能更好地发展债券市场，因为商业银行的融资体系比债券市场更加稳定，换句话说，债券市场与货币金融体系相比可能是极不稳定的。因此，我国当前的货币金融体系必然是以商业银行为主体的。

首先，在启动经济的高速增长和整个高速增长时期，保持国家对货币金融体系的控制是非常重要的。因为只有依靠国家的信誉，才能保持货币金融体系的稳定和货币供应量的大幅度增长，特别是在货币供应量大幅度增长的条件下，货币金融体系会表现出极大的不稳定性，如企业的资产负债率会大幅度上升，如果依靠商业银行来解决不良资产问题，将使货币供应量难以稳定增长。为了保证国家对货币金融体系的控制，保持国有商业银行在银行业的比重是极为重要的：一方面是保证货币供应量的大幅度增长；另一方面是保持货币金融体系的稳定。因为企业的资产负债率过高和商业银行的不良资产增加都需要政府财政的调节，特别是在目前我国的货币化过程中和国有企业占有相当大的比重的条件下，保持国有商业银行在银行业的垄断地位是非常重要的。

考虑目前的情况，四大国有商业银行在银行业总资产（包括存款）的比重要超过50%，控制在50%～60%为宜，以保证国有商业银行在货币金融体系中的主体地位。在国家控制几个超大型银行的条件下，可以考虑让国内的非国有经济进入银行业，增加中小银行的数量而控制其规模，降低商业银行进入的限制条件，鼓励国有控股企业和非国有企业进入银行业。

建立大量的中、小银行是企业投资和融资的需要，特别是农村金融体系的建立和农业的投资需要大量的中、小银行。在今后几年形成银行业的大发展局面，对我国经济的全面货币化和高速增长是非常重要的，这也是各国货币化时期的普遍经验。

其次，国家财政与货币金融体系是高度融合的，特别是对当前我国的经济体制和货币化过程来讲，政府财政实际上应成为商业银行的内在组成部分。政府财政对货币金融体系的作用有以下两个方面。

第一，保证国有商业银行的资本金和处理国有商业银行的不良资产。随着非国有企业进入银行业，为保证国有商业银行在经济中的比重，必须由财政不断地补充国有商业银行的资本金。对于引进国外的“战略投资者”改造国有商业银行的政策，绝不应削弱国家对商业银行的控制，要保证国有商业银行的绝对控股地位。国有商业银行的股份制改造应更多地吸收国内资金，我国银行业的大力发展不可能离开政府的信誉和财政资金的支持，我国高速经济增长特殊的货币政策也需要国家对金融领域的控制，目前所要采取的措施是通过国家财政削减国有商业银行的不良资产，以增强其竞争力。由于货币供应量的大量增加和经济波动，商业银行存在不良资产是不可避免的，通过政府财政来化解国有商业银行的不良资产也是必需的，这对保证国家制定货币政策是非常重要的。

第二，目前我国企业的资产负债率过高，要保持高速经济增长，必须要保持企业的资产负债率稳定。货币供应量的增长必然使企业的资产负债率上升。日本在高速经济增长时期所采用的方式是“主银行制”，商业银行直接向企业投资，即把本来是商业银行的企业贷款改为企业的资本金，这就降低了企业的资产负债率，但是这种方法等同于商业银行的贷款是没有抵押的，虽然能够使货币供应量大幅度增长，但商业银行的风险太大，企业的破产全部是商业银行的损失，这对不断通过企业破产调整资产值是非常不利的，这种“主银行制”的弊端在20世纪90年代日本经济衰退后充分暴露出来。因此，目前我国对“银企结合”以及通过“投资银行”等方式形成银行对企业的投资是需要限制的，因为在我国货币金融体系中以国有商业银行为主体的条件下，没有必要形成“金融资本”对企业的控制。为了保证货币供应量的增长和货币金融体系的稳定，通过政府财政来调整企业的资产负债率是必要的。在城市化的过程中，政府可以将财政投资作为资本金从商业银行融资，还可以将即将开发的地产作为抵押向商业银行贷款，国有企业的破产损失也可以由财政负担。为了使企业的资产负债率下降，更直接的方法是，当土地价格上升而使国有土地升值时，直接通过资产重新评估改变企业的财务报表。当然，这些方法操作起来是困难的，因为会损害竞争，但只要政府能够控制住货币金融体系，完全可以找到可行的方法，使财政与商业银行紧密融合，从而保证货币金融体系的稳定。

第三，在资本市场的发展上，需要改变目前以为企业融资为主的发展思路，资本市场的功能在于形成企业之间的竞争，使企业在产品市场的竞争中与金融市场联系起来，从而使竞争成为企业家之间的竞争，使有能力的企业家获得资本的支配权。如果资本市场仅仅为了融资，那根本就不需要二级市场，企业只发行“优先股”就可以了。这种对资本市场功能的认识是重要的，因为对竞争而言，关键是要制定平等的竞争规则，如果发展资本市场的目的是使储蓄转化为投资，或为某一类企业（如国有企业或高科技企业）融资而设立规则，必然会扰乱正常的竞争秩序而使其成为投机的场所。我国资本市场的发展正是在这一点上走了很大的弯路，目前亟须解决的问题是逐步放弃为国有企业融资和国有资产保值增值的目标，建立公平的竞争规则、正常的市场秩序，唯此才能恢复资本市场的功能。

资本市场的发展对建立现代企业制度和竞争规则是极为重要的，我国的资本市场是需要大力发展的，而且需要尽快完善，因为一个不完善的资本市场会对货币金融体系的运行产生极大的干扰和冲击。如果资本市场不正常发展，使股票二级市场集聚大量的资金，二级市场股票的市净率和市盈率就会比较高。这必然使资本市场的资产交易（企业的资产重组和企业兼并）和融资功能产生极大的扭曲，不仅严重干扰了正常的竞争，而且严重影响到宏观经济的稳定，这种资本市场的不正常发展会导致货币供应量下降。

针对高速发展的货币金融体系，目前重要的是把资本市场与商业银行的货币供给体系在一定程度上隔离开，而不能照搬发达国家的资本市场模式，要严厉禁止商业银行的股票质押和银行资金流入股票二级市场。在政府控制以商业银行为主的货币供给体系的条件下，要规范资本市场的规则，降低企业上市的“门槛”，全面放开资本市场，以发挥资本市场的竞争功能。通过资本市场进行企业的兼并、重组来降低资产值，利用资本市场来促进高科技企业的发展和高科技企业对基本消费品部门低技术企业的兼并、重组，特别是对乡镇企业的兼并，可使企业通过资本市场中的竞争扩大规模。目前特别要注意制定适当的法规，防止企业通过二级市场的兼并、重组来提高资产值。因为随着货币供应量和企业利润的增加，在目前的资本市场状态下，1999～2001 年企业在资本市场上极不正常的资产交易行为会再次上演，这对正常的竞争和经济的稳定是极为不利的。

第四节　对外经济中的结构与政策

目前，我国经济中进出口、三资企业的产值和出口在 GDP 中的比重都已经成为世界大国中最高的，且远超过其他国家。我国是技术水平和人均 GDP 在世界上相对落后的国家，如此之高的对外依存度必然使我国对外经济政策对我国经济发展来说是极其重要的。在开放经济中，我国要充分利用国际贸易和引进国外直接投资，提高我国的技术水平，但我国在国际货币金融体系中又处于极为不利的地位。保持我国货币政策的独立性，充分利用经济全球化的条件实现我国经济的高速稳定增长，是我国对外经济政策的核心问题。

首先，我国的进出口贸易直接关系到国内的有效需求。在出口问题上，我国的经济增长率相对于人民币汇率来讲过低，造成出口增长率远高于 GDP 增长率，而低附加值产品的出口显然属于低成本扩张，会严重损害贸易利益。目前，通过增加出口扩大就业的政策，实际上严重地恶化了我国的有效需求不足状况。在进口的产品结构上，我国收入分配结构不合理、有效需求不足导致的投资增长率下降和对高档消费品需求的增加，使进口产品结构严重向高档消费品倾斜，而原材料的进口只占很小的比重，不断增长的外汇储备面临贬值风险。上述出口贸易状况使人民币汇率政策面临困难选择，提高人民币汇率会使出口下降而增加失业，保持目前的汇率水平又无法调节进口结构和外汇储备。

在众多复杂因素的条件下，对人民币汇率政策的选择必须以调节国内的有效需求问题为核心，而解决目前国内有效需求问题的关键是实现农村的货币化和城市化。针对我国目前的进出口状况和经济高速增长的要求，根据我国的经济增长率和按汇率计算的与发达国家经济增长率的比较，可以通过大幅度提高我国名义 GDP 增长率来解决上述难题。考虑到吸引国外直接投资的需要和保持人民币的强势地位，目前不宜采取人民币汇率大幅度升值的政策，而要大幅度地提高名义 GDP 的增长率，使名义 GDP 增长率超过 20%。提高名义 GDP 的增长率，一方面可以增加国内的需求，这与高速经济增长的目标是一致的，同时可以通过提高投资增长率而增加对原材料的进口；另一方面可以提高工资率，从而减少贸易损失。就目前超过 20% 的出口增长率来讲，如果名义 GDP 增长率达到 20%，就可以使出口在 GDP 中的比重基本保持稳定。

由于人民币汇率在目前不能大幅度提高，对进口产品的结构要通过关税和非关税手段进行调节。对农产品的进口要进行必要的限制，因为保证我国农产品价格对农业的发展和提高农民收入水平是重要的。要通过各种政策手段减少高档消费品的进口，目前我国出口增长率不断提高和保持大量的外汇储备使我国在国际贸易谈判中的地位有很大的改善，这对加强我国的保护主义贸易政策是有利的。

这种通过提高经济增长率来替代人民币汇率升值的方式对我国引进国外直接投资是非常有利的。如果人民币升值，受益的只是已经进入我国的国外直接投资，但提高了外资的进入成本；而提高名义 GDP 的增长率，则可以在外资进入成本不变的条件下扩大国内市场，我国的经济增长率就是国外投资的利润率。

随着我国技术水平的提高和出口竞争力的增强，需要不断地使人民币升值，这不仅关系到贸易利益，而且人民币升值对增强我国企业的竞争力，特别是我国的对外直接投资是必需的，而且人民币逐渐升值对保持人民币的强势和增强其在国际货币体系中的地位是非常重要的。就目前我国的技术水平和出口在 GDP 中的比重来讲，人民币升值是具备条件的，其主要制约因素是国内的需求和就业问题。因此，随着我国高速经济增长而使国内需求增加，不断地提高人民币汇率是重要的。从另一个角度讲，我国农村的货币化和城市化进程对人民币升值也是一个重要的指标，因为如果我们已经解决了农村剩余劳动力的转移问题，当然不能再增加出口低附加值产品或劳动密集型产品，如前面的分析所表明的，增加劳动密集型产品的出口必然会恶化我国的贸易条件。

其次，在经济全球化背景下，我国的高速经济增长必须保持货币金融体系的独立性，在发达国家经济增长率为3%左右的条件下，我国的经济增长率要达到20%，国际资本流动必然会严重影响我国的货币供应量和货币政策。例如，一旦启动高速经济增长，我国的利率水平必然会提高，当经济增长率超过20%时，利率水平要接近10%，而发达国家的利率水平只有6%左右，这将引起国际货币资本流入我国，而且我国投资增长率的提高也将引起资产值的大幅度上升，一旦开放资本市场，特别是实行人民币的自由兑换，国际资本必然会冲击我国的资本市场。前面对国际货币体系的分析表明，国际资本流动将受“支配国家”的货币金融体系的影响，使国际货币体系内生化。目前我国的GDP总量和货币供应量按汇率计算只有美国的1/8，对比所有发达国家的货币总量就更微小了，这个总量水平决定了我国在国际货币体系中的绝对弱势地位。由此可以推论，一旦完全开放资本市场和实行人民币的国际化，我国的货币政策将不能保持独立性，我国也必然会像拉美国家和东南亚国家那样遭受严重的金融危机，并受到发达国家经济周期的影响。因此，在开放经济条件下，如何保持独立的货币金融体系和货币政策，是当前我国面临的非常尖锐的问题。

第一，我国对汇率的绝对控制或固定汇率政策是绝不能放弃的，不能控制汇率就等于不能控制经济增长率和货币供应量。在实行固定汇率或“有管理的浮动汇率”条件下，中央银行的外汇储备政策就变得非常重要了，目前我国保持较高的外汇储备水平是必要的，而如何确定合理的外汇储备水平，则主要取决于资本项目的对外开放程度，进出口水平则是次要的。例如，对我国目前的资本项目领域开放程度而言，我国如此之多的外汇储备显然是没有必要的，但随着资本市场的对外开放和人民币的国际化，需要重新考虑其适当的比例。与之相联系的另一个问题是，我国的利率市场化改革不能影响到中央银行对利率的控制，这不仅是由于我国高速经济增长的特殊货币政策，而且直接涉及资本项目领域的对外开放。只有控制住利率，才能调节国际资本流动，才能保证汇率政策的实施。中央银行对汇率和利率的绝对控制对保证独立的货币政策是非常重要的。

第二，在资本项目领域开放的过程中，需要通过国内货币金融体系的总体设计使资本市场与商业银行体系在相当程度上分离，目的在于使作为我国货币金融体系主体的商业银行体系免受资本市场波动的影响，从而通过把国际资本流动限制在资本市场领域而保持商业银行体系的相对独立性，防止资本市场的开放和人民币国际化使我国的货币金融体系被国际货币体系内生化。严格限制国外资本进入我国商业银行领域是非常必要的，要充分考虑到我国启动高速经济增长将遇到的问题，即保持独立的货币金融体系和货币政策将是极其艰难的，引进国外“战略投资者”改造我国国有商业银行的所得将远大于所失。因此，调整我国目前引进国外商业银行的政策是非常必要的。在金融市场，包括证券、保险等市场的对外开放中，必须保持我国资本在这些领域的绝对比重，必要时可以通过发行公债和财政投资的方式，使国有企业大规模进入金融领域。人民币国际化的进程也应适当放慢。

以上所提出的结构性“扩张”经济政策包括大幅度提高名义 GDP 增长率、加速农村的货币化和劳动力转移、建立与之相适应的完善的货币金融体系和在国际经济中保持其独立性。这是与各国经济发展的普遍经验，特别是资本初级积累的货币化时期的经验相一致的。英、美等国在早期实现货币化和建立货币金融体系的过程经历了漫长的时间，日本和韩国则使这个过程缩短到 20～30 年。对当前我国的经济发展来讲，我们完全可能在 15 年的时间里，到 2020 年完成我国的货币化和城市化过程，建立起完善的货币金融体系和经济发达的社会主义市场经济制度。

参考文献

[1] Acemoglu, D. and Guerrier, i V. , "Capital Deepening and Non - balanced Economic Growth," NBER Working Paper No. 12475, 2006.

[2] Aghion, P. and Bolton, P. (1997) . *A Trickle - down Theory of Growth and Development.* RES, 64, pp. 151 - 172.

[3] Aghion, P. Caroli, E. , and García - Peñalosa, C. (1999) . *Inequality and Economic Growth: The Perspective of the New Growth Theories.* JEL, 37 (4), pp. 1615 - 1660.

[4] Alesina, A. , and Rodrik, D. (1994) . "Distributive Politics and Economic Growth," *Quarterly Journal of Economics*, 109 (2), pp. 465 - 490.

[5] Allen, F. , J. Qian and M. Qian. "China's Financial System: Past, Present and Future," in L. Brandt and T. Rawskied. , *China's Great Economic Transformation*, Cambridge: Cambridge University Press, 2007, pp. 508 - 632.

[6] Benhabib, J. (2002) . *The Tradeoff Between Inequality and Growth. China Development Report*, forthcoming.

[7] Berger, A. N. , and Udell, G. F. (1998) . "The Economics of Small Business Finance: The Role of Private Equity and Debt Market in the Financial Growth Cycle," *Journal of Banking and Finance*, Vol. 22, pp. 613 - 673.

[8] Blundell, Richard and Stephen Bond (1998) . "Initial Conditions and Moment Restrictions in Dynamic Panel Data Models," *Journal of Econometrics* 87 (1), pp. 115 - 143.

[9] Basanta K. Pradhan (2004) . "Rural - rban Disparities: Income Distribution, Expenditure Pattern and Social Sector," *Economic and Political Week-*

ly, Vol. 35. No. 28/29.

[10] Blanchard, O. J. (1997). "The Medium Run," *Brookings Papers on Economic Activity* (2), pp. 89 - 158.

[11] Bentolila, S. and Gilles Saint. Paul (2003). "Explaining Movements in the Labor Share," *Contributions to Macroeconomics* 3 (1), p. 1103.

[12] Ben S. Bernanke, Refet S. Gurkaynak (2001). "Is Growth Exogenous? Taking Mankiv, Romer and Weil Seriously," NBER Macroeconomics Annual, vol. 16, pp. 11 - 57.

[13] Diwan, I. (2001). *Debt as Sweat: Labor, Financial Crises, and the Globalization of Capital*, Washington D. C. World Bank.

[14] Droucopoulos, Vassilis and Lianos, Theodore P. (1992). "Labor's Share and Market Power: Evidence from the Greek Manufacturing Industries," *Journal of Post Keynesian Economics*, p. 263.

[15] Dunning, J. H. (1998). *Explaining International Production*, London: Unwin Hyman.

[16] Edward, M., Gramlich and Michael, J. Wolkoff (1979). "A Procedure for Evaluating Income Distribution Policies," *The Journal of Human Resources*, Vol. 14, No. 3.

[17] E. H. Phelps Brown and P. E. Hart (1952). "The Share of Wage in National Income," *The Economic Journal*, Vol. 1, pp. 253 - 277.

[18] Ferguson, C. E. and Moroney, J. R. (1969). "The Source of Change in Labor's Relative Shares: A Neoclassical Analysis," *Southern Economic Journal*, 35 (4), pp. 308 - 322.

[19] Feenstra, R. C. and G. H. Hanson (2001). *Global Production Sharing and Rising Inequality: A Survey of Trade and Wages*, NBER Working Papers, No. 8372.

[20] Giammarioli, N., J. Messina, T. Steinberger and C. Strozzi (2002). "European Labor Share Dynamics: An Institutional Perspective," European University Institute: 30.

[21] Gollin, D. (2002). "Getting Income Shares Right," *Journal of Political Economy*, 110 (2), pp. 458 - 475.

[22] Gomme, Paul and Rupert, Peter (2004). "Measuring Labor's Share of Income," *Policy Discussion Papers*, *Federal Reserve Bank of Cleveland.*

[23] George E. Johnson (1975). "Economic Analysis of Trade unionism," *American Economic Review* (65).

[24] Guscina, A. (2006). "Effects of Globalization on Labor's Share in National Income," IMF Working Paper, No. 294.

[25] Harrison, A. E. (2002). "Has Globalization Eroded Labor's Share? Some Cross - country Evidence," UC Berkeley, Mimeo: 46.

[26] Hofman, Antre. A. (2001). "Economic Growth, Factor Shares and Income Distribution in Latin American in the Twentieth Century," working paper.

[27] Henley, Andrew (1987). "Labor's Shares and Profitability Crisis in the US: Recent Experience and Post War Trends," *Cambridge Journal of Economics* 11 (4), pp. 315 - 330.

[28] James W. Beck (1958). "An Inter - industry Analysis of Labor's Share," *Industrial and Labor Relations Review* Vol. 11. No. 2, pp. 231 - 246.

[29] Kaldor, N. (1961). "Capital Accumulation and Economic Growth," in F. A. Lutz and D. C. Hague, eds., *The Theory of Capital*, New York: St. Martin Press.

[30] Kaldor, Nicholas (1956). "Alternative Theories of Distribution," *Review of Economic Studies* 23, pp. 83 - 100.

[31] Keynes, John M. (1939) "Relative Movements of Real Wages and Output," *Economic Journal*, pp. 34 - 51.

[32] Kristin J. Forbes (2000). A Reassessment of the Relationship Between Inequality and Growth.

[33] Krueger, Alan B. (1999). "Measuring Labor's Share," *American Economic Review*, Vol. 89 (2) pp. 45 - 51.

[34] Kravis, I. B. (1959). "Relative Income Shares in Fact and Theory," *American Economic Review* 49 (5), pp. 917 - 949.

[35] Leicht M. Wallace (1993). "Positional Power, Class, and Individual Earnings Inequality: Advancing New Structuralist Explanations," *The So-*

ciological Quarterly 34.

[36] Li, H., and Zou, H. (1998). "Income Inequality is not Harmful for Growth: Theory and Evidence," *Review of Development Economics* 2 (3), pp. 318 - 334.

[37] M. Kalecki (1938). "The Determinants of Distribution of the National Income," *Econometric*, Vol. 6, No. 2, pp. 97 - 112.

[38] Persson, T., and Tabellini, G. (1994). *Is Inequality Harmful for Growth*? AER, 84 (3), pp. 60 - 621.

[39] Poberto Patricio Korzeniewicz, Angela Stach, Vrushali Patil, Timothy Patric Moran. "Measuring National Income: A Critical Assessment," *Comparative Studies in Society and History*, Vol. 46, No. 3.

[40] Paul Gomme, Peter Rupert (2004). "Measuring Labor's Share of Income," FRB of Cleveland Policy Discussion Paper, No. 7.

[41] Robert M. Solow. "A Skeptical Note on the Constancy of Relative Shares," *American Economic Review*, Vol. 48, No. 4, pp. 618 - 631.

[42] Simon Kuznets (1955). "Economic Growth and Income Inequality," *American Economic Review* 2.

[43] Sraffa, P. (1960). *Production of Commodities by Means of Commodities*, Cambridge University Press, p. 5.

[44] Solow Robert M. (1958). "A Skeptical Note on the Constancy of Relative Shares," *American Economic Review* 48 (4), pp. 618 - 631.

[45] Thomas Piketty. "Top Income Shares in the Long Run: An Overviews," *Journal of the European Economic Association*, Vol. 3, No. 2/3.

[46] Serres, Alain De, Stefano Scarpetta and Christine De La Maisonneuve (2002). "Sectoral Shifts in Europe and the United States: How They Affect Aggregate Labor Shares and the Properties of Wage Equations," OECD working paper.

[47] Sato, Ryuzo (1970). "The Estimation of Biased Technical Progress and the Production Function," *International Economic Review* 11 (2), pp. 179 - 208.

[48] Torrini, R. (2005). "Profit Share and Returns on Capital Stock in It-

aly——The Role of Privatizations Behind the Rise of the 1990s," Centre of Economic Performance Discussion Papers, No. p0671.

[49] Xu. Bin (2007). "Measuring China's Export Sophistication," Working Paper, China Europe International Business School.

[50] Yan Shen, etc. (2009). "Bank Size and Small and Medium - sized Enterprise (SME) Lending: Evidence from China," World Development, Vol. 37, No. 4, pp. 800 - 811.

[51] Young, A. T. (2006) "One of the Things We Know that Isn't so: Is U. S. Labor's Share Relatively Stable?" Working paper, University of Mississippi.

[52] Zuleta, H. and Young, A. T. (2007). "Labor's Shares—Aggregate and Industry: Accounting for Both in a Model of Unbalanced Growth with Induced Innovation," Working paper, University of Mississippi.

[53] 〔英〕大卫·李嘉图:《政治经济学和赋税原理》,译林出版社,2011。

[54] 〔美〕E. 赫尔普曼:《经济增长的秘密》,中国人民大学出版社,2007。

[55] 〔英〕阿尔弗雷德·马歇尔:《经济学原理》上、下卷,陈良璧译,商务印书馆,1965。

[56] 安体富、蒋震:《对调整我国国民收入分配格局、提高居民分配份额的研究》,《经济研究参考》2009 年第 25 期。

[57] 安体富、蒋震:《调整国民收入分配格局提高居民分配所占比重》,《财贸经济》2009 年第 7 期。

[58] 〔英〕奥利弗·E. 威廉姆森、西德尼·G. 温特编:《企业的性质——起源、演变和发展》,商务印书馆,2008。

[59] 白雪梅、赵松山:《关于基尼系数计算方法的改进》,《统计方法研究》1994 年第 11 期。

[60] 白重恩、钱震杰、武康平:《中国工业部门要素分配份额决定因素研究》,《经济研究》2008 年第 8 期。

[61] 白重恩、钱震杰:《国民收入的要素分配:统计数据背后的故事》,

《经济研究》2009年第3期。

[62] 白重恩、钱震杰:《劳动报酬占比考察经济体健康度》,《中国社会科学报》2010年1月26日。

[63] 白重恩、钱震杰:《谁在挤占居民的收入——中国国民收入分配格局分析》,《中国社会科学》2009年第5期。

[64] 白重恩、钱震杰:《我国资本收入份额影响因素及变化原因分析——基于省际面板数据的研究》,《清华大学学报(哲学社会科学版)》2009年第4期。

[65] 蔡昉:《刘易斯转折点与中国城市化》,《中国财经报》2009年12月8日。

[66] 蔡昉:《收入差距缩小的条件-经济发展理论与中国经验》,《甘肃社会科学》2007年第6期。

[67] 蔡昉:《探索适应经济发展的公平分配机制》,《人民论坛》2005年10月。

[68] 曹静:《对卡尔多程式化事实的重新解释》,《政治经济学评论》2006年卷第1辑。

[69] 曾国安、黄浩、胡晶晶:《基于主体视角的国民收入分配格局研究》,《经济管理》2009年第2期。

[70] 常清:《税收增长过快有损经济持续健康发展》,《上海证券报》2008年1月16日。

[71] 常兴华、李伟:《从国际视角看我国的国民收入分配格局》,《中国经贸导刊》2009年第21期。

[72] 常兴华、李伟:《我国国民收入分配格局的测算结果与调整对策》,《宏观经济研究》2009年第9期。

[73] 常兴华:《促进形成合理的居民收入分配机制》,《宏观经济研究》2009年第5期。

[74] 陈恩才:《转型经济国家中小企业发展的外部环境分析》,《外国经济与管理》2003年第10期。

[75] 陈共、范一飞:《论国民收入分配向个人倾斜》,《财贸经济》1992年第10期。

[76] 陈佳贵、郭朝先:《构筑我国小企业金融支持体系的思考》,《财贸经

济》1999 年第 5 期。

[77] 陈云:《居民收入分布及其变迁的统计研究——基于现代非参数方法的拓展与创新》,首都经济贸易大学博士学位论文,2009。

[78] 陈宗胜:《关于收入差别倒 U 曲线及两极分化研究中的几个方法问题》,《中国社会科学》2002 年第 5 期。

[79] 程永宏:《改革以来全国总体基尼系数的演变及其城乡分解》,《中国社会科学》2001 年第 4 期。

[80] 迟福林:《民富优先——二次转型与改革走向》,中国经济出版社,2011。

[81] 戴园晨、黎汉明:《工资侵蚀利润——中国经济体制改革中的潜在危险》,《经济研究》1988 年第 3 期。

[82] 〔美〕道格拉斯·诺思:《制度、制度变迁与经济绩效》,杭行译,格致出版社,2008。

[83] 邓泽宏、钟会兵:《论软规制建设与中小企业的发展问题》,《江汉论坛》2004 年第 9 期。

[84] 邓志旺、蔡晓帆、郑棣华:《就业弹性系数急剧下降:事实还是假象》,《人口与经济》2005 年第 5 期。

[85] 丁冰:《当代西方经济学流派》,北京经济学院出版社,1993。

[86] 董全瑞、张健:《国民收入分配结构失衡的分析与治理》,《中州学刊》2010 年第 4 期。

[87] 董志凯:《中国工业化 60 年——路径与建树(1949~2009)》,《中国经济史研究》2009 年第 3 期。

[88] 樊纲、姚枝仲:《中国财产性生产要素总量与结构的分析》,《经济研究》2002 年第 11 期。

[89] 范一飞:《国民收入流程及分配格局分析》,中国人民大学出版社,1991。

[90] 高培勇:《规范政府行为:解决中国当前收入分配问题的关键》,《财贸经济》2002 年第 1 期。

[91] 高培勇:《中国税收持续高增长之谜》,《经济研究》2006 年第 12 期。

[92] 〔澳〕格里高利·克拉克:《应该读点经济史》,中信出版社,2009。

[93] 耿林：《分配的演化——技术进步下的收入分配、经济增长与波动》，浙江大学出版社，2009。

[94] 龚刚、杨光：《从功能性收入看中国收入分配的不平等》，《中国社会科学》2010 年第 2 期。

[95] 龚刚、杨光：《论工资性收入占国民收入比例的演变》，《管理世界》2011 年第 5 期。

[96] 龚玉泉、袁志刚：《中国经济增长与就业增长的非一致性及其形成机理》，《经济学动态》2002 年第 10 期。

[97] 郭树清：《国民收入分配使用的若干理论问题》，《中国社会科学院研究生院学报》1990 年第 4 期。

[98] 国家计委综合司课题组：《90 年代我国宏观收入分配的实证研究》，《经济研究》1999 年第 11 期。

[99] 韩朝华、周晓艳：《国有企业利润的主要来源及其社会福利含义》，《中国工业经济》2009 年第 6 期。

[100] 韩朝华：《国有工业的产业比重、效率与进退》，《经济改革》2010 年第 4 期。

[101] 韩朝华：《基于协整分析框架的地区增长比较》，国家社科基金项目“中国各地区经济增长送气的制度分析”总报告，2009 年 8 月。

[102] 韩建雨：《收入分配与经济增长关系问题研究综述》，《经济纵横》2011 年第 1 期。

[103] 郝枫：《中国要素价格决定机制研究——国际经验与历史证据》，天津财经大学博士学位论文，2008。

[104] 何磊、王宇鹏：《谁在抑制居民的消费需求？——基于国民收入分配格局的分析》，《当代经济科学》2010 年第 6 期。

[105] 贺铿：《收入分配行为与社会公平原则》，《经济纵横》2006 年第 2 期。

[106] 胡铿：《经济全球化对我国收入分配影响问题研究》，西南财经大学硕士学位论文，2004。

[107] 胡小平：《中小企业融资》，经济管理出版社，2000。

[108] 胡祖光：《基尼系数理论最佳值及其简易计算公式研究》，《经济研究》2004 年第 9 期。

[109] 华生:《劳动者报酬占 GDP 比重低被严重误读——中国收入分配问题研究报告之二》,《中国证券报》2010 年 10 月 14 日。

[110] 黄乾、魏下海:《中国劳动收入比重下降的宏观经济效应——基于省级面板数据的实证分析》,《财贸经济》2010 年第 4 期。

[111] 黄先海、徐圣:《中国劳动收入比重下降成因分析——基于劳动节约型技术进步视角》,《经济研究》2009 年第 7 期。

[112] 霍治平:《集群战略——我国中小企业发展之路》,《商场现代化》2006 年第 25 期。

[113] 贾康:《我国居民收入占比并非过低》,《中国证券报》2010 年 5 月 10 日。

[114] 蒋伏心、周春平:《我国私营企业发展的非正式制度约束》,《江海学刊》2004 年第 1 期。

[115] 柯武刚、史曼飞:《制度经济学——社会秩序与公共政策》,商务印书馆,2003。

[116] 孔宪丽:《转型期的中国工业增长及其结构特征》,吉林大学博士学位论文,2008。

[117] 李稻葵、何梦杰、刘霖林:《我国现阶段初次分配中劳动收入下降分析》,《经济理论与经济管理》2010 年第 2 期。

[118] 李稻葵、刘霖林、王红领:《GDP 中工资收入份额演变的 U 型规律》,《经济研究》2009 年第 1 期。

[119] 李稻葵:《理性看待劳动收入占比下降》,《宏观经济》2010 年第 7 期。

[120] 李后霖:《我国国民收入分配格局的演变、影响及对策》,《石家庄经济学院学报》2008 年 12 月第 31 卷。

[121] 李萍萍:《中国重化工业发展道路的选择》,对外经济贸易大学硕士学位论文,2006。

[122] 李清华:《1996 年以来我国国民收入分配格局变迁研究》,《统计与咨询》2011 年第 1 期。

[123] 李实、赵人伟、张平:《中国经济转型与收入分配变动》,《经济研究》1998 年第 4 期。

[124] 李实、赵人伟:《中国居民收入分配再研究》,《经济研究》1999 年

第 4 期。

[125] 李雪筠:《建立正常的国民收入分配机制缩小居民收入差距》,《财政研究》2003 年第 6 期。

[126] 李扬、殷剑峰:《劳动力转移过程中的高储蓄、高投资和中国经济增长》,《经济研究》2005 年第 2 期。

[127] 李扬、殷剑峰:《中国高储蓄率问题探究:1992~2003 年中国资金流量表的分析》,《经济研究》2007 年第 6 期。

[128] 李扬:《高储蓄率之上的中国宏观经济与货币政策》,《中国金融》2008 年第 15 期。

[129] 李扬:《公平收入分配应成为宏观经济政策核心》,《第一财经日报》2008 年 8 月 1 日。

[130] 李兆平:《C-D 生产函数与 CES 生产函数的几点比较》,《运筹与管理》1997 年第 3 期。

[131] 林汉川、何杰:《法制、融资环境与中小企业竞争策略选择》,《财贸经济》2004 年第 10 期。

[132] 林汉川等:《中小企业发展中所面临的问题》,《中国社会科学》2003 年第 2 期。

[133] 林宏、陈广汉:《居民收入差距测量的方法和指标》,《统计与预测》2003 年第 6 期。

[134] 林毅夫、李永军:《中小金融机构发展与中小企业融资》,《经济研究》2001 年第 1 期。

[135] 林毅夫、刘明兴:《中国经济增长收敛与收入分配》,《世界经济》2003 年第 8 期。

[136] 林毅夫、刘培林:《中国的经济发展战略与地区收入差距》,《经济研究》2003 年第 3 期。

[137] 刘国华等:《转型经济国家中小企业发展研究》,中国财政经济出版社,2004。

[138] 刘树杰、王蕴:《合理调整国民收入分配格局研究》,《宏观经济研究》2009 年第 12 期。

[139] 陆铭、陈钊、万广华:《因患寡,而患不均——中国的收入差距、投资、教育和增长的相互影响》,《经济研究》2005 年第 12 期。

[140] 陆铭、蒋仕卿：《重构“铁三角”：中国的劳动力市场改革、收入分配和经济增长》，《管理世界》2007 年第 6 期。

[141] 罗长远、张军：《经济发展中的劳动收入占比：基于中国产业数据的实证研究》，《中国社会科学》2009 年第 4 期。

[142] 罗长远、张军：《劳动收入占比下降的经济学解释——基于中国省级面板数据的分析》，《管理世界》2009 年第 5 期。

[143] 罗长远：《卡尔多“特征事实”再思考——对劳动收入占比的分析》，《世界经济》2008 年第 11 期。

[144] 吕蓁：《林毅夫提出：实效分配要实现公平与效率的统一》，《中国证券报》2007 年 3 月 23 日。

[145] 〔德〕马克斯·韦伯：《经济通史》，姚曾廙译，上海三联书店，2006。

[146] 马晓河、赵淑芳：《中国改革开放 30 年来产业结构转换、政策演进及其评价》，《改革》2008 年第 6 期。

[147] 〔美〕曼瑟尔·奥尔森：《集体行动的逻辑》，陈郁等译，格致出版社，1994。

[148] 莫荣：《发展小企业，促进中国就业》，《管理世界》2001 年第 5 期。

[149] 欧阳凌、欧阳令南：《中小企业融资瓶颈研究——一个基于产权理论和信息不对称的分析框架》，《数量经济技术经济研究》2004 年第 4 期。

[150] 彭爽、叶晓东：《论 1978 年以来中国国民收入分配格局的演变、现状与调整对策》，《经济评论》2008 年第 2 期。

[151] 乔为国、李晓华：《中美宏观收入分配比较研究》，孔泾源主编《中国居民收入分配：理论与政策》，中国计划出版社，2005。

[152] 〔英〕琼·罗宾逊：《不完全竞争经济学》，王翼龙译，华夏出版社，2012。

[153] 屈路：《对我国居民消费率下降原因的深层思考——基于国民收入分配的角度》，《长春大学学报》2009 年第 11 期。

[154] 沈利生：《“三驾马车”的拉动作用评估》，《数量经济技术经济研究》2009 年第 4 期。

[155] 石良平：《对改革以来我国国民收入分配政策的重新评价》，《财经科学》1993 年第 4 期。

[156] 石良平：《国民收入分配：经济分析中的统计界定》，《统计研究》1993 年第 4 期。

[157] 石良平：《经济体制改革与国民收入分配》，《财经研究》1993 年第 5 期。

[158] 史建平：《中国中小企业金融服务发展报告（2010）》，中国金融出版社，2010。

[159] 苏晓燕、肖建忠、易杏花：《制度环境与中小企业的成长——以华中地区为例》，《中国地质大学学报（社会科学版）》2005 年第 1 期。

[160] 汤曙光、任建标：《银行供应链金融：中小企业信贷的理论、模式与实践》，中国财政经济出版社，2010。

[161] 唐爱国、秦宛顺：《基于广义随机占优的经济福利测度——GINI 系数和 Atkinson 指数的推广和统一》，《经济科学》2003 年第 1 期。

[162] 田国强：《现代经济学的基本分析框架与研究方法》，《经济研究》2005 年第 2 期。

[163] 田卫民：《测算中国国民收入分配格局》，《财贸研究》2010 年第 1 期。

[164] 田卫民：《最优国民收入分配研究》，南开大学博士学位论文，2009。

[165] 田杨群：《经济增长与收入分配互动研究》，武汉大学博士学位论文，2004。

[166] 童大焕：《公权力：国民收入倍增的障碍》，《社会科学报》2010 年 7 月 1 日。

[167] 万广华：《经济发展与收入不均等：方法和证据》，上海人民出版社，2006。

[168] 汪同三：《改革收入分配体系解决投资消费失调》，《中国证券报》2007 年 10 月 29 日。

[169] 汪玉凯：《应重视收入分配的结构失调》，《学习时报》2006 年 8 月 21 日。

[170] 王霄、张捷：《银行信贷配给与中小企业贷款——一个内生化抵押品和企业规模的理论模型》，《经济研究》2003 年第 7 期。

[171] 王小鲁：《我国国民收入分配现状、问题及对策》，《国家行政学院学报》2010 年第 3 期。

[172] 王晓涛、卫人：《国民收入分配：政府多了还是少了?》，《中国经济导报》2009 年 9 月 19 日。

[173] 王学力：《个人收入差距的现状、问题和对策》，《改革》2006 年第 6 期。

[174] 王岳平：《开放条件下的工业结构升级》，经济管理出版社，2004。

[175] 〔圣卢西亚〕威廉·阿瑟·刘易斯：《二元经济论》，北京经济学院出版社，1989。

[176] 卫兴华、张宇：《构建效率与公平相统一的收入分配机制研究》，《现代财经》2008 年第 4 期。

[177] 翁杰、周礼：《中国工业部门工资收入份额的变动研究：1997～2008 年》，《中国人口科学》2010 年第 4 期。

[178] 翁杰、周礼：《中国工业企业利益分配格局快速变动的原因分析：1997～2007》，《中国工业经济》2009 年第 9 期。

[179] 向书坚：《如何看待我国主体收入分配格局的变化》，《经济经纬》1998 年第 1 期。

[180] 向书坚：《我国功能收入分配格局分析》，《当代经济科学》1997 年第 5 期。

[181] 肖红叶、郝枫：《中国收入初次分配结构及其国际比较》，《财贸经济》2009 年第 2 期。

[182] 肖文、周明海：《工资收入份额变动的结构因素——收入法 GDP 和资金流量表的比较分析》，《当代经济科学》2010 年第 5 期。

[183] 肖文、周明海：《贸易模式转变与工资收入份额下降——基于中国工业分行业的实证研究》，《浙江大学学报（人文社会科学版）》2010 年第 6 期。

[184] 徐洪水：《金融缺口和交易成本最小化：中小企业融资难题的成路径——理论分析与宁波个案实证研究》，《金融研究》2001 年第 1 期。

[185] 徐平生：《居民实际收入占 GDP 比重何以持续下降》，《上海证券报》2006 年 8 月 14 日。

[186] 徐现祥、王海港：《我国初次分配中的两极端分化及成因》，《经济研究》2008 年第 2 期。

[187] 许宪春：《关于与 GDP 核算有关的若干统计问题》，《财贸经济》2009 年第 4 期。

[188] 许宪春：《中国国民经济核算理论方法与实践》，中国统计出版社，1999。

[189] 许宪春：《中国国内生产总值核算》，北京大学出版社，2000。

[190] 〔英〕亚当·斯密：《国民财富的性质与原因的研究》，郭大力、王亚南译，商务印书馆，1981。

[191] 杨俊：《经济增长与收入分配问题研究》，重庆大学博士学位论文，2001。

[192] 杨圣明：《关于我国国民总收入分配的几个问题》，《中国社会科学院学报》2009 年第 5 期。

[193] 姚先国：《民营经济发展与劳资关系调整》，《浙江社会科学》2005 年第 2 期。

[194] 尹艳林、李若愚：《我国国民收入分配格局研究》，《经济研究参考》2005 年第 29 期。

[195] 尹艳林：《加强收入分配制度建设，促进社会和谐》，《宏观经济管理》2006 年第 11 期。

[196] 尹艳林：《提高劳动者报酬改善国民收入分配》，《中国发展观察》2011 年第 3 期。

[197] 〔美〕约翰·贝茨·克拉克：《财富的分配》，商务印书馆，1997。

[198] 张本波：《我国就业弹性系数变动趋势及影响因素分析》，《经济学动态》2005 年第 8 期。

[199] 张车伟、蔡昉：《就业弹性的变化趋势研究中国》，《工业经济》2002 第 5 期。

[200] 张车伟、张士斌：《我国初次分配收入格局的变动与问题——以劳动报酬占 GDP 份额为视角》，《中国人口科学》2010 年第 5 期。

[201] 张车伟、张士斌：《我国初次分配中劳动报酬份额问题研究》，内部

文稿，2010 年 10 月。

[202] 张车伟、张士斌：《我国初次收入分配问题及其分析》，中国社会科学院经济学部编《中国经济研究报告（2010～2011）》，经济管理出版社，2011。

[203] 张车伟：《就业格局的变化及其对收入分配的含义》，中国社会科学院经济学部编《中国社会科学院经济观察报告（2011）》，社会科学文献出版社，2011。

[204] 张杰：《民营经济的金融困境与融资次序》，《经济研究》2000 年第 4 期。

[205] 张山：《我国居民收入分配及其对消费的影响》，山东大学硕士学位论文，2007。

[206] 张五常：《中国的经济制度》，中信出版社，2009。

[207] 张燕：《初次分配中的效率与公平》，《探索》2008 年第 2 期。

[208] 张志国：《中国二元经济结构的一元化演变研究》，首都经济贸易大学硕士学位论文，2006 年第 3 期。

[209] 赵建国：《经济增长促进就业的实证分析》，《财经问题研究》2003 年第 5 期。

[210] 赵琳：《分配制度与和谐社会关系研究》，北京交通大学博士学位论文，2007。

[211] 郑玉歆、李玉华：《工业新增利润来源及其影响因素——基于企业数据的经验研究》，《中国工业经济》2007 年第 12 期。

[212] 郑志国：《中国企业利润侵蚀工资问题研究》，《中国工业经济》2008 年第 1 期。

[213] 中共中央马克思恩格斯列宁斯大林著作编译局：《马克思恩格斯选集》（第二卷），人民出版社，1972。

[214]《全面调整国民收入分配格局，要“公平与效率兼顾”》，中国广播网，http：//www. cnr. cn/allnews/201003/t20100303_ 506086314. html。

[215] 国家统计局：《中国国民经济核算体系（2002）》，http：//www. stats. gov. cn/tjdt/gmjjhs/t20030527_ 80222. htm。

[216] 中国社会科学院经济学部：《中国经济研究报告（2010～2011）》，经济管理出版社，2011。

[217] 中国社会科学院经济学部:《中国社会科学院经济观察报告(2011)》，社会科学文献出版社，2011。

[218] 国家统计局指标解释，http://www.stats.gov.cn/tjzd/tjzbjs/t20020327_ 14293.htm。

[219] 周春平:《民营经济发展的交易成本约束》，《现代经济探讨》2005年第6期。

[220] 周国红、陆立军:《科技型中小企业成长环境评价指标体系的构建》，《数量经济技术经济研究》2002年第2期。

[221] 周明海、肖文、姚先国:《企业异质性、所有制结构及工资收入份额》，《管理世界》2010年第10期。

[222] 周明海、肖文、姚先国:《中国经济非均衡增长和国民收入分配失衡》，《中国工业经济》2010年第6期。

[223] 周明海、肖文、姚先国:《中国工资收入份额的下降：度量与解释的研究进展》，《世界经济文汇》2010年第6期。

[224] 周明海:《中国工资收入份额变动的测度与机理分析》，浙江大学博士学位论文，2011。

[225] 周天勇:《中小企业在国民经济运行与增长中的作用机理》，《经济研究》2002年第4期。

[226] 周文兴:《中国：收入分配不平等与经济增长》，北京大学出版社，2005。

[227] 周文兴:《中国城镇居民收入分配差距与经济增长关系实证分析》，《经济科学》2002年第1期。

[228] 卓勇良:《关于劳动所得比重下降和资本所得比重上升的研究》，《浙江社会科学》2007年第3期。

图书在版编目（CIP）数据

收入分配与经济增长稳态转换／高保中著．—北京：社会科学文献出版社，2014.8
（河南大学经济学学术文库）
ISBN 978－7－5097－6232－5

Ⅰ.①收… Ⅱ.①高… Ⅲ.①收入分配－关系－经济增长－研究 Ⅳ.①F014.4②F061.2

中国版本图书馆 CIP 数据核字（2014）第 146802 号

·河南大学经济学学术文库·
收入分配与经济增长稳态转换

著　　者／高保中

出 版 人／谢寿光
出 版 者／社会科学文献出版社
地　　址／北京市西城区北三环中路甲 29 号院 3 号楼华龙大厦
邮政编码／100029

责任部门／皮书出版分社（010）59367127　　责任编辑／陈　帅
电子信箱／pishubu@ssap.cn　　责任校对／丁爱兵
项目统筹／陈　帅　　责任印制／岳　阳
经　　销／社会科学文献出版社市场营销中心（010）59367081　59367089
读者服务／读者服务中心（010）59367028

印　　装／北京季蜂印刷有限公司
开　　本／787mm×1092mm　1/16　　印　　张／25.75
版　　次／2014 年 8 月第 1 版　　字　　数／420 千字
印　　次／2014 年 8 月第 1 次印刷
书　　号／ISBN 978－7－5097－6232－5
定　　价／89.00 元